ROME

DANS SA GRANDEUR

NANTES, IMPRIMERIE H. CHARPENTIER, RUE DE LA FOSSE.

ROME

VUES, MONUMENTS ANCIENS ET MODERNES

DESCRIPTION, HISTOIRE, INSTITUTIONS

ÉDIFICES RELIGIEUX ET PROFANES. — HIÉRARCHIE CATHOLIQUE, CÉRÉMONIES. — INSTITUTIONS DE CHARITÉ. — BEAUX-ARTS
LETTRES ET SCIENCES. — MŒURS ET USAGES. — ENVIRONS DE ROME.

LITHOGRAPHIÉS ET VIGNETTES PAR LES PREMIERS ARTISTES DE PARIS

PAR MM. FRANZ DE CHAMPAGNY (DE L'ACADÉMIE FRANÇAISE), EUGÈNE DE LA GOURNERIE, EDMOND LAFOND, HENRI ET MAGUELONE, A^{bbé} BIO,
LE COMMANDEUR DE ROSSI, G. DE SAINT-LAISONS, ERNEST DE TOUDOT, LE COMMANDEUR BARON VISCONTI, ETC.

PUBLIÉ PAR

PARIS, QUAI DES GRANDS AUGUSTINS, 55. — ÉTABLISSEMENT A NANTES, RUE DE LA FOSSE

PRÉFACE

E bon accueil fait à l'ouvrage publié récemment par nous sous le titre de Paris dans sa Splendeur, nous a confirmé dans la pensée, depuis longtemps conçue, de consacrer à la ville de Rome une publication du même genre. Le titre seul de cette nouvelle œuvre indique cette parenté : Rome dans sa Grandeur est très-manifestement la sœur de *Paris dans sa Splendeur.* Il est permis d'ajouter que Rome est, à tous les points de vue, une sœur aînée.

Rome a été pour le monde antique, et est demeurée pour le monde chrétien, la Ville par excellence; si bien que dans la langue antique et dans la langue chrétienne, ce mot de ville employé seul, indique Rome et n'indique que Rome. Rome a cette destinée unique d'avoir été sans interruption le centre d'un pouvoir sous la main duquel l'humanité s'est courbée, vaincue par le glaive ou par la parole, par la conquête ou par l'apostolat, par la force ou par l'amour. Les anciens avaient été heureux dans le choix du nom énergique de la cité païenne, qui veut littéralement dire *force* (ρωμη); le mysticisme du moyen-âge découvrit que l'anagramme de *Roma,* c'est *amor* (amour).

Ce qu'une domination si incontestée et tant de fois séculaire a entassé de monuments sur ce sol privilégié, il n'est besoin de le dire à personne. Toutes les civilisations ont été successivement amenées à payer leur tribut à la Cité Reine; et par un don mystérieux, là, les ruines elles-mêmes vivent et s'éternisent. Ce n'est pas le Catholicisme seul qui a donné à sa capitale le nom de *Ville Éternelle;* les poètes la chantaient sous ce titre : Virgile écrivait que « les dieux n'avaient assigné à l'empire de Rome aucune limite ni dans le temps ni dans l'espace; » Tibulle employant le mot catholique lui-même, parlait des « murailles de la Ville Éternelle, » et le vieux monde polythéiste élevait des autels à l'immortalité de Rome divinisée.

La ville des papes s'est superposée et juxtaposée aux ruines de la ville des Césars, sans éprouver le besoin de balayer ce que le temps et le vandalisme avaient laissé debout. Quant aux temples des dieux, le Christianisme s'est souvent contenté de les purifier en les dédiant au *Dieu Unique,* et de la même main qui surmontait de la croix les menhirs éternels, il a planté cette croix sur le Capitole, éternel comme eux. Et comme si ce n'était point encore assez de ces monuments visibles, la Rome des empereurs et la Rome des papes recouvre la Rome souterraine des martyrs, les catacombes, « ruynes profondes jusques aux antipodes, » pour employer la pittoresque expression de Montaigne.

Temples dédiés à toutes les divinités du polythéisme, et aux empereurs qui dépassèrent en cruauté et en infamie les plus infâmes et les plus monstrueuses de ces divinités; palais des Césars; statues taillées par l'inimitable ciseau des Grecs; marbre et bronze, or et ivoire; arcs de triomphe; tombeaux ornés et fastueux comme des temples; thermes, vastes et somptueux comme des palais; *forum* où la brigue et l'audace connurent plus de triomphes que l'éloquence et la liberté; amphithéâtres où rugirent toutes les bêtes fauves, et des spectateurs plus féroces qu'elles, et que rougit tour à tour le sang des gladiateurs et des martyrs; sanctuaires héroïques des catacombes, sanctuaires triomphants du Vatican et du Latran, palais des papes, plus merveilleux que ceux des Césars, et pour lesquels l'art semble avoir atteint ses dernières limites en consacrant les noms de Raphaël et de Michel-Ange; palais et jardins des vieilles familles cardinalices, dont les musées valent une fortune; monastères tout remplis de trésors artistiques et littéraires : quelle ville offrit jamais un tel ensemble et de tels détails?

Rome est la seule ville de l'Europe qui soit nécessairement préservée de cette fièvre de la truelle dont sont simultanément saisies toutes les capitales aujourd'hui. A Rome, vous ne pourriez pas réaliser le plus petit boulevard sans vous condamner à remuer des milliers de marbres historiques et toujours vivants qui crieraient anathème!

C'est ce musée immense que nos artistes ont eu la mission de reproduire. Ils avaient un écueil à éviter : c'était la vulgarité des vues de Rome. S'il n'y a rien sous le ciel de plus universellement et de plus complétement beau, il n'y a rien qui ait été plus souvent représenté, dans tous les formats et par tous les procédés, depuis l'invention de la gravure jusqu'au perfectionnement de la photographie. Mais l'art convaincu et sincère a des ressources infinies. En retraçant des types consacrés, qui, de tout temps, ont attiré de préférence les regards et l'étude des curieux, nos dessinateurs ont soigneusement cherché à les présenter sous des aspects nouveaux, et plus propres à faire comprendre la signification architecturale ou pittoresque des monuments. On trouvera surtout, dans notre livre, ce qu'on ne rencontre que trop rarement et toujours d'une façon incomplète et interrompue, dans les innombrables publications artistiques, qui, depuis trois siècles, ont été consacrées à la Ville Éternelle; nous voulons parler de ces vues d'ensemble, qui présentent seules la physionomie vraie d'un grand site ou d'une grande ville, vues auxquelles l'habileté de l'artiste sait donner l'illusion du relief, et qui sont à la fois un mémorial pour celui qui a eu le bonheur de voir ces belles choses, et un guide pour celui qui va les contempler, soit dans leur réalité, soit dans de nombreuses planches de détail, plus attrayantes les unes que les autres : car, suivant le mot d'un juge compétent, le directeur de notre Académie de Peinture à Rome : « Ici, un peintre peut s'asseoir n'importe où, et en copiant simplement ce qu'il voit, il est sûr d'avoir composé un tableau. »

Voilà le plan, et nous osons le dire, le côté neuf de cet album. Dans un panorama, où chaque objet trouve seulement sa place microscopique, le lecteur, conduit par l'artiste au sommet de la coupole de Saint-Pierre, contemplera la VILLE, dans son majestueux ensemble, encadrée de son horizon de montagnes; puis redescendu de ces hauteurs qui donnent le vertige, et placé dans des observatoires moins élevés, il verra de plus près les principaux quartiers, les perspectives sur le Tibre, et les groupes successifs de ces monuments divers qui font, dans leur agglomération, comme dans leurs détails auxquels il arrivera enfin, la grandeur de la Rome pontificale. La vieille Rome n'est pas autrement traitée; avant d'être conduit au pied de chacune de ses ruines célèbres, le spectateur en aura étudié la position relative dans une série de vues générales du Forum, du Campo-Vaccino, du Colisée et de tout ce qui entoure le *Colosse* et enfin de cet *Agro Romano,* où, comme le dit Virgile, le laboureur ne saurait enfoncer le soc, sans mettre à nu les grands ossements de marbre des siècles passés.

Quelqu'importance que nous ayons donnée à cette partie intéressante de l'œuvre, elle eût été insuffisante si le travail de l'écrivain ne fût venu à l'aide de celui du peintre pour parler à l'intelligence, à la mémoire et au cœur, pour décrire et expliquer ce que les planches représentent avec exactitude, et traiter d'une infinité de choses que le crayon et le burin ne représentent pas.

Pour comprendre Rome antique, il faut se remémorer l'histoire qu'elle contient tout entière, comme l'a si bien montré le regrettable Ampère, dans le dernier et le meilleur de ses livres. Pour comprendre Rome moderne, il faut avoir relu l'histoire de la Papauté, dont elle est l'œuvre. Pour pénétrer avec fruit dans les catacombes, il faut y être conduit par celui qui en a deviné si merveilleusement la carte mystérieuse. Pour ne pas s'égarer au milieu de ce dédale de basiliques, de couvents, de palais, de musées, il faut des guides sûrs et instruits; enfin, pour que les grands monuments du Catholicisme ne semblent pas vides et muets, il faut les peupler de cette hiérarchie séculaire : papes, cardinaux, évêques, prélats, abbés, moines, qui donnent aux cérémonies romaines ces magnificences devant lesquelles les plus incroyants s'inclinent. Il faut aussi connaître, par les sommets au moins, l'organisation de l'administration ecclésiastique, en correspondance avec le monde entier, de ses congrégations, de ses tribunaux, de ses hospices, de ses confréries, de ses colléges. Puis, comme Rome est vivante et qu'il y a dans Rome une population romaine, il faut bien dire les mœurs et les habitudes de ce peuple, dont les costumes pittoresques animent les vues que le lecteur a sous les yeux.

Les livres écrits sur Rome sont innombrables, depuis les in-folio consacrés à l'histoire, à l'archéologie, à l'art, à la diplomatie, au cérémonial romain, jusqu'à ces petits volumes uniformément parés du titre de *Guides*, et dont toute la prétention parfois assez peu justifiée, se borne à remplir, auprès du voyageur, le modeste office de *Cicerone*.

Un savant évêque français, auteur de l'un des meilleurs livres que nous ayons sur Rome, Mgr Gerbet, pensait que, malgré la multiplicité des écrits et des voies de communication, « Rome est loin d'être connue, particulièrement du public français, autant qu'elle devrait l'être et qu'il serait facile qu'elle le fût; » il semblait appeler de ses vœux et voir dans l'avenir un ouvrage destiné à atteindre ce but. Il disait excellemment dans la préface de son *Esquisse de Rome Chrétienne :*

« La majeure partie du public littéraire se trouve placée entre deux rangs d'ouvrages dont les uns disent trop et les autres trop peu : il n'y a pas, pour elle, de ressource intermédiaire entre une lecture insuffisante et une lecture impossible. Dans la république des lettres, les grands travaux d'érudition sont des espèces de domaines privilégiés, substitués, de génération en génération, à l'usage de ces hommes de retraite et d'étude qui forment en général l'aristocratie des lecteurs. Les résumés sont destinés, par leurs auteurs eux-mêmes, à circuler comme une monnaie courante, jusque dans les dernières classes du public qui lit quelque chose. Les livres sur Rome chrétienne font défaut pour la classe moyenne des lecteurs qui n'est ni docte ni ignorante, mais intelligente et cultivée [1]. Elle est aujourd'hui très-nombreuse en France. Grâce à la diffusion plus générale de certaines connaissances qui servent plus à ouvrir l'esprit qu'à l'enrichir, il y a une foule d'hommes qui, sans être ni théologiens, ni archéologues, ni artistes, sont prédisposés à comprendre le caractère de cette ville sublime. Cette classe de lecteurs se compose, du reste, d'éléments très-divers, de catholiques d'abord, qui savent qu'il y a des trésors de piété, d'instruction et de poésie dans les monuments sacrés dont Rome est le principal foyer; de protestants qui n'en sont plus à voir en elle Babylone, quoiqu'ils n'y voient pas encore Jérusalem; d'hommes enfin qui, n'étant plus assez chrétiens pour reconnaître tout ce qui est divin, le sont encore assez pour être attirés vers ce qui l'exprime. L'attraction qu'elle exerce sous ce rapport a été favorisée par les circonstances. Depuis que cette ville est devenue, par la facilité des voyages, le rendez-vous de l'Europe, on parle beaucoup d'elle dans des livres de tout genre, dans les salons qui sont des journaux vivants; dans les journaux qui sont les salons bruyants de l'opinion. Il s'est formé ainsi pour elle un public plus nombreux, plus attentif, qui la regarde de près ou de loin et *qui semble attendre des ouvrages faits exprès pour lui.....* »

N'est-ce pas à cette idée, si bien exprimée, de Mgr Gerbet, que répond à peu près le plan de notre livre? Celui-ci contribuera, nous l'espérons, à combler, à certains points de vue, la lacune que signalait l'habile écrivain. Il n'est composé ni pour les érudits seulement, ni pour les seuls antiquaires, ni pour les seuls artistes ou touristes, ni même exclusivement pour les catholiques; mais il s'adresse à tous les lecteurs honnêtes et sérieux. C'est avant tout, nous osons l'affirmer, une œuvre d'information sûre et de bonne foi. Tous ceux qui y ont collaboré se sont fait connaître par des travaux spéciaux sur Rome : tous savent Rome; il est superflu d'ajouter que tous aiment Rome, et n'en peuvent parler qu'avec respect et avec amour.

Il n'est aucun homme lettré et grave qui n'ait subi la fascination de Rome. L'esprit des villes industrielles ne peut glisser à l'oreille du négociant hâtif qu'un chiffre; l'âme des villes historiques entretient avec les érudits des conversations sans fin. A Rome, c'est l'humanité tout entière qui revit et vit encore, et entre la religion qui

[1] Mgr Gerbet ajoutait en note : « J'apprends en ce moment, par les journaux, que M. Eugène de la Gournerie vient de faire paraître un livre sur Rome chrétienne. Le talent, l'instruction et la piété de cet écrivain garantissent le mérite de cette production..... »

révèle les mystères de l'avenir et les ruines qui racontent les mystères du passé, l'homme éprouve malgré lui un apaisement viril et sain. Le président de Brosses lui-même, le correspondant de Voltaire, et l'un des représentants du XVIII siècle parlementaire, le disait en termes charmants : « Il faut que vous sachiez que les gens ne sont jamais croyables quand ils vous disent qu'ils vont partir de Rome. On y est si bien, si doucement, et il y a tant à voir et à revoir que ce n'est jamais fait. »

Avant le président de Brosses, Montaigne avait aussi payé son tribut à la séduction romaine.

« Me trouvant inutile à ce siècle, ie me reiecte à cet aultre; et en suis si embabouiné que l'estat de cette vieille Rome, libre, iuste et florissante (car ie n'en ayme ny la naissance ny la vieillesse), m'interesse et me passionne; par quoi, ie ne sçaurois reveoir si souvent l'assiette de leurs rues et de leurs maisons, et ces ruynes profondes iusques aux antipodes, que ie ne m'y amuse. Est-ce par nature ou par erreur de fantaisie que la veue des places que nous sçavons avoir esté hantées et habitées par personnes desquelles la memoire est en recommendation, nous esmeut aulcunement plus qu'ouïr le recit de leurs faicts, ou lire leurs escripts?..... Et puis, cette mesme Rome que nous voyons mérite qu'on l'ayme : confédérée de si long temps, et par tant de tiltres, à nostre couronne; seule ville commune et universelle : le magistrat souverain qui y commande est recogneu pareillement ailleurs : c'est la ville metropolitaine de toutes les nations chrestiennes; l'Espaignol et le François, chascun y est chez soi; pour estre des Princes de cet Estat, il ne fault qu'estre de Chrestienté, où qu'elle soit. Il n'est lieu çà bas que le ciel ait embrassé avecque telle influence de faveur et telle constance; sa ruyne mesme est glorieuse et enflée. »

Ainsi par les souvenirs qu'elle réveille, par les spectacles qu'elle offre, Rome parle à l'esprit des savants et des artistes; mais partout et en toutes choses elle sait bien autrement encore parler au cœur de ceux qui, pour employer le langage de Montaigne, sont véritablement et bonnement « de chrestienté. » Pour ceux-là, Rome tout entière est un temple où retentissent sans interruption les oracles divins; pour ceux-là, Rome est plus qu'une reine, c'est une mère, et tous les catholiques répètent cet hymne si connu, par lequel Joseph de Maistre, termine et résume son livre *du Pape*, et où déborde l'éloquence entraînante de l'ardent écrivain :

« O sainte Église de Rome! tant que la parole me sera conservée, je l'emploierai pour te célébrer. Je te salue, mère immortelle de la science et de la sainteté! *Salve, magna parens!* C'est toi qui répandis la lumière jusqu'aux extrémités de la terre, partout où les aveugles souverainetés n'arrêtèrent pas ton influence, et souvent même en dépit d'elles. C'est toi qui fis cesser les sacrifices humains, les coutumes barbares ou infâmes, les préjugés funestes, la nuit de l'ignorance; et partout où tes envoyés ne purent pénétrer, il manque quelque chose à la civilisation. Les grands hommes t'appartiennent : *Magna virûm!* Tes doctrines purifient la science de ce venin d'orgueil et d'indépendance, qui la rend toujours dangereuse et souvent funeste. Tes Pontifes seront bientôt universellement proclamés agents suprêmes de la civilisation, créateurs de la monarchie et de l'unité européennes, conservateurs de la science et des arts, fondateurs, protecteurs-nés de la liberté civile, destructeurs de l'esclavage, ennemis du despotisme, infatigables soutiens de la souveraineté, bienfaiteurs du genre humain. Si quelquefois ils ont prouvé qu'ils étaient des hommes : *Si quid illis humanitùs acciderit,* ces moments furent courts : *Un vaisseau qui fend les eaux ne laisse pas moins de traces de son passage,* et nul trône de l'univers ne porta jamais autant de sagesse, de science et de vertu. Au milieu de tous les bouleversements imaginables, Dieu a constamment veillé sur toi, ô VILLE ÉTERNELLE! Tout ce qui pouvait t'anéantir s'est réuni contre toi, et tu es debout; et comme tu fus jadis le centre de l'erreur, tu es depuis dix-huit siècles le centre de la vérité. »

Écrit dans des jours de trouble, ce livre a conservé le calme qu'on ne trouve nulle part plus qu'à Rome; en présence des dangers de l'avenir, nous avons contemplé, dans sa grandeur séculaire, la Rome des papes surmontant la Rome des empereurs, et nous avons la conscience d'en avoir tracé un fidèle portrait.

INTRODUCTION

COUP-D'ŒIL SUR L'HISTOIRE DE ROME ANCIENNE

Il y a un coin du monde qui, plus qu'un autre, attire, depuis vingt siècles au moins, les regards du genre humain. Ce lieu est du petit nombre de ceux dont le nom n'a jamais changé; car, il y a 2,617 ans, on l'a appelé *Roma*, c'est-à-dire *force;* et ses habitants lui ont toujours donné le même nom, sans une lettre de plus ni de moins. Nulle ville en Italie, bien peu de villes en Europe sont dans le même cas.

Rome est aujourd'hui la plus ancienne capitale du monde. Paris, Londres, Pékin, Constantinople sont bien plus modernes, sinon comme villes, toutes du moins comme capitales. Des chefs-lieux de grands empires, qui ont existé ou avant, ou pendant, ou même après l'empire romain, de Memphis, de Ninive, de Babylone, de Persépolis, de Carthage, de Ctésiphon, de Bagdad, d'Aix-la-Chapelle, que reste-t-il? Ou rien, ou des ruines, ou tout au plus une préfecture. Partout ailleurs, la grandeur du passé a été mortelle au présent: à Rome, elle le fait vivre.

Rome est, depuis qu'elle est née, la capitale d'un État, grand ou petit: elle est depuis deux mille ans la capitale du monde. Elle se donne ce titre et le monde ne le lui conteste pas. Des souverains, à moins bon droit qu'elle ne l'a fait, ont pu se dire maîtres du monde; nulle autre ville, avant ni après elle, n'a pris ce titre; et probablement nulle autre ville ne le prendra.

Ne vous étonnez donc pas si l'on se dispute ce coin du globe. La nation italienne, qui proclame qu'elle a la primauté sur toutes les races humaines, voudrait de plus avoir sous sa tutelle exclusive cette ville qui a l'incontestable primauté sur toutes les autres villes; ce serait trop.

On se demande d'où vient ce phénomène, quelle est la cause de cette primauté si permanente et si invincible. On la cherche de prime-abord dans les conditions physiques du sol, c'est-à-dire dans une disposition primordiale de la main du Créateur. Ce serait une grande cause ; est-ce la vraie cause ?

Je sais, il est vrai, qu'une science qui parle vivement à nos imaginations, mais qui laisse une large place à la conjecture, nous raconte avec une poésie grandiose la manière dont s'est formé le sol romain. La mer couvrait ces plaines et « la main de Dieu préparait sous les eaux cette décoration magnifique » qu'à un jour donné il devait élever au-dessus de leur surface. Les croupes de l'Apennin étaient des promontoires que battaient les flots, et leur chaîne dessinait un golfe semi-circulaire à une des extrémités duquel la pointe isolée de Circé ressemblait à une des îles bleues de la mer Égée. Le groupe isolé des montagnes albaines qui portent aujourd'hui Albano et Frascati sur leurs flancs, était encore au fond de la mer, attendant que les feux souterrains l'en fissent sortir. Sur les coteaux de l'Apennin croissaient librement l'oranger, l'aloès, le cactus. L'éléphant, le rhinocéros, le tapir, le mastodonte erraient en paix sur ces hauteurs que le pied de l'homme n'avait pas touchées. Sur un point perdu au fond de la mer, des argiles bleues et grises s'entassaient peu à peu et se couronnaient d'un lit de sable jaune ; ce devait être plus tard le Janicule. Des autres collines romaines, si grandes dans l'histoire, si petites dans la nature, rien n'apparaissait encore.

Mais dans le cours des âges la puissance des feux sous-marins s'est développée. Le fond de la mer s'est soulevé comme se soulève une voile gonflée par le vent. Les collines romaines d'abord, puis la campagne romaine a vu le jour. De tout cet océan, il n'est resté que des lacs épars çà et là dans la plaine, des lacs aujourd'hui disparus, mais dont la trace se voit encore et dont nous trouvons les coquillages. Rome elle-même n'a été longtemps qu'un grand lac, parce que le Tibre, arrêté près d'Ostie par un barrage naturel, débordait au loin sur la plaine. On a trouvé des coquillages d'eau douce sur le Capitole, aux pieds de la statue de Marc-Aurèle. À cette époque, le Pincio, le Janicule et les deux pointes capitolines s'élevaient comme des îles, portant des saules, des aulnes et des roseaux. Un courant rapide passait entre les deux cimes du Capitole et formait en tombant dans le Forum une magnifique cascade que personne ne voyait. L'homme, en effet, était encore absent de ce paysage grandiose, et, seuls, les daims, les chevaux, les porcs et les bœufs étaient venus disputer aux éléphants et aux hippopotames la possession du futur Latium.

En un mot, pour terminer avec les paroles du savant [1] si spirituel, si regretté et si regrettable auquel nous empruntons ces aperçus, « la mer, le feu, les eaux douces ont travaillé successivement à constituer l'assiette de Rome, et ces divers ministres de la nature y ont mis successivement la main.

Tantœ molis erat Romanam condere TERRAM. »

J'aime ces grandes fantaisies de la science, dans lesquelles l'auteur lui-même convient que son imagination, poétique quoique savante, peut avoir eu quelque part. Mais elles symbolisent la grandeur de Rome, elles ne l'expliquent pas. Elles la présageaient, elles en étaient les signes divins ; elles n'en ont pas été l'instrument.

Tout au contraire, de ce grand travail de la nature, qu'est-il resté de profitable au prosaïque travail de l'homme ? Des coquillages, du tuf, une terre peu fertile ; un climat que les révolutions du globe devaient rendre plus rigide. Car, depuis que le Latium est habité, ni l'aloès, ni l'oranger n'y poussent plus si ce n'est dans les jardins ; le mastodonte n'y vit plus et l'éléphant ne saurait s'y perpétuer.

Je sais bien que Tite-Live, faisant parler Camille, n'est pas de mon avis et semble croire la situation physique et géographique de Rome très-favorable à sa future grandeur : « Ce n'est pas sans raison, dit-il, que les dieux et les hommes ont choisi ce lieu pour y établir notre cité ; ces collines dont l'atmosphère est très-saine ; ce fleuve, ouvert à la navigation, qui de l'intérieur des terres nous apporte les fruits, de la mer les marchandises ; la mer assez proche pour nos communications, assez loin pour que nous ne soyons pas exposés aux flottes ennemies. Rome est un point central entre les diverses contrées italiques, fait tout exprès pour aider au progrès d'une cité [2]. »

C'est Camille qui parle ainsi, qui parle au peuple romain prêt à émigrer et veut le décider à vivre là où ses ancêtres ont vécu. Tite-Live, parlant pour son propre compte, eût peut-être parlé autrement. Il eût jugé peut-être que, si ces collines étaient salubres, la campagne l'était fort peu ; que ce fleuve dont il parle était d'importance médiocre, peu susceptible d'une grande navigation ; que Rome, placée comme elle l'était sur ses bords, était trop loin de la mer pour devenir une grande cité navigatrice, assez loin des montagnes pour n'y pouvoir trouver un refuge ; que les hauteurs sur lesquelles elle était bâtie étaient bien faibles pour sa défense ; d'autant plus que le Janicule et le Pincio la dominaient, celui-ci placé hors de son enceinte, l'autre isolé d'elle par le Tibre et formant comme une enceinte à part.

Enfin Tite-Live eût été forcé de dire que le climat était mauvais. Du temps de Tite-Live, la campagne romaine était insalubre, la fièvre y était endémique, et son contemporain Horace parle des maladies ordinaires en été et souvent mortelles, avec le même sentiment d'effroi que ferait le Romain le plus délicat d'aujourd'hui [3]. Sans doute, deux ou trois siècles avant lui, en un temps où Rome était déjà puissante et peuplée sans être encore aussi riche en argent et en esclaves ; en un temps où la culture n'avait pas été aussi universellement remplacée par le pâturage, où l'Italie avait encore des forêts, où une population nombreuse et vivace assainissait la plaine en la cultivant ; l'insalubrité du climat avait dû être plus énergiquement combattue. Mais il n'en est pas moins probable que cette insalubrité est de tous les siècles. Les autels de la Fièvre furent des premiers qu'on éleva dans Rome ; la Fièvre était fille de Saturne, le premier roi du Latium ; et le peuple de Rome, du temps de Camille, savait très-bien dire à Camille lui-même que le territoire de Véies était autrement vaste et autrement salubre

----

[1] M. Ampère, l'*Histoire romaine à Rome*. Paris 1862. — [2] IV, 54.

[3]
  Cùm ficus primâ calorque
 Designatorem decorat lictoribus atris
 Officiosa que sedulitas et opella forensis
 Adducit febres et testamenta resignat.
    Ep. 1. 7.

que celui de Rome [1]. Je ne vois donc pas, quoi qu'en dise le libérateur du Capitole, que Rome eût beaucoup à remercier ses dieux ni ses fondateurs de la place qu'ils lui avaient choisie.

Non, ce n'est point par des moyens physiques que Dieu a voulu opérer la grandeur de Rome. Il l'a faite, on peut le dire, par des âmes. Il l'a faite par la voie qui, après les voies surnaturelles, procède le plus directement de lui, par la force morale qu'il y a mise, par le choix des créatures humaines qu'il a voulu faire naître sur ce coin du monde.

Et ce qu'il a mis sur ce coin du monde, ce ne ne sont pas tant des grands hommes, c'est une grande nation. À Rome, dans le temps de sa force et de sa gloire, l'individu est peu de chose. Les plus illustres demeurent à l'état héroïque et légendaire; leurs noms sont restés gravés sur le bronze ou dans le cœur de leurs concitoyens par quelque grande action, par quelque héroïque dévouement : mais nul individu ne peut se glorifier d'avoir formé ce peuple ou même d'avoir exercé sur sa vie et sur son progrès une influence un peu puissante. Il n'y a pas ici de Charlemagne ni d'Alexandre; il n'y a pas de César, car César appartient à la décadence romaine; il y a un peuple. Rome s'appelle légion ou, si vous l'aimez mieux, s'appelle nation. Rome est république plus que république ne l'a jamais été ; c'est la chose publique pensante et vivante. Les plus grands hommes ne sont ici que des instruments héroïques et dévoués; ils ne dominent pas, ils sont dominés.

La grandeur de Rome accomplie par la seule force morale et à l'encontre des causes matérielles plutôt qu'avec leur aide, et cette force morale résidant dans le corps de la nation plus que dans aucun de ceux qui la composent, collective et anonyme plutôt qu'individuelle et nommée : voilà ce que nous présente l'histoire de la Rome païenne; voilà le noble instrument que Dieu sut se faire à lui-même afin de préparer dans la grandeur de ce peuple le triomphe de son Église, dans cette Rome idolâtre la Rome chrétienne, comme dans la Rome chrétienne de ce monde, il prépare pour les catholiques la Jérusalem du Ciel.

C'est, ce me semble, ce que va nous montrer une rapide esquisse des origines et du progrès de la puissance romaine.

I

Tout le monde se rappelle le passage dans lequel un historien de l'antiquité distingue les âges divers du peuple romain : son enfance sous les rois, son adolescence pendant les deux premiers siècles de la république, sa jeunesse ou plutôt sa virilité jusqu'à Auguste, sa vieillesse (et quelle triste vieillesse!) sous les premiers Césars : « Sauf cependant (ajoute l'historien, ami de Trajan et dont l'amitié voudrait croire à une infraction aux lois de la nature) sauf qu'aujourd'hui, sous le principat de Trajan, Rome agite ses bras engourdis, et, contre toute espérance, à l'âge de la vieillesse, retrouve une jeunesse nouvelle [2]. »

Pour être vrai, il faut faire durer l'enfance de Rome beaucoup plus longtemps et commencer sa vieillesse beaucoup plus tôt. L'enfance de Rome, selon nous, a été de trois siècles et demi, pendant lesquels il y avait une ville plutôt qu'il n'y avait un peuple. Son âge viril a duré tout au plus autant; et, avant que le septième siècle fût bien avancé, a commencé une longue vieillesse qui remplit à elle seule un temps aussi étendu que celui des deux autres âges. Le peuple romain (ou pour mieux dire l'État romain) a été comme les centenaires qui, bien que plus fortement constitués que les autres hommes, n'arrivent cependant pas plus tard à la vieillesse, mais voient leur vieillesse durer plus longtemps. Les années que Dieu leur donne en plus s'ajoutent à leur vieillesse, non à leur âge mûr.

Parlons donc d'abord de ce que nous appelons l'enfance de Rome, et il nous sera facile de reconnaître, malgré le prestige rétrospectif que les siècles postérieurs y ont ajouté, combien elle a été pénible, combien lente dans son progrès, combien peu elle semblait prédestinée.

Nous ne nous arrêterons pas longtemps sur les origines de la cité romaine. Un scepticisme, légitime en une certaine mesure, a troublé depuis une quarantaine d'années des croyances qui au fond n'étaient pas bien fortes dans les esprits. Dès le collège et sans que les professeurs allemands fussent encore venus s'en mêler, nous ne tenions déjà plus pour bien certain que Romulus eût été nourri par une louve ou qu'il eût été enlevé au ciel dans un orage. Qu'il y ait une forte part de légende populaire et de vanité nationale dans les annales romaines des quatre premiers siècles : c'est ce dont, au fond, personne n'a jamais douté. Que toute cette histoire, jusqu'à la destruction de Rome par les Gaulois, c'est-à-dire pendant trois cent soixante ans, repose sur des traditions orales plutôt que sur des documents écrits : je l'admets. Que Tite-Live et Denys d'Halicarnasse, écrivant trois ou quatre siècles après les événements, aient été dépourvus de tout document sérieux : je le crois très-possible. Qu'en résulterait-il? Un blanc absolu sur ces quatre siècles d'histoire romaine, le silence? Je m'y résignerais. Mais qu'un professeur de Bonn ou de Tubingue, écrivant, lui, vingt-deux siècles après les événements, ait eu à sa disposition des documents plus sûrs que ceux de Tite-Live et de Denys d'Halicarnasse; qu'il ait été, non-seulement en droit de tenir pour douteuse l'histoire qu'ils ont écrite, mais en mesure de la refaire; qu'il la raconte à son tour avec tout autant de détails, quoique avec d'autres détails : j'avoue que j'ai peine à l'admettre. Je sais la profondeur scientifique, je sais la perspicacité, je sais même le génie de quelques-uns de ces écrivains et je les tiens pour être au nombre des plus élevés de notre siècle ; mais je ne leur accorde pas et je n'accorde à personne le don de seconde vue. Il est bien vrai qu'aujourd'hui, à en croire certains panégyristes, la critique historique serait réellement une seconde vue. Quand elle naquit en Europe, il y a deux ou trois cents ans, elle se présenta modestement comme une science positive, une science logique, raisonnant, discutant à la façon du vulgaire des hommes, allant du connu à l'inconnu par le syllogisme comme le faisait Aristote, ou par A + B comme le fait le plus modeste géomètre de la terre, rendant compte de ses procédés et prétendant les faire

---

(1) *Ager Veientanus uberior ampliorque Romano agro*, Liv. V, 45.

Cicéron, même après des siècles de grandeur, préfère la situation de Capoue à celle de Rome : « *Romam in montibus positam et convallibus, cœnaculis sublatam atque suspensam, non optimis viis, angustissimis semitis, præ sua Capua, planissimo in loco explicata ac præ illis semitis irridebunt atque contemnent.* Contrà *Rullum*, 11, 35.

(2) *Florus in præfat.*

approuver par quiconque est doué de raisonnement. Il n'en est plus de même aujourd'hui; la critique historique est devenue une science occulte, une science descendue d'en haut, une science intuitive; elle ne cherche pas, elle sait; elle ne doute pas, elle affirme; elle ne prouve pas, elle prononce; elle n'a point étudié, elle a vu. Elle a vu l'histoire romaine, et elle sait au juste en quelle chose Tite-Live s'est trompé, en quelle chose il a dit vrai. Elle a vu (hélas!) l'histoire évangélique, et elle sait où Marc et Mathieu ont dit vrai, où Jean et Luc se sont trompés. Ne lui demandez pas comment elle a vu; ne lui demandez pas des preuves, des démonstrations; les preuves, les démonstrations, la dialectique, le syllogisme, sont choses qu'elle méprise au plus haut degré : elle ne doit pas compte de ses procédés au vulgaire; elle n'est tenue à rien justifier devant les profanes; elle s'appelle la Critique (*quia nominor Leo!*), et elle ne relève que d'elle-même.

Quand apparaissent pour la première fois une nation romaine, une ville de Rome? Il est difficile de le dire. D'après les témoignages anciens eux-mêmes, et à plus forte raison d'après la critique moderne, plusieurs des collines romaines ont été habitées avant l'époque fixée par Varron comme celle de la fondation de Rome par Romulus. On nous parle d'une Saturnia, ville sabine, sur le Capitole, de Sicules et de Pélasges sur le mont Palatin, de Ligures (des Basques, dit-on [1]) sur le mont Esquilin. Le nom même du Quirinal atteste une origine sabine.

Une chose est donc certaine, c'est qu'à un âge antérieur à l'histoire romaine classique, bien des peuples s'étaient déjà rencontrés sur ce point du monde : ou des peuples errants comme les Pélasges, ou des peuples fixés à demeure dans les pays voisins et se touchant à ce point d'intersection marqué par la Providence. Les Étrusques habitaient la rive gauche du Tibre, le Trastevère; la terre des Sabins arrivait jusqu'au Quirinal; les Latins s'étendaient dans la plaine. Du haut du Capitole, on pouvait découvrir trois races parfaitement distinctes: l'une, la race étrusque, dont les affinités sont encore un mystère et la langue le plus indéchiffré de tous les idiômes; les deux autres, parentes peut-être, mais dont la parenté, à cette époque, était déjà bien éloignée.

Et, entre ces races, un germe nouveau a surgi, un rejeton de la souche latine a poussé sur cette colline à laquelle la déesse des chaumières (Palès) a donné son nom, et qui, à son tour, a donné ce nom aux palais. Sur le sol pélasgique ou ligure du Palatin, la Rome carrée des Pélasges (car le nom de Rome viendrait d'eux) s'est arrondie et a enceint toute la colline. Ça été là plutôt l'occasion que l'origine du peuple romain.

Quel que soit, du reste, le nom qu'on peut donner à la petite colonie latine qui s'est établie là, ses débuts n'ont été probablement ni aussi glorieux ni aussi triomphants qu'on a voulu le dire depuis. Que les Sabins avec Tatius ou avec Numa, aient été les maîtres de ce coin de terre; que, depuis, le peuple étrusque y ait régné par les Tarquins et y ait dominé par les armes avec Porsena; cela est fort probable. Que la petite cité palatine ait été annexée à la cité capitoline ou à la cité quirinale bien plutôt qu'elle ne se les est annexées; cela est d'une probabilité qui arrive à la certitude.

C'est donc ainsi que cent soixante-quinze ans se seraient passés : les collines romaines portant chacune une cité distincte, ces cités appartenant à des races différentes, et la cité Palatine, celle qu'habitait la race romaine proprement dite, étant loin d'avoir une primauté incontestée. (Je dis cent soixante-quinze ans avec les historiens anciens, quoiqu'ils ne nous donnent que cinq règnes pour remplir ce long espace de temps.) Mais vers la fin du second siècle, il est certain qu'un grand changement s'est opéré. A cette époque, il y a une ville et il commence à y avoir un peuple. Sous le règne, évidemment important, de Servius Tullius, s'élève une enceinte qui gardera pendant dix siècles son caractère sacré; le *pomœrium* renferme le *septimontium* nouveau (car il y en avait un autre plus ancien), c'est-à-dire les sept collines : Palatin, Capitole, Quirinal, Aventin, Cœlius, Viminal, Esquilin. Les sept villes ou les sept citadelles placées sur ces sept hauteurs différentes ne feront plus désormais qu'une seule Rome.

Septemque una sibi muro circumdedit arces.

Et le même roi qui a fait la ville commence, mais commence seulement, à faire le peuple. Quelle qu'ait pu être dans ses détails la constitution politique de Servius Tullius, ce qui est certain, c'est qu'elle a eu ou pour but ou pour effet de pousser vers l'unité les deux ou trois races, très-séparées jusque-là, qui habitaient côte à côte les collines romaines (an de Rome 175). En donnant à la propriété et à la fortune une prépondérance politique, elle l'ôte à la race. Elle établit ainsi un niveau proportionnel entre le Sabin et le Latin, entre l'ancien citoyen et le nouveau, entre le vainqueur, maître depuis longtemps de la cité, et le vaincu qui y a été amené par la victoire. Le droit de suffrage, s'il a appartenu exclusivement au patricien sabin, ne lui appartient plus exclusivement; l'habitant d'Albe, transporté par Tullius Hostilius sur les flancs de l'Aventin, n'est plus tenu si loin des assemblées populaires. En un mot, les distinctions de races ne se sont sans doute pas encore effacées, mais elles commencent à s'amoindrir devant des distinctions nouvelles. Et pour compléter ces signes d'un rapprochement entre les races, l'auteur de la loi est lui-même un étranger; c'est l'Étrusque Mastarna, jadis esclave, a-t-on prétendu, qui, sous le nom latin ou sabin de Servius Tullius, essaye de faire de la Rome sabine, latine, étrusque, non-seulement une seule cité, mais un seul peuple, et d'unir dans une seule nationalité (si ce mot moderne et peu heureux est ici admissible), ceux qu'il a unis dans une même enceinte. Répétons-le donc : à cette époque, il y a une Rome, et il commence à y avoir un peuple romain.

Mais il faudra du temps pour que le peuple romain arrive à la plénitude de son existence et de son unité. Après le long règne de Servius Tullius, après le long règne de son successeur, une grande révolution s'accomplira; le peuple de Rome proclamera qu'il est libre (an 245 de Rome); mais il ne sera pas encore un. Pendant tout un siècle encore, il y aura deux nations dans la même ville. Dans les combats si célèbres entre les patriciens et la *plebs*, il est impossible, même à l'homme le plus éloigné de ce préjugé qui veut voir des questions de races partout, de ne pas voir des querelles de races. Patriciens ou plébéiens, Sabins ou Latins, premiers nés du sol romain ou nouveaux venus amenés par la victoire (distinctions que je ne prétends pas rendre absolument identiques) sont deux républiques superposées l'une à l'autre,

[1] « Le mot d'*Esquilie* voudrait dire *la ville des Ligures*. Dans la langue basque, *ilia* a le sens de ville. *Iak* est, selon M. de Humboldt, le nom national des Ibères de nos jours, des Basques; sans doute, ce nom était déjà celui des Ibères d'alors, des Ligures. » M. Ampère, t. I, p. 102.

dominées l'une par l'autre, s'insurgeant l'une contre l'autre, mais complètes chacune à part. Chacune a sa religion (les dieux et les rites ne sont pas tous les mêmes), chacune a ses lois, chacune a son Forum et ses assemblées; chacune a ses magistratures-inaccessibles à l'autre; de l'une à l'autre, il n'y a point de mariage. Elles ne se rapprochent qu'au camp et sur le champ de bataille; c'est l'ennemi commun qui les réunit, et les nécessités de la guerre seront, pour la nation inférieure, le grand moyen de s'élever au niveau de la nation supérieure et de se fondre avec elle. Le peuple inférieur porte l'épée et conduit la charrue, comme le peuple supérieur, cela est vrai; mais son épée est sujette de l'épée patricienne, et sa charrue, grévée par la dette, restera souvent oisive parce que le laboureur aura été enfermé dans la prison patricienne. Au point de vue et selon le droit de la nation supérieure, la nation inférieure n'est rien. Comme l'a très-bien dit un homme qui rêvait l'histoire, mais qui souvent la rêvait juste, notre admirable et excellent Ballanche, le plébéien était sans force, sans parole, sans loi (*inops, elinguis, ex lex*). Le patricien seul avait la loi, la puissance civile, la parole; le plébéien ne pouvait vivre qu'à titre de protégé, et quelquefois les historiens appellent les plébéiens pris en masse du nom de clients.

De telles luttes et de telles distinctions se sont produites presque partout et dans presque toutes les républiques, parce que partout, et surtout dans les républiques, la race s'est trouvée mêlée. Les nations, du moins les nations de notre Europe, même aux premiers temps historiques, ne sont déjà plus que des nations de seconde formation. Dans tous les États républicains, il y a donc eu des luttes pareilles; à Athènes et dans les autres cités de la Grèce, il y a eu lutte entre les Eupatrides et le peuple; en des temps plus modernes, au moyen-âge et jusque pendant le dernier siècle, Zurich, Genève, d'autres cités helvétiques se sont partagées entre les anciens citoyens et les nouveaux, entre les héréditaires et les *natifs*, comme on disait à Genève. Même aux États-Unis, malgré la puissance du niveau démocratique, on a vu, avant que des querelles plus sanglantes n'éclatassent, les *Know-nothings* réclamer brutalement l'exclusion des étrangers admis jusque-là au droit de cité. Partout les anciens citoyens se sont résignés avec peine à faire place aux nouveaux; partout la guerre a eu lieu entre l'aristocratie aborigène et la démocratie naturalisée.

Partout aussi, et à Rome principalement, la querelle entre les ordres ou les races s'est compliquée de l'éternelle querelle entre le riche et le pauvre, entre le débiteur et le créancier. Ce n'est pas qu'à Rome les patriciens ne fussent bien souvent pauvres, et les plébéiens bien souvent riches; aussi la querelle financière a-t-elle duré encore, lorsque la querelle politique était apaisée; elle a duré, ou plutôt elle n'a jamais fini, à Rome pas plus qu'ailleurs. Toujours est-il que le patriciat et la *plèbe* se sont combattus à titre de créancier et de débiteur; que les endettés sont venus au secours des ambitieux, les affamés à l'aide des disgraciés, le débiteur poursuivi à l'aide du démocrate humilié; que le peuple, retiré au Mont-Sacré pour ne pas payer ses dettes, en est revenu parce qu'on lui a accordé, non sa libération pécuniaire, mais un commencement d'émancipation politique, non pas un *quietus*, mais des tribuns.

Si, au temps de ces luttes, l'aristocratie du premier siècle, le patriciat, eût possédé le grand sens politique qui plus tard devait être donné à l'aristocratie des temps postérieurs, il eût peut-être compris qu'il fallait faire des sacrifices. Il eût adouci la rigueur des lois sur les dettes, et sans pouvoir l'éteindre, il eût peut-être atténué l'éternel débat du pauvre qui doit et du riche qui exige. Il eût de bonne heure ouvert au peuple cette curie patricienne où le peuple était si jaloux d'entrer. Il eût de bonne heure ouvert ses maisons aux filles plébéiennes et cimenté par des alliances l'unité de la nation. Il eût compris, en un mot, que le régime des castes n'était fait que pour les peuples de l'Orient, et que l'Occident, pour son bonheur et pour sa gloire, était appelé tôt ou tard à le voir disparaître. En devinant ainsi dans l'avenir ce que nous, nous lisons si facilement et si commodément dans le passé, le patriciat eût avancé de deux siècles peut-être l'œuvre de la grandeur romaine.

Mais ce miracle d'intelligence politique qui ne s'est opéré ni à Athènes, ni à Genève, ne s'est pas opéré non plus à Rome. Le patriciat y a résisté longtemps et obstinément. Il en résulte que, pendant cette longue période qui s'étend de l'expulsion des rois à la guerre des Gaulois (245-365), pendant cette période si riche, grâce à ses héros ou peut-être à ses annalistes, en actes brillants de dévouement et d'énergie, Rome demeura néanmoins sur la défensive, toujours inquiète et toujours menacée. Sous les rois, elle avait fait un grand pas en avant : elle avait détruit Albe, le centre plutôt que le chef de la confédération latine, et elle était arrivée à une sorte de prépondérance, sinon d'autorité directe, sur cette confédération. Mais ce pas là fut longtemps le dernier. Ce n'est pas qu'à cette époque l'énergie, le courage, le patriotisme manquent dans Rome : les querelles du Forum elles-mêmes cessent au bruit d'une invasion des Herniques; les plébéiens, déjà en marche pour se retirer sur l'Aventin, vont donner leurs noms aux consuls pour la milice; et, à son tour, le patriciat, dans ces moments suprêmes, sait donner des magistrats populaires ou des lois protectrices à ce peuple qui lui offre son sang. Mais, on le comprend assez, cette union qui ne s'effectue qu'en face de l'extrême péril, peut suffire pour sauvegarder la patrie, non pour l'affermir, encore moins pour l'agrandir. Ces temps d'héroïsme militaire sont malgré tout des temps d'infériorité politique. Coriolan, Camille, les trois cents Fabii, ces héros du patriciat, eussent peut-être conquis le monde; mais, desservis par la défiance ou disgraciés par l'ingratitude plébéienne, ils n'ont été que les défenseurs courageux et nécessaires d'une patrie sans cesse prête à périr. On vit, un jour, une armée romaine, par haine pour le consul, refuser de vaincre.

Aussi, qu'était-ce, à la fin de cette période, que la puissance romaine, si nous l'apprécions à la mesure d'après laquelle les puissances modernes ont l'habitude d'apprécier mutuellement leurs forces, la possession des territoires et l'influence au dehors? Sur la rive droite du Tibre, les Étrusques laissaient à peine aux Romains le Vatican et le Janicule. Sur la rive gauche, Rome avait autour d'elle sa ceinture de villes latines, alliées un peu subordonnées, mais non dépendantes. Ces villes, c'étaient entre autres Boville, à quatre lieues de Rome; Gabies, à quatre lieues et demie; Nomentum, à cinq. Plus loin, dans les montagnes, à sept ou huit lieues de distance, les Eques et les Herniques, c'est-à-dire les peuples de Tivoli et de Palestrine, furent longtemps redoutés des Romains; après eux, les Volsques, c'est-à-dire les riverains des marais Pontins, formèrent une puissance sous laquelle Rome pensa périr. A la veille de l'invasion gauloise, trois cent soixante ans après Romulus, Rome, qui fut depuis maîtresse du monde, pouvait posséder en propre un territoire d'une trentaine de lieues carrées. Le grand exploit qui termine cette période, c'est la prise de Véiès après un siége de dix ans (358), et Véiès est située à quatre lieues de Rome. Comment croire alors aux recensements que donne Tite-Live, d'après lesquels quatre-vingt mille citoyens, c'est-à-dire quatre-vingt mille familles auraient été, sur un territoire bien plus étroit encore, comptés par Servius Tullius?

Disons-le donc : la puissance romaine demeura plus de trois siècles dans l'enfance, dans une enfance précaire et menacée; tant de valeur et d'héroïsme ne furent dépensés que dans un pur intérêt de sécurité et n'assurèrent qu'une sécurité bien imparfaite. Cet étroit territoire, ce champ romain (*ager romanus*) pouvait être le berceau d'Hercule; mais c'était un berceau, et les bras de l'enfant, à son quatrième siècle, n'étaient pas encore assez vigoureux pour étouffer les serpents qui le menaçaient.

Cependant (et ceci va nous mener à la période virile du peuple romain), soixante ans environ avant ce terme de l'invasion gauloise, un grand pas avait été fait hors du berceau, un grand progrès s'était opéré vers l'unité, un des éléments essentiels de la vie future de Rome avait été déposé dans son sein. Rome avait eu son droit civil (302).

Disons un mot de ce droit civil, contenu, comme on le sait, dans la loi des Douze Tables. Par son origine d'abord, la loi des Douze Tables fut un symbole d'unité; elle fut le résultat d'un accord momentané entre les deux ordres; elle fut leur œuvre commune; la création des décemvirs qui la rédigèrent fut ordonnée par un plébiscite sur la motion d'un tribun, mais les décemvirs eux-mêmes furent patriciens. De plus, par sa nature, la loi des Douze Tables était un lien; elle obligeait également les deux ordres; elle leur imposait un droit public commun; elle faisait la part de l'antiquité et de la nouveauté, du droit sabin et du droit latin; en un mot, elle était une pour ce peuple qui n'avait pas encore son unité. Et enfin elle apportait un des grands éléments de la vie romaine en ce sens que, la première dans Rome elle constituait, d'une manière précise et durable, ces deux choses si fondamentales partout et principalement à Rome, la propriété et la famille.

Elle les constituait, il faut le remarquer, sur le principe, plus chrétien qu'il n'est antique, du droit de l'homme individuel. Il s'en fallait, en effet, que dans l'antiquité païenne, il en fût ordinairement ainsi. Les cités ioniennes de la Grèce, Athènes surtout, avaient pu donner parfois de nobles exemples d'humanité; mais là même ç'avait été un noble élan, ce n'était pas devenu un principe. Et, au contraire, les républiques doriennes, avec leur civisme despotique, avaient brisé l'individu pour le soumettre à la loi; elles ne l'avaient considéré que comme citoyen ou plutôt comme sujet, jamais elles ne l'avaient respecté comme homme, comme père de famille, comme possesseur. De cette violence, exercée par les législateurs doriens contre la nature humaine, était né le caractère monstrueux, si je l'ose dire, des vertus mêmes qu'ils imposaient. Aussi le châtiment de ces républiques fut-il leur peu de durée; la législation de Lycurgue à Sparte ne dura guère qu'un siècle, et Sparte elle-même ne compta guère que trois siècles avant de tomber dans une décadence plus rapide que celle d'aucune autre cité.

À Rome seule, il appartenait de placer le droit de la propriété et le droit de la famille au niveau du droit de l'État. À Rome le propriétaire fut immuable sur son domaine, comme le dieu Terme au Capitole; le père fut absolu dans sa famille, comme le consul à la tête de l'armée. Le testateur eut un droit illimité sur la chose, l'enfant et l'esclave qu'il laissait après lui; le testateur fit la loi (*uti legassit ita jus esto*). Le pouvoir et l'absolutisme de l'État donc s'arrêtèrent devant le pouvoir absolu de l'homme sur sa personne, sur son bien, sur sa famille. Or cette justice rendue à l'homme par l'État, cette justice si rare, emporta avec elle sa récompense. On comprendrait bien peu, en effet, les conditions des sociétés humaines si l'on ne sentait pas ce que la force de ces institutions domestiques a dû donner d'énergie au peuple romain. Les peuples sont ce que les fait leur droit civil, qui est à la racine de leur vie et à chaque heure de leur existence; au contraire ils sont bien peu ce que voudraient les faire leurs institutions politiques, forme extérieure et variable qui n'affecte guère le fond des sociétés. L'immutabilité de la propriété romaine a fait l'immutabilité de la souveraineté romaine, la puissance de la famille romaine a fait la puissance de l'État romain. La chose privée a fondé la chose publique; Rome a duré parce qu'elle a été juste, au moins envers ses propres enfants.

En passant, voulez-vous avoir de cette puissance de la famille romaine une preuve secondaire, mais qui me semble assez frappante? J'ai dit ailleurs combien les influences politiques individuelles sont moins marquées dans l'histoire romaine que dans toute autre histoire; les noms propres disparaissent devant le nom collectif du corps qui gouverne. Mais il n'en est pas de même des influences de famille. D'abord (et cette remarque de détail a son prix), dans l'antiquité grecque et orientale, il n'y a pas de noms de familles; à Rome au contraire la famille a un nom, comme elle en a un chez nous chrétiens, parce que, à Rome et chez nous, la famille a plus d'importance qu'ailleurs. C'est ce nom-là, plus que le nom personnel, qui retentit dans l'histoire : nous disons Brutus, Scipion, Cicéron, Virgile; nous ne disons pas Lucius, Marcus, Publius: leurs prénoms ne sauraient suffire à les distinguer. Et de plus, ce nom de la famille, dans l'histoire, a une signification politique qui lui est propre et qui ne s'effacera qu'aux époques de pleine décadence. Qui dit un Valerius ou un Horatius, dit un patricien populaire et favorable à la cause du peuple; qui dit un Claudius, dit un patricien orgueilleux, despotique, incapable de fléchir soit par pitié soit par peur. La similitude des personnages divers d'une même famille a été parfois si grande que la critique moderne s'est crue autorisée à confondre en un seul des personnages qui ont ainsi porté le même nom et joué le même rôle; elle a voulu y voir ce qu'elle appelle des héros légendaires, je pourrais ajouter des héros légendaires dédoublés et reparaissant de siècle en siècle. Mais la critique a prouvé par là qu'elle sait bien peu ce qu'est la permanence de l'esprit de famille et la puissance de l'hérédité. Toutes les aristocraties offrent des exemples de ce rôle politique héréditaire à toutes les générations d'une même famille. Il y en a eu d'éclatants en Angleterre; il y en a eu même en notre pays où la noblesse a été si peu une aristocratie, et où le sens politique a été si faible chez les grands seigneurs. D'une génération à l'autre, il se transmet autre chose que du sang; la famille a son être propre, son caractère, son unité, son esprit qui passe de génération en génération. Elle l'a partout; elle l'avait à plus forte raison à Rome où, par la loi et par les mœurs, elle était si puissamment constituée. Rome a dû une grande partie de sa force à ce sentiment héréditaire, à ce patriotisme de la famille qui avait sa place dans le patriotisme de la nation. La *res domestica* avait sa vie propre et faisait vivre la *res publica*.

Un grand pas avait donc été fait le jour où Rome avait constitué ou du moins précisé son droit civil. Mais le temps approchait où, par le droit public, une révolution plus complète encore allait s'opérer, à partir de laquelle commencent la puissance, l'unité, la grandeur du peuple romain. C'est aussi du même temps que date, aux yeux des modernes et même de Plutarque, l'histoire romaine certaine et positive. Le moment que nous allons raconter sépare donc l'histoire, de la mythologie; le peuple mi-parti, du peuple devenu un; l'époque défensive et précaire de la vie romaine, de son époque de puissance et de progrès.

Fixons les temps. Rome venait de subir le plus rude échec et le plus extrême péril qu'elle ait connus (363). Les Gaulois, nos pères, avaient occupé la ville, l'avaient détruite et n'avaient pas été loin de prendre le Capitole. Le Capitole et Rome par suite, avaient été sauvés par Manlius, par Camille, par les oies, par un marché à prix d'or; peu importe.

Après ce désastre, la ville de Servius Tullius, matériellement parlant, n'existait plus. Il en restait peut-être son *pomœrium* encore debout; il en restait une œuvre d'architecture utile et grandiose, la *Cloaca Maxima*, car les Romains étaient un peuple *utilitaire* (pour parler le mauvais langage moderne), et leur plus ancien comme l'un de leurs plus remarquables monuments a été un égout; il restait encore de la Rome de Servius, l'emplacement et les ruines de ses temples, de son Forum, de sa Curie; places marquées pour un éternel avenir et que Rome, plus fidèle que Paris, a religieusement retrouvées et conservées. Mais, cela excepté, tout avait été détruit; la ville se rebâtissait à la hâte, irrégulière, infidèle aux anciennes traces et aux anciens rites, sans consécration religieuse et patricienne *(inauspicata)*; ce n'était plus la ville du patriciat légal et sacerdotal: c'était la ville illégale et profane des plébéiens.

C'est peut-être pour cela qu'une vingtaine d'années après la retraite des Gaulois, la *plebs* triompha et le patriciat cessa de régner (387). La ville s'étant renouvelée, la *cité,* pour prendre le mot dans son sens antique, devait se renouveler aussi. Rome, d'ailleurs, qui avait été longtemps déserte, ne s'était pas seulement renouvelée, mais repeuplée; et en se repeuplant, elle avait pu acquérir des idées nouvelles comme des citoyens nouveaux. Mais surtout, l'imminence du danger qu'on avait traversé faisait sentir à tous la nécessité de mettre fin à ces longues querelles intérieures qui affaiblissaient la république au dehors, et de fortifier l'unité par l'égalité. Le patriciat dut consentir au triomphe de ces ambitions plébéiennes dont le progrès avait été si lent jusque-là: pour la première fois, un consul plébéien fut nommé par le peuple et reconnu par les patriciens; peu à peu les autres charges, la dictature (398) et la censure (403) elles-mêmes devinrent accessibles à tous. En même temps que la loi venait en aide aux plébéiens, elle venait en aide aux pauvres (ce qui n'était pas tout-à-fait la même chose): elle essayait des mesures d'un succès toujours douteux pour le soulagement des débiteurs; par des distributions de terres domaniales et par un *maximum* imposé à la possession de semblables terres, elle ouvrait aux pauvres l'accès à la propriété. Cette révolution de l'an 387 ne s'opéra pas sans une dernière lutte qui fut encore vive; elle se termina pourtant dans la concorde et même dans la joie. La paix se faisait donc entre les deux ordres, nous pouvons dire entre les deux peuples! Il ne devait plus y avoir à partir de ce jour qu'un seul peuple romain! Aussi une fête nouvelle fut-elle décrétée par le Sénat aux applaudissements des plébéiens, une fête plus sincèrement célébrée que ne le fut plus tard la fédération de 1791; une journée de jeux ajoutée aux féries latines, marqua désormais l'anniversaire de cette grande époque.

On n'avait pas tort: cette fête était une fête légitime; cet embrassement fut sérieux et fécond. Ce jour fut véritablement le jour de naissance du peuple romain. Depuis Servius Tullius, Rome était une seule ville. Depuis les lois du tribun Licinius, Rome fut un seul peuple.

Quels devaient donc être la nature et le caractère de ce peuple auquel une mission si singulière était confiée par la Providence et qui était chargé d'amener, humainement parlant, ce que j'appellerai le grand moment de l'histoire du monde?

Il ne faut pas chercher au peuple romain des qualités brillantes, du prestige, de la poésie. De même que la ville de Rome, je l'ai dit, n'était pas la plus heureusement située qui fût au monde, de même aussi le peuple romain n'a pas été le plus heureusement doué des peuples de la terre. A l'une et à l'autre, les dons qui frappent au premier regard devaient manquer. Sans doute, chacune des races qui ont concouru à la formation du peuple romain, lui a apporté son élément de force et de grandeur; les Sabins, rudes montagnards, race de pâtres et de guerriers, lui ont apporté leurs vertus viriles, leur dureté agreste, leur religion simple jusqu'à la grossièreté; les Latins, habitants de la plaine, gens de mœurs et de civilisation plus douces, lui ont apporté les vertus et les dons du laboureur, l'amour de la terre, la patience au travail, le culte des dieux champêtres; les Étrusques, qui ne peuvent pas compter parmi les pères du peuple romain, mais qui, par leur voisinage et leurs immigrations fréquentes, ont eu leur part d'influence, ces Étrusques, plus civilisés que les deux autres peuples, ont donné à Rome, moins des hommes que des lois, moins des vertus que des institutions; Rome tient d'eux la partie la plus élevée, la plus mystérieuse, la plus grave de sa religion. Mais somme toute, comme il y a loin de cette Rome à la Grèce antique et à l'Italie moderne! Comme les dons de l'intelligence ont été parcimonieusement mesurés à l'une, abondamment donnés aux autres. Rome n'a point de poésie: les poètes errants que la Grèce fêtait sous le nom de Rhapsodes, Rome les appelle des vagabonds et des bandits *(grassatores*..... *spatiatores)*: elle n'aura des poètes que sous la tardive influence et à l'école de la Grèce. Rome n'est point artiste: la peinture et la sculpture ne seront guère chez elle que de tardives importations helléniques. Rome n'a pas le goût de la science: elle n'en apprécie que les résultats pratiques et politiques; et qui ne veut de la science que ses résultats, n'a pas même ces résultats; il faut aimer la science pour elle-même, elle ne donne ses fruits matériels qu'à ceux mêmes qui les dédaignent. Rome n'a point le génie philosophique: les abstractions de la métaphysique lui sont étrangères autant que les rêves de l'imagination; à une époque déjà avancée de la vie nationale, elle chassera de son sein les philosophes. Non, Rome n'a point cette universalité du génie de l'ancienne Grèce et du génie de l'Italie moderne, l'un et l'autre à la fois, poète, artiste, savante, philosophe.

Rome n'est rien de tout cela. Rome est exclusivement une nation politique, militaire, et plus encore légiste. Son droit lui tient lieu de tout. Son droit est sa poésie: il s'appelle un chant *(carmen)*. Son droit est sa philosophie; Cicéron veut voir dans la loi des Douze Tables une philosophie plus haute que celle des maîtres de la Grèce. Son droit est sa religion; car Rome a un droit sacré comme elle a un droit civil, et la religion est pour elle une loi qu'elle exécute bien plus qu'une croyance qu'elle accepte ou un sentiment qu'elle satisfait. Son droit gouverne même sa vie militaire; car la milice a sa loi comme tout le reste, le soldat ne tue qu'en vertu d'un serment et sur l'ordre du consul, le soldat est l'exécuteur de la loi nationale contre les étrangers révoltés. C'est un peuple fait pour obéir et pour combattre, bien plus que pour sentir, pour aimer et pour penser.

« Oui, je le crois, d'autres sauront ciseler avec plus de souplesse l'airain qui respire sous leurs doigts ; d'autres feront sortir du marbre des images pleines de vie ; d'autres parleront avec plus d'éloquence ; mieux que toi, ils mesureront avec leur compas les régions du ciel, et marqueront aux astres le temps de leur lever. Pour toi, Romain, faire plier les peuples sous ton commandement, leur dicter les lois de la paix, épargner ceux qui se soumettent, briser l'orgueil de ceux qui résistent, sache-le bien, voilà les arts pour lesquels tu es fait [1]. »

Lorsque Virgile écrivait ces vers tant de fois cités, il avait pénétré les secrets de la Providence. Toute la mission et toutes les aptitudes du peuple romain ont été celles-là seules qu'indique le poète. Les Latins lui ont enseigné la culture, les Sabins la guerre, les Étrusques lui ont donné son droit religieux d'où son droit civil est sorti ; mais Dieu même, si je l'ose dire, lui a donné l'esprit politique. Peuple laboureur, soldat, juriste, citoyen, quand le monde a été par lui conquis, défriché, amené à l'unité du gouvernement et des lois, rien ne lui est resté à faire et il n'y a plus eu de peuple romain.

Tel a été ce peuple dont, pour nous, l'âge viril et la pleine unité datent de la proclamation de ces lois Liciniæ-Sextiæ, qui ont établi l'égalité entre les ordres et le droit de tous à la propriété, à la liberté, aux honneurs.

Seulement il ne faut pas s'y tromper, et c'est ici encore un des éléments essentiels de la vie romaine : cette égalité entre les citoyens ne devait être qu'une égalité de droits, non de puissance ; cette démocratie ne devait être qu'une démocratie légale. L'aristocratie de droit ne fut détrônée que pour faire place à une aristocratie de fait ; Rome n'eut plus à sa tête une caste, mais une classe. Tandis que l'ancien patriciat fermait ses portes et vivait seul dans son orgueil de race, l'aristocratie qui lui succéda laissa la porte entr'ouverte derrière elle ; elle fut accessible ; elle put se recruter au dehors et en se recrutant se fortifier.

Rappelons-nous, en effet, que, la *plebs* ayant été au sein de Rome une nation à part, cette nation, comme la nation patricienne, avait ses chefs, ses magistrats, ses familles riches, ses familles nobles, son aristocratie. Ces plébéiens, puisqu'on les appela ainsi, venus à Rome de côtés divers, de cités vaincues, mais de cités qui avaient eu leur grandeur, y étaient arrivés avec leurs traditions, leurs distinctions de classes, leurs généalogies, leur noblesse (il n'y a guère de famille plébéienne arrivée aux honneurs qui ne parle des dieux de la Sabine ou des nymphes du Latium dont elle est descendue). Les riches et les nobles de la *plebs* avaient été ses chefs dans la guerre contre le patriciat ; ils avaient été tribuns du peuple avant qu'il leur fût permis d'être consuls. Quand le consulat, la préture, les sacerdoces furent ouverts, ce furent ces familles-là qui y entrèrent ; quand des plébéiens se multiplièrent sur les bancs du Sénat, ce furent ces plébéiens-là qui vinrent s'y asseoir. Ils avaient été l'aristocratie de la *plebs* opprimée et combattante : ils furent l'aristocratie de la *plebs* émancipée et triomphante ; ils furent, pour une partie du moins, le Sénat de la Rome nouvelle, de la Rome devenue une, le grand Sénat de la grande Rome.

Ce fait est capital ; car cette aristocratie, mi-partie patricienne et plébéienne, devait être la digne tête de ce peuple romain politique et soldat que nous venons de décrire. Rome avait besoin de son Sénat. S'il ne s'était trouvé une aristocratie merveilleusement douée de sens politique pour couronner cette société et pour diriger ce peuple, que fut-il advenu ? Rome eût-elle duré plus que ne durèrent les cités de la Grèce ? Dans l'antiquité, la démocratie pure était impossible. Les délibérations populaires ne pouvaient être sérieuses ; on ne délibère pas à dix mille ni même à deux mille personnes. La presse, le scrutin, le vote par représentants, rendront-ils plus sérieuse dans les temps à venir la souveraineté populaire ? Je ne l'examine pas ; mais, dans l'antiquité, à qui ces inventions manquaient, l'assemblée du peuple ne pouvait être autre chose qu'un moyen de publicité. Dans ces assemblées le peuple ne parle pas, on lui parle : à Rome, les magistrats seuls, consuls, préteurs ou tribuns, montent à la tribune ; à Athènes, la fonction d'orateur est une charge officielle. Le vote ne peut guère être régulier ; le silence ou les acclamations disent oui ; l'émeute et les coups de pierres disent non. La souveraineté populaire n'était donc réelle que par l'émeute, et partout où, comme dans Athènes, elle prétendit être réelle et journalière, elle mena vite à la servitude et à la ruine.

Il fallait qu'elle fût éludée pour être dirigée. Servius Tullius avait donné cet exemple, et, par son système de classes et de centuries, avait assuré aux plus riches un vote prépondérant. D'autres subterfuges, disons mieux, d'autres fictions légales, dans ce pays qui fut essentiellement le pays des fictions légales, servirent au même but. Il était reçu que ces assemblées en plein air étaient dissoutes de droit par le tonnerre et par la pluie (*Jove tonante, pluente, comitia haberi nefas*) : mais qui jugeait que Jupiter avait tonné ? C'étaient les augures ; et bien souvent une pluie fictive, un coup de tonnerre entendu par eux seuls, servirent à rompre une assemblée du peuple prête à prendre des mesures funestes. Autre fiction : l'assemblée par centuries était censée une réunion, non du peuple, mais de l'armée ; elle se tenait hors de la ville, au Champ-de-Mars ; aussi était-il convenu que le drapeau, arboré au Janicule, annonçant l'approche de l'ennemi, obligeait le camp à courir aux armes. Aux jours où l'on vit l'assemblée des centuries sur le point de prendre une résolution fâcheuse, le drapeau flotta aussitôt sur le Janicule, et, grâce à ce merveilleux respect des fictions légales qui caractérise les Romains et les Anglais, l'assemblée se sépara sous prétexte d'aller combattre des Eques ou des Herniques qu'on savait non-seulement paisibles, mais soumis.

C'est grâce à ces expédients qu'à Rome la souveraineté populaire trouva un Sénat pour la diriger : et, sous la direction du Sénat, la République romaine eut une durée inouïe parmi les États de l'antiquité païenne, une puissance inouïe parmi tous les peuples du monde. Je l'ai déjà dit : dans Rome, au temps de sa gloire, les plus grands hommes ne furent guère que de grands généraux, des soldats dévoués, des conseillers, en certaines occasions, prudents et habiles ; ils ne furent point des directeurs d'État ; nul d'entre eux n'eut une action politique un peu puissante. Il n'y eut à Rome qu'une grande influence, mais une influence anonyme et collective ; il n'y eut qu'un grand homme : le Sénat.

(1)   *Excudent alii spirantia mollius æra*
        Credo equidem, et vivos ducent de marmore vultus.
        Orabunt causas melius, cœli que meatus
        Describent radio et surgentia sidera dicent.
        Tu regere imperio populos, Romane, memento.
        Hæ tibi erunt artes, pacisque imponere morem,
        Parcere subjectis et debellare superbos.
                                                    ÉNÉIDE.

Qui ne sent ce qu'un tel souverain pouvait donner de force vitale et de force expansive à une nation? La royauté élective donne à un peuple des maîtres mutuellement rivaux, dont chaque avénement est une révolution et souvent une guerre civile. La royauté héréditaire lui donne des maîtres, qu'identifie sans doute un certain esprit de famille, mais qui, souvent aussi, sont bien divers de mœurs, d'idées, de politique, qui de plus, cédant à l'illusion de cette transmission héréditaire, prennent bien souvent la patrie pour une ferme et la nation pour un troupeau patrimonial. La souveraineté directe des assemblées populaires entraîne l'irrésolution, la mobilité, les passions violentes et contraires. Le patriciat enfin constitue un état de lutte intérieure dans lequel celui qui gouverne doit être tôt ou tard détrôné. Mais au contraire, pour la fixité des desseins, pour la persévérance politique, la patience, la modération, le sang-froid, pour les délibérations mûres et en même temps décisives, rien n'est comparable au gouvernement que Dieu donna au peuple romain. Héréditaire de fait, et de droit accessible à tous, dominant le peuple, mais se recrutant dans le peuple, l'appelant son souverain et le gouvernant, le gouvernant au dedans et au dehors avec fermeté et avec sagesse, le Sénat était bien le chef qui devait conduire Rome à la conquête du monde; c'était bien l'outil de la Providence pour cette unité momentanée du monde civilisé qui était dans l'ordre de ses desseins.

Et de plus, le Sénat eut le mérite, rare chez les aristocraties opulentes, de combattre la prépondérance de la richesse. Les lois de Licinius et de ses successeurs qui fixaient le maximum de l'intérêt de l'argent, qui atténuaient les droits des créanciers sur le débiteur, qui, par des distributions ou des locations de terres domaniales, travaillaient au maintien de la petite propriété, pouvaient bien n'avoir qu'une valeur économique assez médiocre, et n'être à un mal universel que des remèdes partiels et locaux. Il faut dire cependant qu'à Rome ces remèdes eurent un résultat; pauvres et débiteurs ne cessèrent pas, sans doute, de se plaindre : mais, pendant deux siècles au moins, la *plebs* demeura propriétaire; il y eut des laboureurs; il y eut par conséquent des soldats. Et le Sénat, qui maintint les lois de Licinius, fut récompensé comme souverain de la modération qu'il imposait à ses membres comme propriétaires ou créanciers.

Du côté de la richesse, en effet, était le grand péril des peuples antiques. Le luxe est-il ou non funeste aux États modernes? Je ne l'examine point. Mais le luxe dans l'antiquité leur était incontestablement fatal. L'instrument du luxe, c'était l'esclavage; le progrès du luxe, c'était l'augmentation du nombre des esclaves. Qui avait de l'or achetait des esclaves, soit pour accroître ses jouissances, soit pour faire fructifier son capital. La richesse et le luxe avaient donc pour résultat de multiplier sur le territoire national une population étrangère, opprimée, ennemie, sans tradition et sans patrie, une population qui ne pouvait recruter les armées et qui ne s'acquittait que médiocrement de la culture. Aussi, dès que les peuples antiques deviennent riches, ou, pour mieux parler, dès qu'ils possèdent le numéraire en abondance, ils périssent avec une rapidité inouïe : leur numéraire s'employant en esclaves, ils peuvent avoir une population totale plus nombreuse, mais ils ont moins de bras réellement utiles, moins de blé, moins de soldats. Au contraire, le succès, la victoire, les conquêtes sont pour les peuples qu'on appelle pauvres, mais qui en réalité sont plus riches comme ils sont plus puissants, parce qu'ils ont et plus de blé et plus de soldats. La plus grande force de Rome au point de vue matériel, c'est que, de bonne heure, elle a su agglomérer sur un étroit territoire, à l'intersection de trois peuples, une population relativement nombreuse, et une population libre presque tout entière, ayant par conséquent assez d'activité pour trouver sa nourriture dans le sol, assez d'épées pour se défendre. Un acte de sagesse des rois de Rome, que le patriciat n'a point imité, mais que le Sénat, à sa bonne époque, a su renouveler, ça été de ne pas trop marchander aux vaincus la nationalité romaine ou au moins la liberté sous le joug romain et de se faire ainsi de ses ennemis des auxiliaires. De cette façon, la force romaine est restée, dans la proportion de son territoire, plus nombreuse que toute autre force italique. La nation romaine n'était pas encore une grande nation que Rome était déjà une grande ville; et cette ville, où les esclaves étaient rares, était la caserne d'une forte armée; et cette armée trouvait à vivre, parce qu'elle maniait la charrue comme l'épée. Cette pauvreté donc, puisqu'on l'appelle ainsi, cette pauvreté de la population romaine était précieuse à maintenir. Les lois *Liciniæ* étaient des lois somptuaires, des lois destinées à défendre la nation romaine contre l'invasion de l'or, du luxe et de l'esclavage. Elles lui rendirent longtemps ce service; et quand, plus tard, l'or et l'esclavage eurent vaincu les lois *Liciniæ*, la décadence de Rome commença.

Voilà donc sous quels auspices s'ouvrait le V⁰ siècle de Rome : les deux ordres unis en un seul peuple, la prépondérance de la richesse combattue par les lois *Liciniæ*, l'égalité des droits mise en pratique; et, sur la base de cette égalité, une aristocratie nouvelle se formant et dirigeant la nation avec une rare intelligence; grâce à cette aristocratie, les affaires de Rome conduites avec une prudente et infatigable énergie; grâce à elle encore, les armées puissantes (ne serait-ce que pour cette raison qu'à territoire égal, Rome avait moins d'esclaves, plus de laboureurs et plus de soldats). Il ne faut pas s'imaginer du reste, quand nous parlons de l'union des ordres, que toute querelle intérieure eût cessé, que la limite entre la souveraineté du Sénat et celle du peuple, entre le droit du créancier et la liberté du débiteur, fût assez positivement déterminée pour ne plus donner lieu à des luttes même violentes. Mais on peut juger que ces luttes ne portaient plus atteinte à la force de la cité, quand on voit quel était au dehors le progrès de la puissance romaine.

Ce V⁰ siècle en effet fut peut-être le plus laborieux de l'histoire romaine; mais aussi le plus fécond pour la grandeur de Rome. C'est à cette époque que Rome conquiert ou plutôt s'associe l'Italie. J'oppose à dessein ces deux mots l'un à l'autre; car la puissance de Rome s'accroît bien plus que son territoire. Le Sénat n'avait point, comme les princes modernes, la passion des territoires. Le Sénat, qui avait plus qu'une existence viagère, savait attendre, et, au lieu de se faire des millions de sujets qui le lendemain eussent été des rebelles, il se faisait des alliés qui bientôt devaient être des sujets ou vaudraient autant que des sujets.

C'est ainsi que l'Italie passa, plus ou moins ouvertement, sous la loi de Rome. L'Italie se divisait entre des peuples riches et civilisés que leur richesse et leur civilisation poussaient à la décadence, et des peuples encore énergiques et pauvres, qui avaient hâte de profiter de la ruine des premiers. Les Étrusques vers le Nord, les colonies helléniques sur les côtes méridionales avaient reçu ou apporté d'ailleurs en Italie la richesse, les arts, les dons de l'intelligence, mais aussi la corruption et la mollesse. Ces Étrusques, qui avaient été de courageux pirates, qui avaient eu la mer sous leur loi, n'étaient plus célèbres que par leur embonpoint. Les colons de la Grande-Grèce, navigateurs eux aussi, commerçants, riches, civilisés, formaient des républiques qu'agitaient tous les vents de la passion populaire, et la lacédémonienne

Tarente n'avait pas beaucoup plus d'énergie que l'achéenne Sybaris. Cet affaiblissement des peuples maritimes n'avait pas gagné les peuples montagnards. Sans parler des Gaulois qui occupaient le Nord et la côte orientale de l'Italie jusqu'à Ancône (ce territoire ne s'appelait pas encore et ne s'appella que longtemps après du nom d'Italie), les Abruzzes, les Apennins, les Calabres renfermaient des populations encore agrestes et guerrières, Samnites, Lucaniens, Bruttiens, qui opprimaient déjà les Étrusques établis dans la Campanie, qui dominaient les villes de la Grande-Grèce, qui s'emparaient de Cumes et menaçaient Tarente.

Au milieu de ces ennemis divers, Rome sut marcher à la suprême puissance, peu empressée de les absorber, mais contente de les vaincre une fois, de les gagner ensuite. — Avant même le Ve siècle et peu après la retraite des Gaulois, les Latins, les plus intimes auxiliaires et les plus proches parents de la République romaine, les Latins se révoltent et veulent former une ligue à part : Rome les contraint à rester ses confédérés et oblige seulement la fédération latine à se subordonner davantage à elle ; mais son territoire proprement dit ne s'augmente que de la seule Tusculum réduite à l'autonomie d'une simple bourgade romaine (371-373). — Peu après, une querelle éclate entre Rome et plusieurs cités étrusques ; elles sont vaincues, mais elles restent libres et la seule ville de Cœré devient terre romaine (396). — Capoue, colonie étrusque, menacée par les Samnites, appelle les Romains ; Capoue est délivrée et reste libre, mais soumise (411). — Palæpolis (Naples) est assiégée et prise par les Romains malgré les Samnites ; Palæpolis et les villes grecques ses voisines sont admises à traiter avec Rome à droit égal sans un mot de soumission ni d'infériorité (428). — Enfin la guerre s'ouvre contre ces redoutables Samnites, nombreux, puissants, guerriers, et c'est là une des luttes les plus dures et les plus périlleuses que Rome ait eu à soutenir : après trente ans de combats, les Samnites restent abaissés, mais libres encore (464).

De ces cent années de luttes, de cette période vraiment héroïque de l'histoire romaine, quel est donc le bénéfice pour Rome? De vastes territoires conquis? des préfets envoyés au loin pour les régir? d'abondants tributs? Non, il lui reste seulement quelques trophées au Capitole, et des renforts de citoyens ou d'alliés pour ses armées ; il lui reste surtout des colonies, c'est-à-dire des points fortifiés ou près de la mer ou dans les montagnes, occupés par des citoyens ou par des alliés fidèles. Ces colonies romaines qui devaient un jour porter jusqu'au bout du monde le nom et la puissance de Rome, lui assuraient déjà la fidélité de l'Italie ; ces colonies, c'était Rome multipliée et se reproduisant au loin avec ses lois, son Sénat, ses magistrats, et surtout avec son courage ; c'étaient des sentinelles avancées qui gardaient contre l'ennemi les points les plus éloignés du sol italique et veillaient de loin sur ce petit territoire romain qui renfermait de si grandes destinées. C'est ainsi qu'Hatria gardait les Abruzzes, que Venouse veillait sur les Samnites, que Sena (Senigaglia) observait les Gaulois Sénonais des bords de l'Adriatique, récemment vaincus par les Romains ; que l'île Ponza était une vigie de la mer Tyrrhénienne.

La politique du Sénat était à cette époque de former une fédération de tous les peuples italiques, leur laissant une large part d'autonomie, mais réservant à Rome la suprématie sur tous ces alliés et surtout le commandement en cas de guerre. Les formules qui depuis devinrent classiques dans la jurisprudence diplomatique et militaire des Romains : « N'ayez d'ennemis que ceux du peuple romain, respectez la suprématie du peuple romain, » (*majestatem populi romani comiter conservanto*), ces formules n'étaient peut-être pas usitées encore. Mais, il est évident que la pensée qu'elles traduisent se sous-entendait, si elle n'était pas formellement exprimée, dans tous les traités, même à *droit égal*, que Rome signait avec les peuples d'Italie. L'idée d'une Italie fédérée, romaine par sa tête, mais dont chaque membre eût gardé son existence à part, d'une Italie se protégeant énergiquement contre les attaques du dehors, et conservant au dedans, restreinte mais respectée, l'indépendance de la cité : tel était ce que nous appellerions le programme, et telle pouvait bien être la pensée sincère du Sénat.

Mais bientôt le moment allait venir où le Sénat serait entraîné au delà de cette ambition modérée qu'il annonçait. A une époque où la confédération italique était loin encore d'être complète ; où les résistances étaient encore sur bien des points vivaces et armées ; où bien des cités avaient rompu leurs traités avec Rome ; où bien d'autres refusaient les traités que Rome leur offrait : il arriva, par suite de ces querelles même avec les Italiens, que Rome se trouva en contact avec ceux que seuls elle voulait appeler des étrangers, c'est-à-dire avec des non-Italiens, et que des ennemis nouveaux lui furent apportés par des navires sur lesquels elle devait un jour leur envoyer ses soldats.

Une nouvelle période commence donc dans le dernier tiers du Ve siècle ; Rome va forcément combattre des puissances extra-italiques, et par suite elle ira combattre hors de l'Italie.

Que se passait-il dans le monde civilisé d'alors, auquel on peut dire que Rome et la plus grande partie de l'Italie appartenaient encore à peine?

On le sait. Cette loi de l'antiquité, loi fatale, par suite de laquelle la victoire amenait la richesse, et la richesse amenait promptement la décadence, cette loi s'était manifestée dans le monde païen avec une évidence incontestable. Les empires d'Asie s'étaient succédé rapidement ; les villes grecques n'avaient eu qu'un jour de liberté ; Alexandre avait conquis et n'avait pas régné. A l'heure où Rome commença à regarder au dehors et à se demander ce qui se passait au delà des mers, elle ne vit plus un seul peuple libre, plus une cité qui n'eût traversé son apogée, qui ne s'affaissât dans la servitude et le déclin. Au lieu de quelques centaines de peuples ou de cités indépendantes que les bords de la Méditerranée lui eussent montrés un siècle plus tôt, il n'y avait plus que deux grands empires ou pour mieux dire un grand empire encore debout, mais qui commençait à s'affaiblir, et un tronçons d'un autre qui n'avait vécu que le temps d'un rêve. A l'Occident et sur la mer, c'était la riche, la commerçante, la navigatrice Carthage, maîtresse de la Méditerranée, souveraine de l'Espagne, déjà puissante sur la Gaule, depuis longtemps en rapport avec l'Italie et qui avait aidé l'Italie à briser la puissance des Étrusques. A l'Orient et sur les côtes grecques ou asiatiques de la Méditerranée, c'étaient les monarchies macédoniennes, filles ou plutôt débris de la monarchie éphémère d'Alexandre. L'énergie de cent peuples libres se trouvait absorbée, d'un côté par une grande république de marchands, laquelle n'avait déjà plus pour soldats que des mercenaires ; de l'autre, par quatre ou cinq monarchies corrompues, qu'avaient fondées des généraux devenus des sultans et des Grecs devenus Orientaux. Rome, quand une fois elle aurait vaincu le premier de ces ennemis, devait avoir bon marché des autres.

De plus, le monde civilisé, le monde grec et oriental, en était venu à n'avoir plus d'armées nationales. Comme il arrive après les grandes guerres de peuple à peuple, comme il est arrivé en Europe au XV⁰ siècle, la guerre, n'étant plus un devoir, devenait un métier, et le monde était couvert de mercenaires, d'aventuriers, de bandits, de pirates même qui, habitués à ne vivre que de leur épée, la louaient à qui la voulait payer ou l'employaient de leur chef contre quiconque se refusait à la louer. Les Grecs surtout, qui n'avaient pas su combattre pour défendre leur indépendance, combattaient maintenant au service de toutes les tyrannies. Leur civilisation leur avait enseigné une tactique plus habile que celle des peuples qu'ils appelaient barbares; l'esprit d'aventure leur enseignait le courage. Les dynasties macédoniennes de l'Égypte, de Syrie, de Pergame, qu'étaient-elles autre chose que des races de parvenus militaires, exemple encourageant pour l'ambition des aventuriers? Soit au service des Carthaginois, chez qui les préoccupations commerciales éloignaient l'idée de la milice, soit dans les royaumes orientaux où la civilisation grecque cumulée de la mollesse asiatique affaiblissait singulièrement les courages, les mercenaires grecs ou macédoniens étaient bien venus et bien payés.

Rome donc, on peut le dire, et l'Italie, plus ou moins librement groupée autour de Rome dans cette fédération que je décrivais tout à l'heure, étaient encore le pays le plus libre et l'armée la plus nationale qui fût alors au monde. Le triomphe de Rome a certes coûté bien des larmes et amené après lui bien des souffrances et bien des ignominies; mais qu'eût amené sa défaite?

Déjà plusieurs fois des aventuriers grecs avaient débarqué sur le sol italique. Le chef Molosse Alexandre (420), le roi de Sparte Cléonyme (448), *condottiere* bien plus que roi (et les rois de Sparte n'étaient guère des rois), étaient venus au secours de leurs frères de la Grande-Grèce dont la civilisation amollie avait peine à se défendre contre la barbarie des Lucaniens ou des Samnites. La même sympathie amena, au secours de la lacédémonienne Tarente, un *condottiere* plus illustre, un parent et un digne parent d'Alexandre de Macédoine, Pyrrhus, fugitif dans son enfance, élevé en Égypte, roi d'Épire, un instant roi de Macédoine. Son instable fortune le poussait en Italie (474), où la tactique macédonienne faillit lui donner la victoire. Les éléphants de guerre, empruntés à l'Orient par le grand Alexandre, se montrèrent à Préneste, à vingt-quatre milles de Rome. Mais Pyrrhus se brisa contre l'inébranlable fermeté du Sénat. Lorsqu'après une victoire, ce prince envoya Cinéas proposer la paix, on vit un des hommes qui exercèrent dans Rome l'influence politique la plus notable, un Appius Claudius qui, au rebours des traditions patriciennes de sa famille, s'était fait novateur démocratique et avait, le premier, inscrit les affranchis dans les tribus, on vit Appius Claudius, âgé, aveugle, se faire apporter dans le Sénat, et faire déclarer par ces Romains vaincus qu'ils ne traiteraient point de la paix, tant qu'un étranger serait en Italie. Par ce seul mot, de cette Italie encore si divisée et si souvent résistante à son joug, Rome prétendait faire une nation, dont elle se déclarait le chef contre l'étranger et contre l'étranger victorieux. Faire de l'Italie une nation, Rome elle-même n'y parvint pas; mais isoler et effrayer les envahisseurs, elle sut le faire, et l'imitateur d'Alexandre, se rembarquant avec tristesse (479) alla misérablement périr à Argos dans une émeute.

Dès lors le monde était ouvert; l'Italie, du Rubicon au détroit de Messine, bien ou mal ralliée au drapeau de Rome, devait la suivre et la servir au dehors, même lorsqu'elle s'insurgerait au dedans. Il n'y avait plus en face l'une de l'autre que Rome et Carthage. Entr'elles deux, comme disait Pyrrhus en s'éloignant, il existait un magnifique champ de bataille, la Sicile, où Carthage avait depuis longtemps pris place par son commerce, par ses navires, par ses armées; où Rome et les peuples sujets de Rome avaient nécessairement des alliés, des ennemis, des intérêts, des causes de guerre. Rome ne tarda pas à mettre le pied sur la terre sicilienne, d'où un jour elle devait s'embarquer pour l'Afrique, pour la Grèce, pour l'Espagne, pour toutes les rives de la Méditerranée.

La lutte contre Carthage ne pouvait donc tarder à commencer. Dans ce duel vraiment épique, mais vraiment historique aussi, il n'est pas rare que nos jeunes sympathies inclinent pour la rivale de Rome. C'est la pente d'un noble cœur, et une pente trop souvent combattue ailleurs pour ne pas être encouragée ici, qui nous fait épouser la cause du vaincu. C'est bien la mienne en histoire, et, plus que personne, je repousse ceux qui donnent systématiquement au succès, quel qu'il soit, le nom de Providence, afin de l'adorer tout à leur aise. De plus, les derniers moments de Carthage ont été empreints d'une si douloureuse angoisse et d'un si touchant désespoir; le vainqueur a été si odieux, et il a fait un tel usage, pour déguiser et mal déguiser sa haine, des perfidies diplomatiques des temps modernes, que cette impression du dénouement a rejailli sur la tragédie tout entière.

Eût-il été à souhaiter cependant que Carthage triomphât? Que ces fils de Chanaan, ces adorateurs de Moloch et d'Astarté, soumettant l'Italie à leurs lois, devinssent par suite, ce qui eût été inévitable, les maîtres de la Grèce, de l'Asie-Mineure, de la Syrie, de l'Égypte, de tout ce contour de la Méditerranée que Dieu évidemment préparait pour l'unité politique, mais non pas à leur profit? La civilisation de Carthage était opulente et voluptueuse; elle n'était ni philosophique, ni éclairée, ni humaine; elle traitait les peuples vaincus avec une barbarie égoïste. Rome au contraire, dont je sais toutes les rigueurs et toutes les perfidies, Rome a été cependant, eu égard aux mœurs païennes, la conquérante la plus humaine parmi les conquérants de l'antiquité. Par politique, je le veux bien (mais peu importe quant aux résultats), nulle ville maîtresse, dans les siècles païens, ne laissa aux villes sujettes une part aussi grande de leurs lois, de leur culte, de leur propriété, de leur liberté. Nulle ne pratiqua plus rarement, quoique sans doute elle l'ait pratiqué quelquefois, le droit de guerre antique : tuer les hommes, vendre les enfants et les femmes, raser la ville, s'emparer des terres, confisquer les dieux. Athènes, la miséricordieuse Athènes, fut, aux jours de sa courte puissance, bien autrement dure et envers ses vaincus et envers ses sujets ou ses alliés.

De plus, Rome, si peu douée intellectuellement lorsqu'on la compare à la Grèce, sut cependant comprendre la Grèce, et elle se laissa « prendre par sa prisonnière [1]. » Ce fut là sans doute un des éléments de sa décadence, car la Grèce lui apporta sa corruption et effaça la pureté des mœurs romaines; mais ce fut aussi un des services que Rome rendit à la civilisation universelle et à la propagation de l'Évangile; elle vulgarisa pour le Christianisme la langue dans laquelle il devait prêcher, et des idées, ou pour mieux dire des doutes, qui lui préparaient la voie. Des actes de dureté, des mœurs parfois impures, un entraînement étrange à l'idolâtrie, n'ont pas empêché les Juifs

---

[1] *Græcia capta ferum victorem cepit et artes*
Intulit agresti Latio........   HORACE.

d'être, dans l'antiquité, le peuple choisi de Dieu pour la conservation de son culte. Des cruautés et des perfidies n'ont pas empêché non plus les Romains d'être, dans l'antiquité, le peuple choisi de Dieu pour opérer l'unité politique du monde. Ne jugeons pas ici avec la mesure des époques chrétiennes : les Romains ont été le peuple pauvre, le peuple soldat, le peuple politique, le peuple chaste et même le peuple humain du monde idolâtre. Ce sont là les vertus et les dons qui ont été récompensés, comme dit saint Augustin, par la conquête du monde; ils ont reçu leur récompense, dit ce saint docteur avec l'Évangile, *receperunt mercedem suam,* et on peut ajouter avec lui : leur récompense vaine comme eux, *vani vanam.*

Inutile maintenant de rappeler les péripéties de cette lutte, tant de fois célébrée (489-510). La première des guerres puniques donna aux Romains une marine et leur fit acquérir la Sicile. La seconde fut celle qui décida l'empire du monde. Deux grands génies combattirent à cette époque-là : Annibal et le Sénat romain. D'un côté, ce grand général et ce grand politique qui, ayant à défendre un peuple de navigateurs, vaincu sur mer et au delà de la mer, transporte la guerre sur le continent et au sein même du pays ennemi; traverse l'Espagne, dont il n'est qu'à demi le maître; traverse la Gaule à peine explorée (536); franchit les Alpes, ce rempart de l'Italie, rempart si puissant et toujours si inutile; puis, sentant Rome trop forte pour aller l'attaquer directement, contourne l'Italie entière depuis Milan jusqu'à Tarente; soulève peuple par peuple et cité par cité, ces nations alliées et sujettes qui étaient les membres de la fédération romano-italienne et qui commençaient à être les départements d'un naissant empire italien; les attire, les séduit, les menace, les effraye; crée dans toutes ces républiques grecques ou italiques, dans toutes les Agoras et dans tous les Sénats, un parti carthaginois, parti démocratique, ennemi de l'aristocratie locale et de l'aristocratie romaine; s'adresse surtout aux grandes cités qui pouvaient, elles aussi, avoir la prétention d'être la tête d'une Italie nouvelle, Capoue et Tarente; et cherche à préparer ainsi un soulèvement universel des alliés italiens qui du Nord, du Midi, de l'Est se précipiteraient sur la petite peuplade romaine et l'écraseraient. Et, bien que cette tentative rencontre des fortunes diverses, que les séductions démocratiques d'Annibal soient combattues par la popularité aristocratique du Sénat romain, le génie militaire de l'un par la patience militaire de l'autre, Annibal demeure quinze ans sur cette terre étrangère, recevant peu de secours de Carthage où son influence est combattue, jalousée, décriée; il demeure, ayant autour de lui une armée de toute nation et de toute langue, où ce qui manque le plus ce sont les Carthaginois, une armée numide, espagnole, gauloise, grecque, italique, une armée non de patriotes dévoués, mais d'alliés indisciplinés et de mercenaires avides, une armée qui n'est ni l'armée de Carthage, ni l'armée de l'Italie, mais tout simplement l'armée d'Annibal, vivant du génie et se fiant au nom d'Annibal, ce roi des mercenaires.

Et de l'autre côté, — ce grand homme d'État et ce grand général, le Sénat romain, admirable surtout d'espoir et de persévérance; opposant à toutes les défaites une sorte de rodomontade héroïque; trouvant des généraux après que tous les généraux ont été battus, trouvant un peuple lorsque le peuple semble épuisé, retrouvant des alliés lorsqu'il semble qu'Annibal les lui ait enlevés tous; sachant ne pas s'arrêter et ne pas s'effrayer, ni en face de généraux incapables, ni en face d'un peuple qui murmure, ni en face d'alliés vacillants; ayant au total cent mille hommes seulement de troupes romaines, le reste Italien et dont il peut se défier : mais sachant si bien exalter les uns, gagner et encourager les autres, qu'après les plus extrêmes défaites, les légions ne lui manquent pas. Et pendant qu'il lutte désespérément, ce semble, en Italie, il ne craint pas de jeter la guerre ailleurs et d'aller combattre Carthage en Macédoine où le roi Philippe est allié d'Annibal, en Espagne où Carthage même est maîtresse, en Afrique enfin et jusqu'au pied des remparts de cette orgueilleuse cité. N'admirons pas trop, quoiqu'il y ait là peut-être la plus grande intensité du génie et de la volonté humaine; mais, ce génie et cette volonté, employés à l'extermination de la race humaine, au profit d'une ambition personnelle ou nationale, peu importe, ne trouvent dans les historiens et chez les peuples que de trop nombreux admirateurs. Pensons seulement quel moment solennel cette lutte a été pour les destinées du monde, et demandons-nous si, parmi les luttes les plus éclatantes des temps modernes, aucune était appelée à avoir pour ou contre l'humanité, la civilisation, l'équité, la vérité, d'aussi grands résultats.

En effet, lorsqu'après avoir été vaincus dans les plaines de Zama (552), Annibal et son ingrate patrie durent se séparer l'un de l'autre (553), celle-ci voulant garder la paix encore assez modérée que lui avaient imposée les Romains, l'autre que cette paix envoyait en exil, on put dire le monde vaincu. Au même moment où Carthage était ainsi abaissée, la Macédoine était défaite par les Romains à la bataille de Cynocéphale (557); la Syrie allait bientôt l'être. Ces royautés sorties de l'empire d'Alexandre, se rencontrant nécessairement avec la fortune romaine, en éprouvaient la supériorité, et, après ce premier échec, elles demeuraient encore debout quoique diminuées. Cette modération dans la victoire était due à la sagesse du Sénat qui trouvait plus sûr de ne vaincre que peu à peu : Il sut rester plus d'un demi-siècle, prudent et longanime, en face de ces grandeurs à moitié vaincues; loin de souhaiter leur chute, il souhaitait plutôt leur conservation. Carthage n'est plus à craindre pour nous, laissons-la vivre, disait Scipion Nasica; elle sera pour Rome une rivale qui l'avertira de ne pas s'amollir. Tant il s'en fallait que l'*Imperium sine fine dedi* fût dès ce temps-là un oracle recueilli de la bouche de Jupiter, et que Rome ou ses gouvernants eussent alors conscience de sa vocation de reine du monde.

Mais ce furent des hommes nouveaux qui poussèrent Rome à l'accomplissement d'une volonté d'en haut que ni eux ni elle ne pouvaient comprendre. La politique du Sénat eût peut-être épargné à Rome le fardeau de l'empire universel; l'étourderie de quelques hommes passionnés le lui imposa. Caton était un homme d'anciennes mœurs, mais de fortune nouvelle, plus initié aux secrets de l'agriculture sabine qu'à ceux de la politique du Sénat : et c'était Caton, qui, au bout de chacun de ses discours, impitoyablement et aveuglément demandait la ruine de Carthage. Les Scipions avaient commencé à tourner l'esprit romain vers la Grèce; en eux on trouvait moins le soldat de l'ancienne république, obéissant, dévoué, désintéressé, que le chef de guerre brillant et personnel, plus occupé de sa gloire que de sa patrie; c'étaient presque des rois : et ce fut un Scipion, un petit-fils par adoption du grand *Africain,* qui fut l'exécuteur perfide et impitoyable de l'arrêt extorqué au Sénat contre Carthage. Déjà, vingt ans auparavant, Paul-Émile, son père, avait eu bon marché du dernier successeur d'Alexandre en Macédoine. La même année (608) où Carthage périssait, non plus seulement vaincue et détruite, mais captive et brûlée, Corinthe périssait également, également brûlée, et avec Corinthe le dernier reste de la liberté achéenne qui elle-même était le dernier reste de la liberté hellénique. Enfin, quinze ans après la ruine de Carthage (622), le même Scipion était envoyé pour accomplir un arrêt plus ouvertement inique et plus cruel encore dans son exécution, contre Numance, la dernière ville libre de l'Espagne; Numance, contrainte au suicide par le désespoir, périt jusqu'au dernier homme. Cette triple exécution de Carthage, de Corinthe, de Numance, n'était plus de l'ancienne modération romaine. La politique du Sénat se perdait; nous dirons bientôt pourquoi. Scipion Émilien lui-même, cet impassible bourreau, fut effrayé de ces triomphes, à la fois si faciles et si cruels. Vainqueur de Numance, il changea la formule des prières consacrées et demanda aux dieux, non plus d'augmenter, mais seulement de conserver la fortune romaine.

Voilà donc ici l'apogée, sinon de la grandeur matérielle, du moins de la vaillance militaire et de la sagesse politique de Rome. Nous voyons déjà poindre la décadence.

Mais avant de montrer dans ses différentes phases cette décadence qui remplit cinq siècles, j'aime à trouver un résumé de ce qui vient d'être dit dans les paroles mêmes que, dans les siècles précédents ou dans les mêmes siècles, le Saint-Esprit a dictées aux écrivains sacrés.

Rome, nous l'avons dit, c'est par excellence la force (Ῥώμη). Nulle cité, nul peuple, nul empire n'a possédé au même degré qu'elle la puissance soit militaire, soit politique. C'est ainsi que les *voyants* d'Israël l'avaient vue à travers les siècles, et ils la peignent sous les images les plus propres à inspirer l'effroi et à déterminer la soumission. Dans Zacharie, Rome est figurée par le quatrième de ces quadriges qui ne sont autres que « les vents du ciel et qui sortent tour-à-tour d'entre deux montagnes d'airain pour se présenter devant le Dominateur de toute la terre. » Celui-là « est attelé de chevaux bigarrés et il s'élance vers la terre du Midi. Les chevaux sont de tous les plus robustes; ils veulent prendre leur course et bondir jusqu'aux extrémités du monde, et l'Ange leur dit : « Allez, parcourez toute la terre, » et ils ont parcouru toute la terre [1]. »

Dans Daniel, Rome est la dernière de ces quatre bêtes monstrueuses qui, au milieu de la vision nocturne du prophète, s'élèvent tout-à-coup du fond d'une mer agitée par la lutte des quatre vents du ciel. Après les trois premières, « je regardai, dit-il, dans ma vision nocturne, et voici une quatrième bête, terrible, admirable, puissante à l'excès. Elle avait des dents de fer, des dents énormes; elle dévorait et elle brisait, et elle foulait les restes sous ses pieds. Elle était différente des autres bêtes que j'avais vues avant elle, et elle avait dix cornes.....

» Mon esprit fut pénétré d'horreur et moi, Daniel, je fus effrayé de ces choses, et les visions de ma tête me troublèrent.

» Je m'approchai de l'un de ceux qui étaient debout (au pied du trône de l'Ancien des jours) et je lui demandai le sens de toutes ces choses. Celui-ci me donna l'interprétation de ces symboles et m'instruisit :

» Ces quatre bêtes monstrueuses, dit-il, ce sont les quatre royaumes qui s'élèveront sur la terre..... » Et après elles « les saints du Dieu très-haut recevront la royauté et la garderont jusque dans les siècles et dans les siècles des siècles. »

» Ensuite j'ai voulu m'instruire exactement de ce qui touchait la quatrième bête qui était grandement différente des autres et redoutable à l'excès. Ses dents et ses ongles étaient de fer; elle dévorait et elle brisait, et elle foulait les restes sous ses pieds.....

» Et il me dit : « Cette quatrième bête sera le quatrième royaume de la terre, qui sera plus grand que tous les royaumes, et il dévorera la terre tout entière et il la foulera aux pieds et il la brisera [2]. »

Et enfin dans un autre passage du prophète, dans la célèbre vision de Nabuchodonosor, le quatrième empire, l'empire de Rome est figuré par les jambes de fer de la statue mystérieuse, parce que ce quatrième empire, « comme le fer qui brise tout et triomphe de tout, brisera sous lui et écrasera toute la terre [3]. »

D'où venait cette force de la cité romaine? Est-ce d'une grande puissance matérielle à son début? — Non. La peuplade romaine, ou celle que dans la suite on a appelée ainsi, fut longtemps faible et peu nombreuse. La situation géographique de Rome et son climat, je l'ai dit, n'avaient rien de particulièrement avantageux. La situation et le climat de Byzance l'étaient bien autrement, et des siècles se sont passés avant que Byzance fût la capitale même d'une province.

Cette force de la cité romaine venait-elle de ses institutions, de la combinaison politique des pouvoirs dans son sein? — Non. La constitution romaine, quoiqu'un louable amour du passé en ait souvent, tout en changeant les choses, conservé les formes et les appellations, la constitution romaine n'a pas été autrement immuable que celle d'un peuple quelconque. Rome a eu des rois, puis des consuls, à certaines époques des décemvirs, des tribuns militaires, de temps à autre des dictateurs. Les *constitutionnalistes* modernes, si j'ose me servir de ce mot, trouveraient certainement bien vicieux ce principe de droit public qui dominait chez les Romains, et qui consistait à opposer sans cesse à un pouvoir illimité un autre pouvoir illimité, en donnant raison à celui qui empêche sur celui qui veut agir. Ils se récrieraient contre un autre moyen employé pour diminuer les inconvénients d'un pouvoir exécutif absolu, et qui consistait à le limiter quant à la durée et en le rendant annuel, à le limiter par le partage en lui donnant deux ou plusieurs têtes : ainsi faisait-on, toujours pour une seule année, deux consuls, deux préteurs, deux, puis cinq ou six tribuns du peuple, quelquefois dix chefs absolus d'État sous le nom de décemvirs, quelquefois quatre autres chefs absolus sous le nom de tribuns militaires. Nos *constitutionnalistes* modernes diraient que nulle stabilité, nulle unité, nulle force contre l'ennemi, nulle paix au dedans et nulle dignité au dehors n'est possible dans un État ainsi constitué; que c'en est fait de la sécurité des citoyens et de l'indépendance de la nation.

Encore une fois, d'où vient la force de la cité romaine, si ce n'est d'une action directe de la Providence? Dira-t-on que c'est de la nature propre et du caractère originel du peuple romain? Je le veux bien, et c'est bien là du reste recourir à l'action de la Providence. Remarquons cependant que, politiquement, sinon militairement et moralement, le peuple romain a été, pendant près de quatre siècles, un peuple de valeur assez médiocre, toujours divisé contre lui-même, uni à grand'peine par l'imminence du péril extérieur; que, grâce à cet état de division et de trouble au dedans, il put à peine, avec tout son courage et sa vertu militaire, garder intacte l'enceinte de sa ville et à la fin du IVe siècle la laissa envahir par les Gaulois. Ce n'est qu'au Ve siècle que s'est développé ce grand sens politique qui a fait la fortune de

(1) Zacharie VI, 1, 7. — (2) Daniel VII, 1-24. — (3) Daniel II, 33-40.

Rome ; c'est alors que la nation romaine enfin formée, libre et possédant l'égalité des droits, a eu à sa tête, par suite même de cett égalité, une aristocratie de fait, prudente parce qu'elle délibérait ; patiente parce qu'elle avait des siècles devant elle ; persévérante dans ses vues parce qu'elle n'était pas un homme, mais un corps ; inébranlable dans ses volontés parce qu'elle avait foi en son avenir. Ce souverain collectif, le meilleur de tous pour le développement et la conservation d'un empire, n'avait été conçu, entrevu, combiné, constitué, décrété par personne ; les événements avaient préparé le sol : la Providence sema.

Il faut remarquer, en effet (pour compléter ici notre appréciation de Rome par la Bible, et pour rechercher dans les livres saints les *causes de la grandeur des Romains* en attendant que nous cherchions celles de leur *décadence*) que Rome nous est peinte, dans les écrits inspirés, comme le type de la force, mais aussi de la force patiente, intelligente, éclairée. Comment ne pas citer la belle page historique que nous lisons dans les Machabées ? Citons-la, en nous rappelant que c'est ici un rapport fait à Judas Machabée par ses agents politiques, lequel serait inexact ou mal traduit sur un ou deux points techniques, sans qu'il y eût pour cela à douter de la vérité de l'ensemble.

« Judas ouït prononcer le nom des Romains et sut combien leurs forces sont puissantes et combien ils sont condescendants envers ceux qui veulent être leurs alliés, et comment ils font amitié avec eux. »

Judas et les siens « entendirent aussi le bruit des combats que les Romains avaient livrés et les grands exploits qu'ils avaient faits en Galatie, et comment ils avaient vaincu les Galates et les avaient soumis au tribut ;

« Et tout ce qu'ils avaient fait dans les contrées de l'Espagne, et comment ils s'étaient rendus maîtres des mines d'or et d'argent qui s'y trouvent, et comment ils avaient soumis tout ce pays par leur politique et par leur patience (*consilio suo et patientiâ*) ;

« Et comment ils ont écrasé des peuples très-éloignés d'eux et des rois venus pour les attaquer des extrémités de la terre et les ont affligés par un rude châtiment, et comment les autres peuples leur payent tribut chaque année ;

« Et Philippe et Persée, roi de Céthim (Macédoine), et tous les autres qui ont porté les armes contre les Romains, ont été écrasés par la guerre et soumis à Rome ;

« Et Antiochus, le grand roi d'Asie, qui leur avait fait la guerre avec cent vingt éléphants, des cavaliers et des chars (sans nombre) et une armée très-nombreuse, a été écrasé par eux ;

« Et comment ils l'ont pris vivant, et ils ont ordonné qu'il payât, lui et ceux qui règneraient après lui, un grand tribut, et qu'il donnât des otages et subît d'autres conditions (? *constitutum*, διαστολήν) ;

« Et qu'il abandonnât la région des Indiens (?), celle des Mèdes, celle des Lydiens, ses meilleures provinces ; et les ayant reçues de lui, les Romains les ont données au roi Eumène ;

« Et comment ceux qui sont auprès de la Hellade (les Etoliens) ont voulu aller attaquer les Romains, et ceux-ci l'ayant su, ont envoyé un général et ont combattu contre eux, et ils en ont tué un grand nombre, et ils ont fait captifs leurs femmes et leurs enfants, et ils les ont dépouillés, et ils se sont emparés de leur territoire, et ils ont détruit leurs murailles, et ils les ont réduits en servitude jusqu'à aujourd'hui ;

« Et les autres royaumes et les autres îles qui leur ont résisté autrefois ont été vaincus et réduits en leur puissance.

« Mais au contraire, avec leurs amis et avec ceux qui se reposaient sur eux, ils ont gardé fidèlement l'amitié, et c'est ainsi qu'ils ont étendu leur empire sur les royaumes voisins et éloignés, parce que tous ceux qui entendaient prononcer leur nom, les craignaient.

« Ceux auxquels ils voulaient donner aide afin de les faire régner, ceux-là régnaient ; ceux qu'ils voulaient détrôner, ils les détrônaient, et c'est ainsi qu'ils sont arrivés à une grande gloire.

« Et parmi eux nul ne portait le diadème ni ne se revêtait de la pourpre pour se faire vénérer par la splendeur de ses vêtements.

« Et (au contraire) ils s'étaient fait un Sénat, et tous les jours ils consultaient trois cent vingt sénateurs, lesquels veillaient sans cesse aux intérêts du peuple pour lui inspirer une conduite digne de lui.

« Et ils confièrent à un seul homme chaque année leur magistrature suprême pour gouverner tout leur empire, et tous lui obéissent, et il n'y a entre eux ni rivalité ni jalousie. »

C'est donc (la Bible et l'histoire sont d'accord) la force, mais une force morale qui caractérise la cité romaine. Ce sont des qualités de l'intelligence et de l'âme, c'est-à-dire des dons immédiats de Dieu, qui ont fait sa grandeur. Nul homme ne peut se glorifier d'avoir inventé, d'avoir fondé, d'avoir constitué, ou, comme on dit dans le français d'aujourd'hui, d'avoir *organisé* le peuple romain et la cité romaine. Le peuple romain a été comme une ruche d'abeilles, créées de Dieu, travaillant toutes pour son service, mais parmi lesquelles Dieu n'aurait pas mis de reine.

Maintenant, voulez-vous demander à l'Esprit-Saint pourquoi cette force, pourquoi cette puissance, pourquoi cette grandeur, pourquoi cet empire et cette nation de courte durée si on les compare aux nations chrétiennes, mais bien longtemps debout et triomphants si on tient compte de la brièveté ordinaire des choses de l'antiquité.

Reprenons la prophétie de Daniel au moment où il a achevé de contempler le quatrième de ces êtres multiformes qui figurent les empires du monde ancien :

« Je regardai jusqu'au moment où des trônes apparurent et l'Ancien des jours s'assit. Son vêtement était blanc comme la neige et les cheveux de sa tête étaient comme une laine purifiée. Un feu flamboyant était son trône, les roues (qui le portaient) étaient une flamme qui s'allume.

« Un fleuve de feu, un fleuve rapide sortait de sa bouche. Des milliers de milliers le servaient et dix mille centaines de mille étaient debout devant lui. Le tribunal s'est assis et les livres ont été ouverts.....

« Et je vis que la bête avait été tuée et que son corps avait péri et qu'il avait été livré pour être dévoré par les flammes.

« Et le pouvoir des autres bêtes leur avait aussi été ôté et la durée de leur vie leur avait été marquée jusqu'au terme d'un temps.

« Et je regardais dans cette vision de ma nuit, et voici qu'avec les nuages du ciel venait comme un Fils de l'Homme et il arriva jusqu'à l'Ancien des jours, et (les Anges ?) le présentèrent devant la face du Très-Haut.

« Et celui-ci lui donna la puissance et l'honneur et la royauté, et tous les peuples, toutes les tribus, toutes les langues lui seront soumises ; sa puissance sera une puissance éternelle qui ne lui sera jamais ôtée, et son royaume est un royaume qui ne périra jamais. »

Et plus loin : « Que la royauté et la puissance et la plénitude du commandement sous le ciel soient données au peuple des saints du Très-Haut dont la royauté est une royauté éternelle, et tous les rois lui seront soumis et lui obéiront. »

« Ainsi finit la Parole. Moi, Daniel, j'étais profondément troublé dans mes pensées. Et en moi-même la face de mon âme (?) était changée. Mais j'ai conservé cette parole en moi [1]. »

Voilà le grand motif providentiel de cette puissance romaine, de toutes les puissances profanes celle à laquelle on peut le plus appliquer ces mots : « C'est par moi que les rois règnent et que les législateurs décrètent selon la justice [2]. »

II

Je n'aime pas prononcer les mots de fatal et de fatalité : on en a tant abusé, surtout en histoire ! Et cependant je suis bien près de les prononcer, quand je considère le sort des races et des empires de l'antiquité païenne !

Une race se produit ; elle a un paganisme absurde et grossier, mais qu'elle pratique avec une sincérité ardente ; elle a des dieux protecteurs de la nation, ou pour mieux dire propriété de la nation, les seuls que la nation adore et qu'elle est seule à adorer ; elle croit à eux et à elle-même. De plus, elle est pauvre, elle n'a pas de luxe, peu de connaissance des arts, ce qui fait qu'elle se livre tout entière à la culture et produit beaucoup de blé, et qu'à bien dire elle est riche. Elle n'a pas de numéraire, par conséquent pas d'esclaves ; sa population est libre tout entière, par conséquent tout entière apte à la culture du blé (à laquelle l'esclave est généralement impropre) et tout entière apte à tenir l'épée. De plus, la pureté relative de ses mœurs donne à ses familles une postérité plus nombreuse. Elle a donc une puissance agricole, militaire, morale, supérieure à celle des nations qu'on appelle plus riches, plus savantes, plus civilisées. Quand elle sera en contact avec elles, elle les vaincra sans beaucoup de peine.

Mais alors, qu'elle y prenne garde, elle tombera vite dans les conditions du peuple vaincu. La science et la philosophie des vaincus démontreront sans peine à la nation victorieuse l'inanité de son culte et de ses dieux ; dès lors les fondements absurdes, je le sais, mais les fondements de sa morale et de son patriotisme s'écrouleront. Elle aura de l'or, elle aura les goûts que la possession de l'or fait naître et satisfait, le goût du luxe, des arts, des recherches et des sensualités de tous genres ; le labeur de la charrue lui paraîtra trop dur et l'air des champs trop froid : elle s'éloignera de la culture. Pour tenir sa place, comme aussi pour fournir par le travail manuel à toutes les fantaisies de son luxe, elle aura des esclaves ; riche et victorieuse, elle en aura par milliers. Son sol portera donc une population esclave de plus en plus considérable, par suite une population libre et militaire de moins en moins nombreuse. De plus, ses mœurs se corrompront, et la corruption des mœurs diminuera encore le nombre de ses citoyens et de ses soldats. Arrivée à ce point, elle sera facilement vaincue comme elle a été facilement victorieuse, et son déclin suivra de près son triomphe.

Ce sera plus vrai encore si elle a été conquérante et si elle a commandé à ce qu'on appelle un empire, c'est-à-dire à une aggrégation de nations réunies sous un même joug. Dans l'antiquité, la religion et la morale étant toutes nationales, une telle aggrégation ne peut avoir ni morale, ni religion. Nul esprit commun ne vit en elle, nulle âme ne dirige ce grand corps. Si la race dominante s'associe trop intimement les peuples vaincus et les fait ses égaux, elle corrompt, par ce mélange, ses mœurs, ses lois, ses traditions, son patriotisme ; la pureté de son sang ne tarde pas à se perdre. Si elle les tient éloignés d'elle, les condamnant pour jamais au rôle de vassaux, de sujets et d'esclaves, cette domination d'une seule peuplade, et d'une peuplade qui diminue de nombre et de valeur, sur vingt peuples qui ont le souvenir, le culte et je puis presque dire les dieux de leur indépendance, cette domination sera-t-elle longtemps supportée et pourra-t-elle être longtemps défendue ?

Je l'ai déjà dit : l'histoire de l'antiquité, au moins pour l'Europe et pour l'Asie Occidentale, dépose de cette brièveté des races et de cette brièveté des empires. Pour les empires, la loi n'est-elle pas universelle, et ces aggrégations forcées de peuples unis par la conquête, même sous la loi chrétienne, furent-elles jamais faites pour durer ? Mais ce qu'il y a de particulier à l'antiquité, c'est que la race, un instant dominante, est, après la chute de son empire, non pas seulement détrônée, mais anéantie. L'empire assyrien disparaît par la chute de Ninive vers le VIe siècle avant notre ère ; y a-t-il, depuis cette époque, une nation assyrienne ? Environ un siècle après, l'empire chaldéen, qui a succédé à l'empire assyrien, succombe par la prise de Babylone ; qu'est-ce après lui que la nation chaldéenne ? La royauté persique vient à son tour et embrasse un bien plus vaste empire ; de Cyrus, qui le fonda, à la triste victime d'Alexandre, combien y a-t-il ? Deux cents ans au plus : et après la chute de l'empire persique, que devient la nation persique ? L'empire d'Alexandre, combien dure-t-il ? Il meurt avec lui, et Alexandre est mort à trente-sept ans : or, qu'est-ce après lui que la nation macédonienne ? Rome vient après, et Rome, à peine maîtresse, entre déjà en décadence. Ainsi cinq empires fondés et détruits, cinq nations un jour pauvres, courageuses, conquérantes, le lendemain riches, énervées, vaincues, remplissent les six siècles de l'histoire classique.

Parmi ces nations, Rome a eu un privilége : sa durée a été de toutes la plus longue. On peut compter qu'il y a eu une nation romaine pendant douze cents ans, un empire romain (c'est-à-dire une association de peuples sous la tutelle de Rome) pendant six cents ans. La

(1) Daniel VII, 9-14, 27, 28. — (2) Prov. VIII, 15.

durée de cet empire est en effet immense et au delà de toutes les bornes humaines. C'est que Dieu avait besoin de cet empire pour l'accomplissement de ses desseins. La durée de la nation romaine, pour une nation conquérante et une nation païenne, n'est pas moins extraordinaire; c'est à la lenteur extrême de son progrès que Rome a dû ce prolongement de sa vie. Et cependant, comparée à la longévité des peuples chrétiens la longévité de la nation romaine se trouve dès aujourd'hui dépassée. Les peuples européens datent de la chute de Rome, c'est-à-dire de quatorze cents ans, et ils ne sont pas encore si près de mourir.

Rome a donc subi, quoiqu'elle l'ait subie plus tardivement, la loi de décadence qui pesait sur toutes les grandeurs païennes. La richesse, la science, en un mot tout ce qu'on appelle la civilisation, leur étaient mortelles. Les fruits de la victoire tuaient la victoire.

Dès le temps des Scipions, Rome commença à devenir grecque. Leur client, Ennius, était un imitateur d'Homère. Carthage n'était pas détruite, que les chefs-d'œuvre de la Grèce, les écrits de la Grèce, les poètes, les philosophes et les dieux de la Grèce, commençaient à entrer dans Rome. Et ne comprend-on pas bien vite comment, devant cette science grecque, si hardie, si pénétrante, si lumineuse, le pauvre patriotisme romain, la pauvre morale et la pauvre religion romaine, traditions d'un âge grossier, sans logique et sans philosophie quelconque, comment toutes ces pratiques de la dévotion publique et privée qui n'avaient de raison d'être si ce n'est d'avoir été, comment rien de tout cela ne put longtemps tenir? Le Sénat, il est vrai, expulsa les philosophes, mais ils revinrent. Bien longtemps auparavant, Fabricius, à qui Cinéas expliquait la doctrine d'Épicure, avait frémi à la pensée qu'un tel enseignement pût jamais s'établir dans Rome. S'il fût revenu au monde deux cents ans plus tard, il eût trouvé la moitié du Sénat épicurien.

Les idées et les arts venaient de la Grèce. L'or et les esclaves vinrent surtout de l'Orient. Des généraux, qui avaient pillé les trésors des Séleucides, revenaient avec des millions dans cette Rome si pauvre encore et où la monnaie d'argent n'était connue que depuis peu de temps. Ils la trouvaient de plus vide de peuple. Les guerres héroïques contre Carthage, les guerres gigantesques, quoique peu laborieuses, promenées ensuite dans toute la Méditerranée, avaient épuisé la *plebs* romaine ou l'avaient jetée à titre de colons sur tous les rivages. Les proconsuls opulents qui revenaient d'Asie amenèrent, pour remplacer cette race éteinte, des esclaves que leur or avait achetés et surtout que la guerre leur avait faits. Avec les millions de l'Asie, ils achetèrent les terres italiques désertes; avec les esclaves d'Asie, ils les peuplèrent. Seulement, comme l'esclave cultive mal, et que le blé surtout semble ne pouvoir être cultivé que par des mains libres, au lieu de culture ils eurent des pâturages. L'Italie demeura donc, par suite de cette révolution économique, peu cultivée, peu peuplée, peu saine, ayant peu d'habitants, encore moins de citoyens, encore moins de soldats.

La corruption des mœurs contribuait encore à ce résultat. La vie hellénique, avec ses recherches, ses sensualités, ses délices, était passée dans les mœurs romaines plus promptement encore que les idées et la science helléniques n'étaient passées dans les esprits romains. Cette vie des gymnases, des bains, des théâtres, détestable pour les âmes comme pour les corps, énervait ceux-ci, dégradait celles-là. Ici encore, c'était la civilisation qui tuait! Qui avait dépravé les mœurs grecques, sinon la philosophie et l'orgueil intellectuel, enseignant le mépris de la famille et le mépris du sexe ignorant, sinon la politique avec les sages et prévoyants calculs qui lui faisaient craindre l'augmentation excessive de la cité? Cette double considération philosophique et économique entrait dans les âmes romaines. Le luxe, la sensualité, les mille recherches de la civilisation grecque ou orientale, y aidant encore, les mœurs se dépravaient; les populations s'affaiblissaient; le patriotisme et le courage s'éteignaient dans les âmes.

Inutile maintenant de demander ce que devenaient les institutions romaines. Les anciennes institutions de Rome supposaient un fonds énorme de dévouement et de patriotisme. Sans un extrême et universel amour de la chose publique, comment pouvaient co-exister ensemble ces pouvoirs illimités et opposés les uns aux autres, ce peuple souverain et ce Sénat tout puissant, ces tribuns inviolables et ces consuls armés du droit de vie et de mort? Si tous les droits étaient poussés à l'extrême, s'ils n'étaient modérés par le commun désir du salut public, on périssait? C'est ce qui arriva bien vite, dès que commença la rapide décadence des mœurs et de la population romaine. Les comices ne furent plus qu'un marché ou une émeute. Le plus souvent, les libres citoyens romains, qui, pour la plupart, étaient des affranchis nés en Cappadoce ou en Afrique, vendirent leurs suffrages, et, à prix d'or, nommèrent édiles, préteurs, consuls, les membres ou les protégés de sept ou huit familles opulentes, devenues les maîtresses de la république. Mais quelquefois aussi, l'oligarchie, toujours la bourse à la main, se produisit sous une autre forme; elle soudoya quelques centaines d'esclaves; elle leur mit dans les mains des bâtons et des pierres : ces esclaves installés au Forum et assommant tout ce qui n'était pas eux, furent le peuple romain et firent des lois. Il y eut donc à la fois oligarchie et anarchie; un pouvoir égoïste interrompu par des violences populaires, attaqué par elles et se servant d'elles pour se défendre. C'est à peu près l'histoire de tout le dernier siècle et surtout des dernières années de la république romaine.

Sans doute, il y eut des hommes de cœur qui réagirent contre cette tendance. Il y en eut dans toutes les situations et même dans tous les partis : les uns qui cherchaient le remède dans l'affermissement des anciennes institutions romaines entre les mains d'une aristocratie patriotique et sérieuse; les autres qui le cherchaient au contraire dans des institutions nouvelles ou plutôt dans l'extension à des races nouvelles des institutions anciennes, dans la constitution d'une démocratie plus ou moins libéralement comprise : hommes populaires ou aristocrates, tribuns ou dictateurs, se combattant les uns et les autres, mais maudissant, les uns comme les autres, cette oligarchie d'hommes d'argent qui avaient acheté la république et entre les mains desquels la république périssait. Cicéron, César, Caton, Catilina, Salluste en parlent dans les mêmes termes.

C'est à ces efforts en sens opposés pour rendre à la république un peu de vie, à ses institutions un peu de sérieux, à son peuple un peu de bien-être, que se réduisent les luttes du dernier siècle républicain, le septième siècle de Rome. Il y a alors en présence bien des intérêts opposés : — le Sénat qui gouverne ou par lequel on gouverne, le Sénat qui représentait jadis les nobles et qui de plus en plus ne représente que les riches; — les chevaliers, l'aristocratie financière pure, enrichie surtout par la ferme des impôts; — le peuple de Rome (*plebs urbana*), servile et factieux, composé en proportion toujours croissante de clients, de mendiants, d'affranchis, d'aventuriers, indisciplinés ou trop disciplinés; — le peuple romain des campagnes (*plebs rustica*), celui-ci disgracié, amoindri, appauvri, dépouillé; —

les peuples de l'Italie, qui fournissaient Rome de soldats, traités jadis en alliés, aujourd'hui en vassaux, presque en esclaves ; — les peuples des provinces, écrasés par les exactions de ces proconsuls et de ces publicains qui revenaient de là avec leurs millions gouverner Rome. — Il y eut même un jour où les derniers des proscrits, les esclaves apparurent sur la scène : avec Spartacus, ils ne furent pas loin d'être maîtres de Rome et de changer les destinées du monde.

Un mot sur chacune des crises de ce siècle et sur chacune des tentatives essayées pour rendre la vie à la cité romaine.

La scène s'ouvre avec le vieux Caton. Il lutte contre la prépondérance financière, contre la corruption d'argent, contre les exactions, contre les manques de parole, contre la Rome nouvelle. Caton est un rétrograde et un ennemi du progrès.

Les Gracques, eux au contraire, sont des amis du progrès. Et cependant, cette oligarchie financière que Caton a poursuivie de sa rude censure, est leur ennemie et fera d'eux ses victimes. C'est pour le peuple des campagnes, un peu plus tard pour l'Italie, pour les provinces elles-mêmes que s'arment les Gracques. Mais le peuple de Rome, perfide et mobile, volontiers docile à toute aristocratie qui le paye, le peuple de Rome, après les avoir exaltés, les abandonne et les trahit (619-632).

Vingt ans plus tard, Saturninus reprend la pensée des Gracques. Son sort est le même. Le rôle du peuple de Rome est joué cette fois par Marius. Marius, brave général, lâche citoyen, flatte à la fois Saturninus et ses ennemis, les fait entrer chez lui, celui-ci par une porte, ceux-là par une autre, va des uns aux autres sous un prétexte digne de son cynisme ; mais, en définitive, sans ombre de pitié ni de remords, abandonne le malheureux tribun à la vengeance des chevaliers (654).

Cependant les chevaliers, devenus trop puissants, finissent par inquiéter le Sénat. Le Sénat suscite contre eux un tribun : Livius Drusus (661) défend la cause et du Sénat qui voit son influence périr sous la prépondérance de l'argent, et de l'Italie, hélas ! toujours absente de Rome et toujours sacrifiée. Mais, entre eux tous, se place toujours cette plèbe romaine, infidèle, capricieuse, indifférente. L'Italie est loin du Forum et le Sénat n'est plus le maître du Forum. Drusus périt ; c'est le quatrième tribun, mort sur le champ de bataille pour la cause de l'impuissante Italie.

Aussi à la fin elle se lasse de cette lutte politique où elle sera toujours vaincue. Elle se décide à combattre ailleurs et par d'autres armes. La *guerre sociale* commence : guerre soulevée contre Rome par ses alliés ou plutôt ses vassaux ; guerre où l'Italie vaincue sur le champ de bataille, triompha dans la cité. En effet, Rome victorieuse sent que sa victoire, chèrement achetée, a besoin d'être affermie par la modération. Elle accorde à l'Italie soumise ce que l'Italie révoltée a voulu lui arracher : un grand nombre des peuples italiques est admis à la cité romaine (662-663).

Seulement cette concession, arrachée par tant de combats, est-elle sérieuse? L'Italie est romaine, c'est-à-dire qu'elle échappe, de droit, pas toujours de fait, aux verges des licteurs et au paiement de certains impôts. Mais son droit de suffrage qu'elle ne peut exercer qu'à trente ou quarante lieues de chez elle, devient plus illusoire encore par l'accumulation de tous les Italiens dans la dernière des trente-cinq tribus. Le combat recommence donc, et cette fois Marius abritera son égoïsme derrière le drapeau de la cause italienne. Chose étrange et qui prouve combien la postérité est rarement juste, combien les peuples sont exclusivement épris, non de la vertu, non de la bonté, pas même du génie, mais de la force ! Les Gracques, nobles d'origine et plébéiens cependant et amis du peuple, coupables, je le veux bien, mais non sanguinaires, et n'ayant versé que leur propre sang, les Gracques sont demeurés avec le renom à peu près incontesté de factieux, et c'est à peine si la science moderne a commencé à les réhabiliter. Marius qui ne fut jamais le défenseur que de son ambition et de son orgueil, Marius ami perfide, ennemi atroce, Marius, qui mourut ivre de sang et de vin, est resté, dans tout le siècle qui a suivi, le héros de la cause démocratique et de la cause italienne. Hélas! il en sera toujours de même. Allez aujourd'hui à ces cours publics où les ouvriers vont, dit-on, s'abreuver aux sources de la science, et vous y entendrez probablement louer Danton plus que Louis XVI et Marat plus que Turgot.

En face de Marius, nous avons Sylla (672). Celui-ci fait aussi à sa manière la guerre à l'oligarchie de l'argent. La vieille Rome ; l'aristocratie, sinon le patriciat ; le Sénat, mais le Sénat épuré et fortifié ; le peuple, c'est-à-dire les centuries de Servius Tullius : voilà ce que Sylla veut rétablir. Plus de droits politiques pour l'Italie, plus même de droit personnel ; car il la ravage et la noie dans le sang. Plus d'assemblée par tribus, c'est-à-dire plus de populace factieuse et dominante au Forum sous la conduite des tribuns ; le tribunat est abaissé. D'un autre côté, plus de ces propriétés immenses qui envahissent le sol italique, le condamnent à la stérilité, expulsent ou anéantissent la *plebs rustica ;* la *plebs rustica* est réinstallée dans la propriété foncière, mais la *plebs rustica* armée et dévouée à Sylla : des terres sont données aux soldats de vingt-trois légions ; ce sera la *plebs* agricole et militaire de la république romaine restaurée.

Mais la consolation de l'histoire, en face des succès obtenus par la violence et de la popularité qui s'attache à elle, c'est de penser qu'au moins les œuvres de la violence durent peu. La république de Sylla était à peu près morte le lendemain du jour où il mourut.

On médit en général de l'époque qui suivit. On la trouve pauvre, mesquine, agitée plutôt qu'orageuse, remuante plutôt que révolutionnaire. Elle n'a rien en effet qui rappelle les grandes tueries de la guerre civile entre Marius et Sylla, ni les grandes tueries de la guerre civile entre César et Pompée : c'est une pauvre époque.

C'est cependant une époque d'hommes distingués et d'hommes supérieurs. Cicéron la remplit ; César s'y développe ; Pompée et Caton, par leur mort, en marquent le terme : mais il ne s'y fait pas de grandes choses, c'est-à-dire qu'elle est vide de grandes catastrophes.

Chez tous ces hommes du reste se révèle le besoin de reconstituer la *chose romaine* qui décline et de combattre l'oligarchie pécuniaire qui conduit la *chose romaine* à sa perte. Malheureusement la cheville ouvrière de l'ancienne république manque ou du moins est faussée : à vrai dire, il n'y a plus de Sénat. Cette tradition héréditaire des sentiments et des idées dans un corps qui, légalement, n'était pas héréditaire, a été rompue par les proscriptions qui ont renouvelé le Sénat, par les chevaliers (c'est-à-dire la bourgeoisie financière) qui l'envahissent, par les Crassus et les Lucullus, l'oligarchie financière, qui la dominent.

Ainsi (et pour caractériser rapidement chacun de ces hommes) — Cicéron lève énergiquement le drapeau contre cette politique oligarchique aussi bien que contre la politique de Sylla; il revendique les droits de l'Italie proscrite; il revendique même les droits des provinces contre Verrès et les hommes d'argent. Arrivé au pouvoir, il voudrait (et qui ne le voudrait pas?) concilier tous ces grands intérêts de la république : — le Sénat sur qui tout repose; — l'Italie que Cicéron aime comme sa mère et qui d'ailleurs, il le sent bien, fait toute la force de l'empire au dehors; — les chevaliers, du milieu desquels il tire son origine et qui, somme toute, ne doivent être ni écrasés ni proscrits; — les provinces qu'il a connues et administrées et envers lesquelles, par esprit de justice, il voudrait que Rome fût modérée. Mais il a beau faire, les intérêts égoïstes briseront toujours cette alliance dans laquelle il veut les réunir. Cicéron est un bon citoyen et un citoyen éclairé; il ne faudra pas s'étonner qu'il meure proscrit.

Caton, lui, va au même but, par une autre voie, une voie impossible. Il veut être Sylla, moins les proscriptions; car Caton est honnête homme et humain, deux qualités rares chez les personnages politiques d'alors (et même chez les personnages politiques de tous les temps). Mais il veut une Rome impossible : une Rome honnête, ce qui est déjà une grande impossibilité; une Rome aristocratique, légale, modérée, ce qui en est une autre.

Catilina, que je n'ai pas voulu nommer plus haut pour ne pas déshonorer les personnages dont je dressais la liste, Catilina, quoique les modernes aient voulu le réhabiliter, Catilina n'est qu'un atroce coquin. Il avait été partisan et partisan abominable de Sylla. Il avait entre autres saisi un adversaire de Sylla, l'avait tué morceau par morceau, lui arrachant un œil, puis l'autre, puis une jambe, etc....., puis il était allé porter la tête à Sylla et s'était tranquillement lavé les mains dans l'eau lustrale qu'on gardait près de là. Une autre fois, il avait tué son propre frère et ensuite avait demandé après coup à Sylla d'inscrire sa victime sur la liste des proscrits, afin de légaliser *rétroactivement* le fratricide. C'était ainsi qu'il préludait à son rôle politique. Un homme aussi supérieur aux préjugés était fait sans aucun doute pour être un émancipateur, un initiateur, un homme de progrès et d'avenir.

Et, néanmoins, Catilina avait la même pensée que les autres, la destruction de ce monopole, entre quelques mains de financiers, de la puissance politique; Catilina était un homme du vieux patriciat, qui n'avait pas encore pardonné à la république le nivellement opéré entre les deux ordres trois cents ans auparavant. C'était un aristocrate déchu qui voulait remonter par la démagogie à l'aristocratie ou même à la royauté.

On peut en dire autant de César. Rarement homme fut plus aristocrate de sang et de cœur que César. C'était, comme Catilina, un patricien, et les patriciens n'étaient pas nombreux; car, depuis quatre siècles, il ne s'en faisait plus; et c'est à grand tort que les modernes appellent patriciens des hommes très-importants, très-puissants, très-nobles, très-aristocrates, mais cependant plébéiens, comme par exemple les Métellus et les Domitius : César était, lui, un vrai patricien, mécontent d'être dominé par des plébéiens comme Crassus ou Lucullus, ou contrecarré par des parvenus comme Pompée et Cicéron. César, comme Catilina, se fit démocrate pour se grandir et pour remplacer les priviléges éteints du patriciat par les priviléges futurs de la monarchie. Du reste, que César de longue main ait médité la destruction de la république et l'envahissement du pouvoir suprême, qu'il ait même entrepris la guerre civile avec une prévision un peu nette de son résultat : cela me paraît fort peu probable. César était en politique un aventurier et un joueur; il jeta les dés (*alea jacta est*, disait-il après avoir passé le Rubicon), et ce fils de Vénus obtint le *coup de Vénus*. Chez quel illustre parvenu, du reste, n'y a-t-il pas eu du joueur et de l'aventurier?

Voilà les hommes qui luttèrent, avec une grande force de caractère et de génie, je ne dis pas à qui perdrait la république romaine, mais bien plutôt à qui la sauverait, chacun à sa façon.

Les phases de cette lutte sont si connues que j'hésite à les retracer, ne pouvant le faire que brièvement.

Le premier événement notable, après la mort de Sylla, est la conspiration de Catilina (691). Rome, ce jour-là, courut un grand danger. Il faut bien, puisque personne ne se trouva qui prît ouvertement parti pour les conspirateurs, que leur complot fût impardonnable et avéré. On ne tenta en leur faveur ni assemblée tumultueuse au Forum, ni opposition tribunitienne, ni emprisonnement de magistrats les uns par les autres. Heureusement, il est vrai, pour l'aristocratie et pour la finance, elles avaient ce jour-là à leur tête un homme qui n'appartenait ni à l'une ni à l'autre, un homme nouveau et un homme sans fortune, Cicéron. Un autre eût été plus suspect. Il y eût donc, en face du danger commun, une sorte de ralliement de toutes les classes : sénat, chevaliers, peuple de Rome, peuple d'Italie. Cicéron s'en vante et avec raison, quoique trop souvent. Il crut que la république allait revivre.

Son illusion ne fut pas longue. La désunion et la réaction se produisirent bientôt. Cicéron fut exilé (696) comme coupable, d'accord avec tout le peuple, d'avoir fait périr les conjurés sans une sentence du peuple. Pendant son exil et après son retour, les querelles des ordres recommencèrent plus que jamais. Les forces collectives de la république s'annulaient en se combattant. Il ne resta plus que des forces individuelles. Pompée appuyé sur l'armée, Crassus sur l'argent, César sur la faveur du peuple. Ainsi se forma le premier triumvirat.

Il se déforma bien vite. Rien ne remplace l'esprit public : dans un État où il n'existe pas, ni trois ordres, ni trois pouvoirs, ni même trois hommes ne peuvent longtemps marcher ensemble. César fut bientôt ennuyé de ses collègues, sinon brouillé avec eux. Il partit pour les Gaules et se donna dix ans de guerre pour se reposer des luttes du Forum et se préparer à une politique plus sérieuse.

Aucun de ces trois hommes cependant ne détestait l'autre. Crassus d'ailleurs ne tarda pas à aller se faire tuer misérablement dans une campagne en Asie, entreprise par ce millionnaire pour gagner des millions. César avait une faible idée du génie de Pompée, mais ne le haïssait pas. Pompée, quoique plus âgé que César, avait épousé une Julia, fille de César, adorée de tous deux.

Mais il était impossible que ces trois puissants hommes n'en vinssent pas à se trouver trop nombreux, et à se faire la guerre pour que le nombre trois se réduisît à un. Crassus était mort; la pauvre Julia était morte quand Pompée, demeuré lui à Rome et le représentant de la légalité romaine, arriva (703) à se défier de César, grandi par dix années d'incroyables victoires sur les Gaulois. De là cette guerre (703-708), connue de tous, qui se termina pour la liberté romaine dans les plaines de Pharsale, pour Pompée sur le rivage de l'Égypte, pour Caton à Utique, pour les fils de Pompée, ces derniers combattants, dans les plaines de Munda en Espagne : cette guerre, merveilleuse preuve du génie stratégique de César qui, dans un espace de trois ans, combattit en Grèce, dans l'Asie Mineure, en Égypte, en Afrique, en Espagne : à chaque campagne, se jetant tête baissée dans le péril, arrivant presque seul en face de nombreux ennemis, courant les plus imminents dangers, et triomphant plus encore par sa renommée que par son génie.

C'est ainsi que César devint, je dirais presque forcément, le seul pouvoir de la république. Il prit de Sylla le titre de dictateur perpétuel, qui lui servit à déguiser sa royauté. Mais, il faut lui rendre justice, il n'en prit que cela. Sylla était, lui peut-être, un homme à convictions, croyant à sa vieille Rome et capable de verser des flots de sang pour la restaurer. César n'était pas un homme à convictions, croyait peu à la vieille Rome, et peut-être moins encore à une Rome nouvelle; mais César était humain, réellement et sincèrement humain. Il ne voulut sacrifier d'ennemi désarmé, ni à la vieille Rome, ni à la nouvelle, ni même aux besoins de son orgueil et de son pouvoir (qui sont, à vrai dire, le grand mobile et la grande tentation des conquérants). César résista à cette tentation mieux qu'aucun ancien, mieux que bien des modernes. Il y a de lui une lettre qui l'honore mille fois plus que la conquête des Gaules, suivie, hélas! du supplice usité sans doute, mais barbare, de Vercingétorix. C'est une lettre où, maître de Rome d'où Pompée a fui, il écrit à Cornélius et à Oppius, ses agents politiques : « Je suivrai votre conseil d'autant plus volontiers que, de moi-même, j'avais résolu de montrer la plus grande douceur possible et de tâcher de me réconcilier avec Pompée. Essayons, de cette manière, si nous ne pourrons pas enfin réunir toutes les volontés et rendre notre victoire durable. Car tous les autres, grâces à leurs cruautés, n'ont pu échapper à la haine publique ni maintenir longtemps leur triomphe; j'en excepte le seul L. Sylla que je n'imiterai pas. Je veux essayer ce procédé nouveau, de vaincre en m'armant de miséricorde et de générosité. Comment cela peut-il se faire? Bien des idées à cet égard me sont venues, beaucoup d'autres pourront surgir. Je vous en prie, pensez à tout cela. »

C'est ainsi que se fit l'empire. Le mot d'empire n'est peut-être pas bien juste. César n'a jamais eu le titre d'empereur, et il a préparé plus qu'il n'a fondé l'empire. César a eu peu de temps à lui pour gouverner; la guerre civile était à peine finie, quand sa mort (710) est venue la rallumer. Ce peu de temps, César l'a employé sagement, à des mesures plutôt conservatrices que révolutionnaires, plutôt républicaines qu'impériales, aux mesures qu'avaient recommandées ses adversaires, non à celles que lui-même avait prônées. L'homme est tout autre selon qu'il marche vers le pouvoir ou selon qu'il y est arrivé; vainqueur, on jette là ses armes et on ramasse celles de l'ennemi, nous savons cela. Louons pourtant César de cette résipiscence : marchant à la conquête du pouvoir, il avait fait ou essayé tout ce qui pouvait perdre la chose publique; maître de l'État, il faisait ce qu'il pouvait pour la sauver.

Mais consommer la révolution anti-républicaine, mais constituer un pouvoir nouveau, mais établir quelque chose qui eût la prétention de durer des siècles, mais fonder l'empire! César l'eût-il voulu? Je n'en sais rien. Y pensa-t-il? Peut-être pas. En tout cas, il n'eut pas le temps et ne fit rien qui ressemble le moins du monde à ce que nous, modernes, nous appelons une constitution. Le vrai fondateur de l'empire fut Auguste.

Celui-ci vint à son heure. César était tombé sous le coup de poignard de Brutus que l'antiquité devait appeler un acte héroïque, mais que l'antiquité elle-même devait juger une folie. César mort, on ne se serait guère douté qu'un jeune homme de dix-huit ans, valétudinaire et peu soldat, fût sur le point de succéder à l'illustre dictateur. C'est cependant ce qui arriva : cet homme d'État imberbe sut gagner tour à tour les amis de César et les meurtriers de César, le parti révolutionnaire et le parti républicain; joua les uns et les autres, joua le Sénat, joua Cicéron; fit la guerre d'abord à Antoine avec le Sénat, puis, avec Antoine, à Brutus et à Cassius, puis à Antoine pour son propre compte; vainquit à Philippes (712), vainquit à Actium (723); fut cruel au besoin, au besoin miséricordieux; usa largement des proscriptions, puis de la clémence; se fit une cour des gens qu'il avait proscrits, et fut, au nom du peuple et par un décret du Sénat, le premier souverain de la république romaine.

Auguste, ou plutôt Octave, est assez méprisable comme homme; fort insignifiant comme soldat; comme politique, il est du très-petit nombre de ceux qui ont fondé. Il est devenu le maître, ce qui est un tort; est-ce donc un besoin absolu pour un honnête homme de se mêler en grand ou même en petit du gouvernement de son pays? Il est devenu le maître par des moyens perfides, souvent cruels, ce qu'il ne faut jamais et à aucun prix pardonner. Mais devenu le maître, que pouvait-il faire autre chose que ce qu'il a fait?

Fallait-il maintenir (ou plutôt rétablir) ce Forum où le bâton et les pierres régnaient en maîtres absolus depuis plus d'un siècle? Et, en acceptant ce Forum comme la représentation légitime des quatre cent cinquante mille citoyens romains qui n'y étaient présents que sous la figure de quatre ou cinq cents esclaves, fallait-il ériger ces quatre cent cinquante mille Romains ainsi représentés en race supérieure, dominante, inaccessible, éternellement destinée à conduire et à écraser les autres races? — Ou si, au contraire, on admettait à une parité quelconque avec les citoyens romains quelques étrangers, quelques alliés, quelques soldats de Rome bien méritants et bien dévoués, cette fiction qui faisait du Forum le lieu de réunion du peuple romain, et des cinq cents esclaves faisant tapage au Forum, le *pays légal* de l'ancienne Rome, cette fiction ne devenait-elle pas plus absurde que jamais? L'initiation de l'Italie à la cité romaine n'avait été qu'illusoire et n'en avait pas moins altéré la cité romaine : que serait-ce si la Gaule, l'Espagne, l'Afrique, la Syrie, dans la personne de leurs principaux citoyens, étaient appelées à la cité romaine? Et quel magnifique don à faire à un illustre rhéteur de l'Asie ou à un brave soldat de la Gaule, que ce droit de suffrage qui l'autorisait à faire un voyage de cinq ou six mois pour aller recevoir, dans la cohue du Forum, des coups de pierre ou des coups de bâton?

Non, Auguste, ce pâle César, ce diminutif de son illustre grand-oncle, a fait à peu près ce qu'il était possible de faire. Il a fait l'empire, c'est-à-dire qu'il a conservé de la république ce qu'il était possible de conserver : un Sénat important encore; des consuls, des préteurs, des tribuns même, des édiles pour donner des jeux au peuple (c'est ce qu'on lui eut le moins pardonné de supprimer); et au-dessous, en dehors de Rome, en dehors surtout de l'Italie, des cités encore puissantes, encore libres d'une certaine liberté, délibérantes, agissantes, parlantes, et gardant leurs traditions, leurs cultes, leurs dieux, leurs souvenirs, leurs champs, leurs lois, leurs langues. Un préfet d'aujourd'hui se renverserait sur son fauteuil si on lui parlait d'accorder au moindre village la moitié seulement de l'indépendance qu'Auguste laissait à Lyon, à Marseille, à Nîmes, à Antioche, à Athènes, à Alexandrie même, aux plus grandes cités de son empire. Par dessus tout cela sans doute, a dû se trouver un maître, puisque ce siècle voulait un maître et que les hommes réunis par millions ont toujours la sottise de vouloir un maître. Soyez un petit État, si vous voulez être libres; mais si vous voulez être une grande nation ou un grand empire, résignez-vous à beaucoup obéir et à beaucoup payer.

Auguste mourant laissa donc l'empire fondé, c'est-à-dire, sous un nom et avec des formes modestes, un pouvoir immense sur environ deux mille peuples ou cités différentes qui formaient l'empire romain. Il avait pourvu à l'avenir autant que possible. Il n'avait pas éteint dans l'empire toute liberté, ce qui aurait été éteindre toute vie : il y avait quatre ou cinq cents villes ou nations plus ou moins privilégiées; mais toutes avaient une liberté municipale supérieure à celles des temps modernes ; Rome seule n'en avait pas. Auguste n'avait pas fait de loi sur la transmission du pouvoir : logiquement, il n'en pouvait faire; en fait, aucune n'aurait pu s'établir : il ne pouvait empêcher ni un Tibère, ni un Néron; il rendait possibles un Trajan et un Marc-Aurèle.

En un sens, l'empire romain existait depuis le jour où Rome, maîtresse de Carthage, de Corinthe, de Numance, avait commencé à régner sur la plus grande partie du littoral méditerranéen. Dès ce jour, le gouvernement aristocratique et populaire, le gouvernement de la cité par la cité, était devenu impossible; cette immense aggrégation des peuples exigeait un maître et un maître absolu.

Cette aggrégation de peuples était-elle un bien, était-elle un mal? Au point de vue de l'antiquité et pour les contemporains, c'était un mal, incontestablement. La moralité antique, la religion antique, toutes fondées sur le patriotisme, devaient infailliblement périr dans ce pêle-mêle de nations où tout patriotisme et, plus que tout autre, le patriotisme romain venait s'éteindre. Cette décadence de la nation romaine contre laquelle les deux Catons, les Gracques, Sylla, Cicéron, César, Auguste, combattirent chacun à leur façon, ne fut rien moins qu'arrêtée. L'oligarchie maîtresse de l'empire ne fut pas brisée; elle se personnifia. La corruption des mœurs, l'appauvrissement des races ne put qu'aller croissant. L'empire romain ne pouvait être et ne fut qu'une longue décadence. Une telle aggrégation de peuples, en thèse générale, n'est pas faite pour durer plus qu'une vie d'homme : c'est une violence faite à la nature humaine et qui ne s'est prolongée, cette seule fois dans l'histoire, qu'au détriment de la santé morale et corporelle du genre humain.

Mais, au point de vue de la Providence et pour le bien des siècles à venir, l'empire romain était une chose nécessaire et bénie. Si cette violence a été faite aux sociétés humaines, et si, contre toutes les lois de l'histoire, elle a duré, c'est que Dieu avait ses desseins. Dieu qui, dans l'exécution de ses pensées, fait une part à son action surnaturelle et directe, mais une part aussi aux causes naturelles; Dieu qui se révèle et, en particulier, s'est révélé dans l'œuvre du christianisme, à la fois par le miracle instantané qui montre la main divine, et par les causes préparées de longue main, qui trahissent la Providence divine; Dieu a voulu l'empire romain. Il l'a voulu et, pour l'opérer, il avait voulu la nation romaine, uniquement pour que cette grande aggrégation de peuples fût comme le vaisseau immense dans lequel les eaux de bénédiction devaient être versées. L'empire romain ne fut construit et ne dura si longtemps qu'afin d'être le baptistère du genre humain.

Voyez, je vous prie, comme cette fin providentielle avait été de longue main préparée! Trois siècles à l'avance Alexandre avait été envoyé pour rattacher l'Orient à la Grèce. Pendant ce temps, Carthage rattachait à elle-même, par les liens ou de la sujétion ou du commerce, l'Afrique, l'Espagne, un peu la Gaule. Rome de son côté, par un travail de cinq siècles, rattachait à elle l'Italie. Cette œuvre faite, Rome renverse Carthage et devient un centre pour tout l'Occident. Le lendemain, pour ainsi dire, Rome brise les successeurs d'Alexandre, soumet la Grèce, commence la facile conquête, ou plutôt, pour parler le style d'aujourd'hui, la facile *annexion* de l'Orient. Au moment où la république romaine tombe, un peu plus d'un siècle après la ruine de Carthage, ce grand tout de l'empire romain achève de se former par l'annexion définitive de l'Égypte, et, cela fait, il n'est pas un pouce du littoral méditerranéen ni des îles méditerranéennes, qui n'appartienne à Rome. Dans ce grand ensemble de peuples, trois villes, trois influences, trois langues sont surtout dominantes : Rome, la souveraineté romaine et la langue latine; Alexandrie, la science hellénique et la langue grecque; Jérusalem, le peuple de Dieu et la langue de l'Orient. Ces trois civilisations et ces trois langues sont devenues immortelles sur la croix et par la croix.

Mais maintenant, quoique les faits eussent été ainsi préparés par la main de la Providence pour la grande œuvre du christianisme, les hommes, tels qu'ils sont, n'en étaient pas moins libres de résister et n'en ont pas moins résisté à cette œuvre. Les passions, les vices, les volontés n'en étaient pas moins debout, insurmontables sans miracle. C'est ainsi que la disposition des faits témoigne de l'action préméditée de la Providence ; la défaite des volontés humaines témoigne de l'action immédiate et surnaturelle de Dieu.

Oui, les passions devaient résister. — Les passions des masses d'abord. Il est vrai, le cosmopolitisme impérial avait altéré les formes religieuses propres à chaque nation. Je ne dirai pas les idées et les croyances (car les idées et les croyances peuvent être tenues comme à peu près absentes des cultes païens); mais les rites, les traditions, les pratiques, les superstitions s'étaient confondus dans un vaste mélange. L'esprit du paganisme, commun à tous les cultes nationaux, n'en demeurait pas moins puissant; il s'était plutôt enflammé dans cette fournaise. Auguste en fondant l'empire avait bien tâché, pour réparer le mal qu'avait fait l'épicuréisme et le scepticisme des derniers temps de la république, de relever la superstition romaine. Mais en vain ! il n'avait fait qu'aider la superstition cosmopolite à se relever. Si une influence était devenue dominante dans les pratiques religieuses de l'empire romain, c'était bien plutôt celle de l'Orient; malgré Auguste et malgré Tibère, Rome devenait égyptienne, syrienne, persane, en fait de religion. Mais, somme toute, ce qui restait debout, aussi ardent et aussi crédule que jamais, quoique en fait d'idées plus vague et plus confus, c'était le paganisme, l'idolâtrie, la superstition universelle. Romains, Égyptiens, Syriens, Grecs, tous devaient crier les uns comme les autres : Les chrétiens aux lions!

A leur tour, les empereurs étaient destinés à être les dignes instruments de ces passions populaires qui soutenaient le paganisme. Quand vint le temps des persécutions, le peuple provoqua, les empereurs obéirent; le peuple dénonça, les empereurs condamnèrent. Un empereur romain pouvait difficilement être le plus honnête homme de son empire. Quand il arrivait par un droit héréditaire quelconque ou par un semblant de droit héréditaire (car il n'y eut jamais de loi d'hérédité pour le pouvoir romain), l'empereur était un enfant gâté et le plus détestable des enfants gâtés. Quand il arrivait par l'élection, c'est-à-dire par l'émeute militaire (car il n'y eut jamais d'autres électeurs que les soldats), l'empereur pouvait valoir et en général valut mieux ; mais enfin ce n'était qu'un capitaine grandi par l'indiscipline de ses troupes et qui devait renoncer à leur imposer la discipline. Les Césars humains et sensés furent toujours une exception, presque un miracle.

L'histoire de l'empire romain païen se divise en trois périodes : 1° celle des héritiers ou soi-disant héritiers de César et d'Auguste (à partir de la bataille d'Actium jusqu'à la chute de Néron, quatre-vingt-dix-sept ans); 2° la période Flavienne et Antonine (jusqu'à la mort de Marc-Aurèle, cent douze ans); 3° la période que j'appellerais volontiers militaire, car c'est surtout celle de la prépondérance de l'armée (jusqu'à Constantin, cent trente-deux ans).

La première, il faut le dire, sauf le règne d'Auguste, est des trois la plus abominable. Auguste, qui détestait Tibère, s'était cependant, par faiblesse pour la vieille Livie, sa femme et mère de Tibère, résigné à avoir Tibère pour successeur. Auguste avait, dirions-nous aujourd'hui, *organisé* l'empire, l'empire possible, tolérable, modéré, paternel. Tibère, par peur personnelle et rien que par peur (c'est toujours la peur qui fait les tyrans), *organisa* l'empire violent, intolérable, impossible, corrompu et corrupteur. Il donna le type du césarisme sanguinaire, comme Auguste avait donné le type du césarisme sans bourreaux. Malheureusement le second de ces princes eut bien plus d'imitateurs que l'autre. Toute la dynastie d'Auguste se précipita dans les voies de Tibère. Je dis la dynastie d'Auguste, je devrais dire celle de Livie. En effet, quand Octave et Livie s'unirent par un mariage qui devait être fécond, Livie avait pour héritiers ses deux fils, Tibère et Drusus; Octave, sa fille Julie. Entre ces deux races, que le mariage de leurs parents devait unir, la guerre se perpétua pendant un demi-siècle; ou, pour mieux dire, la race de Livie, devenue souveraine, ne cessa, pendant un demi-siècle, de vouer à la mort la race d'Auguste. A la race de Livie appartiennent, après Tibère, Caligula petit-neveu, Claude neveu de Tibère : Caligula est un fou sanguinaire; Claude un honnête homme imbécile, ou pour mieux dire abasourdi. Après eux, vient Néron, descendant d'Auguste par sa grand'mère Agrippine, descendant de Livie par son grand-père Germanicus; les deux races sont réconciliées en sa personne. Mais en politique, Néron n'a rien d'Auguste; il n'a hérité que de son grand-oncle Tibère. Seulement il pratique plus franchement, plus ouvertement, plus librement, parce qu'elle est maintenant implantée dans les mœurs, la politique de Tibère. Néron n'est cependant qu'un poltron, et on peut ajouter, si l'on pense à l'exiguité de ses forces militaires d'empereur romain, un poltron désarmé. C'est la peur qui règne par la peur; c'est un peuple tellement accoutumé à voir tuer, qu'il ne se demande pas même si la révolte est possible. Mais au milieu de ce peuple, il y a un autre peuple qui aime la tyrannie parce qu'il en vit, un peuple pour qui les confiscations et les supplices se traduisent en fêtes, en distributions de blé, en largesses, en magnificences théâtrales, en bêtes féroces amenées du fond de l'Afrique ou en gladiateurs amenés du fond de la Germanie pour tacheter d'un peu de sang le sable doré de l'amphithéâtre.

Si Marat et Robespierre eussent eu, comme Néron, l'éducation d'un prince du sang impérial de Rome; s'ils eussent su être magnifiques et prodigues comme le fils d'Agrippine, Marat et Robespierre auraient peut-être régné treize ans comme Néron.

Il y a cependant eu chez les modernes des apologies et des réhabilitations pour de tels princes. On prétend, en effet, que ces princes ont été amis du progrès; qu'ils l'aient été d'un certain progrès, cela est incontestable; on prétend qu'ils ont été démocrates, cela peut se soutenir; on leur prête mille belles idées qu'il eût été de leur vivant impossible de leur faire comprendre, je ne dirai pas seulement de leur faire accepter. Rien de moins historique que ces programmes faits après coup. Dans la réalité, ces hommes n'étaient que des poltrons. Tibère tuait au besoin ses meilleurs amis pour être bien sûr de ne pas manquer l'ennemi qui voulait le tuer. Caligula souhaitait que l'empire romain n'eût qu'une tête afin de vivre sans crainte après l'avoir coupée. Néron est mort en tremblant comme il avait tremblé toute sa vie.

Avec Néron, s'ouvre la persécution anti-chrétienne. Le pouvoir romain, politiquement parlant, n'était pas et ne devait pas être porté à la persécution. Une certaine tolérance pour les rites étrangers, tout en maintenant la suprématie officielle des rites romains, telle était la tradition d'Auguste, et on suivait assez la tradition d'Auguste en ce qui ne touchait pas à la sûreté ou à la satisfaction personnelle de l'empereur. Les premiers dénonciateurs des chrétiens furent des juifs, des juifs tumultueux et violents qui déplaisaient au pouvoir romain. Le peuple païen, excité par les juifs, commença ensuite à se plaindre et à dénoncer, mais sans être trop écouté : les chrétiens étaient pauvres et il y avait peu de profit à les poursuivre. Il fallut pour amener la persécution ouverte une circonstance fortuite, l'incendie de Rome, qui décida Néron, accusé par la voix publique, à chercher des coupables pour les mettre en sa place, à les prendre parmi les gens que la multitude détestait le plus, et à livrer les chrétiens au bourreau. Les chrétiens furent immolés, coupables, aux yeux de Tacite, d'être *haïs du genre humain;* c'est souvent un titre d'honneur que la haine du peuple ou même la haine du genre humain : « Vous serez haïs de tous à cause de mon nom, » avait dit le Seigneur.

A partir de ce jour, le christianisme demeure proscrit. La persécution devient loi de l'empire. Elle sera suspendue, atténuée; elle ne sera jamais, avant Constantin, solennellement abolie. Mais en prononçant cet arrêt, l'empire romain a prononcé sa propre condamnation. Rien ne pourra désormais arrêter sa décadence; rien ne pourra sauver ce malade; il a repoussé le breuvage salutaire qui pouvait lui rendre la jeunesse et la vie.

Telle est l'œuvre de la dynastie césarienne, ou pour mieux dire de la première période impériale; car ces hommes qui se sont succédé en vertu d'une sorte de droit d'hérédité et d'une parenté quelconque avec le grand César, ces hommes appartenaient cependant à des familles différentes. César était Julius; Auguste, Octavius; Tibère, Caligula et Claude étaient de la *gens* Claudia; Néron était né dans la famille Domitia. Mais les quatre derniers sont parents par les mœurs : gens civilisés, il est vrai, poètes, orateurs, artistes, vivant au milieu d'une société où la science était développée, la littérature popularisée, l'art perfectionné plus qu'il ne le furent jamais avant l'invention de la presse; mais ni la science, ni la littérature, ni l'art ne font à eux seuls des hommes de bien. La science, l'art, la littérature n'ont adouci ni les mœurs de Néron, ni celles de son siècle. Néron et ses contemporains, au milieu des fleurs, des parfums et des chants (toutes choses, dit-on, qui moralisent le peuple), fredonnant les vers d'Anacréon ou de Rhianus, pinçant la lyre en l'honneur d'Apollon, ou contemplant de charmantes petites Aphrodites ciselées tout exprès pour leurs boudoirs, mollement couchés sur les lits du triclinium et bégayant paresseusement leurs ordres sanguinaires, commandaient plus de meurtres en un jour que n'en commit dans toute sa vie un chef de Peaux-Rouges. A cette première époque césarienne rien ne manque : ni l'extravagance du prince et sa cruauté, ni la rapacité de ses favoris les délateurs, ni la servilité de tout son peuple. Les cinquante-quatre ans du règne de ces quatre princes et les dix-huit mois du règne de la Terreur sont les deux opprobres de l'humanité civilisée; aussi notre siècle a-t-il voulu réhabiliter l'une et l'autre de ces deux époques.

La seconde période césarienne est toute différente. C'est incontestablement la belle époque de l'empire romain, comme la première est certainement la pire. On peut dire qu'elle est merveilleuse, non que les hommes qui règnent soient tous des héros; mais il est incroyable qu'en un pareil siècle et au sein d'une telle société, des hommes de bon sens et d'une certaine honnêteté aient pu, avec une seule interruption, se succéder pendant plus de cent ans.

Cette seconde période s'ouvre par une de ces grandes insurrections militaires et provinciales que l'empire romain verra plus tard se renouveler tant de fois. Les Gaulois, plus Romains que les Romains, se soulèvent indignés contre ce Néron que Rome applaudit (an 68 après Jésus-Christ). La révolte, au début, est toute provinciale et civile; mais les armées s'en mêleront bientôt. Jusqu'à cette époque, malgré le semblant d'hérédité qui a accompagné la transmission du pouvoir, le choix des Césars s'est fait par une intrigue qui a consisté tout simplement à payer les prétoriens, à leur faire proclamer un César et à faire approuver ce César par le Sénat, invariable approbateur des décisions prétoriennes; les prétoriens, c'est-à-dire la garde de l'empereur à Rome, sont donc les grands électeurs de l'empire. Mais au temps dont nous parlons, l'armée des provinces, les légions voudront aussi participer au même privilège : l'Espagne, ou plutôt l'armée d'Espagne, fera son empereur, l'armée de Germanie le sien; l'armée de Syrie viendra la dernière et triomphera. De là, dix-huit mois de commotions et de malheurs, et la tradition désormais établie qu'à l'armée et à chacune des armées appartient le pouvoir de faire des empereurs.

Ce fut un mal, ce fut aussi un bien. Les empereurs n'avaient redouté jusque-là que le poignard, et contre le poignard qu'ils redoutaient follement, ils se défendaient par la terreur. Ils redoutèrent l'insurrection, soit militaire, soit civile, et contre l'insurrection ils essayèrent quelquefois de se défendre par la sagesse de leur gouvernement. Ne souhaitons pas trop la stabilité du pouvoir absolu; elle a bien aussi ses périls pour les peuples.

La famille Flavia fut la dynastie nouvelle, jusque-là très-bourgeoise et très-inconnue, qui sortit de cette crise militaire. De tous les concurrents suscités par le caprice des différentes armées, Flavius Vespasianus (an 69) vint le dernier et demeura. Sa famille même régna après lui en la personne de Titus (79-81), qu'on a appelé les délices du genre humain, et de Domitien (81-96) qui en fut le fléau. Le règne de Domitien dura quinze ans et fut un retour complet à la politique néronienne; le sol de Rome était si accoutumé et si apte à produire de telles plantes qu'il eût été impossible qu'il fût tout un siècle sans en donner. Quinze ans de tyrannie, onze ans d'un gouvernement tolérable, tel fut le fruit de l'usurpation flavienne; pour Rome, c'était encore assez satisfaisant.

Mais l'usurpation de Nerva fut bien autrement propice à Rome et à l'empire. Quand Domitien eut été assassiné (et il le méritait bien) par sa femme, son chambellan ou valet de chambre, son préfet du prétoire et quelques autres de ses affidés qu'il allait tuer le lendemain, il se passa une chose inouïe : le Sénat fit une élection, et cette élection valut à Rome un siècle de paix. Le Sénat élut le bon vieux Nerva, disciple ou ami de ces philosophes que la race Flavia avait toujours durement traités. La philosophie monta sur le trône, et, mieux que la philosophie qui ne vaut pas toujours grand'chose, l'honnêteté et la clémence. Ce qu'il y a de mieux encore, c'est que, sauf quelques taches, elles s'y perpétuèrent. Nerva, n'ayant pas d'enfant, adopta Trajan et Trajan lui succéda (98). Trajan, n'ayant pas non plus d'enfant, adopta ou du moins fut censé en mourant avoir adopté Adrien, le moins légitime et aussi le moins irréprochable de toute cette dynastie adoptive. Adrien, n'ayant pas non plus de postérité, adopta Antonin, le plus honnête empereur peut-être qui ait jamais régné; et, comme Antonin déjà âgé n'avait pas de fils, Adrien lui ordonna d'adopter Marc-Aurèle; l'empire se trouva ainsi assuré de deux règnes. Par malheur, Marc-Aurèle eut des enfants, et parmi eux un fils appelé Commode; avec Commode, la dynastie adoptive eut sa fin. Le fils de Marc-Aurèle fut comme un étranger dans la descendance fictive de Nerva et une période nouvelle commencera avec lui.

Ces cinq empereurs méritent que nous nous arrêtions un instant sur chacun d'eux. Nerva régna peu, et on a dit que son grand mérite fut d'avoir donné Trajan à l'empire. Cela n'est pas juste; Nerva fut sage, modéré, clément, plus même que Trajan. Seulement il était âgé (et à Rome on vieillissait vite), un peu faible, incapable de tenir tête aux prétoriens qui regrettaient Néron et donnaient d'épouvantables transes à leur empereur. Il appela à son aide Trajan, un soldat.

Ce soldat ne fut pas un César parfait. Il fut cruel envers les prétoriens. Il persécuta le christianisme par indécision et par ignorance au commencement de son règne, et vers la fin, à ce qu'il paraît, il le persécuta avec emportement. Il fut ivrogne et dépravé dans ses mœurs : son ivrognerie, dit-on, ne nuisit jamais à sa politique; la dépravation de ses mœurs lui fut certainement funeste. Enfin, soldat, général, conquérant, après avoir fait des guerres utiles, nécessaires, heureuses, il en fit d'inutiles, d'ambitieuses, de désastreuses, de fatales; il en mourut de chagrin et de fatigue, après de grandes conquêtes et de grands revers (117). Cependant Trajan a compté et a dû compter parmi les grands et les bons empereurs de Rome; les Romains n'étaient pas et ne devaient pas être difficiles. Il a gouverné sans bourreaux et parfois avec une clémence admirable; il a rétabli l'ordre dans les finances, ce qui pour les Romains, accoutumés à payer de leur sang les prodigalités de leur prince, était une question de vie ou de mort: il a respecté ou rétabli la liberté municipale des provinces, le droit de propriété, la liberté personnelle des sujets; il a confirmé la politique romaine dans cette voie augustale que Vespasien avait reprise, mais d'où Domitien, nouveau Tibère, l'avait terriblement fait dévier.

Adrien fut un tout autre homme que Trajan : soldat aussi, autant qu'il fallait l'être, mais en même temps lettré, artiste, poète, orateur, ciseleur, sculpteur, musicien, tout ce que Trajan n'était pas. Mais la littérature du prince ne fait pas la littérature de son siècle : Trajan, ce rude soldat, avait donné à Rome une dernière mais encore brillante époque littéraire et artistique; ç'avait été le temps de Tacite, de Pline le Jeune, de Juvénal, de la colonne Trajane, etc.; tandis que la décadence des lettres et des arts commença ou, si l'on veut, reprit son cours avec le lettré et artiste Adrien. Il est vrai que cet artiste une ou deux fois encouragea les arts en faisant couper la tête à ses rivaux. C'est assez dire que si Adrien ne fut pas un Néron, il ne fut pas non plus un Nerva. La pente était glissante quand on avait un tel pouvoir, quand on était exposé à de tels dangers, quand on vivait au milieu de telles mœurs. Un type bien connu dans l'art nous a assez fait connaître quelles furent les mœurs d'Adrien, et nous savons par les historiens quel fut le résultat de pareilles mœurs. Ce fut après des années d'un gouvernement sage, habile, intelligent au plus haut degré, équitable même, modéré, clément, la superstition, une folle et idolâtrique douleur, la maladie, le délire, et la cruauté dans le délire. Les derniers mois d'Adrien furent une longue agonie, demandant la mort qu'on lui refusait, attendant de ses dieux un miracle que ses dieux ne lui donnaient pas, au milieu de tout cela faisant verser le sang et déchiré de remords. Je ne saurais trop le dire : pour des âmes non chrétiennes, la civilisation, la littérature, l'art, la science sont souvent mortels; ils faussent les esprits, dépravent les mœurs et rendent les sociétés impossibles : en dehors du christianisme, l'ignorance est la seule sauvegarde de l'honnêteté. Adrien est un des hommes les plus spirituels et les plus instruits, un des esprits les plus faux et une des âmes les plus gâtées qui aient jamais existé. Seulement l'opinion publique était faite à la clémence et lui avait longtemps imposé la clémence, jusqu'à l'époque où le délire d'Antinoüs perdu et déifié fit de lui, pendant quelques mois, presque un Néron.

Mais la gloire d'Adrien est d'avoir légué à l'empire, par une double adoption, Antonin, devenu son fils, et Marc-Aurèle, devenu son petit-fils, les deux meilleurs, ou peu s'en faut, de tous les Césars romains. Le temps d'Antonin (138-160) est pour l'empire de Rome une sorte d'apogée; l'empire est vaste, il est paisible; les barbares ne l'insultent pas, contenus comme ils le sont par le souvenir des victoires de Trajan, et par la force et la discipline qu'Adrien, tout en conservant la paix, a su maintenir dans son armée. Les rois d'Orient, que Trajan a effrayés par son épée, qu'Adrien a su gagner par une diplomatie habile, sont gagnés bien mieux encore par la sagesse, l'équité, la bienveillante autorité d'Antonin, devenu leur arbitre, leur conciliateur, leur suzerain, dirai-je presque, mais leur suzerain doucement et volontairement accepté. Quarante ans de paix intérieure ont porté leurs fruits; les proscriptions sont reléguées dans l'histoire; les foyers sont paisibles; les mœurs s'adoucissent, peut-être même s'épurent un peu; le pouvoir ose quelques tentatives pour restreindre les combats de gladiateurs; l'esclavage, contre lequel il réagit également, diminue de nombre et de rigueur. Les idées elles-mêmes semblent devenir plus saines, et cette civilisation de la Grèce, si entachée, arrive à accepter des notions plus hautes et plus pures sur l'unité de Dieu, sur l'inutilité des rites païens, sur le respect de l'homme pour lui-même et le respect de l'homme pour l'homme. C'est quelque chose comme un christianisme indirect et latent, qui de l'Église pénètre l'école, l'atelier, le palais; les chrétiens prêchent surtout par l'exemple et quelquefois peut-être on acceptait leurs exemples, sans savoir accepter leur foi. Le christianisme complet et positif lui-même se développe et trouve une sorte de protection. Le pouvoir sans doute n'ose pas affronter les passions des multitudes, sanctionnées par les édits de Néron et de Domitien, jusqu'au point de déclarer les chrétiens innocents et le christianisme licite; mais, ce qui en approche certes beaucoup, il interdit de les dénoncer et il punit leurs dénonciateurs. Parmi les empereurs de cette période, nul plus qu'Antonin ne paraît avoir approché d'une complète tolérance pour le christianisme; de nul il n'est resté un édit aussi explicite que le sien en faveur de l'Église; à nul règne on n'impute moins de martyrs. Telle était donc cette société digne et reposée à laquelle présidait un souverain âgé, doux, ferme pourtant; d'un visage serein et d'un esprit net; moins savant et de pensées moins élevées peut-être que son successeur; plus perspicace, plus résolu, plus ferme, plus heureux. Et je ne sais pas si ce n'est point ajouter le dernier trait à cet éloge de l'homme et de son temps que de dire que nous en savons peu de chose. Un règne qui laisse plutôt un bon renom qu'un renom bruyant dans l'histoire, est un règne sans guerre, sans révolte, sans grande calamité; nous ne faisons guère de bruit en ce monde que par nos malheurs ou par les malheurs d'autrui.

Du reste, c'est Marc-Aurèle qui peut le mieux nous faire le portrait de son père adoptif. « De mon père, dit-il avec cette simplicité de langage et ce ton de confidence intime et personnelle qui donne tant de valeur à ses *Pensées*, de mon père j'ai appris à être doux et cependant inflexible sur les jugements une fois mûrement arrêtés, à être insensible au vain éclat de tout ce qu'on appelle honneurs..... Il n'exigeait pas que ses amis se gênassent pour venir souper avec lui ni pour le suivre dans ses voyages. Ceux qui n'avaient pu venir le retrouvaient toujours le même..... Il délibérait longtemps et ne s'arrêtait pas aux premières idées. Il ne perdait point d'amis; il n'avait pas d'affections capricieuses ni outrées..... Son esprit était toujours serein. Il prévoyait de loin les dangers publics; il arrêtait sans bruit le moindre commencement de trouble. Il réprimait les acclamations du peuple et les flatteries des courtisans..... Il épargnait sur les dépenses des fêtes publiques, tout en permettant que l'on critiquât ces économies. Il était sans superstition vis-à-vis des dieux, sans obséquiosité affectée vis-à-vis des hommes. Il était modéré en tout..... Il imitait sans affectation les anciennes mœurs..... En fait de spectacles à donner au peuple, de largesses à faire et de monuments à élever, il agissait avec mesure, pour satisfaire au devoir, non pour se faire applaudir. Il n'avait ni heures extraordinaires pour son bain » (une des manies des Romains de la décadence), « ni passion pour les bâtiments, ni recherche pour sa table, pour son vêtement, pour le choix de ses esclaves. A Lorium » (sa maison de campagne), « il portait une robe d'étoffe du Samnium, achetée dans le village voisin..... Il faisait tout avec ordre, à loisir, sans se troubler, ferme et régulier en toute chose. »

Marc-Aurèle, qui parlait ainsi, traçait un modèle qu'il ne sut pas toujours suivre. Il avait des dons qui n'appartinrent pas à Antonin; il eut moins que lui ceux qui servent pour régner, et surtout, il faut le dire, la fortune lui fut moins favorable. Un collègue, Lucius Verus, que pendant quelques années il dut subir et subit avec la plus fraternelle patience, mais qui démentait sa morale et servait mal sa politique; une épidémie qui dès les premières années de son règne affligea le peuple romain et devint endémique dans l'empire comme pour compléter l'œuvre de sa décadence; des guerres continuelles et menaçantes contre les barbares, que l'immobilité des armes romaines avait fini par encourager à l'attaque; au milieu et par suite de toutes ces souffrances, une recrudescence marquée de superstition païenne dont Marc-Aurèle ne se tint pas toujours assez éloigné; un abaissement marqué de la philosophie malgré la faveur ou peut-être à cause de la faveur de Marc-Aurèle pour les philosophes : tous ces symptômes furent de tristes compensations aux vertus que Marc-Aurèle apportait sous la pourpre. Au moins avons-nous de ces vertus un rare et incontestable témoignage; il ne nous est guère resté d'aucun prince ni d'aucun philosophe un entretien confidentiel avec lui-même, et il ne nous en est pas resté un plus franc, plus sincère, plus dégagé d'amour-propre et d'ostentation que le livre adressé par Marc-Aurèle à *lui-même* (Πρὸς ἑαυτόν), et que nous appelons vulgairement ses *Pensées*. Il y a là une éclatante volonté de faire le bien; il y a une sévérité impitoyable envers lui-même qui a une certaine saveur de l'humilité chrétienne, et qui n'eût pas été possible avant l'époque où l'humilité chrétienne apparut dans le monde : « Couvre-toi de honte, mon âme, couvre-toi de honte. Tu n'auras plus le droit de t'honorer toi-même, puisque, ta vie étant presque à son terme, tu fais encore ton bonheur des pensées d'autrui..... Que de choses dont tu es obligé de dire : je n'y suis pas propre? Fais donc au moins tout ce qui dépend de toi. Sois sincère, grave, laborieux, continent; ne te plains pas de ton sort; contente-toi de peu. Sois humain, sois libre, ennemi du luxe, ennemi des frivolités; sois généreux. Que de choses tu peux faire dès aujourd'hui, sans être en droit de prétexter ta faiblesse et ton impuissance! Et tu restes inactif, volontairement inactif! Est-ce nécessité ou faiblesse qui te rend lent, paresseux, plein de lâches complaisances envers ton corps, plein de vanité et de folles agitations pour ton âme..... Si tu es né d'esprit lourd et tardif, tu connais du moins ton défaut; tu peux le combattre, au lieu de te le dissimuler et de t'y complaire..... Qu'ai-je à faire de vivre plus longtemps, si je perds le sentiment de mes fautes?..... Supporte les méchants, les dieux te supportent bien..... Tu ne veux pas échapper à tes mauvais penchants, ce qui est possible; mais tu veux te soustraire à ceux des autres, ce qui est impossible..... Prends-y garde. Les spectacles, la guerre, les inquiétudes, une sorte d'engourdissement, te rendent esclave. De jour en jour les saintes maximes s'effaceront [1]..... »

Un autre trait, particulier à Marc-Aurèle, est le mépris de la gloire, sentiment bien nouveau dans le paganisme et qui devait lui venir d'ailleurs que du paganisme : « Pense à ceux qui sont morts; qu'y a-t-il de fâcheux pour eux à être oubliés?..... Rappelle-toi les grands exemples de colère, d'infortune, d'honneur..... qu'est-ce que tout cela est devenu? Fumée, cendre, un conte, pas même un conte..... Parle-moi d'Alexandre, de Philippe, de Démétrius :..... s'ils n'ont fait que du bruit sur la scène de ce monde, je ne suis pas condamné à les imiter..... Quand notre nom devrait être à jamais oublié sur la terre, qu'importe?..... Tu t'affliges en pensant que tu ne seras pas loué par la postérité? Afflige-toi donc aussi de ne pas avoir été loué par les siècles passés [2]. »

Sans doute, la vertu de l'homme privé ne fait pas toujours toute la force de l'homme d'État; mais elle lui est utile et nécessaire, quoi qu'on en dise de nos jours; et Marc-Aurèle l'a montré plus d'une fois. C'est un noble exemple qu'a su donner ce sage, ce philosophe, cet homme d'études, lorsque s'arrachant à Rome, à ses amis, à ses maîtres, à sa famille, il s'est condamné, lui, inaccoutumé aux armes, à vivre, pendant ses vingt ans de règne, le plus souvent de la vie de l'homme de guerre. C'est dans un camp que ce philosophe est mort, et résigné à la mort si nous en jugeons par tout ce qu'il se dit à lui-même pour s'encourager à mourir.

Seulement, le philosophe mourant dut-il se pardonner tous les actes de l'homme d'État? Il avait écrit un mot qu'il dut se rappeler cruellement à sa dernière heure ou plutôt qui semble en avoir été une prévision amère : « Nul homme n'est assez fortuné pour n'avoir pas en mourant quelqu'un auprès de lui qui se félicite de sa mort [3]. » L'inexcusable tort de Marc-Aurèle envers son empire a été de lui avoir donné son fils Commode, d'avoir prématurément entouré cet enfant d'honneurs insensés qui rendaient pour lui la pourpre inévitable à moins d'une révolution, de n'avoir donné ni un tuteur, ni un collègue, ni un frein quelconque à cette nature déjà dépravée à seize ans. Marc-Aurèle en fut puni lorsqu'il vit à son lit de mort ce fils ingrat, impatient de régner, impatient de partir, de quitter, pour éviter la contagion, son père, son camp, son armée, tout. Mais Marc-Aurèle a été de plus inexcusable envers l'humanité, lorsque, moins humain, moins intelligent qu'Antonin ou même qu'Adrien, il a repris ou laissé reprendre la persécution contre les chrétiens. N'avait-il pas essayé de la philosophie pour guérir les plaies de son empire et ne reconnaissait-il pas l'impuissance de la philosophie [4]? Que voulait-il donc? Tout simplement, Marc-Aurèle était irrésolu et sa politique était craintive; plutôt que de soulever la grande question du christianisme, il a laissé les choses aller leur train ordinaire, la police suivre ses habitudes, et la populace païenne ne savoir rester tranquille qu'au prix des têtes de chrétiens qu'on lui donnait.

Voilà pourquoi le règne de Marc-Aurèle a été le dernier de cette grande époque de l'empire romain. Rome avait épuisé son bonheur et n'avait pas su en tirer parti pour l'avenir. Avec Commode s'ouvre la troisième période césarienne (180).

En effet, jamais fils ne ressembla moins à son père que Commode à Marc-Aurèle. Les traits du visage étaient cependant pareils et démentent ce que disait Rome, non sans quelque apparence de raison, de la naissance illégitime de Commode. Mais, dans l'ordre moral et politique, entre eux deux il y a un abîme. Il suffit pour expliquer leur différence morale, de penser combien leur éducation avait été différente. Marc-Aurèle avait été élevé jusqu'à dix-neuf ans dans une maison privée, sous l'œil de sa mère, d'une mère à la fois sévère et tendre; il avait achevé sa jeunesse dans le palais d'Antonin, de tous les Césars peut-être celui qui se montra le plus prémuni et qui sut le plus énergiquement se défendre contre les dangers du césarisme. Commode fut élevé, dès sa plus petite enfance, dans le palais de Marc-Aurèle qui, sans doute, n'était pas au fond du cœur plus César qu'Antonin, mais qui ne sut pas se défendre aussi bien contre le césarisme; il avait été élevé par une mère tendre elle aussi, mais rien moins que sévère, et qui de bonne heure lui avait manqué. Commode était un porphyrogénète, un nourrisson de la pourpre et du palais; à Rome, presque sans exception, de tels princes ont été détestables.

On retombe donc en plein Néron. Commode est pire sans contredit que le fils d'Agrippine. Rome était patiente et le souffrit treize ans. C'était assez la mesure des Césars; Néron aussi avait régné treize ans, Domitien quinze, Tibère vingt-trois. Et encore ce ne fut pas Rome qui

(1) *Pensées*, II, 6; V, 5; VII, 24, 70; X, 9. — (2) VI, 47; XII, 27; IX, 29; IV, 33; VI, 18. — (3) X, 36. — (4) IX, 29.

se débarrassa de Commode. Ce fut, comme pour Domitien, sa maîtresse ou sa femme, et, avec elle, quelques-uns de ses plus intimes serviteurs, qui, pour ne pas être tués par lui, le tuèrent (193).

Après Commode, il y eut une tentative pour reconstituer l'empire et l'affermir au profit d'une famille; mais elle devait tourner toute au profit de l'armée et de l'instabilité; ce qui au fond valait mieux. Septime Sévère, qui l'essaya, ne manquait cependant ni de force de tête ni de volonté; mais, soldat africain, quoiqu'il eût commencé par être avocat, il ne connaissait au monde que l'épée et voulut asseoir sa chaise curule sur l'épée. Contre les ambitions militaires et les révoltes des légions lointaines, il ne vit autre chose à faire que d'armer l'Italie, disons mieux, de l'occuper militairement. Soixante mille Pannoniens ou Dalmates, bien nourris et bien payés, furent les maîtres de l'Italie, les adversaires nés de toute agression provinciale, les conservateurs de la dynastie sévérienne. Avec cela, le Sénat, le peuple, les cités pouvaient être aussi abaissés et aussi asservis qu'on le voulait, sans inconvénient : Payez bien les soldats et moquez-vous de tout le reste, disait Septime Sévère à ses fils. C'était un système fort simple, mais qui réussit mal. Sévère, il est vrai, mourut empereur (211); mais de ses deux fils Géta et Caracalla, le premier fut assassiné par son frère, le second fut à son tour détrôné et assassiné; les deux catastrophes s'accomplirent avec l'assistance et au profit pécuniaire de ces soldats si bien payés; ces conservateurs de la dynastie sévérienne la renversèrent.

Cependant, elle sembla bientôt revivre; ou plutôt de prétendus parents de Septime Sévère, on dit même de prétendus fils de Caracalla, furent l'un après l'autre inaugurés et poignardés par les tout-puissants soldats : l'un fut le pire, et l'autre, on peut le dire, le meilleur de tous les empereurs païens. Tout le monde sait ce que fut Élagabale, doublement monstrueux par l'atrocité de ses mœurs et l'atrocité de sa tyrannie; en quatre ans de règne, de quatorze ans à dix-huit (218-222), il eut le temps de dépasser Néron, Domitien, Caracalla. Alexandre Sévère, au contraire, me semble avoir été un second Antonin, mais un Antonin plus jeune, plus soldat, plus pur, plus approchant du christianisme. Tous deux, au reste, avaient été formés et furent élevés à la pourpre par des influences féminines, mais des influences toutes différentes. C'était le règne des femmes : Sohémis, la mère d'Élagabale, était une prostituée et la prêtresse d'un dieu de l'Orient; Mammée, la mère d'Alexandre, était chrétienne; et, à Rome surtout, les mères faisaient leurs fils à leur image. Il y eut donc, sous Élagabale, une nouvelle orgie impériale et la pire de toutes, pendant quatre ans; mais il y eut, sous Alexandre (222-235), treize ans de paix, de lumière, de repos, de prospérité.

Malheureusement il ne convenait pas aux soldats du prétoire qu'une telle halte dans les voies de la décadence se prolongeât. Alexandre, qui aurait voulu rétablir la discipline de son armée, fut égorgé par elle (235), et on entra plus que jamais dans une série de révolutions militaires : pendant toute une période d'un demi-siècle, on vit sans cesse, au bout de six mois, d'un an, de deux ans et demi en moyenne, de huit ans au plus, le César en titre tué par ses soldats, et les soldats faire un autre César, lequel, inaugurant son avénement par une largesse, intéressait fort les soldats à renouveler les avénements pour renouveler les largesses. Du Sénat et du peuple, il est peu question : deux ou trois fois ils se révoltent et essaient d'intervenir pour choisir ou pour maintenir un empereur; mais Septime Sévère les avait si bien rivés à leur abaissement! En vérité, Septime Sévère, dont je lisais tout à l'heure, dans un écrit contemporain, l'approbation et l'éloge, Septime Sévère avait merveilleusement pourvu à la paix de l'empire, à la stabilité des institutions, à la perpétuité de sa dynastie!

Disons cependant que ce troisième siècle de l'empire est moins dégradé que le premier siècle césarien. Mieux vaut encore la tyrannie interrompue par des crises; mieux valent les révolutions que le despotisme consolidé; mieux valent des aventuriers militaires que des Césars élevés pour être Césars. Parmi ces aventuriers, dont beaucoup devinrent princes malgré eux, il y eut quelquefois de nobles cœurs, de fermes courages, des intelligences éclairées. Ils eussent voulu discipliner l'armée et en la disciplinant lui ôter sa prépondérance; mais, par malheur, ils périssaient d'autant plus vite. Il y eut même dans le Sénat, dans le peuple des provinces, dans le peuple de Rome des velléités de résistance patriotique, dont la Rome néronienne eût été incapable. Les Gordiens furent l'œuvre et l'idole du peuple et du Sénat; Probus fut presque un empereur constitutionnel. Évidemment dans cette Rome du III⁴ siècle, grâce aux leçons que lui avait données la dynastie Antonine, grâce surtout à la présence et au progrès du christianisme, il y avait un sens moral plus énergique et plus puissant.

Mais la prépotence du soldat, constituée comme elle l'avait été par Septime Sévère, ne permettait pas que rien se relevât d'une manière durable, et, sous ce régime, la décadence, qui avait repris son cours dès le temps de Marc-Aurèle, marcha à plus grands pas que jamais. Cette domination militaire que subissaient les empereurs eux-mêmes était forcément absolue; les priviléges du Sénat, les libertés des villes, les droits du citoyen romain, tout cela disparaissait : Caracalla, il est vrai, avait fait tous les sujets de l'empire citoyens romains, mais ç'avait été à une époque où, depuis longtemps, les droits du citoyen romain se réduisaient à payer un impôt de plus. Cette domination militaire qui impliquait des maîtres si nombreux et si avides, était forcément fiscale : elle décimait les fortunes privées sans se demander si elle ne les épuisait pas; elle eût ruiné l'empire pour vivre vingt-quatre heures. Une telle absence de liberté dans la cité, de stabilité dans la possession des fortunes, décourageait tout, arrêtait, suspendait tout. L'empire s'appauvrissait en hommes et en denrées; il avait moins de population, et cette population diminuée, il était moins capable de la nourrir. Comme il arrive toujours, les mêmes causes qui rendaient la population moins nombreuse, la rendaient moins saine : les épidémies, depuis Marc-Aurèle, étaient fréquentes; ou, pour mieux dire, le monde romain, cette aggrégation contre nature de peuples que réunissait un gouvernement contre nature, vivait sous l'influence d'un fléau permanent qui pouvait sommeiller parfois, mais ne disparaissait jamais.

Ainsi s'écoulent de la mort d'Alexandre Sévère (235) à l'avénement de Dioclétien (284), quarante-neuf ans, qué remplissent dix-huit règnes, vingt-cinq Augustes ou Césars reconnus dans Rome, trente-sept proclamés seulement dans quelques provinces. Parmi tous ces personnages, dix seulement moururent dans leur lit. La nationalité diverse de ces souverains éphémères mérite d'être remarquée. Déjà, avant cette époque, on avait vu, parmi ceux qui régnèrent dans Rome, Septime Sévère, Africain; Macrin, né de la race maure; Élagabale et Alexandre Sévère, nés de race asiatique. On vit depuis, Maximin, Goth; Philippe, Arabe; Dèce, Pannonien; Claude le Gothique,

Illyrien; Aurélien, Dace; Probus, Pannonien; Dioclétien, Dalmate. Les provinces danubiennes furent celles qui donnèrent le plus d'empereurs parce que c'était celles qui donnaient plus de soldats.

Tous ces hommes, je l'ai dit, ne furent point sans valeur; mais, à tous le temps et la force manquèrent. De plus, en face d'eux, se dressait le problème du christianisme à persécuter ou à permettre. Le christianisme grandissait; les désastres mêmes de l'empire lui amenaient des âmes; il apparaissait à beaucoup d'esprits, moins passionnés que d'autres, comme un refuge; peut-être même à quelques hommes d'État, comme un remède. Fallait-il le laisser libre? C'eut été un grand acte de courage, et par moments, la force des choses, le sentiment du bien public, la justice, le danger de l'État et le danger du prince amenaient le prince à oser. Mais la multitude païenne lui faisait peur, mais les oracles retentissaient, mais les dieux se fâchaient; mais le prince, au milieu des périls où il vivait, se laissait prendre à la superstition personnelle; les augures et les magiciens siégeaient à son conseil : alors c'en était fait de l'Église. Le III* siècle se passe dans ces alternatives, tantôt d'une tolérance silencieuse et timide, tantôt de persécutions solennellement proclamées, exercées avec rigueur, puis tombant tout-à-coup sous la conviction de leur impuissance.

Ainsi Maximin qui succède à Alexandre Sévère, après l'avoir fait tuer (235), Maximin est persécuteur, ne serait-ce que pour cette raison qu'Alexandre était tolérant. Mais, comme Maximin, pâtre de race gothique, dont tout le mérite était la vigueur de son poignet, attaque toute chose à la fois, le Sénat, Rome, l'Église, les temples païens; Rome se révolte; un frisson patriotique court dans les vieilles veines de l'empire; l'Afrique ose nommer des empereurs, les Gordiens, de vieux Romains, que Rome accepte de sa main. La guerre s'engage entre les peuples et les armées. Les Gordiens périssent; mais, un enfant, leur petit-fils et neveu, devient empereur (238).

Celui-ci eut un long règne, quatre ans, avant que ses soldats ne l'assassinassent. Mais, chose étrange! son successeur est un chrétien. Mauvais chrétien, il est vrai, Arabe, fils de bandit, coupable du meurtre de son empereur, Philippe du moins donne un peu de liberté à son Église qui n'avait pas craint d'imposer à cet empereur nouvellement élu la pénitence des meurtriers. Mais, bientôt, les instincts païens se révoltent. On soulève les soldats contre Philippe, et Dèce devient empereur à la charge de persécuter les chrétiens (249).

Il s'en acquitta, tous savent avec quelle cruauté. Mais sa cruauté ne fut pas de longue durée. La persécution eut bientôt le sentiment de son impuissance, et peu après Dèce trouva la mort dans un combat (251). Seulement, à partir de ce règne, plus systématiquement, plus atrocement persécuteur que nul ne l'avait été encore et que nul ne le fut avant Dioclétien, l'empire demeure visiblement frappé. Les calamités se multiplient; l'épidémie s'établit pour douze années consécutives; les disettes, les tremblements de terre, les éruptions de volcans lui font cortége. Et, de plus, les barbares, que les discordes de l'empire encouragent, deviennent plus menaçants que jamais. Ce n'est plus le temps où l'épée de Trajan les faisait reculer de province en province; où les légions immobiles d'Adrien et d'Antonin suffisaient pour les tenir en respect; ce n'est plus même le temps où Marc-Aurèle, non sans peine ni sans péril, les repoussait glorieusement de la frontière. Rome est devenue plus faible et eux sont devenus plus forts. En effet, un mouvement de peuples a dû s'opérer dans le Nord et dans l'Est de l'Europe; des races nouvelles apparaissent sur la scène. J'ai prononcé le nom des Goths; il y avait déjà des hommes de cette race implantés, comme Maximin, dans la Thrace. La ligue franke se formait sur le Rhin entre peuples que Rome avait jadis vaincus et croyait même avoir anéantis. Dans l'Orient, l'empire parthique, domination étrangère et vieillie, était tombé, et la race perse était dans toute l'ardeur de son indépendance nouvellement reconquise. Il fallait donc se défendre sur le Rhin, sur le Danube, sur l'Euphrate, se défendre avec des empereurs qui ne régnaient qu'un jour, avec des armées qui s'occupaient surtout à faire des empereurs, avec des populations décroissantes et appauvries qui chaque jour payaient plus difficilement leur tribut au trésor et à l'armée.

Le premier règne important après celui de Dèce est celui de Valérien. Celui-ci est un Romain, un sénateur, un homme grave : l'armée ne l'a pas fait empereur à elle seule; il est l'empereur des conservateurs et des honnêtes gens; il donne un peu de paix à l'empire. Mais, en vieillissant, il se laisse gagner par les devins de l'Orient, il proclame la persécution contre l'Église; peu après, appelé à guerroyer contre la Perse, il est vaincu (260), fait prisonnier, et réduit à l'état de marche-pied qui sert au roi barbare pour monter à cheval. Il meurt là au bout de neuf ans, et la peau du César romain, enlevée de son corps, empaillée et teinte en rouge, demeure à titre de trophée dans le temple d'un dieu barbare.

A la nouvelle de la captivité de Valérien, une explosion soudaine semble près de détruire l'empire romain. Valérien prisonnier a laissé sous la pourpre son fils Gallien, encore un *porphyrogénète,* encore un émule de Domitien et de Caracalla. A la vue d'un tel prince, cette vie morale qui, interrompant le cours de la décadence romaine, semblait pénétrer dans les veines des peuples de l'empire, éclate par des révoltes multipliées. On ne veut plus de ce Gallien; on ne veut plus de ces Césars de Rome qui épuisent l'empire par leur tyrannie et le trahissent par leur lâcheté. Chaque province aura son César sous lequel elle se défendra contre les barbares. Ces révoltes dictées par un sentiment d'honneur, d'indépendance, de salut public, d'énergie morale, auraient pu sauver le monde romain. Elles produisirent au jour des hommes certainement meilleurs que le plus grand nombre des Césars, des hommes, aventuriers ou soldats, mais soldats courageux et dévoués pour la plupart, soldats de la liberté contre l'empereur et de l'empire contre les barbares : — un Régilianus qui combat les Sarmates sur le Danube; — Odenat, qui combat les Perses sur l'Euphrate; — sa veuve Zénobie, chaste et courageuse, initiée au judaïsme, au christianisme peut-être; — Posthume, qui fut maître de tout l'Occident en même temps qu'Odenat et Zénobie l'étaient de l'Orient; — après lui, les deux Victorinus, avec leur mère et grand'mère Victorina, ces trois héros de l'indépendance gauloise; — le forgeron Marius, César d'un jour, qui disait : « Il est vrai, je ne sais autre chose que manier le fer : tant mieux! les Alemans et les Germains trouveront en moi un homme de fer. » Il s'en fallut peu alors que l'unité de l'empire, telle que Septime Sévère l'avait faite, ne fût brisée, et qu'une fédération de trente peuples libres, tous armés contre la barbarie, ne succédât à cette aggrégation de mille cités ou peuplades sous la main d'un César qui ne savait plus les défendre.

Mais l'unité de l'empire avait pour elle la tradition, l'habitude; elle avait pour elle la grandeur du nom romain. Ce nom, personne n'eût voulu le répudier; ce qu'on aurait voulu, c'était être les Romains de la Gaule ou les Romains de la Syrie, ayant Rome pour centre et pour métropole, non pour reine et pour maîtresse. Le prestige du nom Romain, dès le jour où des Césars de quelque valeur eurent pris la place de Gallien, fit pencher la balance en leur faveur. Claude, surnommé le Gothique, en défendant l'empire contre les barbares qui lui valurent ce surnom, réhabilita la pourpre et fit au moins son métier de César. Aurélien vainquit Tétricus dans la Gaule et Zénobie en Asie : mais, par un acte de modération presque inouï, ces deux défenseurs de la liberté des peuples, eux du moins, ne furent pas traités en criminels; l'empire, sympathique à ceux que bien à tort on appelait les *trente tyrans*, l'empire se fût indigné de leur supplice. Zénobie, Tétricus, le fils de Tétricus qu'il avait fait César, vécurent en Italie libres et honorés; ces révoltés avaient sauvé l'empire de la main des barbares.

Un autre fruit de leur révolte fut de donner au moins à l'empire des Césars dignes de conduire les armées. Claude le Gothique fut un grand général. Aurélien, qu'on appelait *fer en main*, ne fut qu'un soldat, mais un vaillant soldat. Probus était un vrai général de la république romaine; il eût rétabli la discipline dans l'armée et l'ordre dans l'empire, si, comme tant d'autres, l'épée des soldats irrités ne l'eût prévenu. Il y a plus; les peuples eux-mêmes et ce vieux Sénat si déchu, semblèrent avoir l'intelligence d'un ordre social plus digne que celui au sein duquel leurs pères avaient vécu. A la mort d'Aurélien (275), l'armée elle-même a un scrupule patriotique; elle n'ose pas faire un empereur; elle renvoie cette mission au Sénat, qui a grand'peine à prendre sur lui le fait inouï d'une élection impériale. Il se décide pourtant et nomme Tacite, à la condition que c'est lui qu'on nomme, non sa famille, et qu'on ne veut pas de cette hérédité de la pourpre, si souvent funeste. Le Sénat faisant des conditions à l'empereur, c'était quelque chose de merveilleux ! Bien plus encore, l'élection des consuls, l'appel des jugements des préfets, la sanction des lois sont rendus au Sénat par Tacite et par Probus. Les empereurs avaient le bon sens de comprendre que ce qu'ils donnaient au Sénat, ils l'ôtaient aux soldats.

Il y avait donc, on peut le supposer, vers la fin du IIIe siècle, un certain retour de vie dans cet empire romain, travaillé par tant de misères. L'excès du mal avait enfanté quelque bien, l'excès du péril avait un peu rallumé les courages. On s'était dégoûté de ces Césars si absolus pour le mal, mais si peu puissants pour le bien et qui ne savaient pas même défendre l'empire contre les attaques du dehors. L'empire semblait vouloir se défendre, et, pour mieux se défendre, il essayait presque de se gouverner.

Malheureusement, Dioclétien arriva. Dioclétien eut un long règne, tel que nul ne l'avait eu depuis Antonin. Ce long règne, il se l'assura par une division de l'empire sous des Césars qu'il jugea fidèles, de manière à mettre le sort de l'empire entre les mains, non d'un seul prince et d'une seule armée, mais de quatre princes qui surent assez longtemps rester unis et de quatre armées qui pouvaient se faire contrepoids les unes aux autres. C'était l'opposé de la politique sévérienne qui, elle, exagérait l'unité et ne voulait qu'une seule armée dominante à laquelle elle livrait Rome, l'Italie, l'empire et l'empereur.

A cet égard, Dioclétien réussit; la stabilité du pouvoir put sembler restaurée; l'on dut se trouver étonné et heureux lorsqu'on eut passé cinq ou six ans, sans entendre parler de révolte militaire, d'empereur égorgé, d'empereur proclamé, de nouvelles largesses pour les soldats, de nouvelles exactions infligées aux peuples.

Mais affermir le pouvoir n'est pas tout; il faut encore user du pouvoir pour le bien. Dieu nous garde de la stabilité politique, si elle n'est que la stabilité de la tyrannie !

Or, on peut le dire, dans l'usage de son pouvoir, toutes les fautes que ses devanciers avaient pu commettre, Dioclétien les renouvela; tout ce qui pouvait être fait pour pousser l'empire vers sa ruine, il le fit.

Il commença par se déclarer dieu. Un homme âgé, un paysan dalmate, devenu caporal, et de là par degrés empereur; un homme qui n'était ni Romain, ni Grec, ni lettré, ni artiste, ni poète; affranchi, ce semble, de toutes les illusions mythologiques; croyant néanmoins se rendre plus puissant et plus vénérable en se faisant appeler dieu, quand Auguste ne s'était pas même laissé appeler seigneur ! Cela était insensé.

De plus, à ce dieu, il fallait un temple et des prêtres : l'humble maison d'Auguste sur le mont Palatin et les quinze ou vingt affranchis qui étaient auprès de lui, étaient bien loin maintenant. Il fallait autour de Dioclétien une cour et plus qu'une cour; il fallait des titres, des personnages, des *clarissimes* et des *illustrissimes* à l'infini. Il en fallait aussi à ses collègues, dont l'un était Auguste comme lui, dont les deux autres étaient Césars. Quatre palais, quatre états-majors, avec toute la splendeur et toute l'arrogance que l'apothéose du chef suprême devait inspirer, pesèrent désormais sur les finances obérées de l'empire et sur la dignité humiliée du citoyen romain.

Il y eut donc alors toute une nation élue et dominante qui se sépara de la nation inférieure et sujette. Tout ce qui servait le prince se trouva relevé d'un degré; tout ce qui ne le servait pas se trouva diminué d'autant. Non-seulement le simple citoyen, mais le magistrat municipal dans la cité, mais le sénateur même à Rome, tout ce qui n'était pas, à proprement parler, l'élu et le serviteur de César, se sentit descendre. La liberté et la vie intérieure des municipes, déjà bien diminuées par la prépotence militaire, le furent encore par la prépondérance exclusive des officiers impériaux. L'ambition locale qui faisait la vie des villes, acheva de s'éteindre. On ne fut rien et on ne fit rien que par corvée. Les charges de duumvirs (magistrats suprêmes d'une ville), que l'on achetait encore deux siècles auparavant par des coûteux bienfaits envers la cité (les inscriptions de Pompéi et bien d'autres en donnent la preuve), furent des charges onéreuses imposées à tour de rôle à quiconque figurait sur une certaine liste, des charges auxquelles on se dérobait par tous les moyens possibles, et qui exposaient les récalcitrants à toutes les rigueurs du prince et de la loi. En un mot, il n'y eût plus de vie dans la cité, et dès lors il n'y en eût guère plus dans l'empire.

En un mot, comme il s'est vu à toutes les époques, l'apothéose de la personne du prince amenait une demi-apothéose de ses serviteurs et une complète apothéose de son trésor. Les droits du fisc et l'avidité du fisc passèrent toute limite. Il arriva ce qui devait arriver dans ces temps d'ignorance financière, que le fisc s'adressa à la richesse sous quelque forme qu'il pût la saisir et sans se demander s'il n'anéantissait pas le tout sous prétexte de prendre sa part. Quand il y avait dans un village un homme riche, on allait droit à lui et on lui faisait payer toutes les contributions du village; on le ruinait. L'année d'après on ruinait son voisin; et, quand tout le village était ruiné, on reportait ses contributions sur le village le plus proche. A ce compte, l'empire tout entier devait être ruiné promptement. Mais qu'importait à un agent du fisc qui était sûr d'en avoir au moins pour sa vie? et qu'en pouvait savoir l'empereur-dieu, placé trop haut dans son ciel pour apercevoir ces misères terrestres?

Aussi rien n'est comparable au découragement qui s'empara de toutes les âmes. L'empire romain, on peut le dire, est mort de découragement. L'agriculture, taxée à l'excès, devenait impossible; le cultivateur libre devenait serf, ou, comme on disait, colon, situation intermédiaire entre l'homme libre et l'esclave; le colon, à son tour, se faisait esclave, ou s'enfuyait chez les barbares, ou devenait, comme on disait dans les Gaules, *Bagaude*, c'est-à-dire soldat de ces bandes armées et révoltées qui préparaient l'invasion des barbares. La population diminuée, cela va sans dire, les armées ne se recrutaient pas. On les recrutait de barbares; on donnait même les champs incultes à cultiver à des barbares; on faisait l'empire barbare, pour le mieux défendre contre l'invasion de la barbarie.

Et tout cela n'eût été rien peut-être; l'empire peut-être encore eût pu être sauvé, si Dioclétien, cédant cette fois, non à sa propre inspiration, mais à des obsessions étrangères plus puissantes à mesure qu'il vieillissait, n'eût décrété la chute de l'empire en décrétant la persécution contre l'Église. Le remède, s'il y en avait un, était de se faire chrétien; combattre une fois de plus encore contre le christianisme, c'était se perdre.

Tout le monde sait l'événement de cette lutte. Elle est restée dans les annales chrétiennes comme un combat héroïque et gigantesque. Dans toutes les provinces, dans toutes les villes, si l'on excepte la partie de l'empire où commandait Constance Chlore, un pouvoir plus absolu que jamais, soutenu par une multitude aussi fanatique qu'elle l'avait jamais été, dressa des échafauds et appela des bourreaux; et une population de trente millions de chrétiens au moins, vit ses pasteurs, ses vieillards, ses femmes, ses jeunes filles, ses enfants, livrés à la torture, sans jamais faiblir et sans jamais se révolter. La puissance publique avait voulu, par une dernière et solennelle expérience, éprouver la foi et la patience chrétienne; elle avait voulu une dernière lutte, plus universelle et plus acharnée que toutes les autres: elle l'avait eue et elle avait succombé. Elle se reconnut vaincue en suspendant les supplices. Plus tard, Dioclétien, vieux et rongé par les soucis, abdiquait la pourpre et allait mourir dans la solitude. L'heure de Constantin était venue. La Rome païenne allait finir.

Au moment où ils passèrent, sous Constantin, entre les mains de l'Église, Rome et son empire étaient, on l'a vu, dans une bien complète décadence. Pendant quatre siècles Rome avait grandi lentement et obscurément. Son apogée peut être comptée pour deux siècles. Depuis quatre siècles sa décadence avait commencé. Les discordes de la république aboutissant à Auguste; le césarisme de Tibère et de Néron, tempéré plus tard par les empereurs de la période Antonine; la tyrannie rétablie sous Commode et Septime Sévère, noblement démentie par Alexandre Sévère; la prépotence militaire du dernier siècle amenant enfin Dioclétien qui donna, on peut le dire, le coup de grâce à la chose publique et rendit impossible le salut de l'empire, même par le christianisme: telles furent les étapes de cette longue décadence. Dieu la prolongea ainsi, au delà de toutes les limites assignées aux nations de l'antiquité, tant que l'empire romain, cette unité forcée du monde civilisé, fut nécessaire à l'établissement de ses desseins.

Mais de ce long empire de Rome sur les nations, il est resté une grande chose, le caractère de royauté et de royauté universelle imprimé à la ville de Romulus. Rome est reine, et aujourd'hui encore la dignité de son aspect, l'attitude de son peuple, la majesté, solennelle parfois jusqu'à la lourdeur, de ses monuments et de ses ruines, tout atteste sa royauté. Ne parlez pas pour Rome du fin et du joli dans l'art; ne lui parlez même pas des délicatesses de l'art du moyen-âge; l'architecture gothique, si majestueuse ailleurs, est déplacée à Rome; elle est trop légère. Rome est comme ces vieilles églises chrétiennes sous lesquelles les fouilles découvrent les assises plus vieilles encore et toujours inébranlées de Servius Tullius ou de Tarquin. Matériellement parlant, elle repose sur les vieilles pierres qu'a posées le peuple-roi, de même que, spirituellement parlant, elle repose sur la pierre sainte et éternellement inébranlable qui écrasera toujours celui qui voudra l'ébranler. Nulle ville n'est reine aussi évidemment, aussi authentiquement, aussi solennellement que Rome.

Mais cette royauté ne saurait être une royauté purement nationale: Rome ne peut être la reine d'un peuple parce qu'elle est la reine des peuples. Elle n'a cessé d'être la reine temporelle du monde classique que pour devenir la reine spirituelle de notre globe tout entier. Ne parlez pas à Rome de faire d'elle la capitale d'une nation; ce serait la rabaisser. Rome, depuis les Scipions, ne peut être, sous un César ou sous un Pape, que la capitale des nations; son peuple est une légion de peuples; son royaume c'est le monde entier.

Comte DE CHAMPAGNY.

ROME CHRÉTIENNE

CONSTANTIN — PEPIN LE BREF

312-755.

I

Cette introduction ne saurait être ni une histoire de l'Église, ni une histoire complète de Rome, chaque monument devant être l'objet, avec les souvenirs qui s'y rattachent, d'une étude particulière. Nous ne pouvons donc que marquer ici par quelques traits le caractère de Rome chrétienne et la marche du temps.

La croix dominait enfin le Capitole. Après trois cents ans d'humiliations et de martyres, elle avait vaincu; et Rome devenait, aux yeux de tous, ce qu'elle était déjà, par le fait, depuis saint Pierre, non plus seulement la capitale de l'Empire, mais la capitale du monde.

Ainsi se renouvelait et s'agrandissait cet *empire sans fin* que lui avait promis le poète. Elle avait commandé surtout par les armes, elle commandera maintenant par la pensée; elle avait propagé une civilisation brillante mais égoïste, savante mais corrompue, pour qui le culte du beau était tout; elle en propagera désormais une autre qui mettra au premier rang le vrai et le bien, sans oublier d'ailleurs le beau sous aucune de ses formes. Elle s'était faite le réceptacle de toutes les erreurs et de tous les dieux des nations : aujourd'hui elle fera de la croix de son Dieu le signe du salut et la bannière sacrée de tous les peuples.

On s'est plu souvent à analyser le caractère de Constantin, à chercher dans son génie ou dans sa politique le secret de son œuvre, comme si cette œuvre était la sienne! Quelques-uns ont contesté l'apparition du *Labarum*, sans prendre garde que ce prodige est encore l'explication la plus naturelle du triomphe subit de la croix. Un an auparavant, le temple de la Fortune ayant pris feu, et un soldat, au lieu de travailler à éteindre l'incendie, s'étant permis une raillerie sur la déesse, avait été mis en pièces par le peuple; et aujourd'hui ce même peuple, ce Sénat qui luttera encore, pendant cent ans, pour ses sacrifices et ses dieux, s'agenouillent avec joie et avec larmes devant les enseignes victorieuses sur lesquelles rayonne le signe vénéré qui, hier encore, conduisait au martyre,

> *Ad inclyta pendu*
> *Proeubait vexilla jurcas.* (**Prudence.**)

Constantin n'avait pas encore fait profession du christianisme, et la pompe de son triomphe n'a cependant déjà plus rien de païen. « Jamais on ne vit depuis la fondation de Rome, disent les historiens, ni un aussi beau jour, ni un aussi joyeux triomphe. Plus de chefs vaincus traînés devant le char, plus d'ennemis jetés dans les cachots: partout au contraire les cachots s'ouvrent: on n'étale plus un immense butin; mais Rome cesse d'être elle-même le butin de tous les vices. » Une seule chose rappelait la lutte qui avait précédé la victoire : c'était la tête de Maxence portée à la suite du triomphateur; la mort elle-même n'avait pu lui ôter son expression farouche et menaçante.

Constantin était allé chercher la voie triomphale au pied du Vatican, de ce mont *prophétique*, comme dit Baronius, qui aujourd'hui s'agrandit du Capitole, *Capitolia auctus est*, et que graviront désormais, avec un pieux respect, tous les peuples de la terre. La voie triomphale, après avoir franchi le Tibre, contournait le Palatin et suivait la *voie sacrée* jusqu'au faîte du Capitole, où le triomphateur montait les degrés du temple de Jupiter à genoux. Le nouvel empereur s'abstint de suivre jusque-là les traces de Scipion et de César; il s'abstint aussi de faire célébrer ses exploits par le marbre comme tous les héros de Rome antique. À l'entendre, ce n'était ni son courage, ni son génie qui avaient vaincu, mais sa piété; c'était à Dieu qu'il fallait adresser les louanges, et, une statue lui ayant été érigée sur une des places les plus fréquentées de la ville, il fit placer dans sa main de bronze une lance terminée par une croix, avec cette inscription : « C'est par ce signe de salut, vrai symbole de force et de grandeur, que j'ai délivré votre ville du joug de la tyrannie, et que, vengeur de la liberté du Sénat et du peuple romain, je leur ai rendu leur ancienne puissance et splendeur. »

Tout ici était nouveau, pensée et style. Ce qui ne l'était pas moins, c'était l'aspect de la cour. À côté des tribuns et des consulaires, on y voyait ces hommes voués jusqu'alors à l'ignominie et qu'on foulait aux pieds comme la boue des rues, lorsqu'on ne les jetait pas à l'amphithéâtre, ces fidèles d'une doctrine qu'on avait cru vingt fois étouffée dans la honte et dans le sang. Ils étaient là, tous ces débris du martyre, honorés, consultés; l'empereur ne se bornait pas à presser leurs mains, il baisait leurs cicatrices avec bonheur, *impactis osculis honorare*. Ne dirait-on pas qu'un siècle s'était écoulé depuis Dioclétien et Galère?

On représente quelquefois Constantin comme un barbare; mais plus on voudra faire prédominer en lui les passions de sa race et de son temps, et plus la révolution à laquelle il présida devient inexplicable. Un barbare qui, loin de tirer vanité de ses succès, les attribue à plus grand que lui, qui protége ceux qu'on méprise, relève ceux qu'on opprime, met à la première place ceux qui étaient à la dernière, et qui, apprenant qu'on a frappé ses statues, se contente de porter la main à son front et de répondre à ceux qui l'excitent à sévir : *Je ne me sens pas de mal*; ce barbare-là est tout simplement un prodige qui ne peut être expliqué que par le christianisme. L'action de la croix n'est pas moins sensible ici sur le vainqueur que sur les vaincus.

Et vainqueur et vaincus s'unissaient, je l'ai dit, dans une même allégresse. L'avénement de Constantin était, en effet, pour tous, la paix avec l'honneur, après un siècle d'infamies et de servitude. Aussi le Sénat, malgré le paganisme dominant encore dans son sein, acclamait-il avec enthousiasme. Il dédia, sous le nom du nouvel empereur, les monuments mêmes qu'avait construits Maxence, cette basilique de la voie sacrée, entre autres, dont les ruines grandioses ont été prises longtemps pour les débris du temple de la Paix. Mais il fit plus; il érigea un arc de triomphe à Constantin, et dépouilla, pour l'orner, les monuments des princes qui avaient laissé le plus pieuse mémoire, Trajan et Marc-Aurèle. Cet arc de triomphe, remarquable par ses trois arceaux, ses statues de Renommées et ses belles colonnes de marbre, est debout aujourd'hui encore, près de l'amphithéâtre Flavien, tant de fois rougi du sang des disciples du Christ. Sans y prendre garde, le Sénat se trouvait avoir placé, comme une expiation, le triomphe près du martyre.

Plusieurs des bas-reliefs, empruntés à l'arc de Trajan, rappelaient encore le culte des idoles; mais vainement eût-on cherché dans les inscriptions l'hommage accoutumé aux *dieux immortels*.

Sur le frontispice on lisait :

IMP. CAES. FL. CONSTANTINO. MAXIMO.
P. F. AVGVSTO. S. P. Q. R.
QVOD. INSTINCTV. DIVINITATIS. MENTIS.
MAGNITVDINE. CVM. EXERCITV. SVO.
TAM. DE. TYRANNO. QVAM. DE. OMNI. EIVS.
FACTIONE. VNO. TEMPORE. IVSTIS.
REMPVBLICAM. VLTVS. EST. ARMIS.
ARCVM. TRIVMPHIS. INSIGNEM. DICAVIT.

« À l'empereur Flavius Constantinus, très-grand, auguste, le Sénat et le peuple romain ont dédié cet arc insigne et triomphal pour avoir, par l'*inspiration de la Divinité* et la grandeur de son génie, tiré une juste vengeance, avec son armée, du tyran et de sa faction, et avoir ainsi sauvé la république. »

L'*inspiration de la Divinité !* Mot équivoque, mais qui constate du moins la croyance générale à une intervention divine. On ne pouvait plus parler ni des dieux ni du tout-puissant Jupiter, et l'on ne voulait dire encore ni *Dieu* ni surtout *Jésus*. De là ce mot élastique de divinité, *instinctu divinitatis* [1].

Sous l'arc on lisait : LIBERATORI. VRBIS. — FVNDATORI. QVIETIS. « Au libérateur de la ville. — Au fondateur du repos. » Mais, chose remarquable, aucune de ces vieilles hyperboles, qui allaient quelquefois jusqu'au sacrilége : *illustrissimus, invictissimus, dicus*, si habituelles jusque-là au style lapidaire.

II

Le christianisme cependant n'avait pas encore de position légale dans l'empire; il l'eut, en 313, par l'édit de Milan, édit de liberté pour les chrétiens comme pour tous autres, *tàm christianis, tàm aliis omnibus*. Signé à la fois par Constantin et par le païen Licinius, cet édit ne pouvait être un acte de foi, mais il fut du moins un acte de justice. Il affranchit la conscience et le culte; il abrogea toute loi de persécution et d'opposition. La croix n'avait plus à se cacher; le fidèle n'avait plus à craindre. Il était impossible sans doute d'accorder moins, et cependant telle était encore la législation et telles étaient les mœurs que l'édit de Milan fut, à lui seul, une révolution.

Il ne se borna pas d'ailleurs, disons-le, à proclamer la tolérance. Revenant sur les faits accomplis, il ordonna la restitution à la communauté chrétienne, *corpori christianorum*, des biens qui lui avaient été injustement pris par les empereurs païens. Ainsi l'État

(1) On a cru longtemps sur la foi de quelques antiquaires, de Venuti notamment et de Nibby, que les mots *instinctu divinitatis* avaient été substitués après coup au texte primitif. Venuti avait remarqué une dépression du marbre, qui provenait, disait-il, d'un grattage; suivant Nibby, au contraire, la plaque de marbre qui contenait les trois premières lignes avait été changée. Enfin, l'imagination aidant, on restituait l'ancien texte, tantôt ainsi : *Diis faventibus*, tantôt par ces mots : *Natu Jovis optimi maximi ;* on citait même un archéologue qui avait reconnu la trace de cette version dernière. Vaines suppositions ! L'illustre chevalier de Rossi a nettement prouvé : 1° Qu'il n'y avait point de plaque de marbre, l'inscription étant gravée sur les blocs de pierre du monument; 2° qu'aucune dépression n'était sensible là plus qu'ailleurs; 3° que les mots *instinctu divinitatis* étaient gravés à la jonction de deux pierres, de sorte qu'il eût fallu changer deux de ces énormes pierres au lieu d'une, c'est-à-dire faire une véritable démolition; 4° que les caractères étaient en tout semblables aux autres. Un archéologue français, M. Rohault de Fleury, est arrivé aux mêmes conclusions. Il ne peut donc plus y avoir d'incertitude sur ce témoignage rendu dès 315 ou 316, par le Sénat, à l'intervention d'en haut qui avait décidé la victoire.

reconnaissait l'Église comme société agissante et possédante. On demande quelquefois où se trouve la fameuse donation de Constantin au pape saint Sylvestre : elle n'est nulle part et elle est partout. Avant même le pontificat de saint Sylvestre, on la trouve en germe dans l'édit de Milan. Les restitutions furent, en effet, considérables, et à ces restitutions vinrent se joindre des dons nombreux pour l'entretien des basiliques dont l'Église était la gardienne, et des pauvres dont elle était la mère. Nul doute aussi que princes et peuple ne songeassent dès lors à constituer l'indépendance du principat chrétien ; car, à l'époque de saint Grégoire, l'Église romaine avait des possessions sur toutes les côtes de la Méditerranée, depuis les Gaules jusqu'à l'Asie ; l'une de ces possessions comprenait, à elle seule, les Alpes Cottiennes avec les villes d'Aix, Bobbio, Savone, Gênes, etc. A une autre extrémité de l'Italie, l'Église avait Gallipoli et Otrante. Sans doute ces propriétés ne constituaient pas une souveraineté ; mais la souveraineté se constituait d'elle-même par le vœu des peuples. Quand vint, en effet, l'anarchie qui suivit la dissolution de l'empire romain, l'Église resta la seule force vive, la seule autorité tutélaire, avec tout ce qui constitue le pouvoir, vastes domaines et puissance morale s'appuyant sur le respect de tous. Ainsi se forma peu à peu la royauté temporelle des pontifes romains, royauté à laquelle Pepin et Charlemagne ne firent que donner sa forme et son étendue définitives.

« Ce qu'il y a de véritablement étonnant, a dit de Maistre, c'est de voir les papes devenir souverains sans s'en apercevoir, et même, à parler exactement, malgré eux. Une loi invisible élevait le siège de Rome, et l'on peut dire que le chef de l'Église universelle naquit souverain. De l'échafaud des martyrs il monta sur un trône que l'on n'apercevait pas d'abord, mais qui se consolidait insensiblement comme toutes les grandes choses, et qui s'annonçait, dès son premier âge, par je ne sais quelle atmosphère de grandeur qui l'environnait sans aucune cause humaine assignable. Le pontife romain avait besoin de richesses, et les richesses affluaient..... elles furent l'œuvre de la Providence qui les marqua, dès l'origine, du sceau de la légitimité. On les voit et l'on ne sait d'où elles viennent. On les voit et personne ne se plaint. C'est le respect, c'est l'amour, c'est la piété, c'est la foi qui les ont accumulées. »

III

Comme empereur, Constantin avait donné la liberté à l'Église ; comme chrétien, il s'associa à toutes ses œuvres. Les temples païens continuèrent longtemps d'avoir leurs victimaires et leurs victimes ; mais à côté de ces temples, la plupart exigus et ne s'ouvrant qu'à de certains jours, pour des festins ou des sacrifices, le Pape et l'Empereur édifiaient de vastes basiliques constamment ouvertes au repentir et à la prière. C'est du règne de Constantin et du pontificat de saint Sylvestre que datent ces églises à jamais célèbres dans l'histoire : Saint-Jean-de-Latran, Saint-Pierre-du-Vatican, Saint-Paul sur la voie d'Ostie, Saint-Laurent-hors-des-Murs, Sainte-Croix-en-Jérusalem, Sainte-Agnès, etc. En même temps, la législation païenne s'imprégnait, jour par jour, de l'esprit chrétien. Les débauches infâmes du paganisme sont prohibées sous des peines sévères ; désormais la femme chrétienne, même esclave, ne pourra plus être livrée à la honte, et l'on ne verra plus de ces troupeaux d'enfants dont parle saint Jérôme, *greges puerorum*, qui étaient publiquement parqués sous les arcades des amphithéâtres. Le meurtre des nouveaux nés n'avait jamais répugné à la civilisation romaine ; afin de lui ôter tout prétexte, l'empereur ordonne que les enfants des pauvres seront nourris aux frais du trésor public. Les affranchissements d'esclaves sont, en même temps, favorisés et consacrés par une cérémonie religieuse ; le divorce est sinon aboli du moins rendu plus difficile ; le concubinat légal est interdit ; les peines contre le célibat sont abrogées. Souvent les criminels et les esclaves étaient marqués au front ; ils ne le seront plus, car *aucune tache ne doit souiller le visage, fait à l'image de la beauté céleste.* En vertu d'autres décrets, la confiscation des biens des condamnés cesse d'atteindre ceux de leurs femmes et de leurs enfants ; il est défendu de lier les membres des prisonniers avec des chaînes ; les débiteurs insolvables ne seront plus soumis à la torture, ils n'auront plus à redouter ni les *poids*, ni les *fouets plombés*, ni toute autre cruauté des juges ; le sang des gladiateurs ne rougira plus l'arène ; enfin, l'appel à l'empereur est toujours permis aux veuves et aux orphelins, jamais à leurs adversaires. On croit rêver en entendant proclamer lois de l'empire ces maximes de la plus haute civilisation, quelques jours seulement après les règnes de Dioclétien et de Maximien Hercule. Qu'étaient donc devenus Jupiter, Vénus, Flore, Priape? Leurs temples étaient encore debout ; leurs autels fumaient encore, et déjà le monde était transformé.

On sait quelle était la puissance du père de famille dans les mœurs romaines, et il était à craindre que la liberté de conscience, inscrite désormais dans la loi, ne vînt se briser contre le cercle de fer de l'autorité paternelle. L'épouse, l'enfant, l'esclave seraient exposés à rester ainsi sous le joug abrutissant de l'erreur, malgré l'édit de liberté. Telle ne pouvait être la volonté impériale. Il fut donc statué que les liens mêmes de la famille ne pouvaient enchaîner l'âme à la superstition. Douze mille hommes, dit-on, sans compter les femmes et les enfants, embrassèrent aussitôt, et dans la seule ville de Rome, le christianisme.

IV

Constantin ne se borna pas à ce travail de réforme législative. Il tint à faire profession publique de sa foi, et assembla, dans ce but, le Sénat et le peuple, si nous en croyons les actes de saint Sylvestre. La réunion eut lieu en ou devant la basilique Ulpienne, cette basilique aux parois de marbre et au plafond de bronze doré, dont les colonnes rompues dessinent encore les cinq nefs au pied de la colonne Trajane. Prenant la parole du haut des degrés, Constantin déclara que l'on ne pouvait désormais ni proclamer dieux ni croire dieux les idoles qui jusqu'alors en avaient usurpé le titre ; que loin d'être les dieux des nations, elles ne rappelaient que des hommes qui avaient vécu et qui étaient morts comme tous les hommes : « Renonçons donc, ajouta l'empereur, aux superstitions créées par l'ignorance et entretenues par le fanatisme. Le Seigneur qui règne au ciel doit être seul adoré. Faisons connaître à tout le monde que grâce à Jésus-Christ, seul et vrai Dieu, nous abjurons l'erreur. Mettrait-on en doute ma foi? Mais le temple que je fais élever au Christ dans mon palais, — et il l'indiquait du doigt, — n'est-il pas un gage patent de ma sincérité? » Le peuple applaudit et proclama quarante fois, *quadragies*, disent les Actes, le Dieu des chrétiens comme unique vrai Dieu. On entendait même crier : « Malheur à ceux qui rejettent le

Christ! Celui qui n'honore pas le Christ est ennemi du prince! C'est le Christ qui a sauvé le prince! Qu'on ferme les temples et qu'on ouvre les églises! » L'agitation devenait menaçante : « Que les prêtres des idoles soient chassés de Rome, criait-on; qu'on les en chasse aujourd'hui même. » Reprenant alors la parole, Constantin ajouta : « Le service de Dieu et le service des hommes ont cela de différent que le service des hommes est forcé, tandis que celui de Dieu est volontaire. C'est par l'intelligence, c'est par l'affection qu'on honore Dieu; son culte doit donc être spontané..... Que personne donc ne craigne, en refusant de devenir chrétien, de perdre nos bonnes grâces; si nous désirons qu'on nous imite, c'est un désir plein de douceur; mais nous déclarons aussi que nous serons unis par une étroite amitié à ceux qui, de leur propre volonté, embrasseront le christianisme. »

« En prononçant ce discours, dit l'illustre abbé Gerbet, Constantin fut assurément une des figures les plus imposantes que l'histoire puisse peindre..... Ses paroles encourageaient les espérances des vainqueurs tout en rassurant les vaincus. Leur effet fut subit et universel. » Et lorsque le prince retourna à son palais, non-seulement la foule l'accompagna de ses applaudissements, mais la ville entière se couronna de feux, suivant l'expression des Actes, *tota civitas cereis lampadibusque repleta coronata est.*

<h2 style="text-align:center">V</h2>

Mais le Sénat fut-il longtemps ému. Rien ne le prouve; tout semble indiquer de sa part, au contraire, une résistance obstinée, résistance à laquelle s'associa une partie du peuple. Constantin ayant refusé, en juillet 526, de monter avec l'ordre équestre au temple de Jupiter Capitolin, suivant un ancien usage, fut grossièrement insulté. Zosime donne même ces insultes comme une des causes de l'abandon de Rome et de la fondation de Constantinople. Constantin s'en allait donc devant le paganisme et devant l'outrage, tandis que le pape restait! Et cependant qui y était plus exposé que lui? Que de siècles et que d'outrages ont passé depuis lors! Que de grandeurs ont fléchi sous leurs coups! et le pape est toujours là, toujours attaqué, dépouillé souvent, jamais vaincu!

« Dans Rome encore païenne, a dit de Maistre, le pontife gênait déjà les Césars. Il était leur sujet; ils avaient tout pouvoir contre lui; il n'en avait pas le moindre contre eux, et cependant ils ne pouvaient tenir à côté de lui. Une main invisible les chassait de la *ville éternelle*, pour la donner au chef de l'*Église éternelle*. »

Nous voyons, par le passage de Zosime, quelle était encore la puissance du paganisme. Il lutte encore, non sans obtenir quelque avantage, l'avantage de l'émeute tout au moins, et il luttera longtemps. Vainqueur un instant avec Julien, il fera comme toujours des martyrs; vaincu de nouveau après lui, il défendra pied à pied ses temples et surtout ses amphithéâtres. Il continuera de faire couler le sang humain dans l'arène malgré la loi; et, au même moment, l'hérésie lève fièrement la tête. D'un côté sont les païens avec l'ardente opposition de leur mythologie et de leurs vieilles haines, de l'autre les hérétiques avec la ténacité de l'argutie qui mettra le feu à l'empire pour des siècles. Pour l'erreur seront trop souvent Constantinople, Antioche, Alexandrie avec leurs empereurs jaloux, leurs philosophes incrédules et l'esprit pointilleux de l'Orient; contre l'erreur, quelque forme qu'elle prenne, Rome et ses papes, invariables comme la vérité et calmes comme elle. Saint Athanase, condamné à Antioche, ne dit qu'un mot : « Je montai vers Rome pour aller trouver L'ÉGLISE ET L'ÉVÊQUE; » *Romam ascendi, Ecclesiam et Episcopum aditurus.* (Bar. *Ann.* 369.)

Et vers l'Église, vers l'évêque convergeaient alors, comme aujourd'hui, toutes les espérances et toutes les haines. Il n'y a certainement dans aucune histoire rien de semblable au spectacle que nous offre Rome dès cette époque. Elle est le rendez-vous de toutes les saintetés et de toutes les gloires. Saint Athanase, saint Ambroise, saint Augustin, saint Jérôme, saint Paulin de Nole, s'y rencontrent ou s'y succèdent, et la liste des papes n'est pas moins digne des dyptiques sacrés, depuis le triomphe, qu'au temps des persécuteurs et des martyrs. Lors de la défaite de Maxence, la Chaire de Pierre était occupée par saint Melchiade, ou plutôt Milziade, que Constantin fit passer des Catacombes au Latran, le palais de l'impératrice Fausta. Vient ensuite saint Sylvestre, ce *prêtre vraiment grand*, comme parle Baronius, qui aida si puissamment l'empereur dans son œuvre d'édification et d'organisation; puis saint Marc, saint Jules dont les lettres sont un des plus curieux monuments de l'histoire ecclésiastique; et ce Libère, dont le nom ne figure pas dans tous les martyrologes, mais que saint Ambroise traitait d'homme très-saint, *vir sanctior*, et qui a laissé dans l'Église, au témoignage de Baronius, une mémoire des plus honorées, *planè honorificentissima (ad Ann.* 367).

Nous ne rappellerons qu'un souvenir du pontificat de saint Libère, parce qu'il suffit pour caractériser la position des papes vis-à-vis de la puissance temporelle et leur position à Rome. Ce fut sous ce pontificat que l'arianisme déploya le plus d'audace. Il avait beau avoir pour lui l'empereur, tant que le pape était contre lui, il n'avait rien, et il le sentait vivement. Aussi tous ses efforts se tournaient-ils du côté de Rome; mais Libère demeurait inflexible dans sa foi. Alors on a recours à la terreur; des calomnies, des menaces de mort sont répandues et font fuir un grand nombre de familles. Les portes de la ville et le cours du Tibre sont gardés, et Libère, enlevé de nuit, est conduit à Milan devant l'empereur.

« Cesse de persécuter les chrétiens, lui disait-il, et n'espère pas que l'impiété arienne s'introduise jamais par nous dans l'Église; nous sommes préparés à tout souffrir plutôt que de renoncer au titre de chrétiens pour devenir ariens. Crois-moi, ne combats pas celui qui t'a donné l'empire; ne lui rends pas l'impiété pour ses bienfaits; ne t'acharne pas contre ceux qui croient en lui. N'entends-tu pas, comme Paul, les paroles divines : *il est dur de regimber sous l'éperon.* Ah! que ne puisses-tu les entendre comme Paul et croire comme lui! [1] » Magnifique et simple langage qui dut étonner les échos de la Rome des Césars. La dignité et la liberté renaissaient enfin dans ce centre de toute servitude.

Libère fut *en admiration à tous*, dit Théodoret. Constance lui reprochait d'être seul à soutenir saint Athanase : « Quand je serais seul,

____
[1] Baronius, *ad Ann.* 355.

répondait Libère, la cause de la foi ne serait pas pour cela vaincue. » — « Je veux que vous embrassiez la communion des Églises, disait encore Constance, et vous retournerez à Rome. » — « J'ai déjà dit adieu à mes frères de Rome, reprenait le pontife; mieux vaut ne pas habiter Rome que de sacrifier les lois de l'Église [1]. »

Libère fut exilé à Bérée et son siége occupé par Félix, archidiacre de l'Église romaine. Félix, du moins, demeura ferme dans la foi de Nicée, et il condamna même l'arianisme, ainsi que le constate son épitaphe dans l'église des saints Cosme et Damien; mais son intrusion le condamnait à l'isolement. Le clergé l'évitait; le peuple s'éloignait des églises. Constance étant venu à Rome en avril 357, les dames romaines lui demandèrent avec instance le retour de Libère. — « Mais vous avez un autre pasteur, dit le prince. — Personne n'entre dans l'église lorsqu'il y est, » répondent les nobles femmes. Peu de temps après, l'empereur annonça, par lettres patentes, le rappel de Libère, à la condition qu'il gouvernerait d'accord avec Félix. Le peuple était au cirque lorsqu'on lui lut ces lettres. « Il n'y a qu'un Dieu, s'écrie-t-il, qu'un Christ, qu'un évêque, » et Félix dut céder. L'émotion fut même telle dans la ville que Constance finit par consentir, malgré lui, dit Socrate, au retour de Libère. Le vénérable et saint pontife rentra dans Rome en triomphe, et ses dernières années furent consacrées à ramener par la prédication et la douceur les chrétiens égarés par Arius [2].

VI

Nous venons de voir les femmes romaines continuer leur rôle de courage et de dévouement. Du I au IVe siècle on les avait vues affranchissant leurs esclaves, cachant les confesseurs, ensevelissant les martyrs et supportant pour Dieu, avec une constance héroïque, les plus affreux tourments. Les noms de sainte Prisca, sainte Praxède, sainte Pudentienne, sainte Lucine, sainte Cécile, sainte Agnès, sainte Aglaé étaient l'objet d'un respect que n'obtinrent jamais, à un égal degré, les plus beaux noms de l'ancienne Rome. Sous le règne de l'apostat Julien, deux jeunes filles, Bibiane et Demetria, souffrirent pour la foi, avec leur mère Dafrose, et leurs reliques étaient entourées d'honneurs sur l'Esquilin, comme l'était au même moment, sur le Cœlius, la demeure ensanglantée des deux jeunes martyrs, Jean et Paul. Ces nobles traditions se perpétuent, et, si le ciel ne se peuple plus par l'échafaud, il se peuple toujours du moins par le dévouement et la charité. Vers la fin du IVe siècle, vivaient à Rome quelques femmes, sainte Paula, sainte Fabiola, sainte Marcelle, sainte Mélanie, qui ont pris place dans l'histoire de l'Église, non-seulement par leurs vertus, mais encore par le rayonnement de leur influence sur leur famille et sur la société. L'incomparable Paula, comme l'appelait saint Jérôme, devait son nom à Paul-Émile dont elle descendait. Par sa mère, elle remontait aux Gracques et à Scipion l'Africain. Son mari, Toxatius, était de la race des Jules. L'ayant perdu après avoir eu cinq enfants, elle fit de sa demeure, près du champ de Flore, un centre de piété et de charité. Elle recevait les évêques, les prêtres, saint Épiphane, saint Jérôme, et, lorsqu'ils quittaient Rome, elle correspondait avec eux. Loin d'éviter les pauvres, elle les recherchait par toute la ville. « Quel est l'indigent qui n'a pas été enseveli à ses frais? écrivait saint Jérôme; quel est le malade, condamné à l'oisiveté et à la souffrance, qui n'a pas été nourri de son bien? Si quelqu'un, pressé de misère, était secouru par d'autres que par elle, elle se l'attribuait à perte. »

Cette bienfaisance active était une étrange nouveauté pour la société encore demi-païenne de Rome; mais chaque jour les exemples de ce genre se multipliaient. Une autre pieuse femme, Fabiola, petite-fille des Fabius, vendait son patrimoine et en consacrait le prix à fonder un hôpital, le premier qui fut établi dans la capitale de l'empire. Souvent elle y porta elle-même les malades. « Rome se trouva trop petite, dit saint Jérôme, pour recevoir tous les effets de sa charité. »

Un illustre sénateur, Pammaque, époux d'une des filles de sainte Paula, se faisait, à son tour, le serviteur des malheureux. « Qui eût jamais cru, lui écrivait saint Jérôme, que Pammaque, qui compte tant de consuls parmi ses ancêtres, et qui est lui-même la gloire et l'ornement de la famille des Furius, dût paraître en habit brun parmi des sénateurs couverts de pourpre! On emploie aujourd'hui au soulagement des pauvres les pierreries qui servaient à relever l'éclat de la beauté; les habits de soie et brodés d'or sont changés en des habits de laine. Ceux-ci du moins tiennent le corps chaud et ne le laissent pas à demi nu comme les étoffes légères que la vanité des femmes recherche. On consacre aux usages de la vertu ce qui servait à entretenir la frivolité et le luxe. Cet aveugle qui tendait la main pour recevoir l'aumône, et qui souvent la tendait en vain, partage aujourd'hui avec Pammaque la riche succession de Pauline..... On m'a dit que vous aviez fait bâtir un hôpital......; courage, mon cher Pammaque.....; après avoir exercé souvent l'hospitalité envers tous les étrangers, Abraham mérita enfin de recevoir le Seigneur. »

Les familles de sainte Mélanie et de sainte Marcelle n'offraient pas de moins grands exemples et de moins touchantes vertus. Saint Jérôme disait de Marcelle qu'elle était un des plus beaux ornements de Rome, et il appelait Mélanie, la véritable illustration chrétienne de son temps. L'une et l'autre appartenaient, comme Paula et Fabiola, aux plus anciennes races romaines.

VII

Ainsi la piété, l'humilité, la charité pénétraient enfin ce vieux patricial si corrompu et si fier. Le paganisme lui tenait cependant encore par le fond des entrailles; il en aimait le luxe et les vices; il en regrettait les faciles croyances. Arnobe, à la fin du IIIe siècle, et Lactance, au commencement du IVe, avaient énergiquement repris l'œuvre de Tertullien, contre cette mythologie païenne qui régnait encore plus ou moins sur les âmes, contre ce ménage de Jupiter, suivant le mot de Lactance, auquel on ne croyait plus sans rire, dès le temps d'Horace, mais à qui cependant on s'attachait comme à la planche de salut de la vie sensuelle, la seule que comprit l'antiquité. Lactance était obligé de recourir à l'arme du ridicule, malgré la victoire de Constantin, pour démolir ce fétichisme obstiné qui échappait

(1) Baronius, ad Ann. 355.
(2) Quant à la prétendue chute de Libère, elle est aujourd'hui rejetée par l'histoire sérieuse. Déjà, au XVIIe siècle, Bossuet avait fini par effacer tout ce qu'il en avait dit dans la Défense de la Déclaration.

à toute raison et à tout bon sens. Il mettait impitoyablement à nu les misères divines, les tromperies, les débauches, les bassesses de l'Olympe; il faisait parader toute cette armée de petits dieux qu'avait créés à son usage la piété romaine, les déesses Fornace, Muta, Caca, *une franche scélérate,* disait-il, qui trahit son frère; Canina, la déesse des berceaux; Sterculus, le dieu-fumier des laboureurs, et, sous le nom de dieu Terme, la pierre brute qu'avait avalée Saturne. « C'est en haut, s'écriait-il, qu'il faut chercher Dieu et non sous ses pieds. »

Mais telles étaient la résistance et la décrépitude sociales qu'un siècle après, saint Ambroise et saint Augustin se voyaient contraints de reprendre la même thèse et de lui donner des développements nouveaux. Des sénateurs, des consulaires avaient pris fait et cause dans la lutte, et Symmaque, préfet de Rome, avait adressé aux empereurs Valentinien, Théodose et Arcade, de vives plaintes sur l'abolition des priviléges dont le paganisme avait longtemps joui : « Ils nous demandent des priviléges, s'écriait alors saint Ambroise, eux qui, sous le règne de Julien, nous refusaient la liberté commune d'enseignement et de parole ! »

Pour Symmaque, le paganisme était inséparable de la grandeur de Rome. Personnifiant la ville des Scipions et des Césars, il lui faisait demander de quel droit on prétendait la mettre à l'école dans sa vieillesse, sans respect pour son illustration et pour son âge. Ne s'était-elle donc pas bien trouvée de ses dieux, et ne pouvait-on attribuer au mépris qu'on leur prodiguait aujourd'hui, les calamités publiques, la famine surtout dont Rome venait d'être affligée? « Qu'on rétablisse au moins, disait-il, l'autel de la Victoire, sur lequel les sénateurs avaient jadis coutume d'offrir des sacrifices et de prêter serment d'être fidèles. Sans cela on verra se multiplier les traîtres, et la victoire abandonnera les drapeaux de l'empire. »

« — Ce sont vos dieux qui ont fait la grandeur de Rome! répondait saint Ambroise; l'ont-ils faite à Cannes et à Trasimène? Vos dieux n'étaient-ils pas d'ailleurs ceux d'Annibal! l'ont-ils bien protégé? Vous rappelez la défaite des Gaulois; mais il semble qu'au lieu d'en faire honneur à Jupiter, vous pourriez bien songer à l'oie du Capitole? »

Saint Ambroise ne fut pas le seul à répondre à Symmaque. Le poète Prudence opposa éloquemment à l'éloge des dieux les conquêtes de Dieu. Le tableau qu'il trace du Sénat de Rome, où le paganisme fermentait encore, n'est pas sans un haut intérêt historique. Depuis longtemps déjà le Sénat était entamé ; les Anicius, les Olybrius, les Paulinus, les Bassus n'avaient pas hésité à abaisser *les faisceaux* devant Jésus-Christ, *Christo inclinare securim.* « On peut compter, ajoute-t-il, jusqu'à six cents familles du vieux sang romain qui sont sorties du gouffre des idoles pour arborer la croix. »

Ajoutons enfin que les remontrances de Symmaque ne furent pas mieux accueillies des empereurs que des évêques et des poètes. Théodose étant venu à Rome en 389, interdit même les sacrifices et ordonna la destruction des idoles. Une exception néanmoins paraît avoir été faite en faveur des sculptures célèbres, mais seulement comme œuvres d'art, pour l'ornement de la ville et non plus pour être l'objet d'un culte. Ainsi s'accomplissaient les vœux de Prudence : « Supprime, je t'en conjure, ces fêtes puériles, ces cérémonies ridicules, ces sacrifices indignes d'un grand règne! Lavez, ô séculeurs, lavez ces marbres souillés encore des hontes du passé! mais grâce pour les statues qui sont pures, pour les chefs-d'œuvre de nos grands artistes! Qu'ils restent l'honneur de notre patrie, et que les monuments des arts cessent d'être consacrés au vice ! »

Nec decolor usus
In vitium versa monimenta coinquinet artis !

Ce n'était pas tout cependant que d'abolir le paganisme : il fallait encore le déraciner des lois et des mœurs. Ainsi la coutume était à Rome de condamner les femmes adultères à la pratique même du crime qu'on leur reprochait, c'est-à-dire à être enfermées dans des lieux de débauches. Les cabanes où l'on mettait ces malheureuses avaient une cloche qu'elles sonnaient pour avertir les passants. Le pape saint Sirice dénonça ces infâmes condamnations à Théodose qui les remplaça aussitôt par de rigoureuses pénitences.

L'historien Socrate rapporte un autre fait duquel on peut tout au moins conclure que le nombre des esclaves avait considérablement diminué à Rome. On sait qu'un des plus rudes travaux de la servitude était de tourner la meule. Ni l'eau ni le vent n'avaient encore été utilisés comme moteurs, et la condamnation à tourner la meule, *damnatus ad molam,* figure parmi les châtiments des législations antiques. Or, les entrepreneurs de la boulangerie, manquant de bras à Rome, vers la fin du IVe siècle, ouvrirent près de leurs ateliers d'ignobles tavernes où les ouvriers étaient attirés par des femmes perdues. A peine entrés, des trappes s'ouvraient sous leurs pas et ils tombaient dans des souterrains où ils restaient attachés à la meule, sans espérance de revoir le jour. Un soldat de Théodose, ayant été pris au piége, eut assez d'énergie et de force pour se frayer un passage hors de cet odieux repaire, et l'empereur fit éclatante justice des coupables.

L'entrée de Théodose à Rome rappela celle de Constantin, mais elle fut plus modeste encore. C'était cependant un triomphe après de grandes victoires. L'empereur arrivait sur un char comme les triomphateurs; mais bientôt il en descendit et chemina à pied, conversant familièrement avec le peuple, s'unissant à sa joie et souriant des chants satiriques dont la liberté romaine tenait à garder l'usage. De toutes les pompes des anciennes ovations, cette liberté de la satire fut à peu près la seule qu'il conserva.

Quelques jours après, le panégyrique de l'empereur fut prononcé, au milieu du Sénat, par un orateur gaulois, Latinus Pacatus. Après avoir célébré les exploits du prince, Latinus s'arrêta avec complaisance sur son séjour à Rome, sur ce triomphe d'un genre si nouveau, où il triompha, dit-il, et de ses ennemis et de l'orgueil, non moins admirable lorsqu'il marchait au milieu des citoyens, que lorsqu'il les dominait du haut de son char, *alterno clarus incessu.* « Combien de fois, ajouta-t-il, laissant de côté tes gardes et n'en voulant d'autres que l'amour de tous, n'as-tu pas visité non pas seulement les monuments publics, mais encore les humbles lieux consacrés par les souvenirs des saints! Heureux que je suis d'être venu d'une contrée lointaine ! O fatigues heureuses ! Quel bonheur je leur dois! Quelles joies sont les miennes! Que de merveilles je raconterai à mon retour dans les Gaules! Comme je serai entouré, et quelle admiration, lorsque je dirai : *J'ai vu Rome et j'ai vu Théodose! »*

VIII

Sous l'emphase du rhéteur, il est impossible de méconnaître ici un sentiment vrai. Voir Rome et avoir vu Rome étaient, en effet, le grand vœu et le grand souvenir de tout ce qui vivait alors par l'intelligence ou par la foi. Le païen Rutilius Nematianus, notre compatriote, lui aussi, n'éprouve pas, sous ce rapport, de moins vives impressions que Latinus Pacatus; mais ce qu'il voit dans Rome c'est surtout le passé : c'est Romulus, ce sont Vénus et Mars. Il lui semble reconnaître ces deux divinités dans toute l'histoire de la cité reine, dans sa puissance à la fois et dans sa clémence, dans son habileté à dompter les peuples et à se faire ensuite aimer des vaincus. Il admire tout à Rome: la pureté de l'air, l'éclat d'un soleil que n'obscurcit jamais aucun nuage, *hic perpetui soles*, l'hiver s'oubliant dans les délices d'une douce température, et ces merveilles de l'homme, ces aqueducs qui portent des fleuves à une hauteur qu'atteindrait à *peine* l'arc-en-ciel, ces thermes qui épuisent des lacs, ces fontaines dont retentit la ville entière. Mais surtout il admire les temples : on s'y sent, dit-il, près du ciel.

Non procul a cœlo per tua templa sumus.

Peu de jours auparavant, saint Jérôme, écrivant à la vierge Lœta, nous représentait ces temples déserts et envahis par les araignées. Le peuple, ajoutait-il, passe devant eux avec indifférence et se porte en foule aux tombeaux des martyrs. Mais Rutilius, dominé par son imagination, les voit toujours dans leur splendeur ancienne; ses yeux en sont éblouis; il lui semble être en présence des dieux !

Rome, non plus, même au Ve siècle, même après Alaric [1], n'a rien perdu pour lui de son prestige et de sa gloire, et le rhéteur Aristide ne la célébrait pas avec plus d'enthousiasme sous Marc-Aurèle. Pour Aristide, Rome était tout dans l'univers, et César était tout dans Rome. Pour Rutilius, s'il n'y a plus de César-Dieu, il y a toujours une Rome-Déesse. Rome est toujours, à ses yeux, le plus bel empire qu'éclairent les astres; les coursiers du soleil ne franchissent point ses limites; Rome est la patrie de tous les peuples; elle est, à elle seule, l'univers :

Urbem fecisti quod prius orbis erat.

Rutilius disait plus vrai qu'il ne pensait. On croirait presque entendre un disciple de la foi nouvelle, surtout lorsqu'il s'écrie : « Relève, ô Rome, les lauriers de la vieille tête; orne ta chevelure de fleurs nouvelles; ce qui fait crouler les empires consolide le tien; c'est ta destinée de renaître toujours et de croître même par le malheur. »

Illud te reparat quod cœtera regna revolvit;
Ordo renascendi est, crescere posse malis.

Ainsi Rome demeurait toujours grande aux yeux des dévots de l'antiquité, et ils ne pouvaient la quitter sans attendrissement. Rappelé dans les Gaules par les calamités qui pèsent sur ce vaste pays, Rutilius a besoin de se dire que plus la patrie est malheureuse plus elle est digne de respect, et que c'est d'abord au toit de ses aïeux qu'on doit ses larmes. Et cependant il tarde à se mettre en route, *serum iter*. « Peut-on si tôt se priver des biens qu'on rencontre à Rome? s'écrie-t-il. On ne trouve jamais long ce qui plaît toujours. » Et il embrasse les portes; il franchit, comme malgré lui, le seuil sacré; retenu sur le Tibre, il promène ses regards émus sur la ville et jouit encore avec bonheur de cette région aimée. Le jour tombe et il croit voir encore; il croit entendre les cris du cirque, il s'unit de loin aux applaudissements des spectateurs.

Oh! combien sont différentes les impressions de Prudence ! Ce n'est pas dans les théâtres qu'il voit la foule, c'est près de la tombe du grand apôtre, au pied du Vatican; c'est dans les grandes salles du Latran où l'eau sainte coule sur le front des catéchumènes. « Combien sont-ils donc, dit-il, ceux qui ne rejettent pas avec dégoût la vieillesse infecte de Jupiter et de son temple? » Rutilius suppliait Rome de relever sa tête affaiblie, de la parer de nouvelles couronnes. Prudence voyait la vieillesse de cette reine du monde disparaître sous une nouvelle et blonde chevelure. « Tandis que tout meurt, lui disait-il, toi, tu rajeunis; les jours s'allongent devant toi et l'avenir te présente tout un autre âge. »

Longa dies aliud petit œvum.

Rutilius, ne pouvant se détacher du souvenir des Césars, rappelait les Assyriens, les Mèdes, les Parthes vaincus et soumis; Prudence voyait la Rome nouvelle étendre son empire jusqu'au pôle.

Jam super astra poli terrenum extendere regnum.

IX

Cette domination morale ne fléchit même pas un instant sous les coups des barbares. Rome fut prise, elle fut dévastée; mais elle ne fut pas asservie. L'approche des Goths justifiait toutefois, aux yeux des païens, les plaintes récentes de Symmaque, et rendait plus vive leur volonté de retourner aux dieux qui avaient présidé, disaient-ils, à la fortune de Rome. Des devins toscans promettaient à ce prix le salut de la ville. Sur la foi de ces augures, Pompéien, gouverneur de Rome, et une partie des sénateurs montent au Capitole pour y renouveler les rites du paganisme; mais la foule s'éloigne de leurs cérémonies avec horreur. On les fuit dans les assemblées, dans les rues, et bientôt on

___

[1] Rutilius écrivait en 424.

jette à Alaric toutes les richesses des idoles pour obtenir la paix. Cette paix, malheureusement, fut de courte durée. Rome, après quelques jours, est investie de nouveau, et la famine y cause de tels ravages que la frénésie du peuple ne connaît plus de bornes. On l'entendit, un jour, interrompant les jeux du cirque, demander à grands cris qu'on mît en vente de la chair humaine.

Il y avait onze cent trente ans, suivant la remarque de Paul Orose, que Rome poursuivait sa carrière de domination et de gloire. Babylone avait régné pendant le même temps, et le moment approchait où l'on pourrait dire de la ville de César, comme de la ville de Sémiramis : « Les captifs soumettront leurs vainqueurs et subjugueront leurs maîtres. »

« Ce fut par la porte Colline, déjà célèbre pour avoir laissé passer les Gaulois, qu'Alaric pénétra dans Rome, le 25 août de l'année 410. Les premiers monuments qu'il rencontra furent les jardins de Salluste, monuments d'orgueil et de volupté, érigés par cet historien moraliste au retour de son proconsulat d'Afrique. On y voyait un palais, un cirque, un temple de Vénus, un portique orné de colonnes, sous lequel Aurélien se plaisait à exercer ses chevaux à la course. Ces jardins s'étendaient de la crête du Quirinal au sommet du Pincius. Néron y avait parfois habité ; Vespasien les préférait au palais impérial ; Nerva y était mort ; Alaric les incendia.

» Aussitôt le pillage commence ; les églises de Saint-Pierre et de Saint-Paul doivent seules être respectées, et les Goths, se répandant dans la ville, saccagent les maisons, tuent les hommes qui résistent et déshonorent les vierges. Ils entrèrent chez sainte Marcelle, demandant de l'or à grands cris. Marcelle leur fit remarquer, pour toute réponse, la pauvreté de son costume. Alors les barbares la fouettent cruellement, car il leur faut de l'or à tout prix, et cette pauvreté apparente n'est sans doute qu'un leurre. Marcelle semblait insensible à la souffrance ; mais, se jetant à genoux, elle demandait avec larmes qu'on ne la séparât pas de Principia, sa fille adoptive, que l'âge ne mettait pas encore à l'abri des insultes. L'accent profond de ces supplications maternelles éveilla la compassion dans le cœur de ces hommes de sang. Ils relevèrent les deux femmes, et les conduisirent du mont Aventin, où elles demeuraient, à la basilique de Saint-Paul, qui était un lieu de sûreté. Quelques jours après, Marcelle s'endormit du sommeil des justes. Elle rendit l'esprit, dit saint Jérôme, entre les baisers et les larmes de sa fille, et le sourire errait sur ses lèvres, tant il y avait de calme pour sa conscience dans le souvenir de sa vie, tant son âme était heureuse de voir approcher les joies du ciel.

» La conduite des barbares à l'égard de sainte Marcelle ne fut pas, au reste, le seul fait touchant et remarquable du sac de Rome. Des soldats avides d'argent s'étant introduits chez une vierge consacrée à Dieu : « Oui, j'ai des trésors, » leur dit cette vierge ; et découvrant des vases du plus grand prix : « Ce sont les vases de l'apôtre saint Pierre ; prenez-les si vous l'osez ; vous en répondrez. » — Alaric ordonna de reporter aussitôt ces richesses à la basilique du prince des apôtres, et d'y conduire en même temps la vierge ainsi que tous les chrétiens qui voudraient la suivre. Singulier et grandiose spectacle que cette procession de guerriers portant sur leurs têtes les vases saints, et que cette foule immense d'hommes et de femmes sortant de leurs obscures retraites, se pressant derrière ces symboles d'union et de paix, et allant demander leur salut à la protection de saint Pierre! On vit alors les païens simuler le christianisme afin de profiter de la sauvegarde qu'il offrait contre la mort et le déshonneur ; et tous ces guerriers, tous ces malheureux, chantaient ensemble des hymnes d'actions de grâces [1]. »

» Avait-on rien vu de semblable dans l'antiquité païenne, s'écriait alors saint Augustin, que le bruit du désastre de Rome était venu frapper dans sa solitude d'Hippone ; Priam fut massacré aux pieds de ses dieux domestiques, tandis qu'à Rome on a vu des barbares choisir les plus grandes églises pour y mettre plus de monde à l'abri de leurs cruautés, ordonner qu'on n'y tuât personne, qu'on n'en tirât personne, y conduire même des infortunés pour les sauver et n'en faire sortir aucun pour le perdre. Tout cela, ajoutait le grand évêque avec le sentiment d'une profonde consolation, doit être attribué au nom de Jésus-Christ et au temps favorable du christianisme. »

Ainsi, même au milieu du plus grand bouleversement, un droit nouveau se fait jour avec des mœurs plus douces. Pompée se glorifiait, dans ses inscriptions, d'avoir tué cinq cent mille hommes ; César, dépeignant au Sénat les malheurs de la guerre, énumérait de sang-froid le rapt des vierges, l'enlèvement des enfants aux embrassements de leurs mères, et les mères elles-mêmes outragées, les temples et les maisons spoliés, l'incendie partout, les armes, les cadavres, le sang, le deuil partout ! Tel était, en effet, l'ancien droit de la guerre, et qui mieux que Rome en avait usé? Qu'avait-elle fait de Corinthe et de Carthage ?

Le sac de Rome dura trois jours, et des milliers de Romains, fuyant la captivité, se répandirent d'un bout à l'autre de l'univers connu. Il en vint surtout en Palestine, et l'*obscure Bethléem*, dit saint Jérôme, *vit à ses portes d'illustres mendiants jadis comblés de toutes sortes de richesses (ad Gaudentium).* Le retentissement de la catastrophe se prolongea, en outre, longtemps. On vit dans cette immense ruine l'accomplissement des prophéties de l'Apocalypse contre *la grande prostituée avec laquelle les rois de la terre s'étaient corrompus, qui était assise sur sept collines, vêtue de pourpre et d'écarlate, ivre du sang des saints et des martyrs de Jésus-Christ,* et dont le nom était Mystère. Saint Augustin écrivit son livre de la *Cité de Dieu* pour répondre aux reproches des païens qui attribuaient à la foi évangélique les malheurs et la décadence de l'empire, et saint Jérôme fit entendre, près de la grotte de Jérémie, des lamentations nouvelles.

» Voilà que tout-à-coup on m'a annoncé, s'écrie-t-il, la mort de Marcelle, celle de Pammaque, la prise de Rome et le sommeil éternel de beaucoup de nos frères et de nos sœurs. Et j'ai été si consterné et si stupéfait, que les jours et les nuits je ne pouvais songer qu'au salut de tous ; je ne pouvais que me considérer captif, moi aussi, de la captivité des saints, et il m'était comme impossible de proférer une parole avant d'avoir obtenu des nouvelles plus certaines. En attendant, je flottais avec anxiété entre le désespoir et l'espérance, et je souffrais cruellement des maux qui affligeaient mes frères. Alors, en effet, que j'ai vu éteinte la plus éclatante lumière du monde, alors que j'ai vu la tête de l'empire romain abattue, ou, pour mieux dire, l'univers entier mourant de la mort d'une seule ville, *je me suis tu et me suis humilié, je suis resté muet loin des hommes de bien, comme le prophète ; mon cœur a bondi dans ma poitrine, et, dans ma méditation, mon cœur a brûlé de mille feux* [2].

(1) *Rome Chrétienne*, par Eug. de la Gournerie, 3ᵉ édition, t. Iᵉʳ, p. 117. — (2) Voir *Rome Chrétienne*, t. Iᵉʳ, p. 119.

On sent, en écoutant les accents de cette âme ardente, toutes les palpitations qui durent alors agiter le monde. Le dernier coup était, en effet, porté à l'ordre politique dont Rome avait été le centre. Jusque-là Rome avait régné par la force; le moment était venu où elle ne devait plus régner que par la vérité et la justice; mais du moins elle régnera toujours. Le titre d'*éternelle* qu'elle s'attribuait fastueusement dans ses inscriptions, n'est devenu vrai que par cette royauté de la foi qui remplit l'espace et domine le temps.

Et à quelle époque fut-elle plus véritablement reine? Un concile s'est assemblé à Nicée, dans l'Orient. Les évêques du monde entier y étaient convoqués. Trois cent dix-huit répondent à l'appel, et, parmi eux, plusieurs confesseurs de la foi. Les siéges les plus illustres, Jérusalem, Antioche, Alexandrie, Héraclée, Nisibe, y sont représentés par des saints, et cependant les premiers partout sont un évêque d'Espagne, Osius, et deux prêtres inconnus, Viton et Vincent, parce qu'ils ont les pouvoirs de l'évêque de Rome.

L'ancienne Rome envoyait ses légions au loin; la nouvelle envoie ses apôtres partout. L'Irlande, qui ne connut jamais les armes romaines, est évangélisée, dès le V⁵ siècle, par un prêtre qui arrive de Rome; l'Afrique et l'Asie proclament la souveraineté de la ville éternelle; du fond des Gaules, saint Victrice de Rouen vient faire acte d'obédience aux tombeaux des apôtres, comme l'avaient fait avant lui saint Ambroise de Milan, saint Athanase d'Alexandrie, saint Paulin d'Antioche, saint Épiphane de Salamine. Rome païenne n'avait vu que des rois vaincus à ses pieds; Rome chrétienne voit déjà et verra, de siècle en siècle, toutes les puissances de la terre, évêques, patriarches, princes, rois, empereurs, accourir de près ou de loin pour lui offrir leurs hommages et recevoir mieux que ses lois, ses bénédictions. Y eut-il jamais au monde une royauté plus haute? Toutes les autres royautés ont passé, et la royauté de Rome existe encore!

On se persuade quelquefois que le christianisme s'est répandu, de lui seul, sur un champ depuis longtemps labouré et ensemencé par la philosophie; mais la philosophie, tout en enseignant quelques vérités, avait surtout semé le doute et l'orgueil, triste préparation pour l'Évangile! D'un autre côté, les passions, sans frein sous la loi païenne, formaient, comme les végétations exubérantes de certaines terres incultes, une ombre épaisse qui ne pouvait qu'étouffer le bon grain. Les peuples se convertissent cependant, mais par une action d'en haut qui dissipe l'ombre sous laquelle végétaient leurs âmes *naturellement chrétiennes* [1]. Les savants, les philosophes demeurent seuls inébranlables ou sont les derniers à s'ébranler. Bossuet voyait un aussi grand prodige dans la conversion du monde que dans sa création. C'est, sous une autre forme, le dilemme de saint Augustin : ou le monde a été converti par des miracles, ou il l'a été sans miracles, ce qui serait, en définitive, le plus grand de tous les miracles.

Telle était, en effet, la résistance païenne, que Constantin lui-même, nous l'avons vu, osa à peine toucher au paganisme. Théodose fut plus hardi, et cependant les pratiques païennes n'étaient pas encore complétement tombées dans l'oubli. Faut-il le dire même? la plus barbare de toutes, celle qui rappelait les sacrifices humains, fut la dernière à résister. On a souvent fait honneur aux Romains de s'être distingués de tous les peuples par le respect de la vie de l'homme. Hercule, disait-on, avait supprimé les sacrifices humains dans le Latium, avant même la naissance de Romulus; mais le principe restait; seulement aux victimes humaines on substituait soit des têtes de pavots, soit des mannequins d'osier représentant les victimes. Ces mannequins étaient jetés solennellement dans le Tibre. Lorsque les calamités, toutefois, se multipliaient, on craignait que les dieux ne prissent pas le change, et alors on revenait, sans hésiter, aux sacrifices abolis. L'enterrement de quatre personnes vivantes, deux hommes et deux femmes, en plein Forum, lors des guerres Puniques, est surtout resté célèbre. Pline ne fait remonter qu'au consulat de Cornelius Lentulus et de Licinius Crassus, c'est-à-dire à l'an 655 de Rome, l'interdiction définitive de ces horribles offrandes; mais, sous César, de nouvelles victimes sont sacrifiées, et Adrien est obligé, cent cinquante ans plus tard, de renouveler la défense des consuls et d'Hercule. Il ne prenait pas garde qu'au même moment, et depuis longtemps déjà, les sacrifices humains qu'il prohibait dans les temples avaient passé dans l'amphithéâtre. Là ce n'était plus une victime par hasard qu'on immolait, un Gaulois et une Gauloise lorsqu'on luttait avec les Gaulois, un Grec et une Grecque lorsqu'on portait la guerre dans la Grèce; mais c'étaient des centaines, des milliers de victimes assassinées en l'honneur d'Apollon, auquel étaient consacrés les jeux du cirque; de Diane, à qui l'on faisait hommage des chasses de l'arène, ou, si l'on veut, du peuple, le grand dieu de l'amphithéâtre. Constantin essaya, nous l'avons dit, de supprimer ces dernières habitudes de meurtre; mais sa force et ses lois demeurèrent impuissantes sur cette passion du sang qui survivait même au culte des dieux. Au moins la philosophie s'indignait-elle? La philosophie se taisait et assistait, muet témoin, à ces grandes funérailles. Il fallut non pas un philosophe, non pas même un empereur, mais un saint pour venir à bout de ces jeux, comme on disait dans le langage élégant du siècle d'Auguste. Ce saint, nommé Almaque ou Télémaque, était un anachorète de l'Orient, qui vint à Rome dans l'unique pensée de s'opposer, avec l'aide de Dieu, à de nouveaux sacrifices. Il se présente dans l'arène un jour de spectacle, et, se jetant entre les gladiateurs, s'efforce de les séparer. Le peuple s'irrite et le lapide; mais du moins cette pieuse victime fut la dernière qui rougit le sable de l'amphithéâtre. Un édit de la même année (403) abolit à jamais les combats du cirque.

X

Le IV⁵ siècle avait produit deux grands empereurs, et l'on ne voit alors aucun pape qui les égale par le génie; mais quelque éminentes que fussent les qualités de Constantin et de Théodose, les pontifes de cette époque les dominent tous par la vertu. Après Libère, c'est saint Damase, le *docteur-vierge*, qui eut saint Jérôme pour secrétaire et entoura de tant de respect les cimetières des saints, que le recueil des inscriptions composées par lui pour ces demeures sépulcrales a formé école. On dit les caractères damaséens et l'on pourrait dire la poésie damaséenne, poésie marquée au coin de la foi la plus vive et de la plus douce piété. Le vœu de Damase eût été que sa dépouille reposât un jour parmi ces débris du martyre, mais il craignit de troubler de pieuses cendres :

Hic fateor, Damasus, volui mea condere membra,
Sed cineres timui sanctas vexare piorum.

[1] Tertullien.

R. C.

Après saint Damase règne saint Sirice, que l'empereur Valentinien signalait comme un *modèle d'innocence et de probité*. Les lettres de saint Sirice, sur la continence des clercs, sont célèbres. A l'élévation de la doctrine s'y joint l'autorité de la forme. Le Pape *notifie ses décisions* à tous les ministres de l'Église. « Nous portons, dit-il, les fardeaux de tous, ou plutôt c'est l'apôtre saint Pierre qui les porte en nous. »

Le successeur de saint Sirice, saint Anastase, est qualifié d'*incomparable* par saint Jérôme. Le même Père dit de lui qu'il était d'une *très-riche pauvreté*. Qui ne sait ce qu'a fait pour l'humanité souffrante la pauvreté des papes? Saint Anastase étant mort en 402, saint Innocent est élu d'une voix unanime. C'était, disent les historiens, un pontife accompli. Peu de règnes furent d'ailleurs plus troublés que le sien. Il lui fallut agir et contre les schismatiques à Constantinople et contre les barbares à Rome. Ce fut, en effet, sous son pontificat qu'Alaric et les Goths envahirent la ville éternelle. Innocent se dévoua alors au rôle de médiateur, qui deviendra dans toute la suite des âges le grand rôle de la papauté, et l'on peut croire que, sans les tergiversations perfides d'Honorius, Rome avait chance d'être sauvée. En Afrique, l'erreur de Pélage divisait les esprits. Innocent fixe sur la question controversée, celle de la grâce, la doctrine de l'Église, et l'on entend sortir alors de la bouche de saint Augustin ce mot que répéteront plus tard les conciles : « Des rescrits sont venus de Rome; la cause est finie. — Puisse l'erreur finir aussi ! » ajoutait le grand évêque. (*Sermo* 131, N° 10.)

Sous le pontificat de saint Zosime, l'erreur de Pélage est de nouveau condamnée à Rome en la personne de Célestius, après des interrogatoires répétés et une procédure où l'on remarque ce soin des intérêts de la défense qui devait marquer d'un sceau particulier la législation chrétienne. Saint Zosime écrivait à ce sujet aux Pères du concile de Carthage (21 mars 418) : « Bien que notre autorité soit telle que nul ne puisse réformer notre sentence, nous n'avons rien fait sans entrer en communication avec vous, de notre propre mouvement. »

<h3 style="text-align:center">XI</h3>

La mort de Zosime fut suivie d'une de ces compétitions de pouvoir que devait rendre plus fréquente chaque jour l'influence croissante de la papauté. Tant que la chaire de Pierre fut cachée dans les catacombes, elle éveilla peu l'ambition ; mais lorsqu'elle fut devenue un trône, plus d'un clerc indigne voulut y monter. On chercha l'appui du préfet de Rome, quelquefois de l'empereur, et chaque élection devint une nouvelle et difficile épreuve. Bien des fois on put croire que l'Église y succomberait, et contre toute attente, en dépit de tous les calculs humains, elle a traversé les siècles sans tomber et sans fléchir. La forme de succession la moins stable a été précisément celle du seul pouvoir que rien n'a ébranlé. Toutes les jalousies, toutes les compétitions, toutes les forces, sont venues se briser contre cette pierre. A ceux qui veulent des *signes*, comme les juifs, ne peut-on indiquer celui-là ?

Saint Innocent et saint Zosime avaient eu à lutter contre le pélagianisme; saint Boniface, contre le schisme d'Eulalius; saint Célestin eut à combattre, à son tour, l'hérésie nestorienne. Pélage méconnaissait dans l'homme la grâce divine; Nestorius séparait en Jésus-Christ la personne divine de la personne humaine: à l'entendre, Jésus-Christ n'était pas Dieu, mais un homme intimement uni à Dieu. Bossuet signale, dans la condamnation que Célestin prononça, l'autorité avec laquelle il parle. « C'est pourquoi, par l'autorité de notre siége, écrit-il à saint Cyrille d'Alexandrie, et agissant à notre place avec puissance, vous exécuterez la sentence avec une sévérité exemplaire. » — « L'une si grande puissance exercée dans l'Église grecque, et encore contre un patriarche de Constantinople, ajoute l'évêque de Meaux, donne sans doute une grande idée de l'autorité du Pape. Il se montrait le supérieur de tous les patriarches; il déposait celui de Constantinople; celui d'Alexandrie tenait à honneur d'exécuter sa sentence ; celui d'Antioche, quelque ami qu'il fût de Nestorius, ne songeait pas seulement à résister ; Juvénal, patriarche de Jérusalem, était dans le même sentiment. Célestin leur donnait ses ordres, ainsi qu'à tous les autres évêques de l'Église grecque, et sa sentence allait être exécutée sans opposition [1]. »

Ainsi s'affirmait, d'âge en âge et de pontife en pontife, cette puissance sans égale dans le monde, et par le caractère absolu de ses décrets, et par le respect dont ils étaient environnés. Un concile célèbre, le concile d'Éphèse, s'autorisait d'une lettre du pape comme d'une sentence juridique, et saint Hilaire n'hésitait pas à dire de la papauté : *Os sufficiens orbi ;* « c'est une bouche qui suffit au monde. »

Sous le pontificat de Sixte III, successeur de Célestin, Théodose le Jeune fit publier, sous le titre de *Code théodosien,* le recueil des lois impériales depuis l'avénement au pouvoir du christianisme. On y suit la marche de l'esprit chrétien, qui pénètre de plus en plus les caractères et les mœurs. Son triomphe, toutefois, est loin encore d'être complet; l'esclavage n'est pas légalement aboli ; le divorce existe encore. On voit même avec étonnement Théodose, deux ans après la publication de son Code, faciliter les répudiations en levant les entraves qui leur avaient été imposées par Constantin et par Honorius. Les passions triomphaient donc, les mœurs menaçaient de revenir au paganisme; mais l'Église demeura inébranlable, et la dignité du mariage fut sauvée. « Les pragmatiques impériales ne peuvent rien contre les canons, disait en 451 le concile de Chalcédoine. Avant tout, les règles des Pères doivent être respectées, » *contrà canones nihil pragmaticum valebit; regulæ patrum teneant* [2].

Admirable maxime, qui est aujourd'hui encore, comme toujours, celle des papes, et qui maintient les droits de la justice et de la vérité vis-à-vis des puissants comme vis-à-vis des faibles; vingt fois elle a sauvé la civilisation dans le monde ! Nous l'avons dit cependant, aucun des pontifes que nous avons nommés jusqu'ici n'a laissé la renommée d'un grand homme. Qu'est-ce qu'un grand homme près d'un saint? Serait-ce à dire que l'Église n'a pas eu, elle aussi, ses grands hommes ? et compterait-on beaucoup de dynasties qui pussent citer, en moins de deux siècles, des noms tels que ceux de saint Léon le Grand et de saint Grégoire le Grand ?

<h3 style="text-align:center">XII</h3>

Saint Léon était né à Rome d'une famille originaire de Toscane. Archidiacre de l'Église romaine, il remplissait une mission de paix dans les Gaules, où il parvint à réconcilier les généraux Aëtius et Albinus, lorsqu'il fut élu, d'une voix unanime, en 440, pour succéder

---

(1) *Remarques sur l'histoire des conciles d'Éphèse et de Chalcédoine.* — (2) Baronius, ad ann. 451.

à Sixte III. Les Romains préférèrent rester deux mois sans pasteur plutôt que d'en choisir un autre. Doué d'une élégante et facile élocution, qui rappelait, sinon le tout-puissant entraînement des Tertullien et des Jérôme, du moins l'onction et la grâce brillante de la parole d'Augustin, il ne négligeait aucune occasion d'instruire le peuple de Rome et de soutenir son courage par la méditation des mystères, au milieu des calamités qui l'affligeaient. Lorsque Attila, chassé des Gaules, descendit en Italie, l'effroi fut général. Aquilée mise à feu et à sang; Milan, Vérone, Mantoue, Plaisance, affreusement saccagées, marquèrent bientôt, comme autant de bûchers éteints, la marche du triomphateur. Devant lui les populations fuyaient; elles demandaient à la mer un peu de sable que ne pût atteindre *le fléau de Dieu*. Alors saint Léon s'avance comme le protecteur des faibles. Il n'est pas seul: avec lui est l'apôtre dont il tient la place, et Attila se retire. Il semble que la force de son bras soit brisée. Désormais sa gloire est à bout, et la mort l'attend à quelques pas de là, parmi les joies de son mariage [1].

Nous apprenons par saint Léon que les païens attribuèrent la retraite d'Attila à l'influence des astres. « Revenez au Seigneur, disait le pieux pontife au peuple de Rome; comprenez les merveilles qu'il a daigné opérer en nous, et, au lieu d'attribuer aux étoiles, comme les impies, notre délivrance, rendez-en grâces à l'ineffable miséricorde de Dieu, qui s'est plu à adoucir les cœurs féroces des barbares [2]. »

Dans ce même discours, saint Léon trace un tableau de la Rome du Ve siècle, qui ne rappelle que trop encore la Rome du temps des empereurs. Il s'y plaint du petit nombre des fidèles qui sont venus remercier Dieu, au jour anniversaire de leur châtiment et de leur salut. « Presque tous, dit-il, *penè ab omnibus*, presque tous ont négligé la prière. Quel plus grand péril cependant que d'être ingrat envers Dieu, que de répondre par l'oubli au bienfait, de n'être ni ému de la correction ni joyeux de la miséricorde !..... J'ai honte de le dire; mais comment le taire? On va aux démons plus qu'aux apôtres, et la foule assiste plus nombreuse à des spectacles insensés qu'aux fêtes des martyrs. Qui donc a sauvé cette ville? qui l'a délivrée de la captivité? qui l'a protégée contre le fer et le feu? Sont-ce les jeux du cirque ou les prières des saints? »

Le péril dont parlait saint Léon n'était pas loin. Attila mort, Genséric le remplace dans sa mission de vengeance. Les papes n'étaient pas les seuls maîtres à Rome, et les désordres du palais paralysaient souvent les efforts de l'Église. L'histoire de ce temps n'est qu'une suite de débauches, d'intrigues et de meurtres. Aétius, le plus grand général de l'empire, est tué par ordre de l'empereur; l'empereur Valentinien III est tué à son tour, et sa veuve, Eudoxie, est obligée d'épouser son assassin, Maxime. Mais alors elle appelle, des rivages de l'Afrique, ce roi des Vandales, dont la barque était toujours tournée, disait-il, *du côté des peuples que Dieu voulait punir*.

Genséric débarqua sur les côtes d'Italie, au mois de juin 455. Son approche fut le signal de la mort de Maxime, qui s'était assis sur le trône de Valentinien; il fut assassiné, coupé en pièces et jeté dans le Tibre. Mais cet holocauste ne pouvait sauver Rome du sort qui l'attendait. C'était une trop riche proie pour ne pas tenter la cupidité de ces grands dévastateurs. Eudoxie tremble à son tour. Saint Léon va porter, au camp des Vandales, des paroles de paix; mais, cette fois, ses prières ne purent obtenir que le salut de la population et des trois principales églises. Rome fut abandonnée au pillage pendant quatorze jours. Ce fut alors qu'elle perdit les vases d'or et d'argent, apportés par Titus de Jérusalem, et la toiture d'airain du temple de Jupiter au Capitole. Des milliers de captifs furent entassés pêle-mêle sur les vaisseaux avec des statues de la Grèce et les trésors des basiliques; et la veuve de Valentinien alla, avec ses deux filles, Eudoxie et Placidie, expier chez les barbares les cruelles joies que lui avait données le besoin de la vengeance.

« Au milieu de tant de ruines et de tant de hontes, on ne reprend un peu d'espoir qu'en voyant la dignité calme, la prudence, la force de l'apôtre qui siége à Rome. Léon fut alors le sauveur du monde; il le fut contre l'hérésie qui triomphait à Éphèse, contre l'empire qui prétendait l'imposer aux consciences, et il le fut, autant qu'il pouvait l'être, contre les barbares. Lorsque tout s'écroulait autour de lui, non-seulement il ne tremblait pas, ce qui était le *nec plus ultrà* de la sagesse antique, mais il pensait à l'avenir, et il le préparait par ses lois, par ses discours, par cette action journalière d'un grand génie et d'un grand cœur qui est toujours si puissante sur les peuples [3]. » Nul n'a mieux défini, en deux mots, Rome chrétienne. S'adressant à la glorieuse cité : « Ce sont Pierre et Paul, lui dit-il, qui ont fait de toi une nation sainte, un peuple d'élite, une cité royale et sacerdotale; ce sont eux qui t'ont élevée à cet honneur d'être la tête du monde et d'étendre plus loin ton autorité par une religion divine que par toute la puissance de la terre. Quelque grande en effet que t'eussent faite tes victoires, et quelque loin sur terre et sur mer que se fût étendu ton empire, la guerre ne te soumit jamais tout ce que t'a soumis la paix chrétienne; *minus tamen est quod tibi bellicus labor subdidit, quam quod pax christiana subjecit* [4]. »

Dans les premiers jours du pontificat de Léon, le manichéisme infectait Rome et parvenait à tromper parfois les consciences catholiques par des austérités apparentes, la pâleur du visage, la pauvreté des habits, et des jeûnes qui étaient loin d'être purs, disait le grand pontife, *non casta jejunia*. Une de leurs pratiques était d'adorer le soleil levant, c'est-à-dire qu'ils transformaient en idolâtrie la coutume catholique de prier, à genoux, vers l'Orient. « C'est ainsi que l'impiété se fait jour, s'écriait saint Léon; on voit des insensés adorer le soleil du haut des éminences, et des chrétiens agir comme eux. Ils croient faire acte pieux, avant d'entrer dans la basilique de Saint-Pierre qui est consacrée au seul Dieu vivant, de s'arrêter au sommet des degrés, et là, se tournant vers le soleil à son lever, ils inclinent leurs têtes devant le globe lumineux, comme pour lui rendre hommage. Sans doute il faut attribuer en partie cette coutume à l'ignorance; mais comment n'y pas voir aussi l'esprit du paganisme? Aussi notre honte est-elle égale à notre douleur. Arrière donc cette damnable perversité, et que l'honneur dû au vrai Dieu ne s'accorde jamais aux rites de ceux qui se font les esclaves des créatures. »

Mais Léon ne se borna pas à avertir; il fit rechercher les Manichéens et en délivra la ville.

XIII

Ainsi tout était confusion et lutte à cette douloureuse époque. « Quelques prêtres, a dit admirablement Châteaubriand, l'Évangile à la

---

(1) *Rome chrétienne*, par Eug. de la Gournerie, t. Ier, p. 123. — (2) Leo. *Sermo in Octav. Apost.*
(3) *Rome chrétienne*, t. II, p. 124. — (4) *In Nat. apost. Petri et Pauli.*

main, assis sur des ruines, ressuscitaient la société au milieu des tombeaux. » La résurrection fut laborieuse et lente; c'est à Rome surtout qu'on peut l'étudier et la suivre. L'empire s'écroule, l'anarchie lui succède; les barbares passent et repassent; Alaric a été suivi d'Attila, Attila de Genséric; Genséric sera suivi à son tour de Ricimer, Ricimer de Vitigès, Vitigès de Totila; Rome sera dévastée une troisième, une quatrième, une cinquième fois, et ce ne sera pas la dernière; il n'y aura plus sur le sol de l'ancien empire romain ni ordre, ni lois, ni confiance, ni respect! Il n'y aura plus que l'Église; mais l'Église n'est même pas ébranlée par la tempête. La collection des lettres de saint Léon nous le montre veillant à tout, commandant partout, obéi partout. Ses sermons nous font assister à la vie inquiète de ces années calamiteuses, où l'on ne trouvait de paix et de secours qu'au pied des autels. Eh bien! chose extraordinaire! même dans ces années où il semblait qu'on ne pût vivre qu'au jour le jour, la papauté ne se bornait pas à soutenir les courages, elle soutenait encore les arts et les lettres dans leur décadence. Saint Sixte III ornait Sainte-Marie-Majeure de mosaïques qui sont restées célèbres, saint Léon renouvelait l'argenterie des basiliques après le passage des Vandales et construisait la tribune actuelle de la basilique du Latran. Saint Hilaire enrichit cette même basilique d'un agneau d'or, et le baptistère de Constantin d'arcs d'or, d'un phare en forme de couronne soutenu par des dauphins, d'un lac de porphyre, *lacù porphyretico*, avec vasque au milieu, le tout entouré de balustres d'airain, de colonnes et d'architraves ornées de mosaïques, etc., etc. On reste stupéfait devant les énumérations de l'histoire. Mais saint Hilaire fit plus encore et mieux; il plaça au Latran deux armoires de livres, et commença ainsi cette bibliothèque pontificale, la plus ancienne des bibliothèques modernes et l'une des plus riches. Son exemple fut suivi dans les monastères. La science et l'étude ne trouvèrent plus d'asile qu'à l'abri de l'autel. Ainsi, tandis que le bouleversement social menaçait de tout emporter, il se trouvait encore des hommes d'avenir qui ne désespéraient pas de la société alors qu'elle désespérait d'elle-même, et qui lui conservaient précieusement ses archives. Ces hommes étaient des prêtres qui ne séparaient point la science de la religion, la fille de la mère.

Saint Hilaire fit construire en outre un monastère avec un prétoire et un bain, près de Saint-Laurent, *et balneum et prætorium Sancto-Laurentio*. Ce bain nous prouve que les anciennes habitudes romaines survivaient encore.

Que se passait-il cependant au palais impérial? Le crime continuait d'y régner en maître et, par le fer, par le poison, le trône était sans cesse à prendre. Le jeune et courageux empereur Majorien est tué; Sévère est tué; Anthémius est tué; un Suève, Ricimer, domine l'empire par l'intrigue et par l'assassinat. Anthémius avait cru cependant s'assurer sa protection en épousant sa fille; mais cinq ans sont à peine écoulés qu'Anthémius est assiégé dans Rome par son beau-père. Rome est saccagée et Anthémius périt. Olybrius lui succède et meurt au bout de quelques mois. Sa vie du moins ne fut pas tranchée par un crime. Ricimer n'était plus; cette torche de l'Occident, comme dit Baronius, *fax occidentalis imperii*, s'était éteinte. Cet arien sacrilége qui s'était fait un jouet du trône, avait fini par sentir, comme Antiochus, qu'il était moins fort que Dieu. Glycerius succède à Olybrius, puis il est déposé; du moins alors il échange sans regret sceptre et couronne contre la paix du cloître; plus tard il devint évêque. Cependant Nepos se pare de la pourpre que Glycerius a laissé tomber; mais les lambeaux lui en sont bientôt disputés par Oreste, maître de la milice, qui les jette sur les épaules de son fils, Momilius Augustus, fantôme de roi que l'histoire ne nomme qu'Augustule. Les partisans de Nepos appellent alors Odoacre, et devant ce fils d'un des compagnons d'Attila, le dernier des empereurs d'Occident disparaît comme une ombre vaine.

XIV

Quelques années auparavant, un pieux solitaire qui s'était établi au confluent de l'Inn et du Danube, avait vu entrer dans sa cellule des barbares désireux d'obtenir sa bénédiction. Parmi eux se trouvait un jeune homme pauvrement vêtu, mais d'une taille élevée qui ne lui permettait pas de se tenir droit dans la cellule. Le saint le voyant courbé devant lui, lui prédit des succès et de la gloire. « Vas en Italie, lui dit-il, pars; vêtu maintenant de peaux de bêtes, tu distribueras bientôt des trésors à un grand nombre. » Ce solitaire était saint Séverin et le jeune barbare était Odoacre.

Odoacre entra à Rome en 467, mais il ne fit qu'y passer. Menacé plus tard par Théodoric, roi des Ostrogoths, il accourt à Rome comme au centre même de sa puissance; mais les Romains lui ferment leurs portes, et le malheureux, après avoir traité avec son rival, est poignardé par lui dans un festin (an 493).

Odoacre avait régné treize ans sans prendre la couronne impériale et sans revêtir la pourpre. Théodoric imita sa réserve; les Goths n'avaient que des rois et il en porta le titre. Il ne paraît pas, non plus, que Théodoric songeât à faire de Rome sa capitale; il n'y vint que sept ans après la mort d'Odoacre, pour apaiser les divisions qui troublaient la ville, et ce fut sous son règne que Ravenne prit l'importance qu'elle devait garder longtemps.

L'entrée de Théodoric à Rome n'en est pas moins célèbre par la pompe qui y fut déployée, et, plus encore, par la joie du peuple et par l'affabilité du prince. Saint Fulgence était alors à Rome priant aux tombeaux des Apôtres et visitant les serviteurs de Dieu dont les noms étaient venus jusqu'à lui. Il fut témoin de l'allégresse publique; il entendit Théodoric haranguer les divers ordres de l'État dans le lieu nommé la *Palme d'or*, et cette scène splendide, cette population disposée en rangs distincts sur des degrés, la grandeur du Sénat romain, les acclamations de ce peuple libre (*et romanæ curiæ nobilitas et favores liberi populi*), lui firent comprendre tout ce qu'il peut y avoir de gloire dans les pompes du siècle. Une seule pensée, toutefois, lui resta de ce grand jour: « Combien, disait-il, la céleste Jérusalem doit être belle, si la Rome terrestre est si brillante! Et si le siècle a tant d'honneurs pour ceux qui aiment la vanité, quel honneur et quelle gloire n'attendent pas les saints dans la pleine contemplation de la vérité?

XV

Ce n'est assurément pas sans surprise qu'on entend parler encore, à la fin du Ve siècle, de la grandeur du Sénat romain, de la liberté du peuple et de la gloire dont les acclamations de Rome demeurent, en quelque sorte, la plus haute sanction. Tel était cependant le sentiment général. D'un bout de l'Europe à l'autre, depuis les invasions des barbares, c'est à peine si personne se sent une patrie, tant la confusion des races est grande; mais Rome est toujours la patrie commune, comme au temps de Cicéron: elle l'est même plus qu'alors, car elle est devenue la grande patrie des âmes. Elle a été prise et reprise, elle n'a plus l'empire, elle n'est plus capitale; mais pour ceux qu'affectent surtout les souvenirs du passé, elle garde son nom, elle a encore une curie, des consuls; et le philosophe Boëce, non moins que saint Fulgence, ne voyait rien sur la terre de comparable à ces graves réunions et à cette haute dignité. On disait encore *le Sénat et le peuple romain*; on parlait de la *liberté*; on s'appelait la *république*; il ne faut souvent que quelques mots pour perpétuer la gloire.

Quant à ceux qui se préoccupaient surtout de l'avenir, ils voyaient dans Rome la seule ville où le pouvoir existât encore, et, dans sa plus noble acception, un pouvoir auquel on se soumet sans qu'il ait aucune force matérielle pour contraindre. L'empire tombe, mais l'Église reste; le trône de Constantin a été brisé, mais la chaire de Pierre est toujours debout, et le pontife qui l'occupe, quel que soit son nom, illustre ou obscur, Simplicius, Félix III, Gélase, Anastase, Symmaque, poursuit son œuvre de rénovation sans se laisser troubler par le bruit des ruines. Les empereurs d'Orient s'efforcent en vain de s'égaler à lui; les rois barbares, Attila, Odoacre, Théodoric, s'inclinent en sa présence, et c'est sous la main d'un de ses ministres que se courbe, dans la cathédrale de Reims, la fière nation des Francs.

Les historiens qualifient Simplicius de très-saint homme, *sanctissimus vir*; sa vie entière fut un combat. Le plus bel éloge qu'ils font de Félix III, c'est qu'il marcha sur les traces de ses prédécesseurs, *insistens predecessorum vestigiis*. Il accomplit les années de son pontificat avec une grande louange, *summâ laude*, et fut reçu, ajoutent-ils, parmi les bienheureux dans le ciel. C'est du règne de saint Gélase que date la suppression définitive des Lupercales, vieille honte païenne qu'Ovide a chantée comme toutes les hontes de son temps :

Tertia post idus nudos aurora Lupercos
Adspicit.....

Saint Gélase composa des hymnes à l'imitation de saint Ambroise; il écrivit un ouvrage remarquable contre Nestorius et Eutychès, *grande et praeclarum volumen*. L'Église lui dut enfin des oraisons, des préfaces et un *Sacramentaire* comprenant les messes de toute l'année et les formules des Sacrements. Ces rites des premiers âges ont à peine été modifiés depuis. Tout a changé ailleurs, et l'Église du XIXe siècle se reconnaît encore dans le *Sacramentaire* de saint Gélase.

Les conciles furent fréquents à l'époque qui nous occupe. Saint Gélase en présida plusieurs; il y en eut qui réunirent jusqu'à soixante-dix évêques. Sous le seul pontificat de saint Symmaque, on compte six conciles à Rome. L'un d'eux se termina par les acclamations suivantes: les Pères s'écrièrent huit fois: « Jésus-Christ, exaucez-nous! vive Symmaque! » quinze fois: « Que celui qui violera sciemment ces choses soit frappé d'anathème! » et dix-huit fois: « Nous vous prions de confirmer nos décrets. »

Ainsi point de décrets sans la sanction pontificale! Théodoric provoqua cependant les évêques à connaître d'accusations portées contre le Pape; mais une question grave se présentait: celui qui était le juge de tous, pouvait-il être jugé? Les prélats ne pouvaient le croire. « C'est chose nouvelle, disaient-ils, que le pontife du siége de Rome soit oui en jugement; il n'y en a pas d'exemple. » Leur décision se borna donc à laisser les accusations au jugement de Dieu.

« Dieu a voulu sans doute terminer par des hommes les causes des autres hommes, écrivait alors saint Ennodius; mais il a réservé à son jugement l'évêque de ce siége. Il a voulu que les successeurs du bienheureux Pierre n'eussent à prouver leur innocence qu'au ciel, devant celui qui peut en connaître parfaitement. Et si vous dites que toutes les âmes sont pareillement sujettes à ce jugement de Dieu, je répondrai qu'il n'a été dit qu'à un seul : « Tu es Pierre, et sur cette pierre je bâtirai mon Église, et tout ce que tu délieras sur la terre sera délié dans le Ciel. »

L'écrit de saint Ennodius fut approuvé, d'une voix unanime, dans le concile de Rome de l'année 503. « Que cet écrit soit reçu de tout le monde, dirent les Pères, et transmis à la postérité avec les actes de notre concile. »

Il n'y eut au reste, sur ce point, qu'un sentiment dans toute la chrétienté, et les évêques des Gaules écrivaient, par la plume de saint Avit : « Il n'est pas aisé de concevoir en vertu de quelle loi le supérieur serait jugé par les inférieurs. C'est pourquoi je vous conjure, ajoutait le saint en s'adressant au Sénat, de n'avoir pas moins à cœur la gloire de l'Église que celle de la république, et de n'aimer pas moins dans l'Église romaine la chaire de Pierre que vous n'aimez en Rome la capitale du monde. Si vous y pensez avec la sagesse qui vous est propre, vous verrez ici plus que l'affaire de Rome. Quelque chose branle-t-il dans les autres pontifes? on peut corriger et réformer; mais le pape est-il mis en doute? ce n'est plus un pontife, c'est l'épiscopat entier qui vacille. Vous n'ignorez point au milieu de quelles tempêtes navigue le vaisseau de la foi. Si vous craignez d'être submergés, travaillez du moins avec cœur à défendre notre pilote. Quand les nautonniers se révoltent contre celui qui tient le gouvernail, serait-il prudent de céder à leurs cris et de les exposer au danger pour les punir? Celui qui est à la tête du troupeau du Seigneur rendra compte de la manière dont il le conduit; mais ce n'est pas au troupeau à demander ce compte à son pasteur, c'est au juge [1]. »

Admirable langage que les évêques de France ne tinrent pas toujours aussi explicitement peut-être, mais qui s'est retrouvé plusieurs fois tout aussi énergique dans leurs bouches.

XVI

Le règne de Théodoric fut une surprise et un bienfait pour l'Italie. Ce roi des Ostrogoths, qui assassina traîtreusement son rival vaincu, n'en fut pas moins, pendant longtemps, un administrateur intelligent, éclairé et peu tyrannique. Ce prince arien fit respecter

[1] Labbe, t. IV. 1362.

R. C.

d'abord l'Église, conforma sa législation à ses décrets, et se montra plus déférent envers elle que les malheureux héritiers du grand Théodose. Il aimait les arts et les lettres; il édifiait des monuments au lieu d'en détruire suivant la coutume de sa race; il savait en outre, et ce fut là peut-être son plus grand mérite, il savait distinguer les hommes les plus habiles, les plus éloquents et les plus intègres, pour faire d'eux ses conseillers intimes plus encore que les interprètes de ses volontés. De ce nombre furent Cassiodore et Boèce.

Cassiodore rappelle les rhéteurs du temps de Marc-Aurèle; c'est la même recherche d'expressions, la même pompe dans le discours, la même prétention oratoire qui, à tout prendre, n'a pas été inutile à la mémoire de son maître. Boèce est plus simple, plus savant et plus vrai. La longue suite de ses noms, Anicius-Manlius-Torquatus Boetius, rappelait les plus antiques familles romaines. Après avoir passé sa jeunesse à Athènes et s'y être fait connaître par de savantes traductions latines de Platon, d'Aristote, d'Archimède et d'Euclide, il était revenu à Rome, sa patrie, et avait été élu consul à l'âge de trente-deux ans. En l'année 500, ses deux fils l'étaient à leur tour, et lui-même fut alors choisi pour haranguer Théodoric au milieu du Sénat. Boèce était à la fois théologien, philosophe, mathématicien et musicien habile. On le citait comme le personnage le plus distingué de Rome, et sa famille y donnait l'exemple de toutes les vertus. Son beau-père, Symmaque, s'était attiré le respect public par son caractère non moins que par les hautes charges qu'il avait exercées. Proba, l'une des filles de Symmaque, avait embrassé la virginité et était en correspondance habituelle avec saint Fulgence. Galla, sœur de Proba, recevait tous les jours douze pauvres à sa table, et elle consacra ses biens à la fondation d'un hôpital et d'une église. La première femme de Boèce, Elpis, avait laissé un grand renom de piété, de beauté et de talent poétique. On lui attribue les hymnes de la fête de saint Pierre et de saint Paul. Sa seconde femme, Rusticienne, fille de Symmaque, se fit la bienfaitrice de tous pendant le siège de Rome par Totila, et se trouva réduite à mendier comme les pauvres qu'elle avait secourus.

Quant à Boèce, en même temps qu'il suffisait à tous ses devoirs d'homme politique, on le voyait commenter les *Catégories* d'Aristote et défendre la pureté du dogme catholique contre Nestorius, Eutychès, et, en dernier lieu, contre Arius. Telles étaient ses graves et nobles occupations lorsque la jalousie des courtisans et la haine des hérétiques vinrent briser sa vie. Jeté en prison par ordre de Théodoric, Boèce y occupa ses tristes loisirs en écrivant son livre sur la Trinité et son immortel traité *de la Consolation de la Philosophie*. La philosophie n'était pas pour lui la lumière comme pour tant d'autres; elle n'était que l'aurore de la véritable lumière, *veri prœviam luminis*, et il allait tracer le tableau des récompenses destinées aux élus lorsque les bourreaux vinrent l'interrompre. « Ô hommes ! fuyez le vice, pratiquez la vertu ! » Telles furent ses dernières paroles, et il alla sans doute recevoir au ciel les récompenses dont il eût voulu pouvoir raconter la grandeur à la terre. Boèce fut étranglé à Pavie, en 527, à l'âge de soixante-douze ans. Symmaque fut mis à mort l'année suivante. Ce ne fut pas assez encore; le pape Jean ayant refusé de condescendre à toutes les volontés de Théodoric, fut emprisonné à Ravenne, et mourut de faim et de soif dans sa prison.

Ainsi Théodoric, devenu inquiet et soupçonneux avec l'âge, ternit en quelques jours l'éclat d'un beau règne. A partir de ce moment, d'affreux remords le poursuivirent. Un jour, au lieu de la tête d'un poisson qu'on avait servie sur sa table, il lui sembla voir la tête de Symmaque, et il tomba dans une agitation que rien ne put calmer. Sa mort suivit de près celle de ses victimes.

<h1 style="text-align:center">XVII</h1>

Les noms de Boèce et de Cassiodore ont conservé, à travers les siècles, un certain éclat littéraire qui ne fit jamais complétement défaut à Rome. La nuit se faisait ailleurs, mais à Rome jamais. L'Église était un foyer qui éclairait toujours. Le Romain saint Avit, petit-fils d'un empereur, chantait en vers le Paradis perdu, douze cents ans avant Milton, et soutenait, après Prudence, l'honneur des lettres latines. Nous avons dit que le pape saint Gélase écrivait des hymnes; son style était pur, dit Gennadius, *limato sermone;* Boèce fit mieux que commenter Aristote, il *l'enrichit*, pour parler comme l'histoire, *locupletavit*. Enfin Cassiodore, qui, après avoir épuisé les dignités et les grandeurs, abandonnait tout, méprisait tout pour se faire, suivant le mot de Baronius, *candidat de la curie céleste*, laissait un recueil de lettres dont l'intérêt, malgré une certaine emphase, a peu diminué avec le temps.

Quelques-unes de ces lettres nous font saisir les mœurs romaines dans leur marche et trop souvent dans leur immobilité. Après le désastre de Rome par Alaric, saint Augustin s'écriait : « Quel est donc ce prodige d'erreur, que dis-je ! de frénésie ! Quoi ! nous entendons dire que les peuples de l'Orient pleurent les maux de Rome; qu'aux extrémités de la terre, dans les plus grandes cités, c'est une consternation profonde, un deuil public ! Et vous, — il s'adressait aux Romains, — vous courez aux théâtres, vous les assiégez, vous les encombrez, *theatra quœreretis, intraretis, impleritis…..* La prospérité vous a corrompus et l'adversité vous trouve incorrigibles [1]. »

Nous avons entendu les mêmes plaintes sortir de la bouche du saint Léon après le passage d'Attila, et aujourd'hui les lettres de Cassiodore nous font assister, comme au temps de Néron, aux luttes parfois sanglantes des factions du cirque. Le cirque était alors partagé entre la faction *veneta* et la faction *prasina*. Le consul ayant favorisé la faction *veneta*, en 509, la faction *prasina* mêla à ses acclamations des injures au consul. Ces acclamations prenaient, suivant la coutume des aïeux, *more majorum,* une forme musicale qui faisait disparaître la clameur sous une douce harmonie. Mais le consul se laissa peu toucher par les sons; il n'entendit que l'injure, fit prendre les armes, et un des spectateurs fut tué. La cause fut portée devant Théodoric, dont la décision mérite de ne pas rester dans l'oubli. « Quiconque, dit-il, injurie un très-éminent sénateur, commet une faute ; mais qui peut demander au théâtre des mœurs graves? Croit-on que les Catons viennent au cirque? Tout ce que le peuple dit là dans ses joies ne peut être tenu pour une injure. Pourquoi s'irriter de quelques saillies en certains lieux ? C'est l'honneur des princes de les souffrir. »

Théodoric comprenait d'ailleurs très-bien le danger des spectacles. Il les représente, dans une lettre adressée par lui à Faustus, lettre écrite, il est vrai, par Cassiodore, comme une source intarissable de querelles et la destruction même de l'honnêteté, *evacuator honestatis.*

____

[1] *De civit. Dei.*

« Si nous les favorisons, ajoute-t-il, ce n'est que par nécessité, sous le coup des menaces du peuple, qui se plaît à repousser toute pensée sérieuse. Nous sommes donc réduits à ne pas écouter la sagesse, afin de contenir au moins les folles joies que nous ne pouvons empêcher [1]. »

Cassiodore a laissé, en quelques mots, un admirable tableau des devoirs de la papauté, tels qu'on les comprenait au VIe siècle. « C'est vous qui êtes le gardien et le chef du peuple chrétien, écrivait-il au pape Jean II; sous le nom de père, vous dirigez tout. La sécurité du peuple vous a été confiée divinement, et elle dépend de votre renommée. A nous la garde de quelques choses, à vous la garde de tout. Sans doute vous êtes le pasteur spirituel du troupeau; mais vous ne pouvez pour cela négliger ses intérêts temporels. Car s'il y a dualité en l'homme, il est d'un bon père de prendre soin à la fois, pour ses enfants, et des choses d'ici-bas et des choses d'en haut [2]. » Cassiodore était préfet du prétoire.

XVIII

L'empire des Goths ne périt pas avec Théodoric; mais cet empire ne se soutint que par des crimes, jusqu'au jour où Vitigès et Totila se virent contraints de disputer pied à pied les anciennes conquêtes des barbares à l'active habileté de Bélisaire. Bélisaire s'empara de Rome en 536; mais aussitôt Vitigès vient y mettre le siége. Ce siége fut long et cruel. Les païens, cette fois encore, deux cents ans après Constantin et cent ans après Théodose, relèvent la tête, accusant le christianisme des malheurs publics, comme au temps de saint Augustin, et demandant l'ouverture du temple de Janus. Le temple ne fut pas ouvert, et Rome ne se rendit pas. Nouveau siége quelques années après, nouvelles extrémités, nouvelle famine. Les Goths sont conduits par Totila, qui prétend faire paître les troupeaux sur les ruines de Rome. La trahison de quelques soldats isauriens chargés de garder la porte Asinaria, près de Saint-Jean-de-Latran, livra bientôt la ville à l'ennemi. Totila y entra de nuit (17 décembre 540), en faisant sonner les trompettes, afin que la population pût se réfugier dans les églises. Le pillage fut d'ailleurs permis. Quant à la ville, elle ne fut pas rasée; c'était un progrès sur le temps de Mummius et de Scipion Emilien; mais les habitants furent chassés, et Rome, la *maîtresse des nations*, devint *solitaire et veuve comme Jérusalem*. « Pendant quarante jours et plus, dit un auteur contemporain, il n'y resta pas une âme; on n'y rencontrait que des bêtes sauvages. »

Bélisaire rentre à Rome, puis Totila y rentre à son tour, toujours par trahison, et les Grecs qui s'y trouvent paient de leur vie les succès momentanés de leur général. Enfin, l'eunuque Narsès triomphe deux fois de Totila, en 552; Totila est tué dans la dernière bataille, et Rome passe de la domination des Goths à celle des empereurs de Constantinople, tristement représentés en Italie par les exarques de Ravenne.

Au milieu de ces révolutions et malgré elles, l'Église suit tranquillement sa marche et voit au loin se développer sa puissance. Les Herules et les Huns se convertissent. Deux princes de la nation des Burgondes reçoivent le baptême et viennent faire hommage de leur foi aux tombeaux des apôtres. Un roi de l'antique Colchide suit leur exemple; les Arabes que Mahomet n'a pas encore séduits ont leurs martyrs, et les chrétientés de l'Orient, si longtemps divisées par l'hérésie, signent un formulaire où sont nettement proclamées la primauté et l'infaillibilité de l'Église romaine. « Là où est le pape, là est l'Église, » avait dit saint Ambroise; et aujourd'hui l'évêque de Constantinople, de la *nouvelle Rome*, comme il disait, et il aurait pu ajouter, de la rivale jalouse de Rome, reconnaissait, avec le monde entier, que la religion était toujours demeurée inviolable dans le siége apostolique, et que, dans ce siége, résidait *la vraie et entière solidité de la religion chrétienne.* « Toutes les Églises, en signant cette formule, a dit Bossuet, professaient que la foi romaine, la foi du siége apostolique et de l'Église romaine, était assurée d'une entière et parfaite solidité, et que, pour qu'elle ne manquât jamais, elle a été affermie par une promesse certaine du Seigneur. Car c'était cette profession de foi que les évêques étaient obligés d'envoyer aux métropolitains, ceux-ci aux patriarches, et les patriarches au pape, afin que lui seul, recevant la profession de tous, leur donnât à tous, en retour, la communion et l'unité..... Or, ce qui a été répandu partout, propagé dans tous les siècles, et consacré par un concile œcuménique, quel chrétien le rejetterait [3]? »

Cette réunion des Églises dans une foi commune s'accomplissait en l'année 519, sous le pontificat du saint pape Hormisdas et le règne de l'empereur Justin. Quelques années après, Justinien joignait sa voix à celles des évêques, et, après avoir placé l'immense travail de législation qu'il avait entrepris, *Code, Institutes, Pandectes*, sous l'invocation de *Notre-Seigneur Jésus-Christ*, insérait dans ce Code sa profession de foi, qu'il soumettait humblement au successeur de l'Apôtre comme à son saint et très-religieux père, *sancte et religiosissime pater*. Non-seulement, dans cette profession de foi, Justinien répudie les erreurs des hérétiques, mais il déclare ne vouloir rien admettre dans les choses ecclésiastiques, même les moins douteuses, sans avoir auparavant pris conseil du pontife romain comme du chef de toutes les Églises. « Tel est aussi, dit-il, le sentiment du patriarche de Constantinople, qui s'empresse de suivre en tout le siége de Pierre qu'occupe Votre Béatitude. Et ainsi, ajoute-t-il, que l'amour de tous vous environne chaque jour davantage, que votre autorité croisse, et l'unité de l'Église, qui réside en vous, sera inviolablement respectée lorsque les évêques apprendront que notre doctrine n'est que l'expression sincère de votre doctrine. » Et le pape Jean lui répondait : « Que le ciel te couvre de ses bénédictions; que les montagnes se réjouissent et les collines tressaillent d'allégresse! Cette foi, dont tu nous soumets le témoignage, doit être fidèlement gravée sur les tablettes du cœur; elle doit être gardée comme la pupille des yeux [4]. » Ainsi s'accomplissait de plus en plus le mot de saint Prosper : « Rome, siége de Pierre, devenue la tête du monde par la dignité pastorale, tient par la religion tout ce qu'elle ne possède pas par les armes : »

> *Roma, sedes Petri, quæ pastoralis honoris*
> *Facta caput mundo, quicquid non possidet armis*
> *Religione tenet* [5].

Elle tenait le monde, en effet, par ses évêques, par ses missionnaires, qui aujourd'hui encore portent la civilisation là où la Rome de

(1) Cassiodor. *Var.*, l. III, *epist.* 51. — (2) Cassiodor. *Epist.*, l. XI, *epist.* 2. — (3) *Defensio*, l. X, c. VII.
(4) Codex. Lib. 1, *De Summâ Trinitate et Fide catholicâ*. — (5) *De Ingratitudine*, V, 51.

César et la France de Napoléon n'ont jamais porté leurs aigles; elle le tenait aussi par cette milice du cloître dont on a dit, avec tant de justesse, qu'elle *a défriché à la fois les terres et les intelligences de l'Europe.*

XIX

Saint Benoît, qui fut le grand instituteur monastique de l'Occident, était né, en 480, dans la province de Spolette. Ses premières années s'écoulèrent à Rome, où son père occupait un rang élevé. On montrait encore, du temps de Mabillon, quelques vestiges de la maison qu'il habitait, près de saint Benoît, *in piscinulâ;* « mais voyant le grand nombre de jeunes étudiants comme lui qui se laissaient entraîner dans le gouffre du vice, dit saint Grégoire, il retira vite le pied qu'il avait déjà posé sur le seuil du monde, de peur qu'en y cherchant la science, il n'y trouvât, lui aussi, un abîme. Laissant donc de côté les lettres, disant adieu à la maison paternelle et aux biens de sa famille, ne voulant rien que Dieu, il cherche à se faire une vie qui ne soit qu'une sainte conversation avec le ciel, et, dans ce but, il s'éloigne des hommes, dit son illustre biographe, assez savant et assez sage pour ne plus chercher la science, *scienter nesciens et sapienter indoctus* [1]. »

À vingt milles de Tibur s'élève une montagne au pied de laquelle l'Anio s'élargit comme un lac. Elle est déserte, couverte de broussailles, et, sur son sommet, s'ouvre une grotte basse dans la paroi abrupte du rocher. Tel est le lieu que Benoît choisit pour demeure. Il y vécut, plusieurs années, vêtu de peaux de bêtes, et se remettant à Dieu du soin de sa nourriture. Qu'est-ce que ce genre de vie? dira-t-on; un effet de la simplicité d'un esprit faible ou de l'exaltation d'un fanatique! et l'on sourira de pitié, *deridetur justi simplicitas* [2]. Eh bien! cette simplicité du juste attira à Benoît l'admiration et les hommages, parce que tout homme qui est puissant sur lui est puissant sur les autres, parce que ce n'est pas sans de longues méditations, sans des épreuves étranges à nos yeux, et surtout sans une habituelle *conversation avec le ciel*, que l'on conçoit de ces pensées qui vivent des siècles.

La foule accourait donc à Sublac, autour de la grotte sacrée de Benoît, et il fallut construire douze monastères pour recevoir ceux qui venaient se ranger sous sa discipline. De Sublac, Benoît passa au mont Cassin, où il promulgua cette règle admirable qui a survécu aux lois de tous les empires et peuplé l'Europe de religieux cultivateurs, littérateurs, médecins, philosophes, érudits, et aidé si puissamment à la civilisation du monde.

XX

Mais si la puissance de l'Église croissait, si son action dominait même les couronnes et dominait l'univers, elle excitait par cela même de vives jalousies et d'ardentes convoitises. Odoacre avait cherché à faire d'elle l'auxiliaire de sa politique en s'emparant plus ou moins directement de l'élection des papes. Le pape n'aurait pu être élu que de son aveu; il fit même rédiger un mémoire dans ce sens par son préfet du prétoire, Basile. Ce mémoire fut solennellement repoussé par un concile de l'an 503. Théodoric n'en persista pas moins dans la pensée envahissante d'Odoacre; et plusieurs papes, Félix IV notamment, peut-être Boniface II, plus tard Silvère, durent leur nomination en grande partie à son influence. La faculté sinon d'élire le pape, du moins de confirmer son élection, s'établit ainsi peu à peu, et les rois Goths, les empereurs d'Orient, les souverains de l'Allemagne, se l'attribuèrent longtemps comme un droit. Ce fut une des grandes épreuves de la papauté. Ainsi, dès le VI⁰ siècle, on vit deux courtisanes, Théodora et Antonina, l'une épouse de l'empereur, l'autre du plus célèbre général de l'empire, tenter de vendre le pontificat au prix de l'or et au prix de la foi. Le pape saint Silvère maintenait avec trop de fermeté, à leur avis, la pureté du dogme catholique, et elles ordonnèrent à Bélisaire de le déposer, sous prétexte d'intelligences avec les Goths. Bélisaire mande le pontife au palais de Pincius, qu'il habitait, et là, le général et la courtisane flattent, menacent, demandent soumission ou abdication. Le digne vieillard demeure inébranlable et se retire à Sainte-Sabine. Deux fois on l'invite à revenir au palais, deux fois il y retourne; mais à la dernière, ceux qui l'accompagnaient ne purent entrer avec lui et on ne le revit plus. Le lendemain, Bélisaire fit procéder à l'élection d'un nouveau pontife, et, malgré les hésitations d'un grand nombre de Romains, il parvint à faire nommer le diacre Vigile, homme de confiance de Théodora. Silvère fut relégué d'abord à Patare, puis dans l'île de Palmaria, où il mourut de misère et de faim (20 juillet 538).

Ainsi la persécution renaissait, non point avec la poix et les tenailles des empereurs païens, mais avec la fourbe et la honte qui sont le propre des enfants rebelles. Ce nouveau genre d'oppression se renouvellera plus d'une fois, marqué à jamais de son sceau d'origine, le sceau du Bas-Empire.

Bélisaire tarda peu, au reste, à sentir des remords. Il chercha même à expier son crime par l'édification d'une église qu'on voit encore près de la fontaine de Trévi. Elle porte le nom de Sainte-Marie *in Fornicâ*. On y lit l'inscription suivante: « Le patrice Bélisaire, ami de la ville, a fondé cette église pour obtenir le pardon de sa faute, *ob culpæ veniam*. » Heureux les siècles où l'on ne craint pas de se repentir!

La mort de Silvère put seule confirmer, par l'assentiment de l'Église, l'élection irrégulière de Vigile; mais alors il arriva, par un de ces jugements de Dieu qui font tourner la prudence de l'impie contre lui-même, que Vigile devint le champion le plus inflexible de l'orthodoxie. Il ne craignit même pas d'excommunier l'impératrice qui l'avait fait élire. Prisonnier à Constantinople pendant plusieurs années, il ne faiblit pas. « Quoique vous me teniez captif, criait-il, vous ne tenez pas saint Pierre. »

XXI

Sous le pontificat de Pélage II, en 589, Rome fut ravagée par une inondation du Tibre, et, lorsque les eaux se retirèrent, elles laissèrent, dans les rues et les maisons, des miasmes qui occasionnèrent la peste. Cette peste fut affreuse; on mourait en éternuant, en bâillant, et

---

(1) S. Greg., *Dialog.*, l. I, c. II. — (2) S. Greg., c. XII, *in Job*.

le Pape fut emporté par l'épidémie. « La mort n'attend plus la maladie, s'écriait saint Grégoire ; elle enlève le pécheur avant qu'il songe à faire pénitence ; ce n'est pas une partie des habitants qui périt ; tout tombe à la fois ; les maisons demeurent vides. »

Grégoire ayant réuni le peuple, le samedi saint, dans l'église de Sainte-Sabine, lui proposa pour le lendemain, jour de la Résurrection, une procession ou *litanie* solennelle, qui se rendrait à Sainte-Marie-Majeure, en sept bandes parties de sept églises différentes. De là lui est venu le nom de Litanie *septiforme*. Chaque litanie se mit en marche dans l'ordre réglé : les clercs, les hommes, les moines, les servantes de Dieu, les femmes mariées, les veuves, les pauvres et les enfants ; mais telle était l'intensité de la maladie, que quatre-vingts personnes tombèrent mortes dans les rangs de la procession. « Notre diacre nous rapporta, dit saint Grégoire, qu'en une heure de temps, quatre-vingts hommes tombèrent et expirèrent, pendant que le peuple faisait monter ses supplications vers le Ciel. »

Grégoire porta ensuite solennellement l'image vénérée de la Vierge à la basilique de Saint-Pierre. Au moment où il approchait du môle d'Adrien, un ange lui apparut, remettant son épée dans le fourreau. C'était un signe de paix, et à partir de ce jour l'épidémie s'affaiblit graduellement [1]. Le môle d'Adrien reste aujourd'hui encore, sous le nom de *Château Saint-Ange*, une tradition vivante du miracle.

Cependant Grégoire avait été élu, au fort de la contagion, pour succéder à Pélage. Le péril et l'ennemi étaient partout : dans la ville, où régnait la mort, autour de la ville, que menaçait l'épée terrible des Lombards. Il fallait un saint et un fort, *sanctus et fortis ;* et tous les yeux se portèrent sur Grégoire ; toutes les voix lui dirent comme Isaïe : « Sois notre prince, cette ruine est en ta main [2]. »

Grégoire appartenait à l'illustre famille des Gordiens ; il était né à Rome ; il avait pour mère sainte Sylvie, pour tantes sainte Trasille et sainte Émilienne, et le pape saint Félix III comptait parmi ses aïeux. A peine avait-il trente-trois ans qu'il fut nommé préfet de Rome ; mais, dégoûté bientôt des grandeurs, il renonça au monde, transforma sa maison paternelle en un monastère, sous l'invocation de Saint-André, et y vécut avec quelques religieux, sous la discipline la plus sévère. Ayant rencontré un jour des esclaves de l'île de Bretagne, exposés en vente sur le marché, il s'informe de leur pays, de leur croyance ; et, pénétré d'une charité ardente, il part pour aller évangéliser l'île des Bretons. Mais, dès que son départ est connu, le peuple s'ameute et va porter ses plaintes aux pieds du Pape. « Saint-Père, s'écrie-t-il, qu'avez-vous fait? Vous avez détruit Rome ; vous avez offensé saint Pierre en laissant partir Grégoire. » Et le pape, Benoît I⁰⁰, envoie des courriers qui ramènent le courageux apôtre. Grégoire fut alors nommé un des sept diacres de Rome. Envoyé plus tard à Constantinople, il s'y fit remarquer par une dignité et une indépendance qui depuis furent toujours les qualités distinctives de son caractère. Revenu à Rome, nous l'avons vu au milieu du danger, la force et l'espoir de tous ; mais, le premier au péril, cet humble chrétien tient à être le dernier aux honneurs.

Nous savons que depuis Odoacre, la puissance temporelle s'attribuait le droit de confirmer l'élection des pontifes romains ; Grégoire était loin d'approuver cette servitude de l'Église ; mais il chercha, suivant l'expression de Baronius, à tourner cette fois le poison en antidote, et il écrivit à l'empereur Maurice, le conjurant de ne pas sanctionner le choix des Romains. Malheureusement pour lui, les Romains veillaient ; ils interceptèrent ses lettres et l'élection fut confirmée. Alors Grégoire se déguise, se cache, et, ne pouvant franchir les portes de Rome qui étaient gardées, se fait emporter parmi des ballots. « Sentant mon indignité, écrivait-il plus tard, j'avais pris le parti de fuir dans les lieux les plus secrets, *secretiora loca,* mais voyant que Dieu lui-même luttait contre moi [3], j'inclinai sous le joug de celui qui m'a créé, ma tête et mon cœur, *cervicem cordis,* dominé surtout par cette pensée, que les lieux les plus cachés ne peuvent rien pour le salut de l'âme, sans la grâce divine. » Le peuple, en effet, s'était mis à la recherche de Grégoire ; sa retraite fut découverte et l'humble moine, conduit à la basilique de Saint-Pierre, y fut solennellement sacré le 3 septembre 590.

« Je suis tellement accablé de douleur, écrivait-il alors, qu'à peine puis-je parler. J'ai l'esprit environné de ténèbres. Je ne vois rien que de triste, et tout ce que l'on croit agréable me paraît affligeant. Je pense, en effet, au repos que j'ai perdu et aux occupations qui m'accablent. » — Et il ajoute à ses amis : « Je me plains de votre amitié de m'avoir tiré du repos que vous saviez que je cherchais. Dieu vous rendra les biens éternels pour votre bonne intention ; mais qu'il me délivre, s'il lui plaît, des périls sans nombre qui m'entourent ! Mes péchés, sans doute, méritent l'épreuve que je subis ; mais je suis moins l'évêque des Romains que des Lombards, dont les alliances sont des épées et la grâce une peine. »

Ainsi pensait et parlait le grand saint dont le pontificat fut une lumière qui brille encore à travers les siècles. Rome, pressée par les Lombards et abandonnée des empereurs, ressentait alors ce que l'on pourrait appeler les douleurs de l'agonie. « Si nous regardons autour de nous, s'écriait douloureusement saint Grégoire, nous ne voyons partout que deuil ; si nous prêtons l'oreille, nous n'entendons que gémissements. Les villes sont détruites, les châteaux abattus, les champs dépeuplés, la terre est réduite en solitude, *in solitudinem terra redacta est.* Il n'y a plus d'habitants dans les campagnes, il n'y en a presque plus dans les villes, et les restes du genre humain sont frappés encore, et chaque jour, et sans relâche..... Rome elle-même, qui semblait être autrefois la reine du monde, nous la voyons brisée par d'immenses douleurs ; nous voyons la désolation des citoyens, la marque des coups de l'ennemi, la fréquence des ruines. Où est le Sénat? où est le peuple? Rome a senti la moëlle de ses os se dessécher, ses chairs se consumer, et tout l'éclat des dignités séculières, qu'elle étalait comme une parure, s'est évanoui. Et nous, qui avons survécu en si petit nombre, nous vivons sous le glaive ; D'innombrables tribulations nous accablent..... Rome est vide, et l'incendie est dans ce désert. Les hommes manquent et les édifices croulent. Encore une fois, où sont ceux qui se réjouissaient parmi les monuments de sa gloire? où est leur pompe? où est leur orgueil? où sont les plaisirs effrénés qui se renouvelaient continuellement dans son enceinte? il lui est arrivé ce que le prophète a dit de la Judée : *Tu seras chauve comme l'aigle.* Et comme l'aigle elle montre sa tête nue, car elle a perdu son peuple ; les plumes de ses ailes sont tombées,

---

[1] Voir Baronius, *Annal. Eccles.,* t. 8, p. 6. Il rapporte cette apparition d'après plusieurs exemplaires de l'*Ordo romanus,* conservés au Vatican. *Quibus,* dit-il, *major procul dubio, adhibenda fides est.*

[2] *Princeps esto noster ; ruina autem hæc in manu tuâ.* Isaïe, 3. — [3] *Superna mihi (indicia ou judicia) adversari conspiciens.* Lib. VI, epist. 4.

car elle n'a plus ces hommes puissants qui la faisaient voler vers sa proie. » Et l'illustre pontife ajoutait : « Méprisons donc, de tout notre cœur, ce siècle comme une lumière désormais éteinte et ensevelissons nos désirs mondains dans la mort même du monde [1]. »

Grégoire fut alors le salut de Rome et la force de la chrétienté. Non-seulement il prêchait et il exhortait comme évêque, mais il pourvoyait à tous les périls comme prince, nommait des gouverneurs, approvisionnait les places fortes, organisait la défense ou traitait de la paix. » Prêtre héroïque, a dit Ozanam, réservé pour les dangers de ces mauvais jours. Tandis que les murs de Rome, ébranlés par de continuels assauts, menaçaient de tomber sur lui, sa pensée était aux extrémités du monde : en Orient, pour repousser les entreprises de la cour byzantine ; au Nord, pour convertir les Anglo-Saxons ; à l'Occident, où elle achevait la ruine de l'arianisme chez les Visigoths d'Espagne. Ses prédications pour l'affranchissement des esclaves, et ses écrits, demeurés l'une des bases de l'enseignement théologique, avaient assez fait dans l'intérêt des temps futurs. »

C'est lui qui, au moment où les évêques de Constantinople s'arrogeaient le titre d'*évêque universel*, n'en voulait d'autre que celui de *serviteur des serviteurs de Dieu*, titre sublime qui est devenu la plus belle qualification de ses successeurs ; c'est lui qui a donné à la liturgie de l'Église romaine cette grandeur et cette majesté dans le chant et dans les offices, qui nous impressionnent si profondément. « Je n'ai jamais entendu, écrivait Diderot, ce chant grave et pathétique, entonné par les prêtres et répondu affectueusement par une infinité de voix d'hommes, de femmes, de jeunes filles et d'enfants, sans que mes entrailles ne s'en soient émues, n'en aient tressailli et que des larmes ne m'en soient venues aux yeux [2]. »

XXII

Le successeur de saint Grégoire, saint Sabinien, introduisit l'usage des cloches : heureuse idée, a dit Châteaubriand, qui *trouvait le moyen, par un seul coup de marteau, de faire naître, à la même minute, un même sentiment dans mille cœurs divers, et forçait les vents et les nuages à se charger des pensées des hommes.*

L'introduction des orgues dans les églises suivit de près, s'il faut en faire honneur, comme on croit, au pape saint Vitalien, qui monta sur la chaire de Pierre en 657. Les orgues étaient d'ailleurs connues depuis longtemps. « La science mécanique, écrivait le roi Gondebaud, un siècle auparavant, enfle les orgues d'un souffle artificiel pour leur faire exécuter avec art les airs les plus harmonieux. » Ne faisait-il pas aussi allusion à leurs jeux divers, lorsqu'il parlait, quelques lignes plus loin, de taureaux qui mugissent, de serpents qui sifflent et d'oiseaux qui apprennent comme à reprendre leurs voix naturelles et à charmer par la douceur de leurs chants ?

Ainsi tous les arts étaient appelés à louer Dieu. La cloche l'annonçait au loin ; la peinture et la statuaire, négligées, abandonnées partout ailleurs, ne trouvaient plus d'inspiration que dans le lieu saint ; et la musique, presque inconnue aux temples idolâtres, où l'on n'entendait que les cris des victimes, remplissait l'église de ces harmonies dans lesquelles saint Augustin voyait comme un avant-goût des concerts du ciel.

Les temples païens étaient depuis longtemps fermés. Ils le furent, suivant la remarque très-juste de M. de Broglie, par la simple répression de l'immoralité ; ils le furent aussi par la suppression des dotations du culte. Dès que l'argent vint à manquer, prêtres, victimes et sacrifices, tout manqua à la fois. Les prohibitions impériales suivirent, il est vrai ; mais elles ne firent que sanctionner un abandon à peu près général. Et cependant, si le matériel du paganisme n'existait plus, nous avons pu nous convaincre que les tendances païennes étaient toujours vivaces. Les temples tombaient en ruines ; mais bien des cœurs restaient païens, de regrets et peut-être d'espérances. Nous avons vu ces sentiments plus ou moins cachés faire explosion dans les calamités publiques. On ne réclamait plus au nom de Jupiter, mais on réclamait au nom de la Victoire, qui, disait-on, avait abandonné la puissance romaine. La transformation du Panthéon d'Agrippa en sanctuaire chrétien, transformation qui eut lieu au commencement du VIIe siècle, nous semble marquer, d'une manière assez précise, l'époque de l'entier oubli du paganisme. Le Panthéon, construit sous le règne d'Auguste, était, sinon le plus vaste, du moins le plus remarquable des monuments religieux de l'ancienne Rome. Agrippa l'avait consacré à Jupiter Vengeur, à Vénus et à Mars : la Puissance, la Beauté et la Force. On y voyait, en outre, beaucoup d'idoles plus ou moins vénérées, un Hercule, entre autres, apporté d'Afrique, auquel les Carthaginois avaient longtemps offert des victimes humaines ; et le peuple avait donné au temple le nom de Panthéon, en réunissant sous un même vocable tous les dieux. Le Panthéon était fermé comme les autres temples ; mais, le 13 mai 610, sa porte de bronze s'ouvrit pour laisser passer les ossements des martyrs recueillis dans les cimetières de la ville. On en avait rempli trente-deux chars, qui les transportèrent solennellement à leur nouvelle demeure. Le temple de Jupiter, Vénus et Mars, est aujourd'hui Sainte-Marie-aux-Martyrs, *Sancta Maria ad Martyres.*

XXIII

Le VIIe siècle fut marqué d'ailleurs par des calamités qui s'attaquèrent directement à la civilisation et à l'Évangile. Mahomet commence cet ardent prosélytisme du cimeterre, qui enlèvera à l'Église l'Afrique et une partie de l'Asie. Jérusalem, la ville sainte, tombera aux mains des infidèles ; la plupart des glorieuses chrétientés de l'Orient seront détruites ou dispersées, et le flot menacera l'Occident lui-même, Rome, les Espagnes et les Gaules. Que faisait cependant l'empereur dans son palais de Constantinople, au bruit de cet envahissement soudain de la barbarie ? La génération des Bélisaire et des Narsès avait-elle donc disparu sans retour ? et les chrétiens étaient-ils réduits à souffrir que le tombeau du Christ devînt la proie d'Omar ? L'empereur rédigeait une *Ecthèse* en faveur des monothélites. Toutes ces intelligences subtiles de l'Orient s'éteignaient dans la chicane. Mais qui dirait la souffrance que ressentaient, au fond du Latran, les successeurs de Pierre ? Ainsi l'empire du Christ s'amoindrissait ! Ces églises des Basile, des Cyrille, des Athanase, dont la lumière avait été

<hr>

[1] *Homilia in Ezechiel*, VI, L. II. — [2] *Essai sur la Peinture.*

si éclatante à l'aurore du christianisme, étaient profanées par des mains sacriléges ! Quelle force opposer au torrent pour le refouler dans son lit ? La force matérielle est à Constantinople ; au Latran, il n'y en a d'autre que la vertu et la prière. Mais du moins cette prière ne sera pas sans efficacité auprès de Dieu ; les apôtres se multiplieront ; les uns, comme saint Bérin, iront porter la foi chez les Saxons occidentaux ; d'autres, chez les Frisons, chez les habitants des bords du Rhin et de l'Elbe. En même temps, les Lombards abjurent l'arianisme, et les conquêtes perdues sont du moins remplacées par des conquêtes nouvelles [1].

Ainsi, même quand elle est blessée au cœur, Rome poursuit sa marche triomphante. Si du moins elle n'avait eu à combattre que ses ennemis ! Mais alors, comme toujours, les coups les plus pénibles lui étaient portés par ses enfants. Cet empereur d'Orient, qui ne savait défendre ni Alexandrie, ni Jérusalem, et dont toute la puissance se bornait à racheter la vraie croix à prix d'argent, cet empereur prétendait dominer Rome et la soumettre à cette *Ecthèse,* son œuvre chérie, dont il prétendait faire une règle de foi. Au lieu d'attaquer Mahomet, il attaque le Pape. Ce Pape, saint Martin, avait solennellement condamné, malgré l'empereur, l'hérésie monothélite. « N'imitez point, avait-il écrit aux évêques, et ne craignez point les hommes dont la vie passe. Aucun d'eux n'a été crucifié pour nous ! »

L'empereur Constant donne aussitôt l'ordre d'arrêter le pontife. L'exarque Olympius, auquel il s'adresse, au lieu d'un crime se décide à en commettre deux. Il se rend à Sainte-Marie-Majeure pour recevoir la communion des mains du Pape, et lorsque le Pape s'approchera de lui, un de ses écuyers doit le tuer. Mais cet écuyer demeure frappé d'aveuglement au moment de porter le coup, et Olympius quitte Rome, car il voit que la main de Dieu protége son ministre.

Mais aussitôt Constant envoie Calliopas, un autre exarque, avec une accusation de lèse-majesté divine et humaine. Martin, dit-il, a altéré la foi ; il a comploté avec les Sarrasins contre l'empire ; enfin, il a tenu je ne sais quels discours contre le culte de la bienheureuse Vierge Marie. A la vue toutefois du peuple romain, si dévoué à son évêque, Calliopas dissimule. Il n'a d'autre pensée, dit-il, que d'*adorer* le successeur des apôtres. La coutume, en effet, pour tout étranger arrivant à Rome, était d'aller d'abord vénérer le Souverain Pontife. Toute négligence à cet égard eût paru un crime [2]. Calliopas annonce donc qu'il doit aller se prosterner à ses pieds ; mais la foule qui se presse aux abords du Latran l'intimide. Sans doute des pierres ont été amassées à l'intérieur ; des hommes armés y sont cachés. Il s'en plaint au Pontife ; le Pontife, ouvrant aussitôt toutes les portes, promène les envoyés de l'exarque dans cette demeure de prière et de paix.

Cette sainte candeur ayant rassuré Calliopas contre les dangers de l'entreprise, il assemble les troupes et investit le Latran. Quant à la scène qui suivit, laissons-la raconter au Pape lui-même. « J'étais, dit-il, gravement malade depuis le mois d'octobre ; mon petit lit se trouvait placé devant l'autel, et j'y étais gisant. Or, l'heure de midi n'était pas encore passée lorsque l'armée pénétra dans l'église ; les soldats étaient cuirassés ; les uns avaient des lances, les autres brandissaient des glaives on tenaient leurs arcs bandés et armés de flèches ; et alors il se passa des choses qui ne peuvent se dire. De même, en effet, que les feuilles tombent en hiver sous les coups du vent, de même les candélabres sacrés sont renversés et jetés à terre. Le bruit des armes et des coups retentit dans le lieu saint comme celui de la foudre. »

Calliopas somme alors le clergé de déposer son évêque ; mais une seule voix lui répond, et cette voix est un cri d'anathème contre lui. Cependant Martin est emporté hors du Latran. « J'aurais préféré mourir dix fois, écrivait-il, que de voir une seule goutte de sang répandue. Je me livrai donc sans résistance. » Tout le clergé demandait à l'accompagner ; mais, la nuit venue, on l'embarque en secret sur le Tibre. Ceci se passait le jour de la fête de saint Silvère, un autre martyr de la tyrannie de Constantinople. Martin ne fut ni mieux traité que son glorieux prédécesseur, ni moins courageux que lui. Transporté dans la capitale de l'empire d'Orient, il y est dépouillé du *pallium* ; on rompt les courroies de sa chaussure ; pour tout vêtement on ne lui laisse qu'une tunique déchirée, et, le carcan au col, on le promène par les rues de la ville. C'était le 15 décembre 654. Dieu voulut qu'il ne succombât pas à cette épreuve. Il fut enfermé ensuite avec des meurtriers, puis exilé dans la Chersonèse, où finirent bientôt ses souffrances et sa vie.

Les reliques du pape saint Martin reposent aujourd'hui à Rome, sous le grand autel de l'église de Saint-Martin-du-Mont.

L'hérétique Constant triomphait, et ce fut sans doute pour jouir pleinement de sa victoire qu'il vint à Rome sous le pontificat de Vitalien. La présence de cet homme, qui ne parlait jamais que de sa divinité, *nostræ divinitatis sanctione,* fut un fléau pour la vieille capitale de l'empire. Il enleva aux monuments le bronze qui les décorait, et le Panthéon perdit alors sa riche toiture. Chargé de butin comme Genséric, Constant se dirigea, après douze jours de dévastation, vers la Sicile, où il fut tué dans un bain ; et les Sarrasins, dont les galères infestaient dès lors la Méditerranée, profitèrent seuls des dépouilles de Rome (an 668).

XXIV

Vingt-quatre ans se passent, et un nouvel orage vient fondre sur la papauté. Le pape Sergius ayant refusé d'approuver le concile de Constantinople *in trullo,* malgré les menaces de Justinien II, qui occupait alors le trône impérial, Justinien envoie en Italie Zacharie, l'un de ses écuyers, avec ordre d'arrêter le Pontife ; mais, au premier bruit de cette mission, les populations et les milices du territoire romain et de la Pentapole s'ameutent et occupent Rome. Zacharie fut tellement effrayé de cette invasion, qu'au lieu d'arrêter le Pape, il se réfugia dans ses appartements et se cacha sous son lit. Il implorait la miséricorde du Pontife avec larmes, disent les historiens, *lacrymabiliter,* et le suppliait de ne pas permettre que personne attentât à son âme, *ejus animæ infestari.* Cependant de grands cris retentissaient autour du Latran, et la foule inquiète demandait à voir son pasteur. Sergius monte alors sur son trône ; il fait ouvrir les portes, parle lui-même au peuple et parvient à calmer l'irritation. Zacharie dut sortir de Rome, ou plutôt il en fut honteusement chassé (an 692).

Le dévouement de la population romaine se manifesta de nouveau et avec non moins de puissance, sous le pontificat de Grégoire II (715-731). A l'hérésie monothélite avait succédé, en Orient, l'hérésie iconoclaste, et Grégoire reçut l'ordre de détruire dans tous les lieux

[1] Voir *Rome chrétienne,* t. Ier, p. 174.
[2] *Piaculum enim videbatur si quis peregrinus, Romam veniens, non primum omnium accederet veneraturus summum Pontificem.* Lettre du pape saint Martin. — Baron. *Ann. Ecc.,* t. VIII, p. 421.

de son obédience, les tableaux, statues, bas-reliefs qui représentaient Dieu et les saints. « Puisque Jésus est véritablement né, répondait-il, puisqu'il a fait des miracles, qu'il a souffert, qu'il est ressuscité, plût à Dieu que le ciel, la terre, la mer, tous les animaux, toutes les plantes, pussent raconter ces merveilles par la parole, par l'écriture et par la peinture ! » Et se laissant aller à toute l'émotion de son cœur : « Le Christ m'est témoin, ajoutait-il, que lorsque j'entre dans le temple du Prince des Apôtres et que je contemple son image, je me sens pénétré d'une telle componction que mes larmes coulent comme la pluie du ciel. Jésus-Christ rendait la vue aux aveugles, et vous, disait-il, en s'adressant à l'empereur Léon l'Isaurien, vous aveuglez ceux qui jouissent de la vue la meilleure. »

L'empereur envoya alors des assassins pour le tuer; mais Marin, duc de Rome, un de leurs complices, ayant été frappé de paralysie, l'entreprise fut abandonnée. Paul, exarque de Ravenne, prétendit ranimer le zèle des sicaires ; mais le peuple romain se souleva et mit ces sicaires en pièces. Paul assemble alors des troupes et marche sur Rome ; mais toutes les populations étaient sous les armes, et il ne put y entrer.

La persécution cependant sévissait affreuse à Constantinople ; des violences étaient exercées contre le patriarche ; et les savants qui enseignaient dans la bibliothèque publique, n'ayant pas voulu pactiser avec l'erreur, étaient incendiés avec la bibliothèque. Lorsque ces odieuses nouvelles parvinrent à Rome, les images de l'empereur furent, par un mouvement général et spontané, lacérées et abattues, et l'on attendit fièrement les effets de sa vengeance. Cette vengeance eût pu être terrible, car l'exarque de Ravenne s'était allié à Luitprand, roi des Lombards, et leurs armées s'avançaient ensemble vers Rome. Arrivées aux portes de la ville, elles rencontrèrent le pape Grégoire qui parla à Luitprand avec tant d'autorité et de noblesse, que le prince barbare se jeta à ses pieds, puis détachant son manteau, son baudrier, son épée dorée, il les déposa avec une couronne d'or et une croix d'argent sur le tombeau de saint Pierre. Grégoire pardonna ensuite à l'exarque et l'aida même de son influence pour maintenir la domination impériale sur la Toscane.

Cependant de nouveaux ordres pour la destruction des images arrivent de Constantinople ; mais alors l'Italie entière se soulève. L'exarque Paul, aidé d'Exhilarat, duc de Naples, renouvelle les tentatives sur la vie du Pape ; mais l'un et l'autre sont massacrés, et, d'une voix unanime, on se décide à remplacer Léon l'Isaurien par un nouvel empereur. Grégoire seul s'oppose à l'élection ; fidèle à sa mission de concorde, il refuse de consentir à la déposition du prince qui a donné l'ordre de le tuer ; fort toutefois de son autorité pastorale, il approuve le refus de l'impôt à un gouvernement qui n'emploie l'argent qu'à pervertir les consciences.

Tous les jours Grégoire réunissait le peuple dans des processions et des prières, et s'efforçait de lui inspirer à la fois la fermeté et la charité. C'est en pratiquant ces œuvres de dévouement et de paix qu'il rendit son âme à Dieu, le 13 février 731.

Grégoire III, qui lui succéda, n'a pas laissé dans l'histoire une mémoire moins vénérée. Il continue de civiliser l'Allemagne par l'apostolat de saint Boniface ; il relève de ses propres deniers les murs de Rome, dont la population n'a plus de confiance qu'en lui ; il achète du duc de Spolette un château qui était une des clefs du duché de Rome ; il profite des malheurs mêmes du temps pour garantir contre le despotisme des empereurs de Byzance, la liberté de l'Église catholique, et, par suite, la liberté de l'humanité. Et ainsi, il contribue pour sa grande part à préserver l'Europe de la décadence grecque, au moment même où, à la voix de ses pontifes, elle résistait si énergiquement à la barbarie musulmane. Photius lui-même, si peu sympathique aux pontifes romains, n'a pu s'empêcher de louer le pape Grégoire III, ainsi que son successeur, le pape Zacharie : « Pourquoi, dit-il dans un écrit publié par l'illustre cardinal Maï, pourquoi passerais-je sous silence les pontifes romains Grégoire et Zacharie, hommes d'une vertu éclatante, qui ont augmenté le troupeau par des enseignements d'une sagesse divine et ont même brillé par le don des miracles ! »

Arrêtons-nous sur ces douces et nobles figures qu'entoure l'auréole des saints : saint Grégoire II, saint Grégoire III, saint Zacharie, le premier Romain, le second Syrien, le troisième Grec, dignes représentants de ce pontificat suprême qui commande à toutes les nations, mais qui aussi n'est interdit à aucune d'elles. Nous avons pris Rome à l'avénement de Constantin et du christianisme sur le trône, et nous touchons au moment où l'avénement de la papauté au trône vide des Césars, pourra seul la sauver de la servitude et de la décrépitude qui avaient atteint Constantinople.

DU PAPE SAINT ZACHARIE AU PAPE MARTIN V

741-1417.

I

Es historiens font généralement honneur à saint Grégoire II d'avoir *détaché Rome, l'Italie et tout l'Occident, de Léon et de son empire*. Nous avons vu dans quelles limites cette assertion doit être restreinte. Grégoire II s'opposa énergiquement à l'invasion du dogme par l'autorité temporelle. « Je suis empereur et pontife, lui disait Léon, » et, comme pontife, il proscrivait le culte des images ; comme empereur, il faisait torturer, incendier, décapiter, ceux qui les vénéraient. « Les décisions de l'Église n'appartiennent pas aux empereurs, mais aux évêques, répondait Grégoire, car les évêques seuls ont l'esprit et les promesses du Christ. » Et il ajoutait : « Nous voulions, comme en ayant la puissance et l'autorité de saint Pierre, prononcer des peines contre vous ; mais puisque, dans vos précédentes lettres signées de votre main, vous vous êtes donné vous-même la malédiction, qu'elle vous demeure. »

C'était donc réellement l'autorité spirituelle qui était en jeu; c'était elle qui était attaquée et par le sophisme et par les supplices; et, dans les luttes des deux autorités, il en sera presque toujours ainsi. L'Église aura à lutter contre tous les genres d'envahissements, mais elle résistera à tous, à l'hérésie, à l'argent, à la force; et, en défendant ses droits, elle sauvera la civilisation du monde.

Grégoire II s'était opposé à l'élection d'un empereur; il ne voulait pas fermer toute issue au repentir; il n'entrait aucunement dans sa pensée de proscrire toute une race; mais les événements se pressaient, et Rome, par le fait, n'avait plus à choisir, ce semble, qu'entre les Grecs et les Lombards, lorsque la papauté, s'appuyant tout-à-coup sur le bras des Francs, parvint à lui conquérir une indépendance nouvelle.

Ce n'était pas, au reste, la première fois que la pensée des Francs se présentait aux papes. Dès la fin du VI° siècle, Pélage II écrivait à un évêque des Gaules : « Si vous jugez que Rome soit vénérable à toute la terre, et que toutes les Églises doivent souhaiter et procurer la paix du siége apostolique, pourquoi la compassion de la charité ne vous fait-elle pas gémir sur nos tribulations et nos angoisses temporelles? » Et il conjurait cet évêque d'employer son influence près des rois francs pour leur inspirer la volonté de secourir l'Italie et surtout Rome, d'où la foi leur était venue.

Les Francs étaient donc devenus l'espoir de l'Église, et un empereur d'Orient, Maurice, était le premier à conseiller aux papes de recourir à leur appui. Grégoire II y recourut. C'était au moment du triomphe de Charles Martel sur les Sarrasins. Grégoire conféra à Charles le titre de patrice et lui demanda, quelque temps après, aide et assistance. Grégoire III lui envoya à son tour une ambassade, en 740, avec une clef du sépulcre de saint Pierre et une partie de ses chaînes. « Les rois lombards, lui écrivait-il, prennent occasion de notre confiance en vous pour vous insulter. Qu'il vienne donc ce Charles! disent-ils; qu'elle vienne cette armée des Francs en qui il espère! et, s'ils le peuvent, qu'ils l'arrachent de nos mains! » Mais l'alliance des Lombards était précieuse alors pour le duc d'Austrasie, dans sa lutte avec les Sarrasins, et l'ambassade demeura sans effet.

Sous le pontificat de Zacharie, ce fut le chef des Francs qui s'adressa au pape. Pepin le Bref, maire du palais de Childéric III, envoya saint Burchard, évêque de Wurtzbourg, et Fulrad, abbé de Saint-Denis, consulter le pontife sur ses prétentions au trône dont sa famille exerçait depuis longtemps tous les droits. Zacharie ne vit dans l'avénement d'une nouvelle dynastie que la consolidation de l'ordre qu'elle était parvenue à établir dans les Gaules, et il trouva naturel de donner le titre de roi à celui qui en avait le pouvoir. Pepin fut, en conséquence, sacré roi des Francs par saint Boniface, archevêque de Mayence, et Childéric alla finir ses jours dans un monastère. Ainsi, le pontificat était chaque jour plus généralement reconnu comme un tribunal suprême, et le vicaire de celui *par qui les rois règnent*, était de plus en plus consulté par les rois et les peuples sur les questions qui intéressaient la société.

Zacharie ne demanda d'ailleurs rien aux Francs. Par sa seule influence, il obtint de Luitprand, roi des Lombards, la restitution des villes qui avaient été usurpées sur le duché de Rome, et, chose remarquable, il défendit Ravenne et la domination impériale contre l'ambition de ce même Luitprand. Ainsi, pas un droit n'était méconnu par les pontifes, pas même ceux de cet empire caduc de Constantinople, qui opprimait souvent et ne protégeait jamais. Attaqué par les Lombards, la première pensée d'Etienne II est encore de recourir à l'empire d'Orient, et ce ne fut qu'après avoir vainement attendu une réponse, que le pontife délaissé, tourna, comme Pélage II et Grégoire II, ses yeux vers les Francs. Il quitte Rome malgré les larmes du peuple et va invoquer le noble cœur de leur chef. Pepin fit solennellement don à l'Église des villes dont le roi des Lombards, Astolphe, s'était emparé, et, bientôt après, se mit en marche pour les conquérir.

Le retour du Pape fut célébré à Rome par les acclamations de la population entière. Le clergé alla au-devant de lui en chantant des hymnes et portant des croix, et la foule criait : *Longs jours à notre père! il est notre salut après Dieu.*

Ces acclamations, qui ont pris place dans l'histoire, résument en deux mots la position du pape à Rome. Par le fait, et pour le bien de tous, il y exerce dès lors cette souveraineté temporelle *dont la Providence,* suivant le mot de Joseph de Maistre, *n'avait pas encore prononcé le nom.* Comment en eût-il été autrement? Rome avait successivement appartenu aux empereurs d'Orient, aux rois goths, puis de nouveau aux empereurs, depuis les victoires de Narsès jusqu'à la persécution de Léon l'Isaurien. Trop éloignée de Constantinople pour lui être directement soumise, elle l'était à l'exarque de Ravenne, et elle constitua même un duché dont nous avons vu deux fois les titulaires s'entendre avec les exarques pour opprimer le pape. Politiquement donc et civilement, le pape n'était rien, mais en réalité il était tout. C'était lui qui éloignait Attila, qui adoucissait Genséric, qui faisait tomber le glaive des mains de Luitprand; c'était lui qui édifiait encore des monuments dignes de Rome, églises, hospices, portiques ; c'était même lui qui construisait des tours, des fortifications, qui payait l'acquisition des citadelles dont le voisinage était un danger pour l'État romain; c'était lui qui commandait des tableaux et des mosaïques, qui fondait des bibliothèques, qui construisait des bains, et c'était vers lui qu'affluaient ces étrangers de toutes nations et de toutes couleurs, rois, princes, peuple, qu'on voyait se presser dans les rues de Rome plus qu'au temps même de Trajan et d'Auguste. « Alors, dit Bède, bien des Anglais, clercs et laïques, hommes et femmes, allaient finir leurs jours près des tombeaux des apôtres, afin d'être reçus plus familièrement dans le ciel. »

Au pape étaient donc attachées la grandeur et la force de Rome; c'est ce que le peuple sentait et ce qu'il proclamait, nous l'avons ouï, avec enthousiasme : *Longs jours à notre père! il est notre appui après Dieu.* Il ne tenait qu'aux papes de profiter de ce mouvement des esprits pour ceindre la couronne que laissait tomber la tête branlante des empereurs d'Orient; mais ce fut précisément ce qu'ils ne firent pas; et il fallut que les empereurs fissent eux-mêmes l'aveu tacite de leur impuissance, pour que Rome invoquât la forte épée des Francs. Cette noble épée conquit alors sur les barbares les domaines que ne savaient plus ou ne voulaient plus défendre les empereurs, et les donna, — le texte de l'histoire se sert d'un autre mot, — les *restitua* à l'Église, *restituit, redonavit.* Quelle royauté peut se vanter d'une aussi noble origine? Celle-ci n'a rien pris et tout lui est venu de la reconnaissance des rois et des peuples.

Les historiens les moins suspects sont ici d'accord. « Délaissés par leurs maîtres, a dit Daunou, les Romains durent s'attacher à leurs pontifes, presque tous recommandables. Pères et défenseurs du peuple, médiateurs entre les grands, chefs de la religion, les papes réunissaient les divers moyens de crédit et d'influence que donnent les richesses, les bienfaits, les vertus et le sacerdoce suprème. » Sismondi n'est pas moins explicite. Gibbon, enfin, n'hésite pas à déclarer que « le domaine temporel des papes se trouve fondé sur mille ans de respect, et que leur plus beau titre à la souveraineté c'est le libre choix d'un peuple délivré par eux de la servitude [1]. »

II

Pepin avait disposé des villes de la Pentapole avant même d'avoir quitté la France ; mais à peine y fut-il revenu que les Lombards prirent la route de Rome. Ils la tinrent assiégée pendant trois mois, brûlant et saccageant les alentours, déterrant les corps saints dans les cimetières, et souillant, par les plus vils outrages, les monastères des vierges. Étienne écrivit alors à Pepin et à ses deux fils :

« Nous sommes entourés d'une tristesse si amère, telle est notre angoisse et telle la continuité de nos larmes, qu'il nous semble que les éléments eux-mêmes doivent le raconter. Vous savez comment l'impie Astolphe a violé la paix. Depuis les calendes de janvier, il campe à nos portes, et il nous fait dire : « Ouvrez-moi la porte *Salaria* ; livrez-nous votre pape, et je serai patient envers vous ; mais si vous ne le faites, je renverserai vos murailles, je vous passerai tous au fil de l'épée, et je verrai bien alors si quelqu'un pourra vous tirer de mes mains..... »

« Voilà cependant cinquante-cinq jours qu'ils attaquent cette ville infortunée. Nuit et jour, ils lui livrent des assauts et battent ses murailles. Oh ! n'éloignez pas de nous vos bras, princes très-chrétiens, et Dieu n'éloignera pas le sien de vous, lorsque vous combattrez ses ennemis. Hâtez-vous de venir à notre aide, ô mes bien-aimés ! Accourez, accourez et *protégez-nous*, avant que le glaive ait atteint notre cœur. Je vous implore ; empêchez-nous de périr, et que les nations ne disent pas, d'un bout du monde à l'autre : Où en est la confiance des Romains, cette confiance qu'après Dieu ils plaçaient tout entière dans les rois et le peuple des Francs ? Dieu a donné la force au peuple des Francs, et il n'est pas une nation qui ait eu recours à lui et n'ait été sauvée. Combien plus ne devez-vous point avoir à cœur de délivrer la sainte Église de Dieu et son peuple ! »

Dans une autre lettre, Étienne fait parler saint Pierre lui-même. « Je vous regarde comme mes enfants adoptifs, lui faisait-il dire ; c'est vous, peuple des Francs, qui êtes mon peuple de prédilection..... On sait que de tous les peuples qui sont sous le ciel, c'est le peuple des Francs qui a montré le plus d'attachement pour moi, Pierre, apôtre. »

Pepin se remit aussitôt en campagne et, quelques jours après, Fulrad, abbé de Saint-Denis, déposait, sur la *Confession de saint Pierre*, les clefs des villes de la Pentapole et de l'Émilie, avec l'acte d'abandon de ces deux provinces à l'Église romaine. Étienne, de son côté, avait dès lors conféré à Pepin et à ses deux fils le titre de patrice ; et le gouvernement de Rome devint une république dont le pape fut le chef et Pepin le protecteur.

« Ainsi, les successeurs de saint Pierre ne furent plus seulement les dépositaires d'une autorité qui s'étendait sur toutes les consciences ; ils furent en outre souverains temporels comme les autres princes, avec puissance et juridiction séculières. Cette double couronne donna au vicaire de Jésus-Christ la position qui lui convenait vis-à-vis des rois et des peuples. Il n'était le sujet d'aucun d'eux, et il était le chef spirituel de tous. Le territoire qui formait son domaine était peu considérable, auprès des principautés et des empires qui se divisaient le monde ; mais c'était un terrain neutre d'où la voix de la vérité pourrait toujours se faire entendre, où les malheureux, les exilés de tous pays seraient constamment assurés de trouver un refuge, et où toutes les haines viendraient s'éteindre aux pieds de celui qui ne voit dans tous les hommes que les enfants de Dieu [2]. »

III

Les Lombards cependant ne pouvaient supporter cette royauté qui mettait une borne à leurs convoitises. Didier, successeur d'Astolphe, marche contre Rome, ravage ses alentours, et ne s'arrête que devant les remontrances du pape Adrien. A peine fut-il éloigné, que les principaux habitants de l'Ombrie et des Marches, et, parmi eux, beaucoup de Lombards, partirent pour Rome afin de se donner à l'Église. Le pape se rendit avec eux à la basilique de Saint-Pierre, où ils prêtèrent serment de fidélité au Prince des Apôtres, au pape et à tous ses successeurs.

Dans le même moment, Charlemagne faisait le siége de Pavie, où Didier s'était retiré. Le siége durait encore lorsque le prince français résolut d'aller en pèlerinage aux tombeaux des apôtres. Il y arriva le samedi saint de l'année 774, et n'entra dans la basilique de Saint-Pierre qu'après en avoir baisé toutes les marches. Le pape l'attendait au haut des degrés, et le peuple suivait, portant des branches de palmier et d'olivier, chantant et acclamant.

Après avoir prié quelque temps devant la *Confession* de l'apôtre, Charles demanda instamment au pape, *obnixe*, de lui permettre d'entrer à Rome, car Saint-Pierre, où ils étaient, se trouvait hors de la ville, et il lui tardait d'accomplir ses vœux dans les autres basiliques. Ainsi le pape était solennellement reconnu souverain de la cité pontificale. Le pape et le roi se dirigèrent vers la basilique du Latran, où Adrien célébra, suivant l'usage du samedi saint, le baptême des catéchumènes. Le lendemain, jour de Pâques, Charlemagne assista à l'office pontifical, dans l'église de Sainte-Marie-Majeure ; le lundi, dans celle de Saint-Pierre ; le mardi, dans celle de Saint-Paul. Des acclamations étaient chantées du haut de l'ambon, en son honneur. C'étaient à la fois des louanges, des vœux et des prières. Ainsi on disait : *Au très-excellent Charles, couronné de Dieu, vie et victoire !* Et le peuple répondait : *Sauveur du monde, soyez-lui en aide !*

Enfin, le mercredi 6 avril, Charlemagne déposa sur la *Confession* de saint Pierre l'acte de donation des provinces dont il faisait

(1) Cité par M⁀ Dupanloup, *la Souveraineté Pontificale*, p. 82 et 83. — (2) *Rome Chrétienne*, t. 1ᵉʳ, p. 203.

hommage à l'Église. Cet acte confirmait la donation de Pepin et y ajoutait la Vénétie, l'Istrie, les duchés de Bénévent et de Spolette, Mantoue, Parme, l'île de Corse, et étendait la domination pontificale jusqu'au golfe de la Spezzia.

Baronius fait, en deux mots, l'éloge du pape Adrien I⁽ᵉʳ⁾. « Il était, dit-il, propre à tout et puissant en tout, » *in omnibus efficax et idoneus.* Charlemagne l'a fait plus longuement dans une épitaphe, où il révèle toute son admiration pour le pontife. Cette épitaphe ne compte pas moins de dix-huit vers. Je citerai les derniers :

NOMINA JUNGO TITULIS, CLARISSIME, NOSTRA
HADRIANUS, CAROLUS, REX EGO, TUQUE PATER,
QUIQUE LEGAS VERSOS, DEVOTO PECTORE, SUPPLEX,
AMBORUM MITIS DIC : MISERERE, DEUS.

« O très-illustre ! je joins nos noms à nos titres, Hadrien, Charles, moi roi et toi père ! Qui que tu sois qui lis ces vers, adresse pour eux, d'un cœur fervent, tes vœux au ciel ; dis à Dieu : De l'un et de l'autre, ayez pitié, Seigneur ! »

Charlemagne vint trois fois à Rome, sous le pontificat d'Adrien, en 774, 781 et 786. Cet illustre prince prenait les titres de défenseur et d'humble auxiliaire de l'Église de Dieu, *sanctæ Dei Ecclesiæ defensor humilisque adjutor,* et, chaque fois qu'elle était menacée, il accourait pour la défendre. Ses succès lointains l'amenaient aussi à Rome, car il se plaisait à en rendre grâces au Prince des Apôtres. Son voyage de 781 n'eut pas d'autre but. Il venait de vaincre les Saxons, et le pélerinage de Rome fut un hommage solennel de sa victoire.

Adrien I⁽ᵉʳ⁾ baptisa dans cette circonstance et couronna les deux fils de l'empereur, l'aîné comme roi d'Italie, le second comme roi d'Aquitaine. Après sa victoire sur les Huns, Charlemagne ne vint pas en Italie ; mais il envoya une part considérable de butin à Saint-Pierre. Cette part se composait principalement des tristes restes du sac de Rome par Alaric.

« C'est à nous, avec le secours de Dieu, écrivait Charlemagne au pape Léon III qui succéda à Adrien I⁽ᵉʳ⁾ en 795, c'est à nous de défendre en tous lieux, par nos armes, l'Église de Dieu ; au dehors, contre les incursions et les ravages des infidèles, et, au dedans, contre les hérétiques ; mais c'est à vous, très-saint père, à lever pour nous les mains au ciel, afin que, par vos prières et par la grâce de Dieu, le peuple chrétien triomphe de tous les ennemis de la religion, et que le nom de Notre-Seigneur Jésus-Christ soit glorifié dans tout l'univers. »

IV

Ainsi se trouvaient résumés en deux mots les principes sur lesquels seuls pouvait reposer l'accord des deux puissances et précisé le but de leur action commune.

Léon III eut beaucoup à souffrir de l'ambition et des violences de quelques Romains. Sauvé par miracle, il alla trouver l'empereur et reçut de lui un accueil dont la poésie du temps a immortalisé le souvenir. Pepin, fils aîné de Charlemagne, était allé au-devant du pontife avec les cent mille hommes qui venaient de triompher des Huns. A la vue du successeur de l'Apôtre, les cent mille hommes se jettent à terre, et Léon, levant les mains au ciel, bénit l'armée des Francs. Charlemagne attendait le pontife, à peu de distance de Paderborn, avec une autre armée, dans laquelle se trouvaient représentées toutes les nations de l'Europe. Le clergé marchait en avant, divisé en trois chœurs et portant ses bannières. A l'approche du pape, Charles forma en cercle cette immense multitude, et, s'adressant à son armée : « Allons, ô braves, s'écrie-t-il, revêtez les armes que vous avez coutume de porter aux combats, et courons tous au-devant de l'auguste pontife :

Pontifici, celeri censu, occurramus opimo.

Or, dès que le vicaire de Jésus-Christ parut, ou, pour parler comme le poëte, dès que le roi, qui était le père de l'Europe, eut rencontré le pasteur qui était le père du monde, trois fois, prêtres, soldats et peuples se prosternèrent ; trois fois le pape les bénit et pria pour eux. Charlemagne, de son côté, s'inclina respectueusement ; puis le pape et le roi s'embrassèrent et marchèrent vers la principale église de Paderborn au chant du *Gloria in excelsis* ⁽¹⁾.

Mille ans s'étaient écoulés depuis cette ovation sublime, lorsque Pie VI fut amené prisonnier en France, et que Pie VII y vint pour présider au couronnement d'un prince qui ne fut pas moins le maître de l'Europe que l'avait été Charlemagne ; et sur le chemin du prêtre captif, comme sur celui du prêtre-roi, l'empressement de la foule rappela, sinon l'éclat, du moins l'émotion des scènes de Paderborn. Étrange pouvoir, qui trouve toujours des cœurs pour lui répondre et que le respect semble poursuivre, même en des temps où l'on dit que le respect s'en va.

V

Non content de recevoir le chef de l'Église avec tous les égards dus au pasteur universel, Charlemagne offrit à Dieu, et, en la personne du pape Léon, à saint Pierre, la montagne et l'église d'Eresbourg (aujourd'hui Mersebourg), avec toute la Saxe. Les donations de ce genre, qui plaçaient de vastes pays sous la suzeraineté du siége apostolique, commençaient dès lors à devenir fréquentes. Offa, roi des Saxons orientaux, avait soumis ses États, en 775, à ce qu'on appela, dans la suite, le *denier de saint Pierre.* Ethelwolf, roi des Saxons occidentaux, rendit également son royaume tributaire du Saint-Siége en 847, et cet exemple fut suivi, en 924, par Ethelstane, autre prince de la Grande-Bretagne ; en 1006, par Étienne, duc puis roi de Hongrie ; peu de temps après, par les rois de Pologne. Ces derniers s'obligèrent au paiement d'un cens annuel de cent marcs d'argent à la *Confession* de saint Pierre. Saint Henri I⁽ᵉʳ⁾, empereur d'Allemagne, confirma,

⁽¹⁾ Dom Bouquet, t. V, p. 396.

en 1014, toutes les donations faites au siége apostolique par ses prédécesseurs, et, sous le pontificat de Grégoire VII, en 1075, on vit un jeune prince russe, envoyé à Rome par le tzar Démétrius, son père, pour y obtenir du pape l'investiture de ses propres États.

Ainsi grandissait de lui-même le pouvoir pontifical, parce qu'il était à la fois la plus haute représentation de l'autorité, le guide naturel des peuples dans leurs cas de conscience, le promoteur dévoué de la civilisation, la seule force généralement obéie, et le gardien incorruptible de tous les droits. En se reconnaissant les vassaux du Saint-Siége, les princes agissaient par piété quelquefois, par intérêt toujours. Plus d'un rival, qui n'eût pas respecté leur territoire, eût hésité avant d'envahir celui du Saint-Siége. Il y avait, dans le caractère sacré des domaines de l'Église, une puissance religieuse et morale devant laquelle reculèrent souvent les passions même les plus excitées, et qui contribua à sauver, dans ces temps d'anarchie, les populations et la justice. N'avait-on pas vu les rois goths d'Espagne se mettre eux-mêmes sous la garde du Saint-Siége avant l'invasion des Sarrasins?

De Paderborn, Léon III revint à Rome, et Charlemagne l'y suivit, afin d'y mettre un terme aux divisions et aux scandales. Il arriva aux portes de la ville, le 24 novembre de l'année 800, et commença par aller prier au tombeau de l'apôtre. Y étant revenu le jour de Noël, pour assister à l'office pontifical, Léon, prenant sur l'autel une couronne, se dirigea vers le prince et la lui plaça sur le front, tandis que le peuple criait : *Vie et victoire à Charles-Auguste, couronné par Dieu! au grand et magnanime empereur!* Le pape fit ensuite, à son fils Pepin, l'onction sainte, et il s'inclina devant Charlemagne, suivant l'ancien usage à l'égard des empereurs : *a pontifice, more antiquorum imperatorum, adoratus est.*

Ainsi furent renouvelés le titre et les prérogatives d'empereur d'Occident, trois cent vingt-trois ans après la ruine de l'empire par Odoacre.

« Le règne de Charlemagne, a dit Voltaire, eut une lueur de politesse *qui fut probablement le fruit du voyage de Rome.* » Ce seul mot nous dit tout ce que Rome était alors. Charlemagne demandait aux papes des maîtres de chant, de grammaire, de mathématiques, qu'il plaçait à la tête des écoles françaises, et ce fut peu de jours après avoir reçu d'Adrien Ier le recueil des Canons de l'Église, qu'il publia ses *Capitulaires.* Alfred le Grand, ce roi dont le même Voltaire a dit : « Je ne sais s'il y a jamais eu sur la terre un homme plus digne de respect de la postérité, » lui aussi, et plus que Charlemagne, son apprentissage de la royauté à Rome. On peut dire que Rome était devenue le rendez-vous des rois. Les uns, tels que Cedualla et Ina (deux rois bretons), Ratchis, roi des Lombards, et Carloman, frère de Pepin le Bref, venaient déposer leur couronne sur la *Confession* de saint Pierre, pour ne plus chercher que la couronne du ciel ; les autres, tels que Charlemagne et Alfred, venaient demander à l'apôtre conseils et appui. Ils trouvaient à Rome une société active et puissante, une hiérarchie fortement organisée, des assemblées délibérantes, des lois qui contrastaient, par leur humanité et leur habile rédaction, avec les codes des barbares; tout ce qui constitue, en un mot, sans tyrannie et sans anarchie, l'idéal d'un gouvernement respecté. Aussi ne pouvaient-ils aller à Rome sans en rapporter, comme dit Voltaire, une *lueur de politesse,* qui suffisait pour trahir leur pèlerinage.

Et, à côté des rois, se pressaient les saints : saint Amand, de Maëstricht; saint Humbert, de Marolles; saint Viron, d'Écosse; saint Gissein, d'Athènes; saint Boniface, l'illustre apôtre de l'Allemagne; saint Anschaire, des peuples du Nord; saint Methodius, des Moraves; saint Wilfrid, saint Jodoque, saint Amable, sainte Cunégonde, sainte Bonite, saint Pierre, de Pérouse; saint Mayeul et saint Oditon, de Cluny; saint Adalbert, de Prague; saint Anselme, de Cantorbéry; saint Malachie, d'Armagh; saint Guillaume d'Aquitaine, etc., etc. Saints et rois accouraient à Rome comme à la source de toute puissance et de toute sainteté. Le pape Zacharie avait fait peindre, dans une des tours du Latran, la carte géographique du monde, afin de ne jamais perdre de vue l'étendue et la responsabilité de sa charge; et Léon III fit construire deux vastes galeries, l'une spécialement consacrée à la réception des princes et des empereurs, l'autre ouverte aux pèlerins de toute la terre.

<h2 style="text-align:center">VI</h2>

Rome était la capitale des papes, et, de plus, Charlemagne la désigne, dans son testament, comme la première métropole de l'empire. Elle n'avait pas été comprise dans les donations faites à saint Pierre, sans doute par la raison que, n'ayant point été prise par les Lombards, il n'y avait point eu lieu à restitution. Les droits de l'Église sur son territoire étaient d'ailleurs tellement incontestés, que Charlemagne, nous l'avons dit, n'entra dans la ville qu'après en avoir demandé l'autorisation au pape. On a écrit que Louis le Débonnaire ajouta Rome et son duché aux donations précédentes ; c'est une erreur. Louis se borna à garantir sa possession au pape Pascal et à ceux qui lui succéderaient, de la même manière que ses prédécesseurs en avaient joui, *sicut a predecessoribus vestris usquè ad nunc, in vestra potestate et ditione tenuistis et disponuistis.* Cet acte de confirmation était loin d'ailleurs d'être inutile, car Rome était fréquemment en proie aux factions, et les papes n'avaient pas toujours la force nécessaire pour les réprimer. Le testament de Charlemagne recevait ainsi une solennelle consécration. « Avant tout, y était-il dit, je commande que mes trois fils prennent en commun le soin, la défense, le patronage de l'Église de Pierre. Mon aïeul Charles et mon père Pepin, d'heureuse mémoire, firent ainsi. Je veux que mes fils, avec le secours de Dieu, combattent de toutes leurs forces les ennemis de cette Église, et défendent vaillamment et énergiquement tous ses droits. »

Les Sarrasins, cependant, menaçaient journellement l'Italie. En 843, ils ravagent la Campanie et mettent à sac le mont Cassin; en 847, ils remontent le Tibre jusqu'aux portes de Rome, et pillent les deux basiliques de Saint-Pierre et de Saint-Paul, qui étaient hors de l'enceinte. Ce fut dans ces circonstances difficiles que le pape saint Léon IV monta sur la chaire pontificale. « Il était né Romain, dit Voltaire; le courage des premiers âges de la république revivait en lui, dans un temps de lâcheté et de corruption, tel qu'un de ces beaux monuments de l'ancienne Rome, que l'on trouve quelquefois dans les ruines de la nouvelle [1]. »

---

[1] « Le pape Léon IV, dit encore Voltaire, prenant dans le danger une autorité que les généraux de l'empereur Lothaire semblaient abandonner, se montra digne, en défendant Rome, d'y commander en souverain. Il avait employé les richesses de l'Église à réparer les murailles, à élever des tours, à tendre des chaînes sur le Tibre. Il arma les milices; il visita lui-même tous les postes, et reçut les Sarrasins, à leur descente, non pas en équipage guerrier, mais comme un pontife qui exhortait un peuple chrétien, et comme un roi qui veillait à la sûreté de ses sujets. »

La première pensée de Léon fut de réparer les dommages causés par les Sarrasins. Il rendit au culte son ancienne dignité dans la basilique de Saint-Pierre, et, afin que cette église vénérable fût désormais à l'abri de toute violence, il résolut d'entourer de murailles le quartier du Vatican. De toutes parts on s'associa avec empressement à cette grande œuvre. L'empereur Lothaire envoya de l'argent ; les seigneurs et les monastères, des ouvriers ; et le pape toujours présent, à pied ou à cheval, surveillait et activait les travaux. Un jour, le clergé et le peuple s'assemblèrent pieds nus et la tête couverte de cendres ; ils firent processionnellement le tour de l'enceinte en chantant des psaumes, et Léon bénit les murs, les portes, les maisons de cette nouvelle cité, qui prit le nom de *Cité Léonine*.

Cette addition est la dernière qui ait été faite à l'ancienne Rome. Rome, au temps de sa plus grande gloire, ne comptait que six collines : le Palatin, le Capitolin, le Cœlius, l'Esquilin, le Viminal et le Quirinal. Claude ajouta l'Aventin ; Aurélius et Honorius ajoutèrent le mont Pincius ; et les papes, le Vatican et le Janicule.

Si la population de Rome était diminuée, son étendue, on le voit du moins, ne faisait que s'accroître.

VII

Nous avons dit quel était, au IX' siècle, le pouvoir des souverains pontifes sur la ville et sur son territoire ; nous avons indiqué les provinces qui faisaient partie de leurs domaines, et quelques-uns des nombreux États qui se trouvaient soumis à leur suzeraineté. Mais, en dehors de ce cercle d'action déjà si étendu, il n'était pas de question sociale sur laquelle la papauté n'exerçât d'elle-même, ou par le vœu des peuples, sa haute influence. D'elle-même, elle se portait médiatrice dans toutes les divisions et les luttes qui troublaient la chrétienté. « Vous devez savoir, écrivait Grégoire II à Léon l'Isaurien, que les pontifes de Rome sont les arbitres et les modérateurs de la paix. » Jamais ils ne manquaient à cette haute mission. Tantôt ils envoyaient leurs légats, tantôt ils allaient eux-mêmes se jeter entre les partis, pour les adoucir et les concilier. Au premier bruit de la levée d'armes des fils de Louis le Débonnaire contre leur père, le vieux Grégoire IV accourait en Allemagne. « Je ne suis venu, criait-il, que pour ramener la paix que notre Sauveur vous a tant recommandée. »

D'autres fois, c'étaient les populations elles-mêmes qui appelaient l'intervention de Rome. « S'il existait au milieu de l'Europe, a dit Châteaubriand, un tribunal qui jugeât, au nom de Dieu, les nations et les monarques, et qui prévînt les guerres et les révolutions, ce tribunal serait le chef-d'œuvre de la politique et le dernier degré de la perfection sociale. Les papes, par l'influence qu'ils exerçaient sur le monde chrétien, ont été au moment de réaliser ce beau songe [1]. » Aujourd'hui on ne recourt plus à Rome, on recourt à l'émeute. Le progrès est-il bien grand ?

Les papes avaient enfin leur juridiction spirituelle, que leur disputaient audacieusement ou sournoisement les passions des cours. Les questions morales surtout étaient un sujet de conflits fréquents. Le Code Théodosien, nous l'avons dit, et même le Code de Justinien, toléraient encore le divorce, et les convoitises farouches des peuples du Nord ne répugnaient pas moins à l'indissolubilité du lien conjugal que les mœurs énervées de l'Italie et de la Grèce. L'opposition était donc, sur ce point, flagrante et de tous les jours. Plus d'une fois elle recourut aux armes, elle envahit l'Italie, elle vint jusqu'à Rome. Les troupes de l'empereur Louis II dispersaient une procession, frappaient les prêtres, brisaient les croix, parce que les papes refusaient de sanctionner le divorce de Lothaire ; mais alors, pas plus que sous le règne de Philippe-Auguste, la papauté ne cédera. Elle luttera contre tous et sauvera définitivement l'honneur et la dignité de la famille.

Mais l'honneur de la famille n'était pas seul en jeu ; l'honneur du sacerdoce n'avait pas moins à souffrir du désordre que les guerres et l'anarchie entretenaient dans les mœurs. Saint Pierre Damien gémissait avec amertume de l'incontinence des clercs. Le mal était d'autant plus profond, et semblait d'autant plus incurable, que l'abaissement du clergé servait trop les intérêts de ceux auxquels pesait tout frein, pour ne pas trouver en eux des complices. Avec des prêtres débauchés et cupides, on n'a pas de censeurs à craindre. Aussi est-il dans la nature de toutes les mauvaises passions de les rechercher et de les protéger, sauf à leur rendre avec usure le mépris auquel ils ont droit.

Le pouvoir pontifical, même dans son action hiérarchique et spirituelle, était donc constamment entravé par la grande complicité des vices. La querelle des investitures fut une des formes les plus saillantes que prit la lutte. Les rois prétendaient que, par suite des donations faites par eux au clergé, ils avaient le droit de disposer des évêchés et des abbayes en leur qualité de fiefs, et d'en donner l'investiture par la remise de la crosse et de l'anneau, comme s'ils avaient eu l'autorité dont la crosse et l'anneau sont le symbole. « Or, il arriva trop souvent que ces investitures s'accordèrent à prix d'argent ou au prix de basses complaisances ; l'unité de direction ne fut plus aussi puissante dans l'Église ; on vit les seigneurs, jaloux de l'autorité des abbés et des évêques, acheter des nominations qui pussent leur être favorables, et, sans l'énergique réaction des pontifes romains, tout eût été à vendre, tout, jusqu'au trône de saint Pierre [2]. »

Nous savons déjà que les élections à ce trône étaient, depuis Odoacre, l'objet de prétentions persistantes de la part du pouvoir impérial, et que l'usage même s'était établi de demander l'autorisation à l'empereur avant de procéder à la consécration du pontife élu. C'était un commencement de subordination qui, on l'espérait du moins, devait façonner à la condescendance. Mais bientôt ce ne fut pas seulement l'empereur qui prétendit avoir action sur le choix du pape, ce furent le duc de Bénévent, le duc de Spolette, tous les hauts barons des environs de Rome, et, plus tard, ceux mêmes du dedans : Annibaldi, Frangipani, Gaëtani, Orsini, Colonne, lesquels se firent peu à peu,

(1) *Génie du Christianisme*, l. V, c. XI. Leibnitz et Voltaire lui-même avaient déjà émis à peu près la même idée que Châteaubriand. « Je serais d'avis, écrivait Leibnitz à Grimarest, d'établir à Rome même un tribunal et d'en faire le pape président, comme autrefois ; en effet, il faisait figure de juge entre les princes chrétiens. Voilà des projets qui réussiront aussi bien que celui de M. l'abbé de Saint-Pierre ; mais, puisqu'il est permis de faire des romans, pourquoi trouverions-nous mauvaise la fiction qui nous ramènerait le *siècle d'or*. » Et Voltaire : « L'intérêt du genre humain demande un frein qui retienne les souverains et mette à couvert la vie des peuples. Ce frein de la religion aurait pu être, par une convention universelle, entre les mains des papes. » (*Essai sur l'Hist. gén.*, ch. LX.)

(2) *Rome Chrétienne*, par Eug. de la Gournerie, t. II, p. 275.

des débris de Rome antique, de l'amphithéâtre de Vespasien, du théâtre de Marcellus, des tombeaux d'Adrien, d'Auguste, de Cecilia Metella, autant de forteresses. Derrière cette anarchie féodale se cachait trop souvent enfin l'anarchie de la rue et de l'émeute.

Tel est l'aspect que nous présentent Rome et le monde, au Xe siècle. Le mal est partout : dans les mœurs du clergé, dans la simonie, dans les investitures séculières, dans les prétentions envahissantes du pouvoir temporel, dans les conflits auxquels donnent fréquemment lieu les élections, dans le règne brutal de la force, qui, chaque jour, prédomine davantage en Europe ; et, plus on approfondit cet ensemble de maux, moins on aperçoit de remède.

La papauté et la civilisation sont cependant sorties triomphantes de l'épreuve. Grande leçon pour ceux qui attaquent, comme pour ceux qui tremblent !

VIII

Le Xe siècle est souvent invoqué contre la papauté ; ne pourrait-il plus justement être invoqué contre ses oppresseurs ? A nulle époque, en effet, on ne vit mieux ce que peut devenir l'Église, lorsqu'au lieu de commander elle obéit, lorsque le pape n'est plus un prêtre devenu roi, mais un courtisan devenu prêtre. Ne soyons donc pas surpris si alors tout lui échappe, sainteté, dignité, puissance, tout, jusqu'au gouvernement de Rome, qui va se perdre aux mains de femmes sans mœurs et de factieux de bas étage.

« Et cependant, le signe divin brille toujours au front du successeur de Pierre. Cet homme, qui semble quelquefois vouloir prouver par ses vices la divinité d'une religion qui se perpétue par lui et comme malgré lui, est toujours entouré d'une auréole que les saints eux-mêmes respectent. C'est que la doctrine qu'il prêche est toujours, par un perpétuel miracle, la *vérité et la vie* ; c'est qu'au milieu de toutes les vacillations de notre intelligence, au milieu de ce monde où pas une génération n'est fidèle aux enseignements de la génération qui l'a précédée, chaque pontife, quel qu'il soit, ajoute un anneau à cette chaîne puissante de la tradition, qui, prenant l'homme au sortir des mains de Dieu, le dirige sûrement à travers les siècles. Admirable spectacle que la raison n'expliquera jamais et que la seule religion catholique a pu donner à l'univers [1]. »

Il ne faudrait pas, au reste, prendre au sérieux tous les récits de Luitprand sur les papes du Xe siècle. Sergius III, par exemple, qu'il nous montre indignement asservi aux caprices de l'impure Théodora, nous est représenté par Flodoard, comme ayant été une cause de triomphe et d'allégresse pour l'Église. Tel était le jugement qu'on portait en France. Mais en Italie même, à Rome, où le peuple entier avait été témoin de sa vie, on ne craignait pas de le qualifier, sur son tombeau, de pieux pontife, *pius papa*. Jean X, si décrié par Luitprand, est traité d'homme de cœur, *uomo di petto*, par Muratori. Il en donna une preuve éclatante dans la bataille qu'il livra aux Sarrasins et qui les chassa de la péninsule. Jean XI est donné, par le même Luitprand, comme fils de Marozie et du pape Sergius, tandis qu'il avait pour père Albéric de Toscane, premier mari de cette femme malheureusement trop célèbre. Martin III employa les années de son pontificat à réformer le clergé, rétablir les basiliques et soulager les malheureux ; Agapit II est cité dans l'histoire comme un pape très-saint, *sanctissimus*. Nous apprenons, par l'épitaphe de Grégoire V, qu'il prêchait à Rome, en trois langues ; l'idiome vulgaire, le français et le latin, et que, chaque samedi, il distribuait des vêtements à douze pauvres. Cette époque ne fut donc pas complétement stérile, et le nom de Sylvestre II, qui clôt le Xe siècle, nous montre toutes les sciences unies aux plus hautes vertus sur le trône pontifical.

IX

Nous avons dit que le clergé avait subi plus ou moins l'influence pervertissante que l'anarchie et la violence exerçaient sur la société. Mais c'était lui cependant toujours qui marchait à la tête de la civilisation ; c'était lui qui ouvrait des écoles ; Eugène II voulait même qu'il y en eût dans chaque paroisse ; c'était lui qui fondait des hôpitaux, conservait et copiait les manuscrits, formait des bibliothèques, pratiquait la médecine, construisait des ponts et des cathédrales, et soutenait ainsi les sciences et les arts au milieu d'un monde dont toutes les forces s'épuisaient dans la guerre. Gerbert, avant de devenir Sylvestre II, enseignait à la fois la dialectique, la rhétorique, l'arithmétique, la géométrie, l'astronomie et la musique. « C'était, en outre, un homme d'un grand génie et d'une grande éloquence, » dit Richer, l'un de ses élèves. A lui remontent l'introduction des chiffres arabes, qui simplifièrent si utilement les opérations mathématiques, et la construction de la première sphère mobile, qui popularisa l'étude de l'astronomie en la rendant vivante et parlante. On lui dut également des orgues hydrauliques, une table à calcul et un monocorde qui fut pour la musique ce que la sphère était pour l'astronomie.

Mais Sylvestre II n'était pas seulement un savant, parmi les savants de son siècle, il était en outre et surtout roi et pape. La science, qui atrophie si souvent l'imagination et la sensibilité, lui avait laissé toute la liberté de son intelligence et de son cœur. Il fut le premier pape qui conçut la pensée d'une croisade pour la délivrance des Lieux-Saints, pensée qu'Urbain II, un autre pape français, devait faire adopter, un jour, avec enthousiasme. Dans une lettre adressée à la chrétienté, Sylvestre faisait parler Jérusalem elle-même. « Lève-toi, soldat du Christ, lui faisait-il dire, prends ton étendard et tes armes. » *Enitere cryò, miles Christi, cato signifer et compugnator.*

Le XIe siècle ne fut pas moins triste que le Xe. Les factions et les violences continuent de faire de Rome un champ-clos, et, si la ville n'est plus à la merci d'illustres courtisanes telles que Théodora et Marozie, elle tombe sous les coups des comtes de Tusculum qui prétendent confisquer, au profit de leur famille, la chaire de saint Pierre. Plus d'une fois alors, les empereurs se montrèrent véritablement les *défenseurs de l'Église*, titre glorieux mais souvent trompeur, qu'ils prenaient depuis Charlemagne. Ils la défendirent par leurs armes et plus encore par les saints pontifes dont ils favorisèrent l'élection. De ce nombre, furent Clément II, Damase II et saint Léon IX, ce grand et pieux pontife, qui ne brilla pas moins par l'austérité de sa vie que par l'énergie de son caractère. Pape et souverain, allié aux empereurs et à tous les rois de l'Europe, il ne voulait, au milieu des splendeurs du Latran, qu'une pierre pour oreiller et un tapis pour couche. Rencontrant, une

(1) *Rome Chrétienne*, t. Ier, p. 242.

nuit, un lépreux à sa porte, il le prit entre ses bras et alla le déposer dans le lit de parade qu'on appelait le lit du pape. Avec Léon IX, le
Latran était devenu, autant que jamais, le palais des pauvres et de la prière.

Après sa mort, le clergé et le peuple s'en remirent à l'empereur du choix d'un pape; mais ils lui envoyèrent, en même temps, un moine
déjà célèbre, le sous-diacre Hildebrand, pour l'aider dans son choix. Une assemblée fut alors convoquée à Mayence, et Hildebrand parvint
à diriger les voix sur Gebehard, évêque d'Eischstadt, qui prit le nom de Victor II.

L'élection du successeur de Victor II se fit également en dehors des formes anciennes. Le clergé et le peuple redoutaient tellement l'or
et les violences des comtes de Tusculum, qu'ils se demirent encore de leur droit; mais, au lieu de s'adresser à l'empereur, ils s'adressèrent,
cette fois, au cardinal Frédéric, abbé du Mont-Cassin, en le priant de leur désigner un pape. Frédéric leur proposa cinq noms, quatre
évêques et le sous-diacre Hildebrand; mais ceux qui lui avaient demandé conseil ne voulurent d'aucun des candidats qu'il proposait. Ils
le prirent lui-même, le menèrent de force à l'église de Saint-Pierre-ès-Liens, et là, le proclamèrent pape sous le nom d'Étienne IX.

Après Étienne, le clergé et le peuple donnent pleins pouvoirs à Hildebrand, et Hildebrand désigne Gérard de Bourgogne, évêque de
Florence, qui prend le nom de Nicolas II. Alexandre II est élu ensuite, toujours par la puissante influence d'Hildebrand; mais, après la
mort d'Alexandre, on ne demande plus rien à Hildebrand; on le prend lui-même et on le conduit à l'église de Saint-Pierre-ès-Liens, où il
est proclamé pontife. On n'entendait que les cris: *Saint Pierre a élu l'archidiacre Hildebrand! Saint Pierre a élu le pape Grégoire!*

Ainsi, malgré l'anarchie régnante, la succession des papes se poursuivait sans incertitude et sans lacune. Les tentatives de schisme
étaient cependant fréquentes: au pape légitime était opposé souvent un anti-pape que soutenaient de puissantes factions. Rome, le Latran
et Saint-Pierre furent plus d'une fois occupés par des intrus; mais, en définitive, la papauté triomphe toujours, et c'est au moment où on
la croit le plus impuissante, au moment où elle semble dépendre de tous les pouvoirs et de toutes les passions, qu'on la voit s'élever le
plus haut et dominer le monde. Telle elle nous apparaît sous Sylvestre II; telle sous saint Léon IX, et telle surtout sous saint Grégoire VII.

X

Saint Grégoire VII est resté célèbre pour l'énergie de son caractère. On a quelquefois qualifié d'ambition la volonté de commandement
qui était en lui, et cependant c'était lui qui, en annonçant son élection au roi Henri d'Allemagne, le priait de ne pas la confirmer: — « Si
j'étais pape, lui disait-il, il me serait impossible de laisser impunis les crimes dont vous êtes chargé. » — La confirmation royale commençait
cependant à tomber en désuétude; Alexandre II ne l'avait pas demandée, et Grégoire VII, suivant le P. Pagi, fut le dernier pontife qui la
demanda. Étrange ambition qui rappelle celle de saint Grégoire le Grand, et ne cherche qu'à descendre!

L'humble quoique rude franchise d'Hildebrand, ne déplut pas au prince, et l'élection fut confirmée. Mais alors, mais une fois devenu le
Vicaire de Jésus-Christ, Grégoire, se tint pour avoir charge d'âmes, et il ne pensa pas que la couronne pût être jamais une sauvegarde
contre la justice. « Les empereurs nommaient aux évêchés, dit Voltaire, et Henri les vendait. Grégoire VII s'opposa à cet abus. » Henri
crut pouvoir alors déposer le pape; mais le pape répondit en déposant le roi. On s'est demandé s'il en avait le droit. Mais les serments
que les souverains prêtaient, en montant sur le trône, étaient-ils donc de vaines formules? Et dans ces temps d'anarchie, n'y avait-il plus
rien de sacré que la violence et l'oppression? « Le pouvoir papal disposant des couronnes, a écrit le ministre protestant Coquerel,
empêchait le despotisme de devenir atroce..... Un Tibère eût été impossible, Rome l'eût écrasé. Les grands despotismes arrivent quand
les rois se persuadent que rien n'est au-dessus d'eux. C'est alors que l'ivresse d'un pouvoir illimité enfante les plus atroces forfaits. »
Un autre protestant, le célèbre historien Jean de Muller, a tracé en quelques lignes le portrait de Grégoire. « Il eut, dit-il, le courage
d'un héros, la prudence d'un sénateur et le zèle d'un prophète. »

Deux accusations ont été formulées contre lui. On lui a reproché d'avoir agi par orgueil et, je l'ai dit, par ambition. Son ambition, a
répondu l'historien protestant Voigt, fut d'assurer l'*indépendance de l'Église*, sans laquelle toute réforme de la société était impossible; son
orgueil, de faire prévaloir partout les droits de Dieu. Pour arriver là, *il fallait rompre les liens qui jusque alors avaient enchaîné l'Église à
l'État* [1], et il les rompit; il fallait braver toutes les mauvaises passions, et il les brava. Attaqué dans Sainte-Marie-Majeure, pendant la
messe de la nuit de Noël (an 1075), jeté à terre, traîné par les cheveux, emprisonné dans une tour, il est délivré par la population entière.

Nous ne pouvons suivre maintenant Grégoire dans les longues péripéties de sa lutte contre Henri IV d'Allemagne. Tantôt, le pape marche
jusqu'à Canosse, au milieu des acclamations de l'Italie, et soumet le despote à de dures pénitences; tantôt, le despote triomphe, les armes
à la main, et, malgré la résistance d'une femme héroïque, la comtesse Mathilde, arrive jusqu'à Rome. Pendant deux ans, la ville pontificale
fut assiégée sans pouvoir être prise; et l'armée allemande, décimée et démoralisée, fut enfin réduite à partir au bruit des défis et des
insultes que les Romains lui adressaient pour adieux (1081).

Quelques jours après cette retraite, Grégoire ayant assemblé un synode à Rome, y parla de la force d'âme et de la constance qui étaient
nécessaires au milieu de la difficulté des temps, et il le fit avec une éloquence surhumaine, disent les historiens, *ore non humano sed
angelico*. Les assistants étaient émus jusqu'aux larmes. C'était la dernière fois que Grégoire se faisait entendre dans la capitale de la
chrétienté.

En effet, ce que la force n'avait pu faire, la trahison le fit. La porte du Latran fut livrée aux Allemands, le 21 mars 1084, et le pape dut
se réfugier au château Saint-Ange.

On sait les dernières paroles de Grégoire mourant à Salerne: « J'ai aimé la justice et haï l'iniquité; c'est pourquoi je meurs en exil. »

Si les rois avaient laissé aux pontifes romains une complète indépendance pour la réforme du clergé; s'ils n'avaient pas sans cesse entravé
l'exercice de leur autorité spirituelle par leur prétention à disposer des titres ecclésiastiques, on n'aurait pas vu cette lutte des deux

____

(1) Voigt, *Histoire du pape Grégoire VII*, conclusion.

puissances, et chacune d'elles eût conservé sa pleine liberté d'action. Ce fut pour maintenir pleinement libre l'exercice de son autorité spirituelle, que Grégoire se posa vis-à-vis des princes et vis-à-vis de tous, comme le ferme gardien des droits de Dieu, et, en agissant ainsi, ce *grand homme*, suivant l'expression d'Henri Steffens, fut *la conscience et l'âme même de son siècle.*

Matériellement, il est vrai, le pontife fut vaincu. Rome tomba aux mains d'un anti-pape, et le roi Henri s'y établit comme dans sa demeure, *Romam ut propriam domum habere cœpit.* Mais ce fut pour peu de temps, et le triomphe de Grégoire eût été complet si les Normands, qui combattaient pour lui, n'eussent mis le feu à la ville. Moralement néanmoins Grégoire resta vainqueur, et la réforme qu'il eut la hardiesse d'entreprendre contre tout espoir humain, s'accomplit.

<h2 style="text-align:center">XI</h2>

Les papes qui lui succédèrent, le bienheureux Victor, Urbain II, Pascal II, Gélase II, Calixte II, Luce II, se distinguent tous par leur fermeté apostolique et par leurs vertus. Constamment en lutte avec des anti-papes, souvent avec les empereurs, captifs quelquefois jusque dans le lieu saint, fréquemment chassés de Rome, errant de ville en ville, ils n'en donnent pas moins l'élan aux Croisades, et continuent de dominer les maîtres du monde.

Ce sont eux qui terminent glorieusement la longue querelle des investitures ; ils fondent au loin des universités, donnent l'institution canonique à de nouvelles milices religieuses, aux hospitaliers de Saint-Jean, aux chevaliers du Temple, et font sentir leur action vivifiante, par des monuments et par des lois, jusqu'au sein de Rome qui semble ne plus vouloir d'eux. Calixte II fit peindre sur les murs du Latran les schismes qui avaient désolé l'Église et la paix conclue par ses soins avec l'empereur Henri V. Innocent II y fit représenter, à son tour, le couronnement de Lothaire. Le roi était représenté d'abord à la porte de la basilique, jurant, avant d'y être admis, de respecter les droits et honneurs de la ville ; au-dessous, on lisait cette inscription :

REX. STETIT. ANTE. FORES. JURANS. PRIUS. URBIS. HONORES.
POST. HOMO. FIT. PAPÆ. SUMIT. QUO. DANTE. CORONAM.

On avait cru la papauté à bout, elle était plus puissante que jamais. Jamais on ne le vit mieux qu'à la mort d'Adrien IV. Frédéric Barberousse occupait alors le trône impérial, et prétendait réduire l'Italie à n'être qu'une dépendance de son domaine : « Puisque je suis empereur romain par ordre de Dieu, disait-il, je ne porte qu'un vain titre si Rome n'est pas en ma puissance. » Au pape élu, Alexandre III, il oppose donc, suivant l'usage, un intrus, et déchire l'Église pendant près de vingt ans, par un schisme. Alexandre III est réduit à quitter Rome, et c'est à Anagni, Segni, Ferentino, petites bourgades échelonnées sur la route du mont Cassin, où la papauté était toujours sûre de trouver un dernier refuge, que s'écoulent les premières années de son pontificat. « Ainsi, d'un côté, l'empereur, et cet empereur est Frédéric Barberousse ; il est jeune, ambitieux, plein d'orgueil ; de l'autre, un pontife dont la douceur et la modestie sont incontestées. A peine a-t-il où reposer sa tête, car une faction audacieuse domine sa capitale, et son trône est occupé par un intrus ; cependant, quelle que soit sa faiblesse apparente, et en quelque lieu qu'il se trouve, c'est à lui que recourent tous les droits outragés et tous les intérêts méconnus, pour obtenir justice. On voit les villes lombardes s'unir, en invoquant son nom, pour repousser les envahissements de l'étranger ; et, lorsque Milan a succombé, lorsque ses églises ont été renversées, ses murailles détruites, et que la voix de l'empereur a fait retentir contre les vaincus l'antique sentence du paganisme, *confiscation et esclavage,* on entend, au même moment, la voix du pontife prolongeant contre l'esclavage l'écho sacré de la tradition chrétienne. Les accents de cette voix sont pour les opprimés comme une bénédiction du Ciel ; partout la foi et le courage s'exaltent ; Milan sort de ses ruines malgré l'empereur, et les populations enthousiasmées bâtissent, à quelques lieues de là, une seconde capitale qu'elles appellent Alexandrie, du nom du pape, comme pour protester, à la face de l'univers, de la justice de leur cause. Cette lutte dura quinze ans ; elle épuisa les forces de l'empire, et deux anti-papes succombèrent à la peine [1]. »

Ainsi, il n'était pas de violence, pas d'injustice qui ne trouvât son châtiment même sur la terre.

Quelques années s'écoulent, et nous voyons Léopold d'Autriche et Henri VI d'Allemagne frappés d'excommunication pour leur lâche perfidie à l'égard de Richard d'Angleterre, qu'ils avaient emprisonné au retour de la croisade. Lorsque la mort les frappa, leurs corps durent rester sans sépulture jusqu'à ce que la rançon de Richard eût été rendue. L'anathème pontifical allait également atteindre Philippe-Auguste, au milieu des voluptés d'une union adultère, et venger la pudeur outragée d'une jeune fille qui n'avait été enlevée au foyer paternel et honorée du titre d'épouse, que pour être, au bout d'un jour, reléguée dans un couvent, comme un objet de dégoût. Enfin, les conciles poursuivaient leur œuvre de législation, et leurs sages maximes devaient peu à peu pénétrer toutes les législations de l'Europe.

<h2 style="text-align:center">XII</h2>

Rome présentait alors un étrange aspect. Dominée par les forteresses de quelques familles puissantes, elle se rejetait vers les souvenirs de la république romaine, instituait un patrice, et rendait ses anciens privilèges au Sénat. On eût dit que le Capitole allait revoir les consuls, et les légions retrouver leurs aigles ; puis, au moindre revers, Rome invoquait la papauté, sauf à se livrer, le lendemain encore, à toutes ses ambitions et à tous ses rêves. C'était une fermentation de tous les jours qui ne pouvait s'accommoder ni de la paix ni de la guerre, ni du pape, ni encore moins des intrus patronés par l'empereur. « Que dirai-je du peuple? écrivait saint Bernard, c'est le peuple romain !.... Qu'y a-t-il de plus connu dans les siècles passés que l'insolence et le faste des Romains! C'est une nation qui ne sait ce que c'est que la paix et qui est accoutumée à la sédition, une nation farouche et peu traitable jusqu'à présent, qui n'a jamais su se soumettre que lorsqu'elle n'a pu résister. »

<hr>

[1] *Rome Chrétienne,* par Eug. de la Gournerie, t. 1er, p. 339.

Disons cependant, à l'éloge des Romains, que s'ils se montrèrent plus d'une fois alors inconstants et ingrats, ce n'était jamais pour longtemps. Ils acclamaient avec transport Innocent II, rentrant après son exil; ils envoyaient les croix et bannières plus loin ne le voulait l'usage, au-devant d'Eugène III. « Par la miséricorde de Dieu, dit Otto de Frisingue, une grande joie éclata dans toute la ville, à la nouvelle de la rentrée inattendue du Pontife. Une multitude innombrable courut au-devant de lui avec des branches vertes. On se prosternait sur ses pas; on en baisait les vestiges; on le couvrait lui-même d'embrassements. Les bannières flottaient; les officiers, les juges s'avançaient en foule. Les Juifs n'étaient pas absents de cette grande joie, portant sur leurs épaules la loi de Moïse; tous ensemble, formant comme un chœur d'harmonie, chantaient ces paroles : « Béni soit celui qui vient au nom du Seigneur. » Plus tard nous voyons les Romains employer la force pour délivrer Alexandre III des mains de l'anti-pape. Dans chaque grande ville, il y a toujours trois peuples : l'un qui s'agite et qui crie; c'est trop souvent le seul qu'on voie et qu'on entende; on décore aujourd'hui ses clameurs du nom d'opinion publique; suit un autre, honnête mais timide, qui se laisse entraîner par la peur ou par l'exemple; et enfin un troisième, le plus nombreux d'ordinaire, quoique le moins aperçu, qui gémit, qui souffre, et qui s'abstient.

XIII

Grégoire VII avait dominé de son nom et de ses œuvres le XIe siècle; Alexandre III, le XIIe; il était réservé à Innocent III de marquer le XIIIe de son empreinte. « A la cour du pape, dit Novalis, se réunissaient tous les hommes sages et vénérables de l'Europe. Tous les trésors affluaient à cette cité sainte. Jérusalem était vengée, et Rome elle-même était devenue Jérusalem, la sainte résidence du gouvernement divin sur la terre. » Jamais ce tableau vrai à toutes les époques, dans son ensemble, ne le fut plus manifestement qu'au XIIIe siècle. Les rois eux-mêmes subissaient l'influence de la papauté : l'impératrice Constance confiait à Innocent III la tutelle de son fils Frédéric II et la régence du royaume. Joannice, chef des Bulgares, et Primislas, duc de Bohème, sollicitaient de lui le titre de roi; Pierre II d'Aragon venait lui demander la couronne royale, et Othon de Bavière, le globe des empereurs romains.

Mais ce n'étaient pas seulement les rois et les princes qui accouraient à Rome; on y venait de toute l'Europe pour être jugé par le pape. « Chaque matin, dit Hurter, dès qu'Innocent avait célébré la messe, il se rendait au consistoire. Les cardinaux s'asseyaient autour de lui, et, en face, prenaient rang d'autres ecclésiastiques distingués. Le pape recevait alors les demandes de tous ceux qui recouraient à son autorité, quelle que fût leur patrie. Chaque pétition trouvait un accueil bienveillant; chaque réclamant pouvait compter sur une audience favorable. Trois fois par semaine, le consistoire était public et consacré à la solution des questions de droit les plus importantes. Dans ces débats, Innocent prêtait une attention scrupuleuse à toutes les propositions, examinait chaque point avec rigueur, exigeait des rapports détaillés, des preuves, des témoins, lorsqu'il était nécessaire. L'attaque et la défense avaient une pleine latitude pour éclaircir les points obscurs, sans avoir jamais à craindre de fatiguer le pontife. »

Innocent ne se bornait pas à décider les questions litigieuses; il cherchait avant tout à concilier les parties, et les paroles du juge étaient toujours prononcées avec l'accent du pasteur et du père. Les plus célèbres jurisconsultes quittaient leurs écoles pour l'entendre. Lorsque le climat de Rome contraignait Innocent à chercher une température plus favorable à sa santé chancelante, une foule immense le suivait, et il fallait choisir, comme pour une armée, les lieux les plus abondants en vivres. On vit quarante mille étrangers se presser autour de lui à Viterbe pour lui demander justice, comme s'il n'y avait plus ou de justice sur la terre que dans le cœur d'Innocent [1].

La justice envers et contre tous, telle fut, en effet, la passion dominante d'Innocent III. Les épouses outragées, les pupilles abandonnés, Ingeburge de Danemark, Marie d'Aragon, Adélaïde de Bohème, Ladislas de Hongrie, et le fils même de Raymond de Toulouse, qu'un concile avait dépouillé de ses biens, comme fauteur des hérétiques, trouvèrent toujours en lui un énergique et incorruptible protecteur. Un jour, on vient dire au pape que des pêcheurs ont retiré du Tibre de petits enfants noyés. Aussitôt, le cœur du pontife s'émeut, et il fonde pour les enfants trouvés cet hospice du Saint-Esprit, « le plus grand, le plus beau, le mieux ordonné peut-être, écrivait La Porte du Theil, en l'an IX de la République, qui existe actuellement encore, je ne dis pas dans la Ville, reine des cités, mais dans *aucune société civile de l'Europe.* »

L'hospice du Saint-Esprit est le plus ancien établissement de ce genre, et combien n'a-t-il pas fallu d'âges d'hommes pour que les autres nations parvinssent à l'imiter !

Les lettres et les légats d'Innocent parcouraient incessamment l'Europe, réprimant l'injustice, prêchant la concorde, et cherchant à réveiller dans les cœurs chrétiens quelque étincelle du feu qui les brûlait à l'époque du concile de Clermont. En même temps, l'énergique pontife convoquait tous les prélats du monde à ce palais de Latran, qui avait déjà donné son nom à deux conciles œcuméniques. Soixante-onze primats et métropolitains, quatre cent douze évêques, neuf cents abbés et prieurs de tous ordres, répondent à son appel, et les ambassadeurs de France, d'Aragon, de Sicile, d'Angleterre, de Hongrie, de Jérusalem, de Chypre, de l'empereur même de Constantinople, et d'un grand nombre de princes et de villes assistent, comme représentants de la puissance séculière, à ce grand congrès de la chrétienté. On comptait, en un mot, deux mille deux cent quatre-vingt-trois personnes prenant part, à divers titres, aux réunions : « Rome catholique apparaît alors, dit Hurter, avec un éclat qu'elle n'eut jamais, même dans l'antiquité, et à l'époque de toute sa puissance. »

Le concile traita d'abord les questions de foi, en précisant le dogme sur tous les points controversés par les hérétiques; puis il aborda ce que j'appellerai les questions sociales, c'est-à-dire, les mesures de sauvegarde que la société avait à prendre contre l'invasion d'une sorte de barbarie mystique, de franc-maçonnerie occulte qui, sous les noms de *Croyants,* de *Bonshommes,* de *Patarins,* de *Cathares,* la menaçaient d'un bout de l'Europe à l'autre. Il compléta enfin son œuvre par la rédaction de canons disciplinaires qui sont restés célèbres. L'Église était alors la seule puissance qui n'admît pas la torture dans l'instruction des causes; elle était la seule qui ne fît pas acception de personnes

---

(1) *Rome Chrétienne,* t. 1er, p. 362.

R. C.

devant la justice ; principe sacré, mais complétement étranger aux législations anciennes. « Il ne doit pas y avoir, de notre part, acception de personnes, écrivait Innocent III au clergé de France, et nous ne devons point avoir deux justices : l'une pour les riches et les puissants, l'autre pour les abjects et les pauvres. Que jamais il n'y ait en nos mains une fausse mesure ou une balance trompeuse, ce qui arriverait si, en faveur de quelqu'un, nous commettions une injustice, ou que nous eussions une règle pour les uns et une règle pour les autres. »

Chose étrange ! c'est cependant pour avoir posé et fait respecter ce principe de souveraine égalité, pour n'avoir pas cru que le crime fût permis sur le trône, lorsqu'il ne l'était pas sous la chaumière, que la papauté a été exposée aux outrages de toutes les sectes.

Parmi les canons disciplinaires du quatrième concile de Latran, nous citerons ceux qui interdisent les épreuves judiciaires, qui exigent la publication des bans de mariage, afin d'empêcher les unions clandestines, qui établissent dans toutes les églises des écoles gratuites, et formulent ces admirables règles de procédure que nos codes n'ont fait que reproduire.

Saint Dominique assistait au concile de Latran ; saint François d'Assise se rencontra avec lui à Rome ; nous y trouvons, dans le même siècle, saint Thomas d'Aquin et saint Bonaventure, comme nous y avons trouvé, les deux siècles précédents, saint Bernard et saint Anselme. Ce n'est pas seulement la sainteté, c'est le génie et la puissance sous leurs plus belles formes. Que devient le *divin* Platon près de l'*Ange de l'École?* Que sont toutes les intelligences et toutes les énergies de l'antiquité près de saint François et de saint Dominique, de ces *laboureurs du champ de Jésus-Christ,* que le Dante comparait à des *torrents précipitant leurs flots à travers les plus épais buissons, et se répandant ensuite en ruisseaux d'eau vive, pour féconder la terre* [1]! Les plus grands des Romains ne firent sentir leur influence que sur l'Europe et une petite partie de l'Asie et de l'Afrique, tandis qu'il n'est pas un point du globe où les enfants de saint Dominique et de saint François n'aient fait connaître l'Évangile. Ces hommes vêtus de bure, ces porteurs de frocs et de sandales, ont été partout les courriers de la civilisation ; ils ont été plus loin que le soldat, plus loin que le marchand ; la charité a fait par eux plus que la force et l'intérêt n'avaient su faire.

XIV

« Le règne d'Innocent III est la plus brillante époque de la puissance papale, » a dit un écrivain révolutionnaire, Daunou ; mais même avant Innocent III, nous l'avons vu, la pensée chrétienne avait profondément pénétré la société. C'est du XIᵉ au XIIIᵉ siècle que son action sociale est le plus visible. De cette époque datent la plupart des constitutions de l'Europe, constitutions toutes fondées sur une base chrétienne qui les soutient encore, malgré les brèches considérables qui lui ont été faites. Jamais non plus on ne vit autant de saints sur le trône. Au XIᵉ siècle, saint Henri réformait l'administration de l'Allemagne et illustrait une couronne qu'avaient déjà portée sainte Adélaïde et sainte Mathilde ; saint Édouard formait un recueil de lois qui a été longtemps comme le palladium de l'Angleterre ; saint Olaüs gouvernait la Norwège ; saint Canut, le Danemark ; saint Étienne était à la fois le législateur et l'apôtre de la Hongrie, et sainte Marguerite apparaissait comme l'ange gardien de l'Écosse.

Au XIIIᵉ siècle, saint Ferdinand chasse les musulmans de Cordoue, et la noble figure de Louis IX, dominant l'Europe entière, montre à la fois tout ce que peut être la bravoure chez un chevalier, l'intelligence chez un législateur et la vertu chez un saint. Mais, plus la pensée chrétienne agit alors d'action et de puissance, plus elle était attaquée par ceux qui prétendaient être indépendants de tout, même de la justice. Après saint Louis viendra Philippe le Bel, comme après saint Henri sont venus Henri IV et Frédéric II. « Frédéric II eût été sans rival sur la terre, dit un vieux chroniqueur, *s'il avait aimé son âme.* » Mais il n'aimait que les jouissances de l'orgueil et des sens, et, au lieu de servir la cause de Dieu, qui était sans doute celle du monde, il guerroya *Dieu de ses dons,* suivant l'énergique expression de saint Louis. Traître envers son beau-père, Jean de Brienne, il lui arrache son sceptre ; traître envers la papauté, dont il fut le pupille, il ameute contre elle, à prix d'argent, les mauvaises passions qui s'agitent à Rome. Deux fois le pape est contraint à fuir. Il est toujours facile de chasser un pape ; mais ce qui est difficile, c'est de venir à bout de lui, et Frédéric ne put venir à bout du vieux Grégoire IX, qui avait près de cent ans, ni de l'énergique Innocent IV, qu'il réduisit cependant à se sauver à toutes brides, sous un costume d'emprunt. Abandonné de tous, Grégoire IX « retrouve, dans ce moment terrible, et au sein de la faiblesse humaine, dit éloquemment M. de Montalembert, cette force qui n'appartient qu'aux choses divines. Il fait tirer les reliques des saints apôtres, les promène en procession à travers la ville, et demande aux Romains s'ils veulent laisser périr le sacré dépôt qu'il ne peut plus défendre sans eux. Aussitôt leur cœur est touché ; ils jurent de mourir pour lui ; l'empereur est repoussé, et l'Église délivrée. »

Quant à Innocent IV, qu'aucun prince ne voulait recevoir dans ses États, par crainte de l'empereur, il se réfugie à Lyon, ville neutre, ne dépendant que de son archevêque, et y assemble un concile qui condamne solennellement Frédéric. Cinq ans après, Frédéric mourait tristement, en ordonnant à ses fils de restituer à l'Église romaine *tous les droits qu'il possédait injustement, pour que, de son côté, elle en usât envers lui, comme une bonne mère.*

Il est impossible de ne pas remarquer, dans cette lutte douloureuse, les recommandations de Grégoire IX au commandant des troupes pontificales. « Rien n'est plus indigne des soldats de Jésus-Christ, lui écrivait-il, que de tuer ceux auxquels on peut conserver la vie, ou de mutiler, de défigurer l'image du Créateur. C'est pourquoi nous vous ordonnons de faire garder exactement ceux qui tomberont désormais entre les mains des nôtres, sans leur faire aucun mal, en sorte qu'ils aient sujet de se louer de leur captivité. » Sublimes préceptes qui posaient dès lors les bases d'un nouveau droit des gens pour les nations chrétiennes.

XV

Cependant Rome cessait de plus en plus d'être le centre du mouvement des affaires chrétiennes. Livrée aux querelles intestines des Frangipani et des Pierleoni, des Orsini et des Annibaldi, en proie à une anarchie incurable, elle n'en maintenait pas moins avec orgueil

____

[1] *Paradiso,* C. XII.

son indépendance contre la seigneurie du pape qui eût fait d'elle la capitale de l'univers. Aussi les papes, après être venus recevoir la couronne pontificale au tombeau de l'Apôtre, retournaient-ils le plus souvent dans les villes environnantes. Faut-il ajouter que la sédition les suivait quelquefois jusque dans ces villes? Urbain IV, retiré à Orvieto, dut fuir, malade, dans une litière, devant une révolte des Orviétains. Quant à Rome, elle s'était constituée en une sorte de république, sous la direction du Sénat. Innocent III parvint à dominer, quelque temps, ces tumultueuses passions. Le Sénat plie devant lui, et le préfet de Rome dut lui demander l'investiture de sa charge. Mais, après sa mort, les prétentions renaissent, et, afin de mieux assurer l'indépendance de la ville, on confie son administration, avec le titre de sénateur à vie, à des princes étrangers. C'est d'abord à Charles d'Anjou, roi des Deux-Siciles, puis à Henri de Castille, fils du roi saint Ferdinand, mais qui avait perdu, durant un long séjour chez les barbaresques, l'esprit et les traditions de sa famille. En 1281, les Romains élurent le pape Martin IV pour sénateur, mais en précisant que ce n'était point en raison de sa dignité pontificale. Ils offrirent le même titre à Boniface VIII, qui l'accepta. Le prédécesseur de Boniface, saint Pierre Célestin, s'était fixé à Naples, et les Romains commençaient à craindre que leur république ne les rendît un objet de risée, en les déshéritant de l'empire du monde.

L'esprit religieux commençait aussi à réagir au sein de la ville contre cet éternel besoin d'insubordination. Une confrérie s'était formée, sous la direction de saint Bonaventure, dans un but de piété et de charité. Visiter les malades, doter les jeunes filles pauvres, recueillir des aumônes pour le rachat des esclaves chrétiens, telles étaient les principales œuvres que se proposaient les associés. Ils marchèrent dès lors dans les processions, comme une troupe d'élite, et on les vit, un jour d'émeute, s'emparer du Capitole, le drapeau de la ville à la main, et y rétablir l'autorité pontificale. À partir de ce jour, la confrérie prit le nom de *Gonfalon* ou d'*Étendard*, pour marquer, dit Hélyot, que, sous l'*étendard de la cité, de la patrie et de la justice, ils avaient rendu à la ville de Rome sa liberté.*

Quatre autres confréries se formèrent bientôt après, et reconnurent la compagnie du Gonfalon pour leur mère. Mais ce qui marque surtout cette époque, ce fut le mouvement extraordinaire qui se manifesta à Rome et dans l'Europe, à l'approche du XIVe siècle. Des vieillards avaient dit que, selon l'ancien usage de l'Église, chaque centième année était marquée par des grâces singulières pour tous ceux qui visitaient les tombeaux des Apôtres. Suivant les uns, on obtenait une indulgence plénière ; suivant les autres, une indulgence de cent jours, chacun des jours de cette année. Boniface VIII, qui occupait alors le trône pontifical, nomma une commission pour chercher, dans les archives de l'Église, quelques traces de ce privilège. On ne put constater que deux choses : l'ancienneté des pélerinages aux tombeaux des Apôtres et celle des indulgences qui y étaient attachées. Les *Roméens,* — tel était le nom qu'on donnait à ceux qui faisaient le pélerinage de Rome, — étaient nombreux dans toute l'Europe. Ils le devinrent davantage à chaque changement de siècle; mais, le 1er janvier 1300, cette pieuse coutume prit un caractère inaccoutumé. La population de Rome se porta presque entière à la basilique vaticane. L'affluence ne fit que s'accroître les jours suivants, et, pendant deux mois, Boniface vit, du haut du Latran, hommes et femmes encombrer les abords du tombeau de saint Pierre, et couvrir de leurs flots pressés la voie d'Ostie, sur laquelle était la basilique de saint Paul. Le pontife se décida alors à consacrer cette dévotion, et, par une bulle du 22 février, il accorda une indulgence plénière, applicable, tous les cent ans, à ceux qui, étant vraiment repentants et s'étant confessés, visiteraient, pendant trente jours et une fois par jour, les églises des Apôtres. Les étrangers pouvaient gagner cette indulgence par quinze jours de stations seulement. On vit aussitôt une innombrable multitude accourir d'Italie, d'Allemagne, de France, d'Angleterre, de tous les pays où avait pénétré la civilisation chrétienne. Les vieillards venaient, soutenus par leurs enfants; les infirmes, portés dans des litières. Pendant le reste de l'année, il y eut continuellement deux cent mille pélerins dans les rues de Rome, si nous en croyons Jean Villani qui s'y trouvait; Dante y était aussi, et il compare, dans son *Enfer,* l'ondoiement de la foule des âmes à l'agitation tumultueuse des pélerins traversant, en sens divers, le pont Saint-Ange. Ailleurs, il nous peint leur ébahissement, leur admiration à la vue de Saint-Jean-de-Latran; mais Dante s'est arrêté là. Son génie n'a pas trouvé d'expression plus grandiose pour rendre l'impression que dut produire ce vaste congrès de la chrétienté. C'était cependant un sublime spectacle et qui aurait dû inspirer le cœur du poète, que cette réunion de toutes les langues, de tous les peuples, telle que n'en vit jamais Rome antique; que cet oubli des préjugés de naissance et des jalousies nationales, et cet accord de tous au centre de la fraternité commune, dans un même sentiment d'adoration et de prière. [1]

XVI

Boniface VIII, qui présida à ce grand mouvement social, avait un caractère énergique qui n'a pas toujours été impartialement apprécié, parce qu'il eut beaucoup d'ennemis et que ces ennemis ont laissé leurs traces dans l'histoire. Il est certain cependant que, s'il éveilla autour de lui des haines ardentes, il se vit, en même temps, protégé par de nombreuses sympathies. Les Romains, si impatients du joug pontifical, lui demeurèrent néanmoins attachés. Ils avaient confiance en lui parce qu'il était fort. La république de Pise se plaça, d'un mouvement spontané, sous sa direction; Velletri le nomma podestat; Florence, Bologne, Orvieto, lui érigèrent des statues de marbre, et, lorsqu'il fit la guerre, elles lui envoyèrent des troupes. On raconte même que les femmes, ne pouvant combattre, recrutaient des soldats pour lui.

Son différend avec Philippe le Bel reposait sur la question des immunités ecclésiastiques, question peut-être la plus véritablement sociale du temps. À une époque où nulle liberté politique n'existait encore, il n'y en avait qu'une seule, celle de l'Église; mais du moins, tant que l'Église était puissante, et elle l'était par l'unité de son action, par ses propriétés, par ses franchises, le despotisme sentait le frein et n'avançait pas; elle étendait sa sauvegarde sur le naufragé qu'on pillait, sur le voyageur et le marchand qu'on rançonnait, sur le berceau de l'enfant et le lit de l'épouse, toujours exposés aux outrages; elle soutenait partout, en un mot, les droits des faibles et offrait des asiles à toutes les infortunes, en même temps qu'elle frappait d'anathème ceux qui les avaient causées. Ce droit de haute police sociale fut

----

(1) *Rome Chrétienne,* t. Ier, p. 407.

précisé par Boniface VIII dans une bulle célèbre, la bulle *unam sanctam*. Le sens profond de cet acte était que les rois, pas plus que les peuples, ne pouvaient manquer aux lois immuables de la justice, sans tomber sous le coup du glaive spirituel, institué de Dieu pour déraciner le mal moral de la société. C'était l'expression même de ce droit de la conscience sur la force, que M. de Broglie nous signale dès le V* siècle, se mettant de lui-même, *sans emphase et sans surprise, au-dessus de tous les pouvoirs du monde* [1].

La distinction des deux puissances était d'ailleurs nettement inscrite dans la bulle. Cette distinction, on ne le sait pas assez, était une vieille doctrine pontificale que ne connut jamais l'antiquité païenne et que ne connaissent pas davantage les peuples aujourd'hui séparés de Rome. Autrefois, César était Dieu ; aujourd'hui si le titre manque, la chose reste, et à Londres non moins qu'à Pétersbourg, à Berlin non moins qu'à Stamboul, le même pouvoir prétend disposer également et de la terre et du ciel, dominer à la fois les corps et les consciences. La papauté seule empêche cette confusion, et si les deux pouvoirs sont unis à Rome, c'est, suivant le mot d'un orateur français, *afin qu'ils soient séparés dans le reste du monde.*

On sait quelle fut la réponse de Philippe le Bel ; mais on sait aussi de quelle manière cette réponse a été jugée et par les contemporains et par l'histoire. « Je vois la fleur de lis entrer dans Anagni, écrivait Dante dans son poème, et le Christ prisonnier dans la personne de son vicaire. Je le vois, une seconde fois, devenir un objet de dérision ; je vois renouveler pour lui le vinaigre et le fiel ; je le vois mort au milieu de larrons vivants ; je vois le nouveau Pilate ; sa cruauté n'est pas encore satisfaite!..... » Et cependant Dante était gibelin ; il avait même été chassé de Florence par les partisans de Boniface.

Est-il besoin d'ajouter que les habitants d'Anagni se soulevèrent d'eux-mêmes et délivrèrent le pape? Ils firent plus ; ils lui mirent entre les mains un nommé Rinaldo, le chef de ceux qui l'avaient livré. Boniface lui pardonna. Tel fut Boniface VIII. « Quelque fortes et énergiques que fussent ses convictions, a dit l'éminent cardinal Wiseman, quelque rigidité qu'il y eût dans ses procédés, ses efforts tendirent constamment à ce que les souverains remissent leur épée dans le fourreau, à ce qu'ils respectassent les droits de voisins plus faibles qu'eux, et à ce qu'ils réunissent toutes leurs forces pour l'exécution du grand dessein qui était le but constant de toute l'Église à cette époque, c'est-à-dire la destruction de la puissance toujours croissante des Sarrasins. »

<h3 style="text-align:center">XVII</h3>

Benoît XI, qui succéda à Boniface VIII, ne régna que huit mois, et ce fut après sa mort qu'eut lieu l'élection de Bertrand de Goth, archevêque de Bordeaux, qui prit le nom de Clément V. On sait que Clément fixa sa demeure en France. Cette émigration de la papauté, que les Romains comparèrent bientôt à la captivité de Babylone, porta à Rome un coup mortel. Elle *tomba en ruine*, pour parler comme le cardinal Napoléon Orsini, et *le patrimoine de saint Pierre fut pillé par des hommes qui étaient plutôt des voleurs que des gouverneurs.* L'incendie du Latran, en 1308, vint ajouter à cet état de désolation une calamité nationale. Un noble mouvement se manifesta du moins alors dans tous les rangs de la population. Chacun mit la main à l'œuvre pour relever l'auguste basilique. Clément V, de son côté, envoyait d'Avignon de fortes sommes d'argent ; et cependant Pétrarque gémissait encore, seize ans après, sur l'abandon dans lequel languissait cette *mère de toutes les églises :* « Le Latran s'en va en débris, s'écriait-il ; il manque de toit, il est livré aux vents et aux tempêtes ; » et personnifiant Rome : « J'ai autant de blessures que j'ai d'églises et de palais, » lui faisait-il dire. En effet, sur deux cent cinquante-deux paroisses que comptait Rome, quarante-quatre manquèrent bientôt de prêtres, et onze n'offrirent plus à la vue que des décombres. Quant aux autres monuments, Pétrarque nous dit tout en deux mots : « Ils tremblent! ils s'écroulent! » *Ruitura tremunt!* La population suivait la même voie de décadence.

Et cependant Rome était enfin maîtresse d'elle-même comme elle l'avait longtemps désiré ; elle avait eu un tribun dans la personne d'Arnauld de Brescia au XII* siècle ; elle en eut un autre dans la personne de Rienzi, au XIV*, et elle put se croire revenue un instant aux jours des Gracques ; mais, comme les Gracques, Rienzi périt dans une émeute. A défaut de tribun ou de consul, Rome pouvait d'ailleurs choisir entre les princes. Louis de Bavière ne demandait pas mieux que de faire d'elle la capitale de l'empire romain ; le roi de Naples, celle d'un royaume italien qu'il n'eût pas été fâché d'étendre jusqu'aux Alpes. Mais on sentait tristement la différence qu'il y a entre un roi, même un empereur, et un pape. On avait pu comparer l'impression que produisit Louis de Bavière trônant au haut des degrés de la basilique vaticane, vêtu de pourpre, la couronne sur la tête, le sceptre d'or et le globe à la main, et le souvenir qu'avaient laissé ces bénédictions pontificales qui attiraient sur la place Saint-Pierre la ville et le monde. Ce n'était pas même une parodie, c'était l'impuissance, c'était le néant ! Rome n'était plus Rome ; elle était tombée au niveau de Naples et de Vienne ! Aussi les Romains ne cessaient-ils d'envoyer des ambassadeurs à Avignon pour demander le retour du pape ; ils lui offraient même la seigneurie de la ville pour le temps de sa vie, comme ils l'avaient fait à Martin IV et à Boniface VIII. Cette offre qui ne faisait en définitive du pape que le délégué du Sénat, était peu de nature à vaincre les résistances pontificales. L'état de Rome ne l'était pas plus. « Vous savez, leur dit Jean XXII, si la paix y règne et la sûreté. »

Rome et l'État romain étaient, en effet, dévorés par l'anarchie, et si par hasard l'autorité se faisait sentir, elle était violente et tyrannique. C'est ainsi que Reinier de la Faggiola, sénateur de Rome, au nom de Louis de Bavière, *fit brûler*, dit Fleury, *deux hommes de bien, parce qu'ils disaient que Pierre de Corbario* (un anti-pape de la façon de Louis) *n'était pas pape légitime.* Qu'était donc devenu Boniface VIII, ce fougueux Boniface, qui pardonnait à Rinaldo d'Anagni, dont la trahison l'avait livré aux outrages de Nogaret et de Sciarra-Colonne?

Même anarchie et mêmes violences dans tout l'État romain et, on peut le dire, dans toute l'Italie. « Ce qui était institué au mois d'octobre n'atteignait pas le mois de novembre » disait Dante ; et l'ordre ne parvenait à renaître que par l'établissement, dans chaque ville, de petites tyrannies au profit des familles prépondérantes. Lorsque le cardinal d'Albornoz fut envoyé dans la péninsule par Innocent VI, il ne trouva

<hr>

(1) *L'Église et l'Empire Romain au IV* siècle,* t. I*er*, p. 288.

que deux places qui voulussent le recevoir, Montefiascone et Montefalco; mais peu à peu, par la force d'abord, par la douceur ensuite, et surtout par l'intelligence de son administration, il fit tomber toutes les barrières, et rendit la paix à ces pays désolés. Urbain V et Grégoire XI achevèrent l'œuvre commencée, en reportant le Saint-Siége à Rome. Dante, l'ardent gibelin, disait que l'empire était la *lune* de Rome, mais que l'Église en était le *soleil*. Il voyait *un conseil singulier de Dieu*, dans la naissance et la grandeur de cette *sainte cité*. Il lui semblait que ses murs eux-mêmes méritaient le respect, et que le sol sur lequel elle était assise était *digne de vénération au delà de ce que les hommes avaient jamais pu dire et croire*. Le retour de la papauté fut donc salué avec enthousiasme par les gibelins comme par les guelfes. C'était pour tous l'aurore d'un beau jour.

Les Romains s'engageaient d'ailleurs à reconnaître la libre et entière seigneurie du pape sur la ville, et à lui remettre la garde des ponts, des portes et des tours. « Le grand pouvoir de la vertu fit enfin, après tant de siècles, écrivait cent ans plus tard le cardinal Gilles de Viterbe, que le pape gouverna tout à Rome, à sa volonté. »

XVII

Mais avant d'arriver là, une cruelle épreuve était encore réservée à l'Église. Le schisme qui suivit la mort de Grégoire XI scinda la chrétienté en deux camps presque égaux, et Rome se ressentit plus d'une fois de la lutte. Jusqu'alors les antipapes, quelque nombreux qu'ils eussent été, surtout depuis deux siècles, n'avaient pour adhérents qu'une faction dont les efforts ne pouvaient obscurcir les droits du pape légitime. Mais après la mort de Grégoire XI et l'élection d'Urbain VI, la défection de la plupart des cardinaux qui avaient procédé à cette élection, et la part qu'ils prirent à une élection nouvelle, jetèrent le trouble dans les consciences; et l'on vit les universités, les docteurs, les saints eux-mêmes, partagés entre l'obédience du pape d'Avignon et celle du pape de Rome. C'était la fin de l'Église, si l'Église pouvait finir; mais elle triompha de cette épreuve comme de toutes les autres. Le concile de Bologne porta un premier coup au schisme, en 1409, par l'élection de Pierre de Crète, et celui de Constance, un dernier, en 1417, par l'élection d'Othon Colonne, qui prit le nom de Martin V. Il était temps!

Le désordre, en effet, était au comble, et Rome avait fini par devenir la proie de nouveaux Vandales. Le roi de Naples, Ladislas, s'était emparé, une première fois, de la ville pontificale, au temps d'Innocent VII. Chassé bientôt par les habitants, il revient à la charge sous le règne de Jean XXIII, mais sournoisement, comme un battu qui se souvient de sa défaite. Il offre en effet la paix, conclut un traité, puis, au moment où tout le monde dort sur sa parole, il ouvre nuitamment une brèche près de Sainte-Croix-en-Jérusalem, et pénètre sans difficulté dans la ville.

Cette invasion d'un prince italien rappela, par ses excès, celles des barbares. Le pape prit rapidement le chemin de la Toscane; mais un certain nombre de ses serviteurs furent massacré, les palais furent abandonnés au pillage; les trésors des églises, les joyaux du Saint-Siége, les reliques enchâssées dans l'or et entourées de pierres précieuses, tout ce qui avait une valeur vénale fut entassé sur les fourgons du vainqueur. On vit des chevaux attachés aux autels des basiliques, des soudards buvant et trinquant dans le lieu Saint, et la basilique du Vatican consacrée à des assemblées profanes. En même temps, les armoiries pontificales étaient remplacées par le drapeau napolitain; et lorsque le château Saint-Ange se fut rendu, lorsque Ladislas put se croire paisible possesseur de la ville, le bannissement, les galères, la mort, firent justice du dévouement de ceux qui demeuraient fidèles à la cause de l'Église.

Ladislas triomphait; mais il mourut soudain, et les légats de Jean XXIII rentrèrent sans difficulté dans la capitale. Puis, lorsque Martin V fit son entrée solennelle, le 28 septembre 1420, la joie des Romains fut si grande, que le jour en fut marqué dans les fastes du Capitole.

Avec le schisme d'Occident finit ce que nous appelons le *moyen-âge*, période de troubles, de souffrances, mais de vie puissante et active. Depuis la chute de l'empire romain et les invasions des barbares, il n'y avait réellement plus de société. L'Église seule avait des lois, une organisation, une hiérarchie, respectées et durables. Elle seule pouvait faire sortir des éléments en fusion une société nouvelle, et elle l'avait fait malgré l'opposition fréquente de la force matérielle, malgré les hérésies et les schismes. Plus faible, humainement parlant, qu'aucun gouvernement de l'Europe, elle les avait dominés tous; plus attaquée qu'aucun, plus exposée à l'instabilité par l'âge de ses pontifes et par les fréquentes intermittences de ses élections, elle avait été le seul que rien n'eût ébranlé : ni la perfidie, ni la violence, ni la politique. Après avoir converti les peuples, elle les avait formés, par sa haute direction et l'exemple de ses lois, à la vie sociale. Il ne lui restait plus qu'à activer l'esprit humain dans tous les sens, et à compléter par les arts, les sciences et les lettres, ce travail de civilisation qu'elle avait commencé par l'Évangile.

DE MARTIN V A CLÉMENT VIII

1417-1592.

I

E tout temps l'Église avait été l'institutrice des peuples pour les sciences et les lettres non moins que pour la foi; mais on comprend qu'elle avait dû commencer par la foi, par cette crainte de Dieu, qui, suivant l'expression de l'Écriture, est le commencement de toute sagesse. On comprend aussi qu'une société en travail et en guerre, fut longtemps peu préparée au développement intellectuel. Les découvertes cependant se multipliaient depuis le XII° siècle, découvertes dues presque toutes à des moines ou à des clercs, et qui laissaient loin derrière elles le niveau scientifique de l'antiquité. La poudre fulminante, les lunettes, la boussole, réalisaient des merveilles que n'avait pas soupçonnées Pline au plus beau temps de l'Empire, lui qui croyait à tant de merveilles ! Les vieux manuscrits avaient, en outre, été conservés dans les monastères ; ils y étaient copiés, reproduits, et recommençaient à courir le monde. Ermold le Noir, — encore un moine! — s'inspirait du pieux Enée en chantant Charlemagne; et la verve chrétienne de Prudence, de Fortunat, de saint Prosper, de saint Avit, d'Arator, retrouve des échos auxquels répondent tout-à-coup, dans un nouvel idiôme, la voix attendrie de Pétrarque et le génie catholique du Dante. Homère et Virgile n'étaient certainement pas vaincus, mais ils pouvaient voir de près leurs rivaux.

L'histoire était née depuis longtemps; elle était née, comme la science, dans les monastères, et elle les avait peu quittés. Grégoire de Tours, Frédégaire, le moine de Saint-Gall, et à Rome, Anastase, précédaient de loin Joinville, Comines et Villani. Saint Anselme et saint Thomas d'Aquin avaient élevé la philosophie à une hauteur que ni Platon, ni Aristote n'avaient pu atteindre, et, si l'art chrétien n'était pas encore de force à lutter avec l'art de la Grèce, il s'était créé du moins une esthétique à lui, qui avait produit des monuments grandioses. Les hauts campaniles annoncent de loin la maison de Dieu ; le son des cloches fait retentir au dessus de tous bruits l'appel de la prière ; et des voûtes élancées, des chapelles mystérieuses, des vitraux peints, des mosaïques indestructibles, des tableaux, des statues pénètrent l'âme, dans le lieu saint, d'impressions religieuses et profondes. Rien de froid comme un temple antique ; il ne domine pas les villes comme les nôtres; il n'a ni clocher ni coupole, et, le plus souvent, il est le moins apparent et le moins vaste des monuments de la cité. La basilique, qui est destinée aux assemblées du commerce, est plus grande que lui ; les Thermes, qui sont destinés aux plaisirs, pourraient contenir quatre ou cinq temples dans leur enceinte. On sent que ce n'est pas au temple que se porte la foule, mais aux Thermes, aux basiliques, et surtout à l'Amphithéâtre, cet immense abattoir de chair humaine en l'honneur du grand dieu de Rome, le Peuple!

Dans Rome moderne, au contraire, et l'on peut dire dans l'Europe moderne, nul monument n'égale l'Église, ni en grandeur ni en dignité. C'est elle qu'on aperçoit de plus loin et qui frappe le plus l'imagination par ses formes majestueuses. Les Tuileries s'effacent devant Notre-Dame; le Vatican, devant Saint-Pierre.

Si donc l'art chrétien n'avait pas encore égalé l'art païen, au XV° siècle, par la perfection de la main-d'œuvre, il s'élevait déjà fort au-dessus de lui par la grandeur et la hardiesse de la pensée. Qui osera comparer, pour l'effet général, le Panthéon d'Agrippa à Notre-Dame de Chartres ou à Notre-Dame de Reims? Qui osera surtout le comparer à Saint-Pierre de Rome, dont la coupole seule forme un temple aussi grand et, par son élévation, plus imposant que lui? Dante, pleurant sur les ruines de la basilique du Sauveur, rappelait tristement les jours où le Latran s'élevait *au-dessus de toutes choses mortelles :*

> *Quandò Laterano*
> *Alle cose mortali andò di soprà!*

Ce cri de douleur nous prouve combien les monuments de l'antiquité, malgré leur perfection technique, étaient loin de produire, même sur les érudits, l'impression des monuments chrétiens. Dante connaissait sans doute le Panthéon, lorsqu'il ne voyait rien de comparable au Latran parmi les choses mortelles.

En résumé, le moyen-âge qu'on représente sans cesse comme une époque de ténèbres, avait dépassé l'antiquité dans la philosophie, dans les sciences, et l'on peut dire même dans l'architecture, tout au moins comme pensée, si ce n'est comme exécution. Il commençait à briller dans les lettres et laissait une société vive, jeune, ardente, préparée à tout, aux inspirations du génie comme aux dévouements de la charité, par une éducation forte et chrétienne.

Telle avait été l'œuvre des papes. Ils la poursuivront encore ; ils s'attacheront à elle sans vouloir tenir trop sévèrement compte au génie de quelques écarts, d'un retour trop marqué surtout vers les traditions et les faiblesses de la mythologie antique; et le siècle qu'illustreront Raphaël et Michel-Ange, sera nommé le siècle de Léon X.

II

Constatons d'abord l'état des arts à Rome, lors de l'avènement de Martin V. Nous avons dit que les églises paroissiales étaient au nombre de deux cent cinquante-deux ; à ce nombre il faut joindre soixante-deux chapelles, ce qui fait trois cent quatorze édifices religieux. Or, il n'était pas un de ces édifices, même parmi les plus modestes, qui ne se distinguât par quelques œuvres d'art : colonnes antiques, mosaïques rehaussées d'or, reliquaires parsemés de pierres gracieuses, ornements tissus d'or et de soie et représentant des scènes bibliques. Ajoutons un luxe d'argenterie dont nous pouvons difficilement aujourd'hui nous faire une idée : phares d'argent pour le luminaire, couloirs d'argent pour purifier le vin du sacrifice, cerfs d'argent pour verser l'eau dans la cuve baptismale, tours d'argent pour garder la sainte Eucharistie, etc., etc. La mosaïque de Saint-Paul, qui remonte à Léon le Grand, celle de Sainte-Marie-Majeure, qui date de Sixte III, la tribune de Saint-Jean de Latran, le charmant cloître ogival qui lui est contigu, enfin, près de Subiaco, le cloître de Sainte-Scholastique, restent aujourd'hui encore comme de curieux débris d'un art incertain dans sa voie, qui imite peut-être plus qu'il n'invente, qui prend ses modèles un peu partout, à Rome, à Bysance ; mais imitant avec nouveauté, et ne manquant ni de vigueur, ni surtout de richesse.

L'aspect extérieur des monuments était loin d'ailleurs de répondre à leur éclat intérieur, ainsi qu'on peut s'en convaincre par Sainte-Marie *trans Tiberim*, Sainte-Cécile, Sainte-Marie de la Minerve, Aracœli et Saint-Paul. Les églises romaines de cette première période de l'art forment même un contraste marqué avec les églises du Nord de l'Europe, si hautes, si ouvragées et si imposantes. Aracœli n'a pour façade qu'un mur de briques ; Saint-Paul, qu'un portique sans élévation et sans majesté. Depuis que Rome s'est séparée des papes, depuis qu'elle leur conteste misérablement leur droit de seigneurie, on dirait que la vie s'est arrêtée en elle ; plus de constructions grandioses, plus rien de ce mouvement intellectuel qui enfante les chefs-d'œuvre ; et, tandis que les populations du Nord élèvent, de leur cœur et de leurs mains, de gigantesques cathédrales ; au moment où Diotisalvi édifie le baptistère de Pise, où Buonanno coule en bronze la porte du dôme de la même ville, et bâtit la tour Penchée, ce type toujours admiré d'élégance et de délicatesse ; au moment où Milan élève son dôme, Ferrare sa cathédrale, où Saint-Marc fait admirer, à Venise, ses mosaïques et ses coupoles, Rome demeure seule inerte au milieu du mouvement universel. Elle n'a même pas d'art qui lui soit propre ; ses artistes sont d'emprunt, et son génie, qui eût pu enfanter des chefs-d'œuvre, s'épuise péniblement en luttes mesquines et en puérils essais d'indépendance.

La fin du grand schisme et l'avènement de Martin V commencent heureusement une ère nouvelle. Les papes cessent de trôner à Anagni, à Sutri, à Ferentino ; personne ne leur conteste plus ni leur primatie, ni leurs droits dans la ville des Apôtres ; et Rome, qui avait cessé d'être la capitale du monde, reprend glorieusement la place qu'elle avait perdue, à la tête de la civilisation.

III

Nous avons dit l'état de ruine dans lequel elle se trouvait après l'invasion de Ladislas ; mais il ne fallut que quelques années du règne de Martin V, pour lui rendre son ancien éclat ; elle devint même, si nous croyons les historiens du temps, *plus brillante que jamais*. L'anarchie fut réprimée, les basiliques se relevèrent, les proscrits rentrèrent en foule ; gouvernement, politique, administration, lettres, beaux-arts reçurent une impulsion intelligente de l'esprit d'ordre et du sens droit du pontife. Rome devint alors la véritable patrie des artistes. Victor Pisanello et Gentile da Fabriano ornent de leurs peintures la grande nef du Latran, et Masaccio couvre les murs de saint Clément de ses admirables fresques. La mitre de Martin V et celle d'Eugène IV sortaient de l'atelier de Ghiberti, l'auteur des portes du baptistère de Florence. Vasari décrit ainsi la mitre de Martin V. « Elle était faite de feuilles d'or percées à jour, sur lesquelles se jouaient une foule de petites figures du plus gracieux dessin. » Celle d'Eugène IV était entourée d'une guirlande d'enfants, et chargée de cinq livres et demie de perles.

Eugène IV fut réduit à quitter Rome sous un déguisement, à la suite d'une sédition, comme plus d'un de ses prédécesseurs ; c'était un reste du vieux levain qui fermentait encore ; mais, au bout de cinq mois, on demanda instamment son retour. Eugène s'occupa, au reste, moins de Rome que de la chrétienté. La résistance qu'il opposa aux prétentions du concile de Bâle, et ses efforts souvent heureux pour le rétablissement de l'unité parmi les Grecs, les Arméniens, les Maronites ; son amour de la science et son inépuisable charité, recommandent à jamais sa mémoire.

Nicolas V, son successeur, était fils d'un médecin de Sarzane. En dix-huit mois, il fut fait évêque, cardinal et pape. « Eût-on pu croire, dit un historien, qu'un prêtre bon à sonner les cloches, *da suonare campane*, pût être élu souverain pontife ? » Il le fut cependant, bien que les voix se fussent portées d'abord sur le puissant cardinal Prosper Colonne, et il fut un des grands papes du XVe siècle.

Nul prince en Europe n'avait une cour semblable à la sienne. On y rencontrait les historiens Manetti, Bruni d'Arezzo, Le Pogge, qui alors n'était encore qu'un savant et n'avait pas publié ses immorales *facéties*, puis les grammairiens Guarini de Vérone, Jean Aurispa, Théodore de Gaze, l'habile architecte Rossellini, le grand ingénieur Alberti, et l'ange de la peinture, le bienheureux Angélique de Fiésole.

Nicolas V voulût fixer à Rome saint Antonin, archevêque de Florence, qui dominait par la force de sa doctrine ceux qui ne se laissaient pas charmer par l'onction de sa parole ; mais saint Antonin se refusa à abandonner son troupeau : je le *canoniserais vivant*, disait le pape. Nicolas tenait à avoir souvent chez lui de pauvres religieux qui lui rappelassent sans cesse les austérités et les vertus du cloître. Ses meilleurs moments étaient ceux qu'il passait avec eux : « Je ne sais, leur disait-il un jour, s'il est au monde un homme plus malheureux que moi, » et l'un des malheurs dont il se plaignait était que personne ne lui parlait à cœur ouvert. « Ah ! si je le pouvais avec honneur, ajoutait-il, comme je redeviendrais promptement *maître Thomas de Sarzane !* J'avais alors autant de contentement en un jour qu'actuellement en une année ! »

Avec les érudits, il parlait également bien de science et de lettres. Habitué, dès son enfance, au travail, ayant consacré de longs jours à la transcription des manuscrits, Nicolas n'était étranger à aucune des branches des connaissances humaines. Il pouvait donner des conseils aux littérateurs, des enseignements aux philosophes, et Vasari assure que les artistes eux-mêmes trouvaient en lui un guide plein de goût et d'expérience, *non meno guidava é reggeva gli artisti ch'eglino lui.* »

Rome et l'État romain durent beaucoup à Nicolas V. Forteresses, églises, aqueducs, bains, palais, il veillait à tout et pourvoyait à tout. Rossellini construisait une nouvelle ville à Civita-Vecchia, Alberti faisait jaillir sur la place Trevi les flots oubliés de l'*Eau Vierge*, et la bibliothèque vaticane, déjà si riche, s'enrichissait encore des dépouilles de Constantinople.

Ce fut, en effet, au temps de Nicolas V que la grande capitale de l'empire d'Orient tomba sous les coups de Mahomet II. Nicolas avait prédit cette catastrophe, et, au moment même où les Grecs dégénérés repoussaient la main que leur tendait le pape, celui-ci mettait tout en œuvre pour les sauver. Il fit plus, et lorsqu'ils furent vaincus et proscrits, nulle part plus qu'à Rome ils ne trouvèrent un généreux accueil.

De cette émigration grecque date la période célèbre qu'on a singulièrement qualifiée de *Renaissance*, comme si le génie était mort, comme s'il n'y avait de vie intellectuelle que dans les manuscrits poudreux apportés de Constantinople! Ce qui est vrai, c'est que, depuis deux siècles, le génie était partout à l'œuvre, et ne demandait qu'à se développer dans la sphère que lui avait ouverte le sentiment chrétien. S'il y eut donc Renaissance, ce fut surtout de l'esprit payen. On ne se borna pas à admirer les lettres Grecques et Latines, ce qu'on avait fait toujours; mais on méconnut le présent au profit du passé; et l'antiquité, qui jusque là avait été un objet d'étude, devint l'objet d'un culte presque idolâtre. Cicéron, dans les lettres; Platon, dans la philosophie, et la statuaire grecque dans l'art, finirent par être les seuls types admis. Erasme a marqué à jamais, de sa fine raillerie, la manie cicéronienne qui ne voulait, même dans un discours chrétien, que des mots consacrés par l'exemple de Cicéron; et, sans les papes, sans l'Église, qui furent toujours les plus généreux protecteurs de l'art, il n'y eût eu bientôt de place que pour le sensualisme de la Grèce.

Ce sensualisme ne fit que trop de ravages; mais cependant la religion lui opposa une barrière qui, au XV° siècle, fut encore respectée. C'est alors qu'Angelico de Fiesole disait ce mot si vrai : « Lorsqu'on traite des choses de Dieu, toutes les pensées doivent être absorbées en Dieu, » et qu'il traçait ces figures de saints qui, au jugement de Vasari, avaient l'air et la semblance de saints plus que celles d'aucun autre. Il n'était pas rare alors de lire, au bas d'un tableau, *fecit ob suam devotionem ;* ou bien, *pio sanctissimæ crucis affectu lubens fecit;* ou bien encore, *orate pro pictore.* Ces humbles et grands artistes, qui ne dédiaient pas fièrement leurs œuvres à Dieu comme au seul être qui en fût digne, ainsi que fit Palma pour le dernier tableau du Titien, mais qui imploraient le secours d'en haut par leurs prières et quelquefois par leurs larmes, ces humbles artistes, disons-nous, n'étaient pas seulement de fervents chrétiens, ils étaient en outre de hardis créateurs. Les uns inventaient des procédés, les autres fondaient des écoles; tous s'associaient noblement à un mouvement de conquête et, si l'on veut, de renaissance, bien autrement puissant que ne le fut celui du XVI° siècle. Ainsi, c'est une charmante *Adoration des Mages*, de Jean de Bruges, un peintre chrétien des Flandres, qui révèle à l'Italie, vers 1450, la peinture à l'huile. Presque au même moment, les Italiens découvraient les règles de la perspective; Melozzo avait été nommé l'inventeur des *raccourcis;* Léonard de Vinci eût pu être nommé l'inventeur du *clair-obscur,* et le coloris, réduit naguère au *trattegiare* des vieux maîtres, atteignait, sous le pinceau de Fra Angelico, de Pérugin, de Léonard et de Barthélemy de Saint-Marc, tantôt à une fraîcheur et à une limpidité pleines de charmes, tantôt à un éclat que le temps lui-même n'a pu altérer [1].

IV

Rome était devenue le rendez-vous des artistes, dès le règne de Martin V; elle le fut plus encore sous Sixte IV, qui appela tous les arts et tous les talents à décorer la chapelle Sixtine. L'argenterie de l'autel sortit de l'atelier d'André del Verrochio, le premier maître de Léonard de Vinci, et les murs furent couverts de peintures par Cosimo Rosselli, Dominique Ghirlandajo, Luca Signorelli, Sandro Botticelli, l'abbé de Saint-Clément et le Pérugin. Michel-Ange compléta, dans le siècle suivant, l'ornementation de la chapelle; mais le hardi dessin de ses *Prophètes,* et le sublime étrange de son *Jugement dernier,* font mieux sentir encore, par le contraste, le charme de ces écoles primitives auxquelles *le cœur s'ouvrait tout d'abord,* suivant l'expression d'un critique allemand, de celle du Pérugin surtout, *à qui appartenait une expression de pureté sans tache, de douce mélancolie, et celle de l'enthousiasme sensible et généreux.*

L'institution du Jubilé contribua à l'élan que prirent les arts. Fixé d'abord à chaque centième année par Boniface VIII, il avait été depuis à chaque cinquantième par Clément VI, puis à chaque trente-troisième par Urbain VI, en mémoire des trente-trois ans de la vie de Jésus-Christ; Paul II ordonna enfin qu'il serait célébré tous les vingt-cinq ans. Aux époques de jubilé, Rome justifiait, plus que jamais, son titre de capitale du monde, par la multitude d'étrangers qui se pressaient dans ses murs; mais elle tenait aussi à le justifier aux yeux des pèlerins, par le nombre et la richesse de ses églises, par la beauté de leur architecture et la splendeur de leur décoration. Les années qui précédaient le jubilé étaient donc entièrement consacrées à restaurer et à construire. Et non-seulement on édifiait des sanctuaires, mais on améliorait les voies publiques. Ainsi, ce fut pour éviter le retour des malheurs qu'avait occasionnés, en 1450, l'insuffisance du pont Saint-Ange, que Sixte IV fit jeter, par le Florentin Baccio Pintelli, les fortes arches du pont Sixte.

En même temps, les étrangers, imitant l'exemple du roi Ina qui, dès le VIII° siècle, avait construit, près de Saint-Pierre, un hôpital pour les pèlerins anglais, édifiaient des maisons de refuge qui leur fussent propres, avec des églises dédiées aux saints de leurs pays. C'est ainsi qu'on vit successivement paraître Saint-Louis des Français, Saint-Yves des Bretons, Saint-Claude des Lorrains, Sainte-Catherine des Siennois, Saint-Julien des Belges, Saint-Antoine des Portugais, Saint-Jacques des Espagnols, Saint-Ambroise des Lombards, Saint-Athanase des Grecs, Saint-Jérôme des Esclavons, etc., etc. « L'aspect seul de Rome révèle la capitale du monde ; les pauvres de tous les pays y ont leur asile, les saints des quatre parties de la terre y ont leurs autels. Ce n'est pas seulement le centre de la chrétienté, c'est la grande assemblée chrétienne elle-même, représentée, à la fois, dans ses misères et dans sa gloire, par ce qu'elle a de plus pauvre et de plus illustre [2]. »

(1) *Rome Chrétienne*, t. II, p. 29. — (2) *Rome Chrétienne*, t. 1er, p. 445.

V

Le pontificat d'Alexandre VI, qui clôt le XVIe siècle, offre un problème historique dont la solution n'est pas sans difficulté. Le nom d'Alexandre est, aujourd'hui, pour un grand nombre, l'expression même de l'immoralité et de la tyrannie. La famille d'Alexandre a, de plus, été enveloppée dans la condamnation; et Lucrèce Borgia, sa fille, que des écrivains contemporains, Giraldi, entre autres, Sardi, Hercule Strozzi, citaient pour ses vertus, et que l'Arioste ne craignait plus d'élever au-dessus de Lucrèce, a été flétrie par les accusations les plus scandaleuses. Ce qui paraît clair, c'est qu'Alexandre VI a porté la peine des fautes de sa jeunesse. Père d'une nombreuse famille illégitime, il se souvint trop qu'il était père, et pas assez que ce titre n'était pour lui qu'une honte. Doué d'ailleurs d'une volonté forte et d'un profond génie, il fit une trop rude guerre à toutes les petites tyrannies qui s'étaient partagé l'État romain, pour qu'elles ne lui en gardassent pas rancune; et ces rancunes ont été d'autant plus facilement admises par l'histoire, qu'Alexandre, et surtout César Borgia, son fils, se montrèrent rarement scrupuleux sur le choix des moyens. Avec des ennemis perfides, César usa de cette duplicité qu'a célébrée Machiavel; avec des hommes dont les mains étaient teintes de sang, César ne recula pas devant le sang.

En aucun cas, d'ailleurs, une politique qui a reçu les éloges de Machiavel ne saurait être la nôtre; mais, parce que César Borgia fut un fourbe, parce qu'il commit des meurtres sur des hommes sans défiance, nous ne prendrons pas immédiatement ces hommes pour des types d'honneur et de fidélité, et nous n'admettrons pas sans examen les récits parfois absurdes que leurs adhérents ont fait pénétrer dans l'histoire. Un savant anglais, Roscoë, a réduit plusieurs de ces récits à leur juste valeur. Alexandre VI était énergique avec les violents, dissimulé avec les fourbes; mais son administration était intelligente. Grâce à lui, la sûreté publique, toujours si précaire à Rome et autour de Rome, fut assurée. Alexandre visita lui-même les prisons, fit appliquer les lois dans toute leur sévérité aux malfaiteurs, et donna même aux études un puissant témoignage d'intérêt par l'augmentation des bâtiments de la *Sapience*, ainsi que par l'appel qu'il fit à tous les savants pour venir y professer.

On ne peut attribuer, sans doute, qu'à une faiblesse paternelle l'avenir qu'il s'étudia à préparer pour César Borgia, par la conquête de la Romagne; mais cette conquête fut une délivrance pour les populations qu'opprimait, dans chaque ville, un gouvernement exigeant et arbitraire. Aussi les plus vives sympathies accueillirent-elles partout l'armée pontificale. Quant à la mort d'Alexandre, à ce breuvage empoisonné qu'il destinait, suivant Guichardin, au cardinal de Corneto et qui lui fut servi à lui-même, je ne puis que citer le jugement de Voltaire : « J'ose dire à Guichardin, a-t-il écrit : *l'Europe a été trompée par vous, et vous l'avez été par votre passion*. Vous étiez l'ennemi du pape; vous en avez trop cru votre haine et les actions de sa vie. Il avait, à la vérité, exercé des vengeances perfides et cruelles sur des ennemis aussi perfides et aussi cruels que lui; de là vous concluez qu'un pape de soixante-quatorze ans n'est pas mort d'une façon naturelle; vous prétendez, sur des rapports vagues, qu'un vieux souverain dont les coffres étaient alors remplis de plus d'un million de ducats d'or, voulut empoisonner quelques cardinaux pour s'emparer de leur mobilier. Mais ce mobilier était-il si important? Le plus souvent il était enlevé par les valets de chambre avant que les papes pussent saisir quelques dépouilles. Comment pouvez-vous croire qu'un homme prudent ait hasardé, pour un aussi petit gain, une action aussi infâme, une action qui demandait des complices et qui, tôt ou tard, eut été découverte? Ne dois-je pas croire le journal de la maladie du pape plutôt qu'un bruit populaire? Ce journal le fait mourir d'une fièvre double-tierce. Il n'y a pas le moindre vestige de preuve de cette accusation intentée contre sa mémoire; son fils Borgia tomba malade dans le temps de la mort de son père : voilà le seul fondement de l'histoire du poison. »

Un autre écrivain français, qui passa à Rome sous le pontificat d'Alexandre, Commines, nous peint en deux mots l'état du pays. « Si n'estoit, dit-il, le différend des Ursins et des Colonnois (Orsini et Colonne), la terre de l'Église seroit la plus heureuse habitation pour les subjets qui soit en tout le monde, car ils ne poient ne tailles ne guères autres choses. » Or, on sait que ce fut précisément aux Orsini et aux Colonne qu'Alexandre fit la guerre.

VI

Quelque avantageuse d'ailleurs que fût son administration pour les intérêts du peuple et pour la tranquillité de l'État, l'exemple de toute une famille papale vivant du trône, et celui d'une cour où se perdaient les traditions d'austérité du Vatican, furent, pour les mœurs publiques, et, par suite, pour les lettres et pour les arts, une véritable calamité. Alors commença la décadence des écoles qui prenaient pour point de départ la pure et mystique poésie de la pensée chrétienne. Ce ne fut plus dans la méditation et la prière qu'on chercha ses modèles; ce fut autour de soi, dans le bruit du monde, sur des visages marqués de l'empreinte des passions. Or, peut-on s'étonner que ces visages conservassent, même sous le voile de la madone, l'expression de sentiments qui ne venaient pas du ciel? S'il fallait en croire Vasari, l'un des élèves du Pérugin peignit, dans les appartements Borgia, une vierge qui n'était que la représentation fidèle d'une beauté trop célèbre et trop connue. L'enfant-Dieu était sur ses genoux.

Il nous est assurément permis de douter d'une telle profanation; mais ce que nous ne pouvons révoquer en doute, c'est la voie païenne dans laquelle l'art s'engagea de plus en plus. À côté des vierges, des martyrs, à côté de ces crucifiements où l'angélique beauté de la vertu et la hideuse laideur du crime avaient trouvé leur expression dernière, on vit apparaître des Vénus, des Léda, des Danaé, images sensuelles qui, au lieu d'élever l'âme, l'enivrèrent de pensées énervantes. Le culte de la forme, de la beauté extérieure, devint la religion de l'artiste, et il ne s'abandonna que trop à la volupté comme à la muse dont il enviait les inspirations.

La littérature se laissa influencer comme les beaux-arts, ou plutôt elle hâta, elle activa cette transformation de la pensée sociale. La grande poésie du Dante fut abandonnée pour les pastorales mythologiques de Politien. Il ne fut plus possible de suivre d'autres modèles qu'Horace et Virgile, à moins toutefois qu'on ne sût chanter l'amour comme Pétrarque, ou déshabiller le vice pour en rire sans s'en corriger, comme les conteurs du Décaméron.

La découverte de l'imprimerie donna une impulsion toute nouvelle à ce retour vers l'antiquité. Autrefois, Loup de Ferrières était obligé d'écrire à Rome pour avoir quelques copies des auteurs antiques, Cicéron, Virgile, etc., tandis qu'aujourd'hui ces auteurs sont partout, commentés, annotés, avec une fièvre d'érudition qui, bien souvent, sur un mot, sur une virgule, semble absorber toutes les facultés de l'intelligence. Ce furent deux Allemands, Conrad Sweynheim et Arnold Pannartz, qui firent connaître le nouvel art à l'Italie, sous le pontificat de Paul II. Ils s'établirent près de Subiaco, au monastère de Sainte-Scholastique, qui était occupé par des bénédictins de leur nation, et publièrent successivement, avec le concours des moines, les œuvres de Lactance, la *Cité de Dieu*, de saint Augustin, et le traité *De Oratore*, de Cicéron. — En 1467, ils se transportèrent à Rome, au palais Massimi, où ils s'associèrent Jean André de Bussi, évêque d'Aleria, qui avait étudié sous Victorin de Feltre, et dont la science leur fut d'une haute utilité pour la correction de leurs textes. Le savant évêque leur donnait son temps, ses veilles : « Malheureux métier, disait-il, qui consiste non pas à chercher des perles dans le fumier, mais du fumier parmi les perles. »

Ainsi, les moines et les évêques sont là encore les premiers dans cette marche des intelligences. Ils veulent que si l'esprit du mal met à profit le nouveau moyen de publicité, l'esprit de charité soit plus infatigable encore à le faire servir à son œuvre.

Au même moment, d'autres partaient pour le nouveau monde, que le hardi et pieux génie de Christophe Colomb venait d'ouvrir à la foi. C'est assurément un grand spectacle que celui du pontife romain, partageant entre les peuples navigateurs ces continents et ces îles, qui, depuis plus de cinq mille ans, gisaient inconnus au reste de la terre, et ne mettant pour condition à ce don que la propagation indéfinie de la civilisation et de l'Évangile. Ainsi, l'Amérique n'était pas seulement ouverte aux chercheurs d'or, elle l'était à ces missionnaires qui, suivant le mot de Buffon, *ont formé plus d'hommes dans les nations barbares que les armées victorieuses des princes qui les ont subjuguées.* Si d'ailleurs la conquête fut souvent atroce, à qui l'attribuer, sinon à des cupidités sans frein? Il faut lire, dans l'*Histoire d'Amérique* de Robertson, livres III et V, ce que cet illustre historien pensait, tout presbytérien et pasteur qu'il fût, de la *connaissance du monde et des affaires*, de la *modération* et de la *douceur des moines;* et avec quelle énergie d'honnête homme il repousse le reproche adressé à l'Église romaine d'avoir contribué à la *destruction des Américains par son esprit d'intolérance.* Disons même que les Indiens n'ont continué d'exister et de former un corps de nation que dans les parties du nouveau monde soumises à la foi catholique. Partout ailleurs, l'eau-de-vie des marchands de la cité en a fait plus prompte justice que n'avaient fait les violences des compagnons de Pizarre et de Cortez.

VII

Ainsi, sur tous les points la pensée était en éveil et les passions en jeu, passions pour le bien et passions pour le mal, dévouements héroïques, ambitions infinies, charité, cupidité, avec des moyens d'action plus puissants que jamais et des talents qui s'élevèrent souvent jusqu'au génie. C'est de cette ébullition et de cette confusion que sortit le XVIe siècle avec ses grandes œuvres, mais aussi avec cet orgueil qui est le père de l'esprit de révolte.

Notre époque troublée, agitée, où le respect ne protège plus rien, n'est que la fille, trop facile à reconnaître, du XVIe siècle. Ne soyons point injustes cependant pour ces temps d'épreuves où la lutte fut difficile, mais où, du moins, les bras et les cœurs ne manquèrent pas plus à la défense qu'ils ne manquèrent malheureusement à l'attaque. Les papes, de leur côté, sont toujours à la tête du monde par les arts, par les sciences, par les lettres, non moins que par la vérité, dont ils tiennent énergiquement le flambeau.

Jules II a laissé dans l'histoire le souvenir d'un pape guerrier. On veut le voir toujours entrant par la brèche dans la Mirandole; mais la guerre fut pour lui bien moins un calcul d'ambition que de résistance à de persévérantes convoitises. L'Allemagne d'un côté, la France de l'autre, se faisaient de l'Italie une proie et un champ clos. Les campagnes étaient plus trempées de sang humain que des eaux du ciel, disait Gilles de Viterbe, en 1512, et l'indépendance du Saint-Siége se trouvait ainsi constamment menacée. Chasser donc les étrangers, ou, comme le disait Jules, les barbares, fut la grande pensée de son pontificat. « Sa belle âme, dit l'historien protestant Ranke, était pleine de desseins élevés et convenables à toute l'Italie. » Et M. Leo ajoute : « Car malgré toutes ses faiblesses et ses passions, ce pape appartient au nombre des *plus beaux caractères de ce temps-là.* »

« Jules II, dit Audin, domine tous les souverains de son temps, comme la coupole de Saint-Pierre, les flèches des autres églises. Il a un but, lui, un plan, une idée; c'est l'affranchissement de son pays qu'on envahit et qu'il veut sauver. Ne nous parlez pas de son ambition; n'est-elle pas sanctifiée par le but qu'il a devant lui, et où il arrivera malgré la fièvre qui le retient....., malgré les mouvements insurrectionnels du peuple de Rome....., malgré le serment que Louis XII a fait graver à Milan, sur une monnaie d'or, où le destin de Rome est écrit en ces mots : *Perdam Babylonis nomen ?* »

Louis XII traitait Jules II d'ivrogne, et le vieillard ne buvait que de l'eau, et il ne consacrait à ses repas que le temps d'un *Pater* et d'un *Ave!* Énergique par volonté, il était d'ailleurs timide par caractère. Pâris de Grassis nous apprend qu'il parlait aussi timidement qu'un écolier tremblant devant son maître, et que par deux et trois fois il reprenait et corrigeait ses paroles. Mais cet embarras n'était que pour la langue, jamais pour la pensée. Ce qui distingue même le génie de Jules II, c'est la rapidité de ses conceptions; et ce génie embrassait tout, les arts et les lettres comme la religion et la politique. « Les belles-lettres, disait Jules II, sont de l'argent pour le peuple, de l'or pour les nobles, du diamant pour les princes. »

VIII

On a nommé le XVIe siècle *le siècle de Léon X;* je ne sais si on n'aurait pu, à meilleur droit, l'appeler *le siècle de Jules II.* Ce fut, en effet, Jules II qui distingua et mit à l'œuvre les trois grands artistes de cette époque : Bramante, Raphaël et Michel-Ange. Il est même remarquable que c'est sous son règne que furent exécutées celles des œuvres de ces artistes qui portent le plus visiblement la marque du génie chrétien. Bramante entreprend la reconstruction de la basilique de Saint-Pierre, et conçoit le premier la pensée qu'exécutera

Michel-Ange, d'une coupole égale au Panthéon et lancée à 100 mètres dans les airs; Raphaël peint la *Dispute du Saint-Sacrement* dans l'une des chambres du palais pontifical; Michel-Ange sculpte le *Moïse* de Saint-Pierre-ès-Liens, et décrit les grandes scènes de la Bible à la voûte de la chapelle Sixtine. Léon X ne fera que suivre le mouvement imprimé par Jules, et s'il fit plus que son prédécesseur, ce fut uniquement pour les lettres. Jules II, si libéral pour les artistes, trouvait facilement ses coffres vides lorsqu'il s'agissait de rémunérer les littérateurs; et les professeurs de la *Sapience*, mal payés, s'en allaient à Mantoue ou à Naples. Léon les rappela, en éleva le nombre à cent, plaça Beroalde à leur tête, et ordonna que les fêtes elles-mêmes n'interrompraient pas leurs leçons. Il y eut même des cours matin et soir pour la commodité des élèves. L'étude du grec, fort négligée jusque-là, fut particulièrement encouragée; une imprimerie grecque fut fondée à Rome. Léon fit en même temps recueillir des manuscrits dans tout l'Orient, et propagea l'étude des langues orientales. Nous citerons enfin, parmi les chaires nouvelles qui agrandirent le cercle de l'enseignement, celle de botanique appliquée à la médecine. Un pape, Jean XXI, avait écrit, au XIIIe siècle, un petit livre de *Recettes simples*, sous le titre de *Trésor des Pauvres*. Léon X compléta son œuvre par l'établissement d'une chaire de botanique et la distribution gratuite de remèdes.

Léon X était Médicis, et il avait les goûts et les qualités de sa race : la distinction, l'affabilité, la générosité. Il aimait les jouissances de l'esprit et les distractions princières. Il aimait aussi l'antiquité, qui l'avait bercé de sa poésie dès son enfance, et il se prêtait sans difficulté aux fantaisies mythologiques qui étaient devenues une des manies du temps. C'était pour lui un langage de convention auquel il avait été habitué par les érudits qui fréquentaient le palais de son père; mais ainsi les formes païennes continuèrent de tout envahir, les universités, les palais, et quelquefois même les temples. Pour s'en convaincre, il suffit de comparer les Vierges d'André del Sarte à celles de Léonard de Vinci et, parmi les œuvres de Raphaël, la *Vierge de Foligno* à la *Vierge à la Chaise*.

Mais, si Léon était un grand admirateur de l'antiquité, s'il se laissait parfois dominer par l'art au lieu de le dominer lui-même, derrière le Médicis du moins on retrouvait le pontife. Il était impossible de n'être pas frappé de la dignité avec laquelle il accomplissait les fonctions du saint ministère. Sa sobriété n'était pas moins remarquable. Le mercredi, Léon X s'abstenait de viande; le vendredi, il s'abstenait même de poisson; le samedi, c'était à peine s'il se mettait à table. Tous les jours, d'ailleurs, dit Paul Jove, il jeûnait, ne mangeait que le soir, et, malgré ce régime sévère, il suffisait à tout, aux affaires du gouvernement comme aux délassements de l'esprit. En même temps qu'il poursuivait l'œuvre de Jules II, en délivrant la Lombardie, il donnait de judicieux conseils aux poètes, provoquait les souverains à la réforme du calendrier proposé par Jean de Novare, ou, prenant la défense des malheureux Indiens, déclarait que la servitude était non-seulement contraire à la religion, mais à la nature : *non modò religionem sed naturam reclamitare servituti*. Il y eut surtout un jour où il fut grand, où il fut admirable. Ce fut lorsque, après avoir épuisé vis-à-vis de Luther toutes les ressources de la douceur et de la charité, il se leva tout-à-coup, et, invoquant la Cour céleste, il l'appela à venger l'injure faite à Dieu et à son Église : *Levez-vous, Seigneur, et soyez juge dans votre propre cause*, etc.

IX

Adrien VI, qui succéda à Léon, était un cénobite savant et austère, qui ne voyait dans les statues antiques que les *idoles des païens*, et, dans la pompe triomphale dont on voulait entourer son avènement, qu'une rénovation des cérémonies païennes. *J'aimerais mieux*, disait-il, *un cortége de paralytiques*.

Alors aussi, vit-on se disperser les peintres, les sculpteurs et ces élégants érudits, dont le principal mérite était de parler latin avec une limpidité digne d'Horace. Ce qui préoccupait surtout Adrien VI, c'étaient *les péchés des hommes*, pour parler comme lui. C'étaient surtout ceux des prêtres, des prélats, auxquels il attribuait la désolation dont Dieu avait frappé l'Église. On lui a reproché, à tort, une aversion outrée pour les arts et les lettres. Ce qu'il repoussait, ce qui excitait son indignation, c'était la direction païenne imprimée aux intelligences. Érasme rendait justice à la pureté de son goût; Paul Jove raconte avec plaisir que sa réputation d'élégant écrivain lui valut un bienveillant accueil du pontife. Est-il étonnant ensuite qu'Adrien ne pût supporter cette tourbe de fades versificateurs et de peintres sensuels, qui profanaient l'art par des réminiscences mythologiques sans convenance et sans dignité ? Est-il étonnant qu'il ne voulût pas près de lui de secrétaire comme Bembo, qui appelait Jésus-Christ un *héros*, la Vierge une *déesse*, et qui, écrivant au nom du pape, ne craignait pas de parler des *dieux immortels?*

X

Le règne d'Adrien VI ne fut que de vingt-deux mois. Avant de mourir, cet humble pontife rédigea ainsi son épitaphe : *Hadrianus hic situs est qui nihil sibi infelicius in vitâ, quàm quod imperaret, duxit*. « Ci gît Adrien qui ne connut pas de plus grand malheur dans la vie que l'obligation de commander. »

Le successeur d'Adrien fut un parent, un ami d'enfance de Léon X, un autre Médicis, avec tous les goûts de la cour de Florence. Aussi, à la première nouvelle de son élection, vit-on les habitués du Parnasse s'abattre sur Rome. L'un d'eux même, Sannazar, s'empressa de lui dédier son poème : *De partu Virginis*, amalgame étrange de christianisme et de mythologie, où Marie apparaît au milieu des déités de la fable, comme l'espoir des dieux et des hommes :

Tuque adeò spes fida hominum, spes fida deorum!

Clément VII était doué de cette douceur et de cette bienveillance de caractère qui avait toujours répandu un charme particulier sur la cour des Médicis. Il avait aussi la noble tenue de Léon dans l'accomplissement des cérémonies de l'église, et une aptitude au travail, une facilité à se communiquer, qui devaient lui concilier l'attachement et le respect. Jusqu'à son avènement au trône, sa conduite fut marquée par un remarquable esprit de convenance et cette sagacité profonde qui évite de froisser et ne se laisse entraîner jamais. C'était un homme de transaction et de moyens termes ; mais il est des circonstances où la force des choses vous pousse, vous domine et met à néant les calculs de la prudence la plus consommée. Ces circonstances se présentèrent justement devant Clément VII. Il lui fallut agir à la fois avec Luther, avec Henri VIII, avec François Ier, avec Charles-Quint, c'est dire qu'il lui fallut se prononcer partout et toujours.

Quelque réserve que Clément VII apportât à former des alliances, il lui était impossible de ne pas voir que Charles-Quint, maître de l'Espagne, de l'Autriche, de la Sicile, empereur d'Allemagne, et roi de Naples, menaçait incessamment l'Italie et l'indépendance du siége apostolique. Il entama donc avec François Ier de secrètes négociations que vinrent tout-à-coup interrompre la bataille de Pavie et la captivité du monarque français. Le pape veut alors se rapprocher de l'empereur ; mais l'intérêt de l'Italie finit par l'emporter, et il joint ses troupes à celles de la ligue qui s'est formée contre Charles-Quint. Les impériaux perdent aussitôt tout respect pour lui, et le vieux Frundsberg descend les Alpes avec ses bandes de lansquenets protestants. *Si j'arrive à Rome*, s'écrie-t-il, *je pendrai le Pape.*

A cette nouvelle, Clément prend le parti de quitter la ligue ; il traite même avec l'empereur ; mais ni Frundsberg, ni même le connétable de Bourbon n'étaient réellement les maîtres des bandes indisciplinées qui étaient censées marcher sous leurs ordres et qu'attirait la pensée de Rome, la ville des papes, et, dissit-on, le rendez-vous des trésors de toute la terre.

Nous n'avons point ici l'intention de reproduire les détails du siége et du sac de Rome. Nous les avons racontés ailleurs [1]. Nous avons dit cette incomparable nouveauté, suivant le mot de Benvenuto Cellini, *inestimabile novità*, qui dépassa, en effet, tout ce que Rome avait souffert depuis Brennus et les Gaulois. Pendant trois mois, elle fut livrée à des soldats sans frein que leurs chefs étaient réduits à abandonner, et la population diminua de quarante-cinq mille âmes. Les luthériens allemands éprouvaient une joie fanatique à souiller les vases sacrés, barbouiller d'ordures les tableaux des grands maîtres, disperser sous les pieds les reliques des saints et violer les tombeaux dans les basiliques. « Plusieurs pères, un poignard à la main, raconte un historien du temps, préférèrent immoler leurs malheureuses filles plutôt que de les laisser tomber entre les mains du vainqueur.... Mais, on frémit de le dire, ils ne purent pas toujours par là les préserver de l'outrage.... Ceux qui étaient témoins de ces horribles spectacles n'avaient plus de larmes à répandre, plus de voix pour se plaindre ; ils les contemplaient d'un œil fixe, inanimés comme des statues. Plusieurs mères, ne pouvant soutenir cette vue, se crevèrent les yeux avec les doigts ; d'autres se retirèrent dans des cavernes souterraines, où, personne n'osant leur porter de secours, elles périrent d'inanition. On voyait souvent un homme, une femme, un enfant, se précipiter du haut de la maison dans la rue, aimant mieux mourir du coup sur le pavé que de tomber entre les mains de ces troupes féroces. Quelquefois, c'étaient les soldats qui les lançaient par les fenêtres [2]. »

Faisons trève à ces abominations ; nous sommes loin de les dire toutes ; et aux tortures, à la honte, à la mort, se joignaient des bouffonneries sacriléges. Les lansquenets se coiffaient des chapeaux des cardinaux, revêtaient leurs longues robes rouges, et parcouraient ainsi la ville, montés sur des ânes. Un jour, ils proclamèrent pape Martin Luther. Les électeurs étaient dignes de l'élu.

Clément VII s'était retiré au château Saint-Ange, et, du mois de mai au mois de décembre, il fut condamné à assister à ces scènes impies. Souvent on le surprenait se frappant la poitrine et s'écriant en levant les yeux au ciel : « Mon Dieu ! j'ai espéré en vous ; sauvez-moi de tous ceux qui me persécutent : *Domine, in te speravi, salvum me fac ex omnibus persequentibus me.* »

Il voulut traiter, il traita même ; mais les conditions qu'on lui imposait étaient inexécutables. Clément prit enfin le parti de s'évader. Il sortit, un panier au bras, par une porte dérobée du jardin du Vatican, et trouva enfin un asile derrière les murs d'Orvielle.

Quant à l'armée impériale, elle périt presque entièrement de la peste et de ses débauches. Lautrec cependant approchait avec cette épée de la France, qui est toujours le salut de Rome, disait un poëte du IXe siècle : *Solitam Romanis ferre salutem* [3]. Ce qui restait des vainqueurs ne l'attendit pas.

XI

On eût pu croire que Rome se ressentirait longtemps du coup qui lui avait été porté ; mais il y avait une telle vie en elle, dès que la papauté était libre, qu'après toutes ces calamités, au milieu même de ces calamités, on vit le travail, l'industrie, les beaux-arts, couvrir de leur efflorescence les ruines et les blessures. San Gallo avait suivi le pape à Orvielle. Il y construisit, par son ordre, un puits magnifique avec double spirale, pour la descente et la montée des bêtes de somme. Puis, à peine le pape est-il de retour à Rome, que les artistes y reviennent tous. Benvenuto bat de la monnaie et cisèle l'or et l'argent pour les églises ; Peruzzi, San Gallo, appellent les ouvriers, font disparaître les décombres, et Michel-Ange, après avoir construit les fortifications de Florence pour les ennemis du pape, se présente sans crainte devant Clément et lui offre son *Christ embrassant la croix*, une des œuvres les plus achevées de son ciseau.

Quelque douleur qu'on éprouve souvent en parcourant les annales de cette époque, en voyant les cruautés des uns, le paganisme des autres, les malheurs de tous, on n'en demeure pas moins en admiration devant cette énergie de tous les jours, qui doublait en chaque homme les forces qu'il avait reçues de la nature. Grâce à Dieu, cette énergie ne s'exerça pas seulement sur la partie matérielle de l'humanité ; bientôt on la vit s'attaquer à l'homme lui-même, le harceler de sévères leçons, et donner au monde l'exemple de vertus dont le souvenir semblait effacé.

Dès le règne de Léon X, quelques symptômes d'une réaction religieuse se manifestèrent dans les hauts rangs de la société romaine. Alors prit naissance la congrégation de l'*Amour divin*, d'où sortit l'ordre des *Clercs réguliers Théatins*, que devaient illustrer le pape Paul IV et saint Gaëtan de Thiene. La prédication toujours et partout, dans les églises, dans les hôpitaux, dans les rues, telle fut la mission que se donnèrent les nouveaux apôtres. Au même moment, les Franciscains et les Camaldules remettaient en honneur la stricte observance de leurs règles, et l'on voyait apparaître les frères capucins, dont l'existence était révélée à Rome par le dévouement dont ils firent preuve, lors de la peste de 1528.

(1) Voir *Rome Chrétienne*, chap. XVIII. — (2) Voir le *Sac de Rome*, par Jacques Buonaparte. — (3) Dom Bouquet, t. V, p. 396.

XII

Paul III, qui succéda à Clément VII, en 1534, donna une vive impulsion à ce mouvement de réforme par la convocation d'un concile général : mesure extrême qui avait toujours répugné à Clément. Les œuvres saintes se multiplièrent, en outre, sous son règne. Saint Ignace fonde, sous le nom de *Compagnie de Jésus*, une troupe d'élite qui sera partout à l'avant-garde dans le combat de la vérité, et enlèvera des peuples entiers à l'erreur. Lui-même se prête à tout et suffit à tout. Il a commencé par faire humblement le catéchisme dans l'église de Sainte-Marie de Strata; puis il ouvre, sur divers points de Rome, des écoles pour les orphelins, des conservatoires pour les jeunes filles, des refuges pour les femmes repenties; c'est enfin à lui que remontent le collége romain et le collége germanique, d'où sortiront les apôtres qui ramèneront à l'Église la Hongrie et une grande partie de l'Allemagne. En même temps, saint Philippe de Néri institue la confrérie de la *Trinité*, dans laquelle s'enrôlent les membres de toutes les grandes familles romaines, pour servir les pélerins à l'époque du Jubilé, et les convalescents en temps ordinaire. Saint Ignace avait fondé la *Compagnie de Jésus;* saint Philippe de Néri établit l'*Oratoire*, et deux gentilshommes espagnols construisent un hospice pour les pauvres fous, dont une confrérie se charge aussitôt d'avoir soin.

Et, en même temps, « quelle magnifique impulsion imprimée aux missions lointaines ! missions au Mexique (1524), missions des Indes 1541), missions au Japon (1549), missions en Ethiopie et au Brésil (1554), missions de la Chine (1520), missions du Paraguay (1602), missions du Canada (1613), missions du Levant (1616)! Puis, quelles magnifiques études ! quels admirables travaux historiques, archéologiques, linguistiques, entrepris sous la protection de la papauté, dans ces ordres qui se fondent ou se régénèrent par la vertu de sa puissante impulsion : les Jésuites, l'Oratoire, les Bénédictins de Saint-Maur, et tant d'autres [1] ! »

Cette marche en avant dans la voie du bien ne retardait d'ailleurs nullement la marche dans la voie du beau. Le Capitole était reconstruit, et c'est du règne de Paul III que datent le palais Farnèse et la coupole de Saint-Pierre.

Le concile de Trente fut interrompu par Jules III; mais il reprit son œuvre sous le pontificat de Pie IV; et après avoir fixé le dogme sur tous les points contestés par l'hérésie, il acheva, par un vaste ensemble de canons disciplinaires, la réforme de l'Église. C'est assurément un grand spectacle que celui de cette assemblée universelle de la catholicité, tranchant d'un commun accord toutes les questions que les protestants résolvaient en vingt sens divers, et témoignant aux yeux de tous l'unité de la foi catholique, à l'heure même où Luther, Calvin, Zwingli, Munzer, Bucer, Knox, s'attaquant et s'injuriant, offrent au monde le hideux aspect de la confusion, de l'erreur et de l'intolérance.

La cour de Pie IV était l'asile de tous les talents et de toutes les vertus, et les *Nuits vaticanes*, auxquelles présidait son neveu, Charles Borromée, sont restées célèbres. « Rome entière, écrivait Tiepolo, cherche à sortir de la déconsidération dans laquelle elle était tombée, et elle est devenue plus chrétienne dans ses mœurs et sa manière de vivre. On pourrait enfin ajouter qu'en matière de religion, elle approche de la perfection dans les limites imposées à la nature humaine [2]. »

Pie IV faisait en même temps paver les rues de la ville; il rétablissait les aqueducs, construisait la porte *Pia* et la villa *Pia* des jardins du Belvédère, le chef-d'œuvre de Pirro Ligorio, l'imitation la plus heureuse des habitations de Rome antique. « La ville éternelle était de marbre sous Auguste, disaient les poètes; mais sous Pie IV elle est d'or. »

XIII

Pie V, qui lui succéda, était un moine austère, étranger à toutes les considérations de la politique. *Il en sera ce qu'il plaira à Dieu*, disait-il souvent, et il suivait la route qu'il s'était tracée avec l'intrépidité d'une forte conviction. Cet homme, si entier d'ailleurs lorsqu'il s'agissait de la foi, était d'une douceur et d'une bienveillance inaltérables dans l'habitude. Sa belle tête était empreinte d'une piété profonde ; sa longue barbe ajoutait à l'expression vénérable de ses traits, et, lorsqu'on était admis à son audience, après avoir traversé ces salles du Vatican, brillantes de marbre, remplies de chefs-d'œuvre, on était fortement saisi en apercevant ce vieillard vêtu d'une étoffe grossière, comme à l'époque où il occupait une cellule à Sainte-Sabine, et le visage amaigri par les jeûnes fréquents, dont l'habitude lui était restée sur le trône pontifical. Quelquefois on rencontrait Pie V prosterné au pied de l'autel, répandant des flots de larmes, et, lorsqu'il se relevait, ses traits étaient comme illuminés d'une joie céleste [3].

Pie V poursuivit énergiquement la réalisation d'une des plus grandes et des plus constantes pensées du siége apostolique depuis Urbain II, je veux dire, la formation d'une ligue européenne contre les Turcs. Sans doute il ne s'agissait plus de la conquête des Lieux Saints; mais par la chute de Constantinople et celles de Chypre et de Rhodes, il s'agissait du salut même de la chrétienté, constamment menacée d'une invasion. Faut-il le dire ? la Méditerranée était devenue un lac musulman. Nicolas V, Pie II, Paul II, avaient vainement travaillé à la création d'une flotte chrétienne qui en disputât l'empire; mais grâce à l'activité, au dévouement et aux prières de Pie V, ce grand résultat fut enfin obtenu.

Un jour que Pie V s'occupait d'affaires au Vatican avec quelques prélats, on le vit tout-à-coup imposer silence de la main à ceux qui l'entouraient, puis se lever brusquement, ouvrir la fenêtre et rester plongé dans une contemplation profonde. Son visage, son attitude, décelaient la plus vive émotion. « Ne parlons plus d'affaires, s'écria-t-il au bout de quelques minutes, mais courez rendre grâces à Dieu dans son église; notre armée remporte la victoire. » Et lui-même tombait agenouillé et baigné de larmes. Ceci se passait le 7 octobre 1571, à cinq heures après midi, et au même moment retentissaient, à cent lieues de là, les derniers coups de canons de la bataille de Lépante.

---

(1) *La Souveraineté Pontificale*, par Mgr Dupanloup, p. 110. — (2) Cité par l'historien protestant Ranke. — (3) *Rome Chrétienne*, t. II, p. 200.

Cette grande bataille, où cent trente bâtiments furent pris, cinquante-cinq coulèrent à fond et vingt-cinq mille turcs périrent, fut le signal de l'affranchissement de la chrétienté. Alors commença cette décadence de l'empire turc, qui de nos jours est devenue une agonie.

Trois hommes : saint Pie V, par la bataille de Lépante; Sobieski, par la levée du siége de Vienne, et le vieux Charles X, par la conquête d'Alger, marquent dans l'histoire cette grande revanche de la civilisation.

En commémoration du triomphe de la croix, Pie V institua la fête de Notre-Dame de la Victoire, et ajouta aux litanies de la Vierge cette invocation qui devait être transformée en une fête spéciale par Pie VII, à son retour de Fontainebleau : *Auxilium Christianorum, ora pro nobis.*

« Le plus bel éloge de Pie V, a dit Voltaire, vint de Constantinople, où l'on fit des réjouissances à sa mort. » — « Je m'étonne, a dit de son côté le protestant Bacon, que l'Église romaine n'ait pas encore canonisé ce grand homme. » — Elle l'a canonisé depuis.

XIV

Le nom de Grégoire XIII est resté attaché au calendrier grégorien, qui remplaça, en 1582, l'année julienne. Cette réforme touchait à une grave question d'astronomie, dont les assemblées ecclésiastiques, le concile de Constance notamment et le concile de Trente, avaient été les premiers à s'occuper. Beaucoup de savants présentèrent leurs systèmes : Regiomontanus, sous Sixte IV; Jean de Novare, sous Jules II ; Paul de Middlebourg, sous Léon X; et enfin, Luigi Lilio, sous Grégoire XIII. Il s'agissait de tenir compte de quelques minutes négligées jusque-là dans le calcul des révolutions solaires, négligence d'où était résulté, avec les siècles, un écart de dix jours entre le temps légal et le temps vrai. Grégoire fit examiner le plan de Lilio par une commission dont les principaux membres furent le cardinal Sirlet, les pères dominicains Danti et Ciaconius, et le père jésuite Clavius, qui écrivit un volume in-folio sur le comput du temps et la concordance des lunaisons avec le cours du soleil. Le résultat de ces doctes travaux fut la suppression de dix jours au mois d'octobre de l'année 1582. Il fut, en outre, décidé, par une bulle, que la dernière année bissextile de chaque siècle cesserait de l'être, sauf une seule fois tous les quatre cents ans.

Ainsi, à la tête des sciences comme à la tête des arts, ce sont toujours les papes qu'on rencontre et c'est toujours aux papes qu'on s'adresse. Jamais non plus ils ne furent plus véritablement les instituteurs de l'Europe. Grégoire XIII fondait des colléges à Fulde, à Gratz, à Prague, à Pont-à-Mousson, à Dowai, à Kolowratz, à Olmutz, etc. Il fonda jusqu'à vingt-trois établissements de ce genre, dans les diverses parties du monde, et souvent à ses frais. Rome seule vit s'élever à la fois, dans son sein, le collége anglais, dont les grandes salles furent tapissées des portraits des martyrs qu'avait faits la Réforme; le collége grec, qui fournit des apôtres pour l'Orient; le collége maronite, où les fidèles populations du Liban trouvèrent des ressources d'éducation dont elles étaient dépourvues dans leurs montagnes; le collége des néophytes, destiné à soutenir dans la foi ceux qui avaient renoncé à l'erreur. En même temps, la Sapience était agrandie, et le collége romain, fondé par saint Ignace et saint François de Borgia, devenait, grâce à la munificence pontificale, sans égal dans le monde, par la grandeur de son établissement, comme il l'était déjà par la perfection des études. « Les statues d'or et d'airain, écrivait Alde le jeune aux religieux qui le dirigeaient, les sept collines, l'auguste vue elle-même du Capitole, n'ont point rempli mon âme d'autant de jouissance et d'admiration que l'ordre et la dignité de votre collége. Rien n'y rappelle les voluptés passagères; tout s'y rapporte à d'éternelles pensées de gloire et au salut des âmes [1]. »

Le collége romain a servi de modèle à tous les établissements de ce genre en Europe. Contre les usages adoptés jusqu'alors, l'enseignement des langues vivantes s'y joignit à celui des littératures anciennes, afin que les jeunes gens pussent se mêler partout à la lutte des intelligences. Par une autre innovation remarquable, l'étude des sciences naturelles et mathématiques leur permit de s'unir constamment, de l'œil et de la main, aux progrès scientifiques de la société.

C'était ainsi que la papauté répondait à l'accusation portée contre elle par Luther, de vouloir étouffer la pensée. Grégoire XIII consacra deux millions d'écus (10,800,000 fr. qui feraient aujourd'hui plus de cent millions), à propager l'instruction et à secourir les étudiants sans fortune. Lui-même, à l'âge de quatre-vingts ans, étudiait encore comme un jeune homme; *car*, disait-il, *c'est surtout à un pape qu'il importe de beaucoup savoir.*

XV

Sixte-Quint, qui lui succéda, ne régna que cinq ans ; mais il accomplit des œuvres qui auraient pu remplir un demi-siècle. L'État romain et Rome elle-même étaient infestés par des *bravi* qui vivaient de la guerre au sein de la paix, entretenaient le désordre dans les mœurs et tarissaient les sources de la prospérité publique. Ces bravi avaient le plus souvent pour chefs des membres des premières familles romaines, et leurs intelligences s'étaient étendues au point qu'on ne pouvait rien espérer ni de la noblesse, ni du peuple, dans la lutte qu'ils soutenaient contre la société. La crainte du poignard paralysait la bonne volonté de ceux qui n'étaient pas complices, et il y avait une telle complication d'intérêts dans cette vaste anarchie, que le mal semblait être incurable ; mais l'inflexibilité de Sixte-Quint porta remède à tout. Les chefs des bandits, quelque haut placés qu'ils fussent, eurent la tête tranchée et pendue aux créneaux du château Saint-Ange ; et bientôt les bravi, devenus suspects les uns aux autres, se dispersèrent ou s'exterminèrent entr'eux.

La même énergie de volonté se retrouvait dans toutes les parties de l'administration de Sixte, soit comme souverain, soit comme pape. Les marais étaient desséchés ; des mûriers étaient plantés par ordre du pontife, dans les bois, dans les vignes, et tout laboureur qui laissait une partie de son terrain inculte était puni d'une amende.

L'aspect de Rome fut considérablement modifié par Sixte-Quint. De larges rues mirent en communication l'Esquilin et le Pincius,

---

[1] Dédicace de son édition de Salluste.

l'Esquilin et le Capitole. En même temps, l'aqueduc de Claude était réparé, et des flots d'une eau pure, inondant les collines désertes, y rappelaient les populations. Ajoutons que l'étude, surtout l'étude sérieuse, était facilitée et encouragée. Une imprimerie polyglotte était fondée et mettait au jour, entre autres monuments précieux, le texte des Septante, revu sur le manuscrit d'Alexandrie, une édition de la Vulgate, dont le pape voulut revoir lui-même les épreuves, et les premiers beaux ouvrages imprimés en arabe. La bibliothèque du Vatican était, nous l'avons dit, la plus vieille de l'Europe. Sixte-Quint fit construire pour elle d'immenses salles qui furent ornées par ses ordres, de peintures représentant, avec quelques événements de son règne, les conciles généraux de l'Église et les plus fameuses bibliothèques de l'antiquité.

Jamais, depuis la chute de l'Empire, Rome n'avait été aussi peuplée qu'elle le fut sous Sixte-Quint. Le nombre de ses habitants dépassa cent mille, et le Tasse chantait avec enthousiasme sa richesse, sa splendeur et ses pacifiques conquêtes. Il la voyait *belle comme la vit Auguste, plus belle même au sein de la paix qu'elle ne l'avait été au milieu des armes, et s'enrichissant chaque jour de nouvelles dépouilles.*

Parmi ces dépouilles du passé, qui ornèrent tout-à-coup et en grand nombre la ville nouvelle, nous citerons les obélisques que les empereurs romains avaient fait venir, à grands frais, des bords du Nil. Depuis onze siècles, ces gigantesques monolithes gisaient, enfouis ou mutilés, parmi les décombres; et leur transport, leur érection qui exigeait toutes les ressources de l'art, excitèrent au sein de la population romaine un indicible mouvement de curiosité et d'intérêt.

On peut dire que Sixte-Quint conçut d'aussi vastes projets que Léon X, mais dans un esprit différent. Il ne sentait au fond de sa nature d'airain aucune des vibrations poétiques qui faisaient tressaillir l'heureux Médicis, à la vue d'une statue antique ou d'un monument des Césars. Les vestiges de la vieille Rome n'avaient de prix aux yeux de Sixte que celui qu'ils pouvaient tenir de leur facile appropriation à un usage moderne, ou, mieux encore, de leur passé qui faisait d'eux autant de témoins des victoires du catholicisme, autant de trophées de la foi. Ce fut cette pensée de victoire qui lui fit restaurer les colonnes trajane et antonine, pour porter, non plus des cendres d'empereurs, mais des statues triomphantes d'apôtres.

SIXTE A FAIT CE DON
A PIERRE L'APÔTRE,

lisons-nous au pied de la colonne trajane. Et sur le socle de la colonne antonine :

C'EST MAINTENANT
QUE JE SUIS TRIOMPHALE ET SACRÉE
PORTANT LE DISCIPLE
VRAIMENT PIEUX DU CHRIST
QUI PAR LA PRÉDICATION DE LA CROIX
TRIOMPHA
DES ROMAINS ET DES BARBARES [1].

Ce fut la même pensée qui lui fit relever les obélisques. Il ne vit en eux que d'admirables piédestaux pour la croix. Et la croix apparut successivement partout : au sommet de l'obélisque de Nuncoreus, sur la place Saint-Pierre; de celui de Thoutmosis, devant Saint-Jean de Latran; de Rhamsès, sur la place du Peuple; et sur la pointe de l'aiguille de granit que Claude avait consacrée à la mémoire d'Auguste. Les inscriptions étaient toutes triomphales. Je ne citerai que celles de l'obélisque du Vatican :

VOICI
LA CROIX DU SEIGNEUR !
FUYEZ
PUISSANCES ENNEMIES !
LE LION DE LA TRIBU DE JUDA
A VAINCU [2]!

LE CHRIST EST VAINQUEUR !
LE CHRIST RÈGNE !
LE CHRIST COMMANDE !
QUE LE CHRIST DONNE A SON PEUPLE
LA PAIX [3]!

« Comme elle était admirable cette exaltation de la pensée ! Comme il était noble cet enthousiasme religieux qui faisait de tous les monuments du paganisme des trophées de la croix ! Et, au même moment, bien au-dessus de ces merveilles de l'art antique, la croix s'élevait triomphante au faîte de la coupole de Saint-Pierre, dominant de cent pieds le Capitole, et étendant son ombre sublime sur tous les monuments des vaincus [4] ! »

---

(1) *Triumphalis et sacra nunc sum, Christi verè pium discipulum ferens, qui per crucis prædicationem, de Romanis Barbarisque triumphavit.*
(2) *Ecce crux Domini; fugite, partes adversæ; vicit leo de tribu Juda.*
(3) *Christus vincit, Christus regnat, Christus imperat, Christus ab omni malo plebem suam defendat.*
(4) *Rome Chrétienne*, t. II, p. 233.

DE CLÉMENT VIII A PIE VI

1592-1775.

I

LA *ville éternelle* était arrivée à son apogée; elle avait converti et civilisé le monde; elle l'avait formé à la vie sociale et à la vie intellectuelle; elle lui avait donné l'exemple en tout. Mais aujourd'hui n'allait-t-elle pas déchoir? Il y a dans les choses humaines une instabilité qui fait presque toujours succéder au progrès la décadence. Après le siècle d'Auguste vient le siècle des Tibère et des Néron; après l'âge de saint Louis, l'âge de Philippe le Bel; après la grande épopée de Louis XIV, le dévergondage de Louis XV. Quelque part que nous étudiions l'histoire, nous rencontrons le même tableau. Rome seule fait exception. Et cependant Rome ne compte plus, sur la liste de ses papes, des noms illustres comme ceux du passé. Nous ne voyons plus ni de Grégoire VII, ni d'Innocent III, ni de Jules II, ni de Léon X, ni de Sixte-Quint. Les pontifes qui se suivent, de 1592 à 1775, n'ont point en général cette supériorité que nous appelons le génie; mais ils ont celle que nous appelons la vertu. Ce sont des hommes pieux et modestes, empressés de faire le bien sans chercher la gloire, et portant dans toutes leurs œuvres la divine expansion de la charité.

Il serait inutile de le dissimuler, d'ailleurs. L'esprit catholique, après avoir puissamment réagi contre les idées dissolvantes de la Réforme et s'être avivé dans la lutte, va plus ou moins s'endormir dans la paix. Tout en perdant du terrain, le *protestantisme* laissait dans les âmes une certaine disposition à *protester,* une certaine impatience de tout pouvoir. Les princes seront souvent portés à contester le pouvoir pontifical; et les peuples, le pouvoir des princes. C'est déjà le dualisme de la Révolution, mais à l'état latent, se développant à l'ombre d'une paix factice due à l'équilibre des forces matérielles beaucoup plus qu'au triomphe vrai d'aucune idée profondément sociale.

A Rome, du moins, le pouvoir temporel des papes, si longtemps en butte aux attaques des passions, reste définitivement incontesté. On peut dire que, jusqu'au XV⁰ siècle, l'agitation avait été permanente dans la ville pontificale; elle ne fut plus qu'intermittente et ne se produisit même que de loin en loin, aux XV⁰ et XVI⁰ siècles. De 1592, au contraire, à 1792, le repos est complet : ni guerres intérieures, ni guerres extérieures. Rome est *le seul État,* a dit Voltaire, *qui ait toujours joui des douceurs de la paix depuis le saccagement de la ville par Charles-Quint.* « La meilleure réponse à faire aux détracteurs du Saint-Siége, dit-il ailleurs, est dans la puissance mitigée que les évêques de Rome exercent aujourd'hui avec sagesse, dans la longue possession, dans le système d'un équilibre général, qui est celui de toutes les cours. » Enfin, résumant en deux mots son opinion, il disait : « Les Romains d'aujourd'hui ne sont pas conquérants, mais ils sont heureux. »

Ainsi, le gouvernement de Rome était cité comme un modèle, en plein XVIII⁰ siècle, et par qui? par Voltaire! C'était le seul gouvernement qui connût la paix, et, nous ajouterons, le seul peut-être où les libertés municipales eussent été constamment respectées. Ces libertés étaient telles, que Bologne formait une sorte de république dans l'État romain, et que les papes admettaient ses ambassadeurs à Rome. Que sont devenues ces franchises d'autrefois? qui les a détruites? qui en a rendu par la surexcitation des idées, et par la ruine des anciennes hiérarchies, le retour impossible ?

La constitution définitive du patrimoine de saint Pierre tel qu'il a existé jusqu'à nos jours, date de Clément VIII. Alphonse d'Este étant mort sans héritiers mâles, le duché de Ferrare faisait, de droit, retour à l'Église, qui en avait la suzeraineté, et Clément refusa d'en accorder l'investiture, malgré les sollicitations d'Alphonse, à une branche bâtarde de sa famille.

Clément VIII s'efforça, comme tous les papes, d'unir les forces de la chrétienté contre les Turcs. Il donna même l'exemple, en économisant, dans ce but, un million et demi d'écus, et en envoyant une armée de douze mille hommes sur le Danube. L'embellissement de Rome et le développement des œuvres chrétiennes, furent aussi deux de ses plus constantes pensées. C'est à lui que remontent la salle Clémentine, au Vatican ; la chapelle du même nom, à Saint-Pierre; la nef de la Croisée, au Latran; l'autel du Saint-Sacrement, dans la même basilique, avec son tabernacle de pierres précieuses et ses colonnes cannelées du temple de Jupiter Capitolin, qui furent faites, dit-on, du bronze des vaisseaux égyptiens pris à Actium. Nous ne pouvons oublier non plus la colonne de granit d'Égypte, surmontée des figures du Christ en croix et de la Vierge, qu'on remarque sur la place de Sainte-Marie-Majeure, devant la petite église de Saint-Antoine. Cette colonne fut érigée par Clément VIII, en mémoire de l'absolution d'Henri IV, absolution prononcée, le 17 septembre 1595, dans la basilique de Saint-Pierre. Clément avait longtemps douté de la sincérité de la conversion du prince français. « Je ne la croirai, disait-il, que si un ange descend du ciel pour me le dire à l'oreille. » Mais le temps et les instantes prières d'Henri finirent par triompher de sa résistance, et le pape tint à consacrer le souvenir de ce grand acte par un monument qui bravât les siècles.

Clément VIII joignait à une grande activité dans le travail une entraînante affabilité dans la conversation. Simple et évangélique, il admit pendant longtemps douze pèlerins à sa table, comme saint Grégoire, et il leur donnait l'exemple de la sobriété et de la mortification. Dans ses moments de loisir, il appelait au Vatican quelques vertueux prêtres, Baronius surtout, avec les disciples de saint Philippe de Néri, et se plaisait à traiter avec eux de profondes questions théologiques. Parmi les traits de son caractère, l'histoire signale une sensibilité qui s'épanchait facilement en larmes abondantes. Lorsque les Cenci furent conduits à l'échafaud, Clément se retira à Frascati. Trois coups de canon lui ayant annoncé le moment où la justice humaine allait être satisfaite, il étendit la main pour accorder aux coupables l'indulgence apostolique à l'heure de la mort, puis il tomba sans connaissance [1].

II

Paul V (Camille Borghèse) était un jurisconsulte austère comme Clément VII, et à la rectitude de jugement se joignait en lui une fermeté inflexible. Cette fermeté se fit sentir au loin ; partout où les lois, partout où les immunités ecclésiastiques, consacrées par les canons et par le temps, furent méconnues, on entendit la voix de Paul V demander justice. Son armée et ses trésors étaient, en outre, constamment à la disposition des princes chrétiens qui luttaient contre les infidèles. Enfin, son action ne se fit pas moins sentir sur le mouvement intérieur de la société. Les tribunaux et les différentes charges de la curie reçurent une organisation nouvelle ; leur autorité fut nettement définie, leurs honoraires fixés, et une répression sévère mit un terme aux abus. Paul exigea que dans tous les monastères il y eût des professeurs de langues latine, grecque, hébraïque et arabe, et il autorisa la fondation de divers ordres religieux spécialement consacrés à l'éducation de la jeunesse.

Paul V avait en outre, et à un degré éminent, ce goût des arts et des grandes choses, qui semble inhérent à la papauté. Le nom de Borghèse se retrouve partout à Rome, sur les façades des monuments, à commencer par la façade de Saint-Pierre. La fontaine Pauline, sur le Janicule, l'escalier à double rampe du Quirinal, la colonne de Sainte-Marie-Majeure et la splendide chapelle de la Vierge dans cette auguste basilique, sont aujourd'hui encore d'éloquents témoignages de sa munificence.

En même temps, les palais et les maisons de plaisance de la famille Borghèse devenaient un objet d'admiration pour l'Europe entière. Le fameux *Cembalo* de Borghèse, édifié au centre de Rome par deux architectes célèbres du XVIIe siècle, Martino Lunghi et Flaminio Ponzio, était aussi vaste, aussi splendide qu'eût pu l'être la demeure d'un roi.

Paul V distribuait annuellement un million d'écus d'or aux pèlerins pauvres, et un million et demi aux autres nécessiteux. C'est enfin à son pontificat que remonte la fondation de la Banque du Saint-Esprit, dont les riches immeubles servirent d'hypothèque aux dépôts qui lui furent confiés.

III

Grégoire XV (Ludovisi) est surtout célèbre par son heureuse intervention dans la guerre de la Valteline et par la fondation du collège de la *Propagande*. Trois armées occupaient la Valteline : l'armée française, l'armée autrichienne et l'armée espagnole. Grégoire XV se porta médiateur et arbitre, et les villes contestées furent remises à quelques bataillons partis de Rome sous le drapeau de saint Pierre.

Quant au collège de la *Propagande*, on sait tout ce qu'il a fait pour la religion et pour la science. Ce fut à Rome un centre d'études universelles et comme le rendez-vous de toutes les nations, de toutes les langues, venant chanter les louanges de Dieu au pied du trône du son vicaire. Il n'est pas une autre ville dans le monde qui possède une institution semblable, vivant symbole de cette énergie de la charité qui affronte toutes les difficultés de l'étude, tous les dangers de la vie, pour porter plus loin la *bonne nouvelle*.

Six ans seulement après sa fondation, l'imprimerie de la *Propagande* possédait déjà quinze caractères de langues étrangères à l'Europe ; elle tarda peu à en avoir vingt-trois, et depuis lors ce nombre s'est continuellement accru. Il n'y eut pas ainsi un coin de terre sur le globe qui ne fût évangélisé, non-seulement par la prédication, mais par une multitude de livres parlant à chaque peuple son langage ; et il n'y eut pas un coin de terre d'où ne vinssent quelques députés à Rome, demander au collège de la *Propagande* une plus intime communication de toutes les vérités, de toutes les sciences, pour les transmettre ensuite à leurs compatriotes.

IV

La mémoire d'Urbain VIII (Maffeo Barberini) est restée sous le coup d'une épigramme qui a fait fortune dans le monde des ciceroni et des touristes : *Quod non fecerunt barbari fecerunt Barberini*, c'est-à-dire : *Les Barberini ont fait ce que ne firent pas les barbares.* Qu'ont donc fait les Barberini? Ils enlevèrent, à tort, sans doute, le métal dont étaient revêtues les poutres du portique du Panthéon, pour couler en bronze le baldaquin de la *Confession* de saint Pierre ; mais du moins ils firent ainsi un monument de ce qui n'en était pas un. Les barbares pillaient pour piller ; les Barberini transformaient quelques lames d'airain en un monument grandiose. Telle fut en réalité la ressemblance. Singuliers barbares que ces Barberini, qui restaurèrent ou édifièrent avec luxe et avec art jusqu'à treize églises et monastères, qui formèrent une bibliothèque de quatre-vingt mille volumes, une collection d'objets d'art restée célèbre, et qui surent deviner Bernin, le génie le plus puissant et le plus élevé d'une époque de décadence! On pourrait faire des reproches mieux justifiés à Urbain VIII. L'influence qu'il laissa prendre à sa famille fut pour lui la source d'embarras sérieux. Depuis la fin du XVe siècle, les familles papales occupaient un rang qui les mettait sur le même pied que les princes, et elles cherchèrent plus d'une fois, particulièrement sous les pontificats de Sixte IV, Paul III, Paul IV, Urbain VIII, Innocent X, à devenir le centre des faveurs et de la politique. Leurs richesses considérables contribuèrent du moins, grandement, à faire de Rome une ville de monuments et de palais. On ne remarque point dans ces familles l'étroit égoisme qui accompagne souvent les fortunes rapides. Si elles avaient des goûts de princes, elles en avaient aussi la magnificence et la générosité. Aussi voyait-on les splendides habitations, les brillantes églises, les fondations pieuses, se multiplier à l'infini dans l'enceinte de Rome. Parmi les parents d'Urbain VIII, se trouvaient, à côté de neveux très-entreprenants et très-fiers, dont la politique le compromit souvent, deux saintes religieuses, qui introduisirent à Rome la règle de Sainte-Thérèse, et un vieux capucin qu'Urbain VIII fit cardinal, et qui, laissant à ses

(1) Voir la belle *Histoire de sainte Cécile*, par D. Guéranger, ch. XXVI.

neveux le soin de bâtir le splendide palais qui porte leur nom, édifiait, en vue de ce palais, un vaste couvent pour les religieux de son ordre. Il faisait plus, il y marquait la place de son tombeau, avec ces seuls mots pour épitaphe : *Hic jacet pulvis, hic cinis, hic nihil.* « Ci-gît de la poussière, de la cendre, rien ! »

Urbain VIII était un littérateur fécond et érudit. La connaissance qu'il avait de la langue grecque était telle, qu'on l'avait surnommé *l'Abeille attique.* Il possédait également l'hébreu, et écrivait dans l'idiome d'Horace des odes et des hymnes, dont plusieurs ont été introduites dans le Bréviaire.

Innocent X (Pamfili), son successeur, avait soixante-douze ans lorsqu'il monta sur le trône. Il fut faible vis-à-vis des siens, mais il fut ferme vis-à-vis des ennemis de l'Église. La condamnation des cinq propositions extraites du livre de Jansénius fut le grand acte de son pontificat. On entendit alors les évêques de France renouveler les acclamations du quatrième concile œcuménique. Les Pères de ce concile s'écriaient : « Pierre a parlé par la bouche de Léon ; » et les évêques de France écrivaient à leur tour : « Dieu a parlé par la bouche d'Innocent. »

Le palais et la villa Pamfili, l'église de Sainte-Agnès et les fontaines de la place Navone, enfin la nef actuelle de la basilique de Latran, sont de nobles souvenirs du pontificat d'Innocent X.

V

Alexandre VII (Fabio Chigi) avait constamment dans sa chambre un cercueil, afin que la puissance et les grandeurs ne lui fissent jamais perdre de vue la fin de toute gloire humaine. La coupe dont il se servait dans ses repas avait même la forme d'un crâne, et Alexandre avait fait graver à l'entour des sentences sur l'éternité. On ne rencontrait près de lui ni neveu prédominant, ni parents ambitieux de richesses. « Mes parents sont les pauvres, avait dit le pape, et je ne saurais en avoir de plus proches. » Tel était d'ailleurs l'esprit du temps, que cette sévérité du pontife à l'égard des siens ne fut pas comprise. On trouva peu convenable que le frère du pape fût simple citoyen dans la ville de Sienne. On représenta à Alexandre la dignité qu'imposait son rang, le respect qui était dû, en tout pays, à ceux qui tenaient par la parenté au souverain. Alexandre se laissa persuader ; il appela ses neveux, les fit princes, mais les tint constamment en dehors des affaires d'État.

Ce fut sous le pontificat d'Alexandre VII que Bernin construisit la colonnade de la place Saint-Pierre. « Jamais, dit M. Quatremère, l'architecture n'avait rien conçu d'aussi magnifique depuis les pompeuses entreprises des empereurs romains. »

Peu de pontifes portèrent plus loin qu'Alexandre la circonspection et la prudence, ce qui ne l'empêcha pas d'avoir à compter avec la fière susceptibilité de Louis XIV. L'entrée à Rome de l'ambassadeur de France, en 1662, avec un cortège militaire dont la pompe ne semblait pas être l'unique but, fit naître des querelles avec la garde corse, et ces querelles eurent malheureusement une issue sanglante. Louis XIV fit aussitôt saisir Avignon et le comtat Venaissin, et Alexandre dut se soumettre à d'humiliantes réparations.

Cette entrée armée du duc de Créqui et les malheurs qui en furent la suite, commencent à nous présenter les relations des puissances européennes avec Rome sous un jour nouveau. Les grandes luttes du moyen-âge sont finies ; mais les luttes diplomatiques prennent un caractère d'insistance et de hauteur qu'elles ne perdront malheureusement plus. On rend plus difficiles les rapports du clergé avec le pontife suprême ; et Rome, où les évêques affluaient aux plus mauvais jours, ne voit plus que quelques moines érudits venir encore de temps en temps, bien moins pour visiter ses basiliques que pour compulser ses bibliothèques. Sous prétexte qu'il faut rendre à César ce qui est à César, on verra les pouvoirs politiques oublier presque partout de rendre à Dieu ce qui est à Dieu. Ils prétendront s'ingérer dans la direction de l'Église ; ils lui refuseront souvent l'exercice des droits les plus essentiellement spirituels, et, par leurs ambassadeurs, parfois même, comme en 1662, par un appareil inusité et provoquant, s'efforceront d'exercer une contrainte morale sur la papauté. Ce sera une épreuve d'un nouveau genre et une épreuve de tous les jours que Dieu enverra à son Église. Elle en triomphera comme des autres ; et cette épreuve nous aidera à mieux comprendre ce qu'est un pouvoir qui, sans rien craindre, a su résister aux plus puissants princes, et, sans varier jamais, à toutes les dissimulations et à toutes les souplesses des plus habiles diplomaties.

VI

Clément IX (Rospigliosi), qui fut élu en 1667, porta dans le gouvernement autant d'activité qu'Alexandre y portait de réserve. D'un côté, il se fit médiateur de la paix entre l'Espagne et la France ; de l'autre, il vint en aide à cette malheureuse ville de Candie assiégée par des milliers de Turcs, et où les femmes elles-mêmes déployaient un courage héroïque. En France, il consentit à mettre à l'épreuve la bonne volonté des jansénistes, et ne fit, par sa douceur même, que donner plus de relief à leur mauvaise foi. A Rome, les travaux des arts se poursuivirent activement sous son règne. L'antique pont Ælien était orné de balustrades et de statues d'anges portant les instruments de la Passion ; et l'église de l'Oratoire s'enrichissait d'un baldaquin dont la devanture de bronze doré était parsemée de pierres précieuses.

Clément IX avait pris pour devise un pélican s'ouvrant les entrailles, avec cette épigraphe : *Clemens aliis, non sibi* (Clément pour les autres, non pour lui-même). Touchante expression de son cœur. Le même sentiment lui avait fait renouveler plusieurs des antiques usages de la papauté. Ainsi, il visitait souvent les hôpitaux et soignait lui-même les malades. Un jour, en ayant rencontré un à l'agonie, il lui prodigua les consolations religieuses jusqu'à ce qu'il le sentît mort dans ses bras. La piété et la charité ne quittaient plus le siége de saint Pierre.

Clément confessait les pèlerins à Saint-Pierre et admettait, chaque jour, douze étrangers à sa table. Parmi ces étrangers se trouvèrent, parfois, des hérétiques qui, touchés des vertus du saint vieillard, abjurèrent l'hérésie. Les protestants venaient en foule d'Allemagne pour voir, disaient-ils, ce pontife *tombé du ciel.*

VII

Le cardinal Altieri, qui ceignit, après Clément, la tiare pontificale, sous le nom de Clément X, était un vieillard de quatre-vingts ans. « Voyez donc, disait-il aux cardinaux qui voulaient l'élire, je suis incapable. » Et il leur montrait ses jambes alourdies par la goutte. Clément n'en fut pas moins élu, et il sut conserver à l'administration l'esprit prévoyant et paternel de Clément IX.

Les dernières années de Clément furent troublées par les prétentions des ambassadeurs qui refusaient de se soumettre au tarif de la douane pour les objets importés sous leur couvert. « Tout souverain est maître chez lui, répondait son neveu aux plaintes des puissances. » Mais Louis XIV n'admettait que pour lui cette doctrine, et Clément X finit par céder. Les difficultés se renouvelèrent toutefois et devinrent plus vives sous le grand pape Innocent XI qui lui succéda. « Les ambassadeurs soutenaient, dit un historien, que non-seulement leur palais, mais le quartier où il était situé, devaient être exempts des recherches des officiers de justice. Il en résultait que les malfaiteurs se mettaient ainsi à l'abri des châtiments, et sortaient ensuite, la nuit, pour commettre des vols et des meurtres. Cet état de choses n'était pas tolérable [1]. »

Innocent XI se prononça énergiquement contre ces franchises surannées, et déclara qu'il ne recevrait à l'avenir que les ambassadeurs des puissances qui y renonceraient. Plusieurs gouvernements renoncèrent aux franchises, mais Louis XIV n'y renonça pas, et l'entrée du marquis de Lavardin, en 1687, ne fut pas moins menaçante que l'avait été, vingt-cinq ans auparavant, celle du duc de Créqui. Lavardin fit occuper militairement les environs du palais Farnèse qu'il habitait, et annonça hautement l'intention de faire respecter les franchises que les autres ambassadeurs avaient fini par abandonner. Innocent XI refusa alors de l'admettre à son audience, et le tint pour excommunié. Lavardin ayant assisté néanmoins, et en grande pompe, à l'office divin, le jour de Noël, dans l'église de Saint-Louis des Français, cette église fut frappée d'interdit. L'ambassadeur s'étant présenté alors, avec plusieurs centaines d'hommes armés, dans la basilique du Vatican, les prêtres se retirèrent. On conçoit toute l'irritation de Louis XIV ; il fit de nouveau saisir Avignon, il parla même d'un concile ; mais Innocent XI demeura inébranlable, et Lavardin fut rappelé. Les choses demeurèrent en cet état jusqu'à la mort du pape, et le premier ambassadeur qui vint à Rome, sous Alexandre VIII, renonça aux priviléges contestés.

VIII

Innocent XI appartenait à la noble famille des Odescalchi, de Côme. « Il porta avec lui la sainteté sur le trône, dit Muratori ; sa vie avait toujours été austère et sans tache. Il se distinguait par sa gravité, par son zèle pour le bien de l'Église, par son désintéressement et par cette prodigalité envers les pauvres, qui était une des habitudes de sa famille. »

Avant même que le conclave eût fait connaître son choix, la voix du peuple proclamait pape Benedetto Odescalchi, et son règne justifie les espérances qu'il avait fait naître. Innocent XI interdit à son neveu, qu'il chérissait cependant avec tendresse, toute participation aux affaires publiques. Il interdit à ses autres parents le séjour de Rome, et borna ses largesses envers eux à quelques pensions de 250 écus, pour leur faciliter l'achèvement de leurs études. Mais, au même moment, il envoyait des sommes considérables à Sobieski, le héros de la Pologne, et contribuait ainsi à sauver Vienne.

L'historien protestant Schroeckh, signale lui-même le pontificat d'Innocent comme un des plus illustres, et ce pape comme un des plus dignes parmi ceux qui ont marqué dans l'histoire. La grandeur et la fermeté du caractère s'unissaient, en effet, chez Innocent XI, aux plus douces vertus. Nous l'avons vu tenir tête à Louis XIV sur la question des priviléges des ambassadeurs. Deux autres questions non moins brûlantes, la *Régale* et la *Déclaration de* 1682 suscitèrent entre Rome et la France une lutte pénible, dans laquelle, il faut bien le dire, la chrétienté ne fut pas pour nous. La *Déclaration de* 1682 jetait, en effet, des germes de division dans l'Église, et présentait, au milieu de la grande famille catholique, comme un essai de *nationalisme* qui menaçait l'unité. Louis XIV, qui l'avait provoquée, était alors au faîte de sa gloire ; il dominait le monde par ses armes, et s'il fût parvenu à dominer les consciences, c'eût été l'achèvement du despotisme. Mais Rome s'y oppose, et seule alors, parmi les puissances de l'Europe, elle ne fut pas vaincue.

Ce grand pontife mourut le 12 août 1689, après une douloureuse maladie, pendant laquelle la foule ne cessa d'encombrer les abords du Vatican. Chacun voulait savoir, heure par heure, l'état du malade, et, lorsque sa mort fut annoncée, la plupart des habitants de Rome invoquèrent son intercession en se disputant ses reliques, au lieu de prier pour lui.

Alexandre VIII, son successeur, ne régna que seize mois. Il est connu surtout par la constitution *Inter multiplices*, qu'il rédigea trois jours avant sa mort, et qui fut une réponse solennelle à la Déclaration de 1682. Philippe de Coulanges, qui était alors à Rome, nous a conservé le détail du consistoire dans lequel le pape manifesta, à cet égard, sa volonté. Il avait pris pour texte de son discours : *Deficiunt vires, sed non deficit animus.* Douze des principaux membres du sacré collége entouraient son lit. « Il parla avec toute la majesté d'un grand pape, dit Coulanges, la fermeté d'un jeune homme et l'éloquence d'un habile Vénitien. »

Innocent XII (Pignatelli) inaugura son règne par une bulle sévère contre les excès du népotisme, bulle dont chaque pape dut jurer désormais l'observation, avant de monter sur le trône. « Ce mémorable pontife était véritablement né pour les grandes choses, dit Muratori ; oublieux de lui-même et des siens, il n'avait de pensées que pour le bien public. » Tantôt il accorde des priviléges à Civita-Vecchia et y fait construire des magasins, afin d'y attirer le commerce ; tantôt il répare d'anciens aqueducs et érige des monuments dignes du siége apostolique et dignes de Rome. Partout où éclate quelque catastrophe, une peste, une famine, on est sûr de voir arriver les trésors d'Innocent ;

[1] Note du traducteur français de l'*Histoire d'Italie*, de M. Léo, liv. XII, chap. II.

partout où la chrétienté est en lutte avec les infidèles, en Pologne, à Venise, sur les côtes de l'Archipel, on peut compter sur ses subsides ou ses galères. »

Et en même temps il transformait en hospice le palais patriarchal de Latran ; il agrandissait le vaste établissement de Saint-Michel, fondé par les Odescalchi, sous le règne de son prédécesseur, et y recevait les orphelins et les invalides. Innocent aimait de prédilection Saint-Michel ; il y allait sans cesse ; il s'asseyait près des orphelins ; il les appelait ses fils, et portait, à l'exemple de ses prédécesseurs, jusque dans les maisons de charité, ce luxe des arts qui ailleurs semble réservé aux églises et aux palais. Innocent III faisait orner de peintures l'hospice du Saint-Esprit ; Innocent XII faisait construire, dans la cour de Saint-Michel, une fontaine jaillissante.

Innocent avait agrandi et embelli Saint-Michel, et Clément XI, son successeur, l'agrandit de nouveau pour y fonder le premier pénitencier dont il soit question dans l'histoire. « Je n'hésite pas à croire, écrivait, en 1839, un inspecteur des prisons, M. Cerfbeer, au ministre de l'intérieur de France, je n'hésite pas à croire que la réforme pénitentiaire est partie de l'Italie, du centre même de cette contrée, de Rome, où un pape, Clément XI, fit construire sur les dessins de Charles Fontana, une vaste maison de correction pour les jeunes détenus. Oui, c'est de Rome qu'est parti le mouvement qui se manifeste aujourd'hui dans les deux mondes. C'est Rome qui a créé la première maison cellulaire, qui a appliqué simultanément l'isolement absolu et l'isolement mitigé. C'est un pape qui, de sa main, a écrit les premiers règlements d'une maison de correction. »

Dans ce même rapport, M. Cerfbeer rendait un éclatant hommage à l'administration pontificale et au caractère grandiose de ses institutions. C'est à Rome, ajoutait-il, « que la philanthropie a pris naissance sous le nom plus doux de charité, c'est là que les premières notions de la science des principes administratifs de la charité ont reçu la première et la plus large application..... On se trompe, je ne crains pas de l'affirmer, sur l'autorité de Rome. »

Muratori porte à 200,000 écus (1,080,000 fr.) les sommes dépensées par Clément en aumônes et en institutions de charité. Au loin, il s'associait à la guerre contre les Turcs, il foudroyait le jansénisme renaissant, ou il envoyait de l'argent et des blés à la malheureuse population de Marseille, dans cette cruelle année 1720 qui vit le dévouement de Belzunce.

Comme saint Grégoire le Grand, Clément prononçait des homélies dans la basilique du Vatican, aux jours des grandes fêtes, et Muratori remarque que sa famille fut moins bien traitée par lui que par les papes, ses successeurs. Il exila même de Rome la sœur de son frère, parce qu'elle avait trop présente à l'esprit l'importance de son titre de belle-sœur du pape. Voilà où en était le népotisme à la cour de Rome ! Quelques historiens ont pris plaisir à en signaler les abus d'une manière générale ; mais lorsqu'on veut préciser, on ne trouve que trois ou quatre familles qui aient soulevé d'ardentes récriminations. Les Borghèse furent sans doute comblés par Paul V ; mais leurs richesses devinrent les richesses de tous ; les Barberini, nous l'avons vu, ne furent pas moins généreux, tout en indisposant par leur hauteur la population romaine. Les autres grandes familles papales s'enrichirent plus par leurs alliances que par les dons de la papauté, et nous avons vu que plusieurs d'entre elles, les Odescalchi, les Pignatelli, les Albani, furent exclues, par les papes mêmes qu'elles donnèrent à la chrétienté, des faveurs auxquelles bien d'autres étaient admises.

Clément XI joignait à une piété expansive et à une douce affabilité, une fermeté et une droiture qui lui acquirent une générale estime. Un ambassadeur lui ayant dit, un jour : *Le roi, mon maître, a les bras longs. — Dieu les a plus longs que lui, et je crains sa justice,* répondit simplement le pape. Admirable réponse qu'à chaque époque on retrouve au fond des actes de la papauté.

Clément XI avait introduit à Rome le système pénitentiaire ; Benoît XIII y introduisit l'enseignement mutuel, cent ans avant la prétendue découverte qui en a été faite de nos jours. Rien à cet égard de plus remarquable que l'instruction pontificale jointe aux actes du concile de Rome de 1725. Chaque dimanche, deux enfants choisis parmi les plus exacts et les plus pieux, devaient parcourir les rues, dans chaque paroisse, en agitant une clochette et disant : — Pères et mères, envoyez vos enfants à la *Doctrine chrétienne;* sinon, vous en rendrez un compte sévère à Dieu. — Venaient ensuite deux personnes adultes qui assemblaient les enfants par leurs exhortations, leurs caresses, et les conduisaient à l'école. Ce charitable ministère fut le plus souvent rempli par des personnes qui, dans les idées du monde, auraient pu le trouver incompatible avec leur naissance ou avec leur fortune. Une fois réunis, les enfants étaient divisés dix par dix, et formaient un demi-cercle autour du maître, lequel n'était souvent qu'un enfant d'une classe plus élevée. La leçon devait durer une demi-heure, puis les enfants se plaçaient les uns devant les autres, et s'interrogeaient, se redressaient mutuellement sous les yeux du maître.

IX

Clément XII, qui succéda à Benoît XIII, en 1730, appartenait à la famille florentine des Corsini, illustre à jamais par saint André Corsini, évêque de Fiesole. Quoique âgé de soixante-neuf ans, il conservait la vigueur de la jeunesse et ce noble entraînement de la papauté pour toutes les grandes œuvres : pour celles de la foi d'abord, puis pour celles des arts, des lettres et de la charité. Un musée de monuments antiques est établi par lui au Capitole ; la bibliothèque vaticane, récemment enrichie par Clément XI d'un grand nombre de manuscrits orientaux et d'ouvrages cophtes, éthiopiens et arabes, s'enrichit, grâce à Clément XII, de nouveaux trésors recueillis en Orient par les deux savants Assemanni. Clément agrandit l'hospice de la Trinité-des-Pèlerins, favorisa la création de nouvelles institutions charitables, celle de la *Divine-Pitié,* entre autres, dont les membres prennent sous leur protection les pauvres honteux et leur portent des secours à domicile. C'est enfin du pontificat de Clément XII que datent la fontaine actuelle de Trevi, d'un effet si saisissant, la principale façade du Latran, et, dans la basilique, cette splendide chapelle Corsini, qui devait recevoir son urne sépulcrale.

Benoît XIV s'est fait un nom illustre dans l'Église par sa science, et dans le monde, par la bienveillance de son accueil et l'enjouement de ses reparties. Il n'était personne qui, sortant de son audience, ne fût conquis, suivant le mot de Botta : *Benedetto conquistava il mondo.* Les protestants eux-mêmes s'avouaient vaincus, et l'un d'eux, Horace Walpole, lui érigeait une statue dans son palais de Londres. Quelles que fussent, d'ailleurs, les éminentes qualités de Benoît, on ne peut disconvenir qu'il est resté célèbre près de la foule des esprits légers, suivant le mot d'un historien romain, *presso la leggiera moltitudine,* beaucoup plus par ses plaisanteries que par ses vertus ; « triste effet, ajoute cet historien, de l'humaine faiblesse, qui préfère toujours l'agréable au solide [1]. »

Quant à l'histoire de Benoît XIV, c'est l'histoire habituelle des pontifes romains. C'est toujours la même munificence, la même libéralité. Benoît crée le musée chrétien du Vatican, comprenant à la fois l'humble mobilier des catacombes et l'affreux mobilier du martyre ; il orne Sainte-Marie-Majeure d'une nouvelle façade, reconstruit Sainte-Croix-en-Jérusalem, ouvre une large voie entre cette basilique et celle de Saint-Jean de Latran ; il fonde un conservatoire pour les filles trouvées, de savantes académies pour les ecclésiastiques ; il agrandit l'hospice du Saint-Esprit et y fait peindre les guérisons opérées par le Sauveur ; il restaure, remet à neuf, sauve de l'oubli un grand nombre de monuments et d'églises. Clément XI avait exilé de Rome sa belle-sœur ; Benoît XIV défendit à son neveu d'y venir sans y être appelé : et il oublia toujours de l'appeler, ajoute Muratori.

<h2 style="text-align:center">X</h2>

Clément XIII (Charles Rezzonico) ne fut ni moins généreux, ni moins rigide ; mais ce qui le distingue surtout dans l'histoire, c'est la grandeur du caractère. Dans un siècle affaibli, on retrouve tout-à-coup sous la tiare un pape des vieux âges. C'était, d'ailleurs, un homme d'une angélique piété et d'une incomparable douceur. Le philosophe Duclos lui reprochait de ne pas avoir l'esprit *assez appliqué aux affaires,* parce qu'il *n'avait osé prévoir,* dit-il, *qu'il monterait un jour sur le trône.* Singulier blâme, qu'on est obligé de prendre pour un éloge ! Les affaires, il est vrai, se compliquaient gravement. Chaque jour la diplomatie se montrait plus hautaine et plus exigeante. Elle s'était mise à la suite des encyclopédistes, et ne tendait à rien moins qu'à modifier les rapports des deux sociétés spirituelle et temporelle, de manière à soumettre la première à la seconde, c'est-à-dire l'âme au corps, l'éternité au temps. Clément XIII s'opposa énergiquement à ce travail de désorganisation. Avignon fut saisi d'un côté, la principauté de Bénévent de l'autre ; mais le pieux pontife demeura inébranlable. Il refusa également d'abolir la *Compagnie de Jésus,* quelque facile bonté qu'il y eût dans son caractère. « Le vicaire de Jésus-Christ est traité comme le dernier des hommes, disait-il à un ambassadeur qui osait lui parler en maître. Il n'a sans doute ni armée, ni canons ; il est facile de lui prendre tout ; mais il est hors du pouvoir humain de le faire agir contre sa conscience. »

On remarque sur le tombeau de Clément XIII, dans la basilique vaticane, deux lions superbes : l'un qui dort, symbole de la mansuétude du pontife ; l'autre qui *rugit,* expression éloquente de cette *conscience,* que ne purent dompter ni les *armées,* ni les *canons.*

A la mort de Clément, la diplomatie se remit à l'œuvre. Laurent Ganganelli, qui prit le nom de Clément XIV, lui sembla d'un caractère plus timide. Si on ne pouvait le convaincre, on se persuada du moins qu'on pourrait l'effrayer. C'est une triste et pénible lecture, que celle des correspondances diplomatiques de l'époque. L'intrigue s'y joint à l'audace pour triompher des résistances d'un vieillard qui sent, lui aussi, qu'il a une conscience. On alla jusqu'à marchander la suppression des jésuites. En échange de la *Compagnie de Jésus,* lui disait-on, on rendrait Avignon et Bénévent à l'Église ; mais un cri sortit alors du cœur indigné du pontife : « Apprenez, dit-il, qu'un pape gouverne les âmes et n'en trafique pas ! »

« On assure, écrivait alors d'Alembert au roi de Prusse, que le pape cordelier se fait beaucoup tirer la manche pour abolir les jésuites. Je n'en suis pas étonné. *Proposer à un pape de détruire cette brave milice, c'est comme si on proposait à Votre Majesté de licencier son régiment des Gardes.* » D'Alembert n'était pas seul à le comprendre, et tout le monde des jansénistes, des incrédules et des courtisanes, qui avait alors la haute voix dans les palais, le comprenait très-bien. La réconciliation de Rome avec les différentes cours de l'Europe ne pouvait cependant avoir lieu qu'à ce prix, et Clément, épuisé par quatre années de luttes, finit par croire que cette réconciliation était plus désirable pour l'Église que la conservation d'un ordre dont l'action se trouvait sans cesse entravée par une animosité ardente.

« Le 21 juillet 1773, les cloches du *Gesù* sonnèrent pour annoncer le commencement de la neuvaine accoutumée en l'honneur de saint Ignace. A ce bruit, Clément XIV baissa tristement la tête. — Ce n'est pas pour les saints, dit-il, qu'on sonne aujourd'hui au Gesù, c'est pour les morts. — Ce jour-là même, en effet, était signée la suppression de la *Compagnie de Jésus* [2]. » Comment exprimer la joie des athées à cette nouvelle ! « Je vois tout en ce moment couleur de rose, écrivait d'Alembert à Frédéric ; je vois les jansénistes mourant l'année prochaine de leur belle mort, après avoir fait périr les jésuites, cette année-ci, de mort violente ; la tolérance s'établir, les protestants rappelés, les prêtres mariés, la confession abolie, et le fanatisme écrasé sans qu'on s'en aperçoive. »

Clément XIV survécut peu à l'acte que lui avait imposé une politique impitoyable, et il se trouva des gens pour accuser les jésuites de sa mort. Un roi protestant, Frédéric II, se chargea de leur défense. « Le pape a été ouvert, écrivait-il, et l'on n'a pas trouvé le moindre indice de poison ; *mais il s'est reproché la faiblesse qu'il a eue de sacrifier un ordre tel que celui des jésuites à la fantaisie de ses enfants rebelles.* Il a été d'une humeur chagrine et brusque les derniers temps de sa vie, *ce qui a contribué à raccourcir ses jours.* »

(1) Coppi, *Annali d'Italia*, t. Ier, p. 38. — (2) *Histoire de la Compagnie de Jésus,* par Crétineau-Joly, t. V.

DE PIE VI A PIE IX

1775-1846.

I

L révolution était faite; mais elle se cachait encore pour tout autre que pour les intimes. Partout et toujours elle commence par être *Tartufe* avant d'être *Mirabeau* ou *Robespierre*. Voltaire proclamait Benoît XIV *le chef de la vraie religion* ; il reconnaissait son *infaillibilité*, en lui écrivant du moins, puis il disait tout bas à la Chalotais: « Il faut espérer qu'après avoir purgé la France des jésuites, on sentira combien *il est honteux d'être soumis à la* PUISSANCE RIDICULE *qui les a établis.* En 1764, ses espérances même n'ont plus de bornes : « Tout ce que je vois, écrit-il au marquis de Chauvelin, jette les semences d'une révolution qui arrivera immanquablement, et dont je n'aurai pas le plaisir d'être témoin. La lumière s'est tellement répandue de proche en proche, qu'on éclatera à la première occasion, et alors ce sera un beau tapage. Les jeunes gens sont bien heureux; ils verront de belles choses. » Ils les ont vues, et jusqu'à la fin du monde l'histoire en gardera le cruel souvenir !

Les quinze premières années du règne de Pie VI n'en furent pas moins marquées par une prospérité et une grandeur qu'on aurait pu croire durables. Les hommes les plus éminents de toute l'Europe se rencontraient à Rome, et quelques-uns même n'en sortaient plus. « Il faut que vous sachiez, écrivait le président de Brosses, que les gens ne sont jamais croyables lorsqu'ils vous disent qu'ils vont partir de Rome. On y est si bien, si doucement, et il y a tant à voir et à revoir, que ce n'est jamais fait. »

C'est de cette époque que l'archéologie est devenue un goût, une passion. Jamais, depuis Léon X, l'antiquité n'avait été plus étudiée et plus admirée. Le musée Pio-Clementin, commencé par Clément XIII, continué par Clément XIV, et achevé par Pie VI, appelait l'attention de tous les savants de l'Europe. Visconti en publiait les monuments avec de profonds commentaires; Winkelmann s'enthousiasmait pour l'art grec, et, sous sa plume, l'archéologie cessait d'être une science abstraite pour s'élever presque jusqu'à la poésie. Au même moment, un Français, d'Agincourt, reprenait les études sur l'art chrétien, si négligé, si méprisé depuis la Renaissance, et se faisait, pendant trente ans, l'explorateur infatigable des catacombes.

De son côté, la poésie italienne, si déchue au XVII° siècle, reprenait vie avec Métastase, Cesarotti, Monti. La musique religieuse, qui avait pu s'enorgueillir, au XVI° siècle, de Palestrina, et, au XVII°, d'Allegri, produisait, au XVIII° : le *Stabat* de Pergolèse, la *Passion* de Paësiello, les *Psaumes* de Marcello, les *Oratorios* d'Haydn, le *Requiem* de Mozart. La science, enfin, se faisait de plus en plus catholique. Winkelmann abjurait le protestantisme; Zoëga suivait son exemple.

La plupart de ces hommes célèbres vinrent à Rome sous le pontificat de Pie VI ; car Rome était le centre d'un mouvement intellectuel qui, pour ne pas s'attaquer aux bases sociales, comme celui que dirigeaient les encyclopédistes, n'en était que plus général et plus applaudi. Les savantes investigations, les laborieuses recherches, y étaient accompagnées de vers et de banquets, comme aux temps des Médicis et du Tasse. On célébrait, sur le Palatin, les *Quinquennales* de Pie VI, ainsi qu'on fit peut-être autrefois pour Auguste dans la *villa* de Mécène ; et, lorsque le tombeau des Scipions fut découvert en 1780, sur la voie Appienne, le comte Verri saisit la plume et fit apparaître les héros de la société antique dans les sombres caveaux de cette demeure sépulcrale.

II

Mais c'est surtout dans l'administration pontificale que nous pouvons suivre et apprécier le grand caractère de Pie VI. Peu de princes eurent jamais d'aussi hautes pensées sous des formes plus majestueuses. L'un de ses premiers actes fut le desséchement des marais Pontins, entreprise gigantesque qu'avaient vainement tentée le censeur Appius Claudius et les pontifes Boniface VIII, Martin V, Léon X et Sixte-Quint. Pie VI allait lui-même sur ces terrains pestilentiels activer les travailleurs ; il faisait tracer des routes, bâtir des hôtelleries et des casernes, réparer ou creuser des canaux ; et, sur 20,000 hectares constamment submergés, 18,000 cessaient de l'être. Le port d'Ancône était restauré à grands frais, et un phare s'élevait à son entrée; près du lac de Bolsène, un village était construit dans une position salubre pour recevoir les habitants voisins d'un autre village, en proie à de périodiques maladies. A Rome, les manufactures de lainages étaient encouragées; on y comptait quatre cents métiers en quelques jours. Et partout les architectes étaient à l'œuvre ; l'antique obélisque solaire du cirque Flaminien était relevé devant le palais de Monte-Citorio; celui des jardins de Salluste dominait le magnifique escalier de la Trinité-du-Mont ; des conservatoires pour les jeunes filles, les femmes repentantes, pour les sourds-muets, pour les petits enfants des rues, étaient fondés dans les divers quartiers de la ville, et formaient non-seulement des écoles de lecture et de catéchisme, mais encore des maisons d'apprentissage. Les tissus damasquinés du conservatoire Pie devenaient partout célèbres.

Jamais aussi Rome n'avait été aussi peuplée qu'elle le fut alors. Sous Léon X, elle comptait 85,000 âmes ; sous Clément XI, 138,000 ; sous Benoît XIV, 150,000; sous Pie VI, elle atteignit le chiffre de 165,000.

III

Ne dirait-on pas que Rome était revenue à l'âge d'or, et que jamais l'Église n'y jouit d'une autorité plus paisible? Mais la révolution continuait de travailler sous terre, et ses idées se propageaient avec une rapidité d'autant plus grande, que les rois s'en étaient faits les courriers. Joseph II, en Allemagne; Léopold, en Toscane; le duc de Parme, le roi des Deux-Siciles, et, dans le Nord, les Électeurs ecclésiastiques eux-mêmes, altéraient la discipline de l'Église, modifiaient ses rapports avec les peuples et, tout en croyant travailler au profit de leur absolutisme, préparaient les voies au terrible absolutisme de la révolution.

Léopold II avait commencé l'attaque en Autriche, l'Assemblée Constituante la continue en France, et, sous le vain prétexte de la liberté, impose le schisme à toutes les consciences. Pie VI reste en face de la violence ce qu'il avait été en face de la ruse : digne, ferme et compatissant. Il accueille à bras ouverts tous ceux que la tourmente révolutionnaire condamne à l'exil; plus de quarante mille prêtres français trouvèrent dans les États romains une généreuse hospitalité; et, lorsqu'une assemblée toute puissante frappa Louis XVI de mort, la voix du pontife suprême ne craignit pas d'exalter, en plein Consistoire, les vertus et le courage du roi décapité. « O jour de triomphe pour Louis! s'écria Pie VI; le ciel lui a donné la patience dans les plus rudes épreuves et lui a fait trouver la victoire dans les bras de la mort ! (17 juin 1793.) » L'éloge du prince allait devenir l'éloge du pontife.

La position de Rome vis-à-vis de la république française était en effet, alors, des plus tendues et des plus difficiles. Jusqu'au commencement de 1793, la révolution avait respecté la ville pontificale; mais au mois de janvier de cette année, elle prétendit y arborer, sur les édifices appartenant à la France, ses couleurs et insignes. Pie VI s'y opposa. Pasteur du monde catholique, il ne pouvait, disait-il, garder avec trop de soin le dépôt de la religion. Ni indifférence sur ce point, ni silence, ne lui étaient permis, et ce n'était pas lorsque la République persécutait ses enfants et rompait les liens de l'unité, qu'il lui était permis de laisser croire à une certaine entente avec elle. Souverain temporel, ajoutait-il, il ne pouvait oublier l'invasion du comtat Venaissin et les outrages ignominieux dont son effigie et ses armes avaient été l'objet à Paris et à Marseille.

A cette protestation, il ne fut répondu que par la menace, et, le 13 janvier au soir, deux agents de l'ambassadeur français à Naples, La Flotte et Basseville, sortirent dans une voiture pavoisée de drapeaux tricolores, et parcoururent ainsi le Corso et la place Colonne. Le peuple était sincèrement attaché au gouvernement paternel des papes; il aimait et vénérait Pie VI; aussi la voiture fut-elle accueillie par des sifflets, puis par des pierres. Un coup de pistolet, tiré alors de l'intérieur, rendit l'émotion plus vive, bien qu'il n'eut atteint personne, et le tumulte devint tel, que La Flotte et Basseville se réfugièrent à la hâte dans une maison. La multitude les y poursuivit; La Flotte se sauva; mais Basseville fut frappé d'un coup de rasoir que lui porta un barbier. Il en mourut le lendemain. Dans plus d'une classe de la population romaine, il faut bien le dire, cet événement fut célébré avec enthousiasme, et Monti le prit pour sujet d'un poème que l'on jugea digne du Dante.

Pie VI s'était opposé de tout son pouvoir à l'imprudente manifestation des agents français, et, après le meurtre, il en exprima hautement sa douleur. Il rappela, en même temps, à la population frémissante encore, les enseignements et les maximes qu'il avait reçus plus qu'aucune autre, et qui font un devoir de la paix, de la mansuétude et de la charité. L'émotion néanmoins était telle, qu'elle tarda peu à se faire jour de nouveau par des cris hostiles aux Français, ou même par des insultes à leurs maisons. Pie VI fait alors publier un édit sévère. « Rome catholique, y était-il dit, avait toujours considéré comme une obligation sacrée d'être hospitalière, et Rome civile s'était signalée plus qu'aucune autre capitale par son affectueux accueil envers les étrangers. Dans les circonstances actuelles, et en présence des opinions que faisaient naître les principes des Français, le gouvernement, ajoutait l'édit, ne devait ni ne pouvait souffrir que ces religieuses et glorieuses traditions fussent mises en oubli. »

La République n'en garda pas moins un souvenir profond des événements de Rome, et, lorsqu'elle fut maîtresse de l'Italie, lorsqu'elle trouva le pape lié d'intérêts et de croyance avec l'Autriche, elle saisit l'occasion de se venger. Les États pontificaux furent donc envahis, et la paix ne put être conclue qu'au prix des plus pénibles sacrifices. Non-seulement le comtat Venaissin, les légations de Bologne et de Ferrare et la Romagne furent abandonnés au vainqueur, mais l'or des calices, les statues des musées, les tableaux précieux, ces titres impérissables de la vieille gloire italienne, passèrent les Alpes; et la statue vénérée de Notre-Dame-de-Lorette fut emportée elle-même, comme un trophée de la victoire. (19 février 1797.)

Et cette paix ne fut qu'une trève! Quelques mois s'étaient à peine écoulés depuis la douloureuse convention de Tolentino, que les passions révolutionnaires commencent à fermenter, même à Rome, dans un certain nombre de jeunes têtes. Un soulèvement a lieu sur le Pincius, dans la nuit du 27 au 28 décembre 1797. L'attroupement est dissipé sans peine par les troupes pontificales; mais les agitateurs se réunissent de nouveau, le 28, devant le palais Corsini qu'occupe l'ambassadeur français, Joseph Bonaparte. Joseph les engage à s'éloigner; mais, au même moment, deux patrouilles occupent la rue et attaquent le rassemblement. Joseph demande alors à parler au commandant des troupes. On lui fait place, et l'on attendait l'effet de cette négociation, lorsque les fuyards, reprenant tout-à-coup leur audace, se mettent à braver les soldats à grands cris. Les soldats répondent par des coups de feu. Le jeune général Duphot s'élance pour arrêter l'effusion du sang : il menace fièrement les soldats; mais ceux-ci le prennent pour le chef des rebelles et l'étendent mort sur le pavé.

Moins de deux mois après, le 10 février 1798, l'armée française occupait Rome. Berthier, qui la commandait, écrivait alors à Bonaparte : « Je suis arrivé depuis ce matin, et je n'ai vu dans le pays que *la plus profonde consternation*. Quant à l'esprit de liberté, je n'en ai pas trouvé la moindre trace. On m'a présenté un patriote qui m'a offert de mettre en liberté deux mille galériens. Je vous laisse à penser comment j'ai accueilli une pareille proposition. » *Une profonde consternation !* Ce mot écrit par un général vainqueur ne vaut-il pas à lui seul tous les bulletins de vote du suffrage universel ?

IV

Mais il était décidé que le peuple romain devait être *libre* malgré lui ; et, afin que sa liberté fût complète, on lui donna d'office sept consuls. Le général Cervoni eut d'ailleurs l'attention de prévenir le vénérable Pie VI que son autorité spirituelle demeurerait entière : « Monsieur, lui répondit le pape, cette autorité nous a été donnée par Dieu, et nulle puissance humaine ne peut nous la ravir ! »

Ce fut cependant ce qu'on essaya de faire. Pie VI fut emmené de Rome et gardé à vue ; les cardinaux furent dispersés ou arrêtés. Et à Rome, que se passait-il ? Nous ne rappellerons qu'un souvenir, parce qu'il est honorable pour le caractère français. C'est une plainte signée par les officiers de l'armée, réunis dans l'église de Sainte-Marie-de-la-Rotonde, et adressée au général qui avait remplacé Berthier : « Des hommes revêtus de fonctions publiques, y était-il dit, se rendent dans les maisons les plus riches, et, sans autre formalité, enlèvent tout ce qu'ils trouvent. De pareils faits ne sauraient rester impunis ; ils crient vengeance !...... Nous demandons que les objets enlevés, sous divers prétextes, dans les maisons particulières et dans les églises, soient restitués au plus tôt, et que ces édifices soient remis dans l'état où ils étaient avant notre entrée dans Rome ; et nous persistons à exiger vengeance des brigandages commis dans cette ville par des fonctionnaires prévaricateurs et par des administrations dévastatrices, corrompues, et plongées, jour et nuit, dans le luxe et la débauche. »

« Je ne sais point d'expressions assez tristes, écrivait, de son côté, Paul-Louis Courier à ses amis, pour vous peindre l'état de délabrement, de misère et d'opprobre où est tombée cette pauvre Rome que vous avez vue si pompeuse, et de laquelle à présent *on détruit jusqu'aux ruines*. On s'y rendait autrefois, comme vous savez, de tous les pays du monde. Combien d'étrangers qui n'y étaient venus que pour un hiver, y sont restés toute leur vie ! Maintenant il n'y reste plus que ceux qui n'ont pu fuir, ou qui, le poignard à la main, cherchent encore, dans les maisons d'un peuple mourant de faim, quelque pièce échappée à tant d'extorsions et de rapines. »

Le Directoire eut une bonne part dans ces dilapidations. L'ex-oratorien Daunou, l'un de ses agents, fut chargé d'expédier à Paris cinq cents caisses des trésors ravis aux églises et aux musées. On voulait même qu'il envoyât la colonne Trajane ; mais Daunou fit des difficultés : « Il paraît que vous renoncez à la colonne Trajane, écrivait-il quelque temps après. Au fond, ce serait *une entreprise extrêmement dispendieuse*. »

Voilà où en était Rome depuis que le pape n'y était plus ! Ce pape auquel on avait promis que son *autorité spirituelle* demeurerait *entière*, avait été entraîné par delà les Alpes, malgré son âge de plus de quatre-vingts ans. Porté à bras, par un froid vif, dans les sentiers escarpés du mont Genèvre, il refusa les pelisses que les hussards de son escorte lui offraient, aimant mieux souffrir que de causer une souffrance aux autres. Jamais une plainte ne sortit de sa bouche ; jamais la douleur n'altéra la sérénité de ses traits. Enfermé d'abord à Briançon, il fut conduit ensuite à Valence, et partout, sur la route, le vieillard captif recevait les hommages des pieuses populations du Midi. Tant d'émotions et d'épreuves avaient d'ailleurs épuisé ses forces ; et le digne successeur des Martin et des Sylvère succomba le 29 août 1799, exilé comme eux, et, pour toute récrimination, prononçant comme eux les dernières paroles de la grande victime : *Ignosce illis.*

V

Cette mort comblait les espérances et les vœux des incrédules. Les cardinaux étaient dispersés, et les mesures les mieux combinées avaient été prises pour interrompre enfin cette dynastie d'apôtres dont la couronne, toujours portée par des vieillards, avait été plus solide sur leurs têtes qu'elle ne l'est d'ordinaire sur la tête des rois. Mais, au moment marqué, une nouvelle transformation s'opère en Italie ; les vétérans de Rivoli et d'Arcole sont réduits à céder devant le nombre ; Rome leur échappe en septembre, Ancône en novembre, malgré une résistance glorieuse. Enfin, le 1er décembre, trente-quatre cardinaux se réunissent à Venise, dans le cloître de Saint-Georges-Majeur, et non-seulement un nouveau pape est élu (14 mars 1800), mais il rentre en souverain dans la ville pontificale, au bruit des plus vives acclamations. (3 juillet.)

C'était ainsi que finissait le siècle de Voltaire. Et encore n'était-ce pas tout. Une révolution s'accomplissait en France ; l'ordre renaissait sous une puissante dictature, et des négociations étaient entamées avec le vénérable successeur de Pie VI pour le rétablissement officiel du catholicisme dans le royaume de saint Louis. La veille encore on proclamait l'Église morte, et, le lendemain, on enviait de nouveau pour la France le vieux titre de *fille aînée* de l'Église. *Dans vingt ans Dieu aura beau jeu !* écrivait Voltaire ; il avait dit plus vrai qu'il ne croyait : Dieu avait beau jeu !

VI

Le XIXe siècle s'ouvre avec le grand nom de Napoléon et le doux nom de Pie VII. L'histoire doit à Napoléon de belles paroles sur la papauté. « On reproche au pape d'être un souverain étranger, disait-il en 1802 ; ce chef est étranger, en effet, et il faut en remercier le ciel. *Le pape est hors de Paris, et cela est bien.* Il n'est ni à Madrid, ni à Vienne, et c'est pourquoi nous supportons son autorité spirituelle. A Vienne, à Madrid, on est fondé à en dire autant. On est donc heureux qu'il réside chez lui et qu'il ne réside pas chez des rivaux. *Ce sont les siècles qui ont fait cela, et ils l'ont bien fait.* Pour le gouvernement des âmes, c'est la meilleure, la plus bienfaisante institution qu'on puisse imaginer. » A cette même époque, un de ses ambassadeurs lui demandant comment il devait traiter avec le pape, Napoléon lui répondit ce mot connu : *Comme s'il avait deux cent mille hommes.* Mais, en 1805, après la proclamation de l'Empire, les paroles ne furent plus aussi belles, ni aussi rassurantes. Le bruit même courut qu'on ne serait pas fâché de retenir le pape en France, lorsqu'il y vint pour le sacre. « Tout est prévu, dit alors Pie VII à l'un des officiers de la couronne. Avant de quitter Rome, nous avons signé une abdication régulière, valable si nous sommes jetés en prison. L'acte est hors de la portée du pouvoir des Français ; le cardinal Pignatelli en est dépositaire à Palerme, et, quand on aura signifié les projets qu'on médite, il ne vous restera plus entre les mains qu'un moine misérable qui s'appellera Barnabé Chiaramonti. »

Le soir même, des ordres de départ étaient mis sous les yeux de l'empereur et recevaient son approbation. Pie VII rentra dans Rome le 16 mai 1805, au milieu d'une population immense qui voulait recevoir sa bénédiction et l'accompagna jusque dans la basilique de Saint-Pierre. Quelques jours après, Pie VII consacrait un pieux souvenir à la France : « Les peuples des Gaules, disait-il en plein consistoire, ont vénéré en nous le pasteur suprême de l'Église catholique. *Il n'y a pas de paroles pour exprimer combien les Français ont montré de zèle et d'amour pour la religion.* Que dirons-nous également de l'*illustre clergé de France*, qui a montré tant de tendresse pour notre personne et qui a si bien mérité de nous ? Il n'y a pas encore de paroles qui puissent faire connaître l'empressement, la vigilance, l'assiduité, le zèle avec lesquels les évêques, surtout, paissent leurs troupeaux. »

Glorieux témoignage que nous avons déjà trouvé dans la bouche d'Étienne II, et que nous retrouverons encore dans celles de Grégoire XVI et de Pie IX.

Mais lorsque Napoléon fut maître du monde, il lui coûta de ne pas être maître de Rome. On le vit alors se poser en successeur de Charlemagne, sans prendre garde que Charlemagne n'aspirait qu'au rôle de *défenseur de l'Église;* et le pape dut *se résigner à tout ce que lui* (Napoléon) *et lui seul exigerait.* C'était sa déchéance qu'on notifiait au pontife. On espérait peut-être une faiblesse ; on ne l'obtint pas. Pie VII resta calme et ferme, comme ses prédécesseurs l'avaient toujours été dans les épreuves. On voulait qu'il déclarât la guerre aux puissances ennemies de l'Empire. Père commun des fidèles, il s'y refusa. Il prétendit conserver, au milieu d'une conflagration générale, l'attitude pacifique et médiatrice qui fut si souvent l'honneur de la papauté ; mais alors la colère impériale éclate : « Le pape n'était plus digne, s'écrie Napoléon, de garder les biens que Charlemagne avait donnés à ses prédécesseurs pour le bien de la chrétienté, puisqu'il les faisait servir au profit des hérétiques anglais. »

VII

Défenseur scrupuleux de l'orthodoxie, il s'emparait en même temps de Ponte-Corvo et de Bénévent, qu'il donnait en fief à un général protestant et à un évêque marié ; puis il envahit le patrimoine de saint Pierre et fait occuper Rome. Enfin, le 10 juin 1809, le canon du château Saint-Ange annonça à la Ville éternelle qu'elle avait cessé d'être la métropole de l'univers pour devenir la seconde ville de l'Empire français. Pie VII lança, de son côté, une bulle d'excommunication contre l'auteur et les fauteurs des innovations qui affligeaient l'Église.

Un mois après, Pie VII était traîné loin de Rome, sous une escorte de gendarmes. Rappelerons-nous les douleurs de sa prison et les tortures physiques et morales par lesquelles on s'efforça de vaincre sa courageuse fermeté ? Dirons-nous qu'on reprocha officiellement à ce pontife, d'une douceur inaltérable, d'avoir une *âme toute de fiel ?* Irons-nous jusqu'à citer cette dépêche qui lui fut notifiée : « Puisque rien ne peut le rendre sage, il verra que Sa Majesté est assez puissante pour faire ce qu'ont fait ses prédécesseurs et déposer un pape? » On oubliait une chose, c'était de dire ce qu'il était advenu de ces dépositions royales ou impériales. Grégoire VII fut-il moins pape après l'intrusion de Guibert, et Jules II, après le conciliabule de Pise?

Rome, cependant, était à nous avec les monuments de sa gloire. Le Vatican n'eut plus de secrets. Nous pûmes fouiller à fond ses archives. Que nous révélèrent-elles ? Nous apprîmes que la dépense annuelle du pape ne s'élevait pas au-dessus de 679,000 fr.; et le nouveau préfet de Rome écrivait : « On éprouvera sans doute un sentiment de respect pour le souverain qui se contentait, pour ses dépenses personnelles et pour tenir sa cour....., d'une somme qui, en plusieurs États de l'Europe, ne suffit pas à de simples particuliers [1]. » Mais, à côté de cette allocation si modeste, on pouvait remarquer huit millions et demi affectés au desséchement des marais Pontins, plusieurs autres millions consacrés à des érections de musées ou à des édifications d'hospices et d'églises. Dans les comptes de chaque ville, on remarquait le traitement de l'avocat des pauvres, du médecin des pauvres, du pharmacien des pauvres et de l'instituteur gratuit des pauvres. Au sein d'un pays gouverné par le clergé, on fut tout surpris d'apprendre que les évêques ne touchaient pas en moyenne plus de 11,000 fr., les chanoines, plus de 1,200, et que le revenu des curés, dont le *maximum* dépassait rarement 1,200 fr., *descendait souvent* à 320. Les couvents n'étaient guère plus riches. Suivant les calculs de M. de Tournon, le revenu des ordres qui étaient aptes à posséder s'élevait à 930,000 fr., et le nombre des prenants part, à mille. Mais si le clergé n'avait qu'une stricte aisance, les monuments et les églises n'en étaient pas moins, autour de lui, splendides et multipliés : trois cents églises, trente-sept fontaines monumentales, des hôpitaux et des conservatoires à chaque pas ; enfin, sur quinze cents mariages, qui se célébraient annuellement à Rome, MILLE DOTS étaient assurées aux jeunes filles.

Nous nous rappelons la décadence de Rome pendant le séjour des papes à Avignon ; elle ne fut guère moindre pendant l'absence de Pie VII. En deux ans, la population diminua de vingt mille âmes. Et cependant, le gouvernement impérial, plus intelligent que la République, donnait de l'argent au lieu d'en prendre. Il faisait travailler les pauvres à déterrer les monuments antiques, remettait en honneur les titres impérissables de l'ancienne gloire romaine, et consacrait un million de francs, chaque année, en embellissements. Le Forum était excavé, le sol de la basilique ulpienne retrouvé, le Capitole fouillé, et une promenade était dessinée sur l'antique *Colline des Jardins.* Mais qu'est-ce que Rome sans le pape ? La capitale du monde n'était plus qu'une momie antique, comme Palmyre et Babylone, un *cadavre de ville,* suivant le mot de l'orateur romain ; et les pèlerins du monde, rois, princes et peuples, en avaient oublié la route.

Aussi, le cœur de Rome restait-il au pape. Il était déjà prisonnier au Quirinal, en 1809, lorsque, le 14 mars, une illumination plus splendide, plus générale que jamais, fêta l'anniversaire de son couronnement. La ville entière était en feu. Quelques jours auparavant,

(1) Tournon, *Études statistiques sur Rome,* t. II, p. 65.

l'autorité militaire avait voulu faire fêter le carnaval ; mais *Pierre était dans les fers*, et la ville entière resta morne. « Nous ne sommes pas, disait le peuple, comme les ours qu'on fait danser avec des bâtons. » Est-il besoin d'ajouter que le retour de Pie VII, en 1814, fut un vrai triomphe.

L'administration de Pie VII a laissé de nombreux souvenirs à Rome et dans l'État romain. Elle fut à la fois paternelle, active et intelligente. Pie VII substitua aux anciennes lois qui réglementaient, à Rome, comme dans tous les pays de l'Europe, la vente du blé et des autres denrées de consommation, un système de liberté qui donna un essor marqué à l'agriculture. Il fit plus ; il encouragea par des primes l'ensemencement ou la plantation des terres incultes, et punit leur abandon par des amendes. En même temps, des fouilles étaient exécutées dans le *Forum ;* le sol de l'antique *voie sacrée* était rendu à la lumière, et de nouveaux musées s'ouvraient au Vatican et au Capitole : au Capitole, musée des bustes de tous les hommes célèbres de l'Italie ; au Vatican, musée de tableaux où sont réunies cinquante toiles choisies parmi les plus belles œuvres des plus grands maîtres ; et, près de cette collection sans rivale, musée de pierres sépulcrales païennes et chrétiennes, musée égyptien, musée attique, et enfin, le *Braccio nuovo*, cette splendide aile neuve, longue de plus de 70 mètres, dans laquelle furent réunies les statues antiques qui n'avaient pu trouver place dans les quinze salles du musée Pio-Clementin.

La munificence du pontife ne se fit pas moins sentir dans un autre ordre de grandes pensées. Des écoles du soir étaient fondées pour les ouvriers et les enfants ; des écoles de clinique étaient ouvertes pour l'étude de la médecine, et elles étaient accompagnées de salles d'opérations, remarquables entre toutes celles de l'Europe. Rome continua, en outre et plus que jamais, d'être l'asile sacré de toutes les grandes infortunes. Tandis que Napoléon et sa famille étaient mis au ban de l'Europe, Rome avait pour eux des égards et des respects ; et l'auguste prisonnier de Fontainebleau ouvrait noblement ses bras de pasteur à toutes ces royautés déchues qui, la veille encore, avaient cru entendre sonner la dernière heure de la sienne. Il est bon qu'il y ait quelque part un refuge inviolable pour le malheur, et cette mission providentielle est naturellement échue à Rome, cette ville de la charité et des souvenirs, où la croix s'élève sur des ruines, et où la perfidie, suivant un mot de saint Cyprien, ne peut avoir accès : *Non potest accessum habere perfidia*.

VIII

Au vénérable et doux Pie VII succéda l'austère et énergique Léon XII, dont le règne de six années a laissé de profondes traces à Rome. De nouveaux hospices sont créés, des sommes considérables sont dépensées en travaux publics au profit des pauvres ; une prison cellulaire est construite pour les jeunes détenus, et cette prison, dit un économiste français, M. Remacle, est un *modèle en ce genre*. Partout, en un mot, l'intelligente administration du pontife donne une vive impulsion à la science de la charité.

Le pontificat trop court de Léon XII fut suivi du pontificat plus court encore de Pie VIII. Pie VIII régna à peine un an, et fut remplacé, en 1830, par le cardinal Mauro Capellari qui prit le nom de Grégoire XVI. M. de Corcelle l'a peint en quelques traits : « *Ame admirablement élevée, pleine de grandeur royale, soutenue par l'humble foi d'un cénobite*. Ce pape, vivement épris de la magnificence des arts, habitait une cellule de son palais, et mourait sur sa natte de jonc. »

Le Vatican s'enrichit, sous le règne de Grégoire XVI, d'un nouveau musée, le musée Grégorien, dans lequel furent réunis les trésors sans nombre d'une civilisation dont le secret était resté enfoui, avec les siècles, au fond des nécropoles des cités étrusques : sarcophages, vases peints, candélabres, statues aux riches vêtements, bijoux ouvragés avec une exquise délicatesse, insignes des dignités civiles et militaires, qui conservaient aux cadavres, jusque dans la mort, les pompes de la vie. « Ainsi, pour me servir des paroles d'un savant français, Rome, par ses pontifes, reste à la tête du mouvement qui ne cesse de s'opérer dans les études et dans les idées de l'humanité ; et les monuments de la science prennent, dans la demeure des papes, un espace qui s'agrandit de jour en jour, à mesure que la science elle-même s'étend et s'enrichit [1]. »

D'Agincourt avait remis en honneur, à la fin du XVIIIe siècle, l'étude des catacombes. Le Père Marchi, l'un des membres distingués de cette société de Jésus noblement représentée alors, dans la théologie, par le Père Perrone, et, dans la science, par les Pères Secchi et de Vico, le Père Marchi, disons-nous, se faisait, trois cents ans après Bosio, l'explorateur assidu, l'hôte des catacombes, et activait ce pieux retour vers les antiquités chrétiennes que devaient couronner les magnifiques découvertes du chevalier de Rossi.

Ces nobles travaux de la paix coïncidaient malheureusement avec une agitation sourde, mais grosse d'orages. La Révolution s'était remise à l'œuvre, et préparait, dans les *ventes* des sociétés secrètes, cette tyrannie de l'émeute et du poignard qu'on décore de nos jours du nom de liberté. On vit alors les grandes puissances de l'Europe, et, parmi elles, trois ennemies invétérées du catholicisme, l'Angleterre, la Prusse et la Russie, se constituer en conseil de la papauté, et soumettre au Saint-Père un plan de réformes judiciaires et administratives, sans prendre garde, suivant le mot d'un diplomate, que, *pour conseiller l'Église, il faut la connaître, et que, pour la connaître, il faut l'aimer*.

De nouvelles tempêtes s'annonçaient donc au loin. Elles étaient assez menaçantes en 1846, époque de la mort de Grégoire XVI, pour que le conclave ne crût pas devoir attendre les cardinaux étrangers, et se hâtât d'élire celui de ses membres que son angélique bonté et le vœu public avaient désigné, dès le premier instant, à leur choix. Est-il besoin de nommer cet immortel Pie IX, qui devait passer en faisant le bien, comme son divin Maître, et qui, après avoir connu les joies de l'entrée à Jérusalem, devait rencontrer, comme la grande victime de la croix, le vinaigre, le fiel, la couronne d'épines ?

[1] Raoul-Rochette.

IX

Nous avons tracé l'histoire de Rome chrétienne; elle se trouve admirablement résumée en ces quatre vers de Louis Racine :

> Je la vois, cette Rome, où d'augustes vieillards,
> Héritiers d'un apôtre et vainqueurs des Césars,
> Souverains sans armée et conquérants sans guerre,
> A leur triple couronne ont asservi la terre.

Il est un mot qui est dans toutes les bouches lorsqu'on parle de Rome, c'est celui de *Ville Éternelle*. Ce mot est consacré par les inscriptions antiques, et il l'a été bien autrement depuis par la conscience de l'humanité. A quoi tient cette appellation mystérieuse ? A la grandeur de l'empire romain? Mais l'éternité de cet empire n'a été que de quelques siècles, et il en est d'autres qui ont plus vécu. Réduite donc à ce sens, l'épithète ne serait que ridicule, tandis qu'il n'est pas un esprit sur lequel elle ne produise une impression de grandeur et de vérité.

« Paris est la capitale de l'intelligence et des arts, s'écriait un jour M. de Falloux. Qui est-ce qui a songé à appeler Paris la *Ville Éternelle ?* Londres est la capitale du plus grand mouvement maritime et commercial du monde; qui est-ce qui a songé à appeler Londres la *Ville Éternelle ?* Comment se fait-il que Rome continue de porter ce titre magnifique, et que personne ne le lui conteste ? C'est qu'elle est la capitale, la vieille capitale de la république chrétienne....., la seconde patrie de tout le monde, le pays où chacun, après le sien, vit le mieux par l'intelligence, par le cœur, par la foi, par les sympathies; où, depuis dix-huit siècles, tout le monde est venu apporter sa pierre, son respect; où la poussière même est imprégnée de vénération, du sang des saints et des martyrs. Voilà ce qui fait de Rome la *Ville Éternelle !* »

Écoutons maintenant deux écrivains protestants :

« Le pape est ordinairement un homme de grand savoir et de grande vertu, parvenu à la maturité de l'âge et de l'expérience, qui a rarement ou vanité ou plaisirs à satisfaire aux dépens de son peuple. » A ces paroles d'Addisson nous joindrons celles de Gibbon, dont les prédilections païennes ne sont inconnues de personne : « Si l'on calcule de sang-froid, dit-il, les avantages et les inconvénients du gouvernement ecclésiastique, on peut le louer, dans son état actuel, comme une administration douce, décente et paisible, qui n'a pas à craindre les dangers d'une minorité ou la fougue d'un prince, qui n'est point miné par le luxe, et qui est affranchi des malheurs de la guerre. » Nous avons déjà cité le témoignage de Voltaire. N'est-ce pas, d'ailleurs, ce même Voltaire qui a écrit : *Rome moderne a presque autant de maisons de charité que Rome antique avait d'arcs-de-triomphe !* Qu'eût-il donc pensé, s'il avait su que pour un arc-de-triomphe on compte dix maisons de charité à Rome !

L'illustre historien anglais Macaulay avait bien compris la puissance du siége de Pierre, lorsqu'il écrivait : « Aucun signe n'indique que le terme de cette longue souveraineté soit proche. La papauté a vu le commencement de tous les gouvernements qui existent aujourd'hui, et nous n'oserions pas dire qu'elle n'est pas destinée à en voir la fin. Elle était grande et respectée avant que les Saxons eussent mis le pied sur le sol de la Grande-Bretagne, avant que les Francs eussent passé le Rhin, quand l'éloquence grecque était florissante encore à Antioche, quand les idoles étaient adorées encore dans le temple de la Mecque. Elle peut donc être grande encore et respectée, *alors que quelque voyageur de la Nouvelle-Zélande s'arrêtera au milieu d'une vaste solitude, contre une arche brisée du pont de Londres,* pour *dessiner les ruines de Saint-Paul.* »

N'oublions pas que c'est un protestant qui parle. A ces témoignages peu suspects, il nous sera bien permis d'ajouter une admirable page d'un évêque français :

« Jamais l'ancien gouvernement romain, Consuls, Sénat ou César, n'a eu la constante dignité des pontifes vicaires du Christ. Ames de l'univers, colonnes de la foi, défenseurs intrépides de tout ce qui est vrai, de tout ce qui est juste, de tout ce qui est digne, ils ont soutenu l'ordre contre tous les intérêts, toutes les forces et toutes les passions. Leur bouche a dit toujours la même chose; ils ont souvent donné de cruels déplaisirs, tantôt aux souverains, trop enivrés de leur puissance; tantôt aux peuples, trop prompts à secouer la règle et qui, en invoquant la liberté, couraient le hasard de se précipiter dans la licence. Ils sont restés fermes dans le devoir, opposé à tous les excès, ne fléchissant jamais ni à droite ni à gauche, assurés en eux-mêmes, ne redoutant pas les clameurs d'une multitude égarée, et ne craignant pas davantage la popularité quand elle vient à sa place, à son heure, comme un écho de la conscience humaine et un hommage involontaire rendu à la vertu.

» Qu'on ne les compare à personne. Ils ont eu, plus que tous autres, la majesté des fonctions et celle du courage, ce courage tranquille, désarmé, pacifique, ce courage invincible toujours prêt au pardon, ce courage qui sait tout braver et ne s'arrête devant aucun péril, pour représenter au milieu des erreurs, des violences et des passions humaines, la vérité, la sagesse et la patience de Dieu [1]. »

Un autre évêque français, le grand saint Hilaire, avait déjà dit la même chose en deux mots, « cette bouche qui suffit au monde, » *os sufficiens orbi.* « Un seul homme, a écrit le P. Lacordaire, est ici-bas le gardien des âmes, et s'il vient à tomber en servitude, c'en est fait de toute conscience devant la force. Caton pourra mourir à Utique, Brutus à Philippes, Thraséas aux portes du Sénat : ce seront d'illustres morts protestant contre la défaite du droit, mais laissant le monde aux pieds de César et de Néron. Jusqu'ici, un seul homme a été plus grand que les victorieux et a pu sauver le genre humain de l'opprobre d'obéir à la victoire : c'est le Pontife romain. Assis aux lieux où régna la force dans sa plus sauvage et sa plus glorieuse expression, il fait de là régner la justice. Chef de l'Église,

---

(1) Fragment trouvé dans les papiers de Mgr Cœur, évêque de Troyes.

c'est-à-dire de toutes les âmes convaincues de Dieu, centre visible de leur foi et de leur amour, il a pu, l'histoire le dit, donner à qui l'a voulu deux mille ans de liberté.....

» Pour moi, me séparant même de ma foi de chrétien, et ne considérant que la dignité de la race à laquelle j'appartiens, j'estimerais encore utile à moi et au monde que la religion, qui est le plus haut sentiment de l'homme, fût représentée ici-bas visiblement par la plus haute place où puisse atteindre un de mes semblables. Je ne hais point les rois, mais de toutes les couronnes qui ont passé devant moi dans l'histoire, je n'en ai rencontré aucune qui m'ait paru plus naturelle et plus méritée que celle dont j'ai vu le douloureux bandeau sur le front du Pontife romain.

» On dit que ses ancêtres cachés dans les catacombes étaient plus grands et plus libres encore. Oui, c'est vrai; il y eut un jour où Dieu éleva l'homme à la liberté par le martyre, et alors, quand le sang coulait de toutes parts, le père commun de ces générations immolées ne pouvait avoir de meilleur titre à les conduire que sa propre mort acceptée avec le commandement. C'était la mort qui était le pacte, la force, l'honneur, la patrie, la liberté, la souveraineté. Temps heureux, placés à l'aurore de notre entrée dans le monde, pour payer le sang du Christ par le nôtre, et nous être, à nous tous venus si loin après, une éternelle leçon. Mais le martyre, si qu'il soit, n'est pas l'ordre constant de la Providence, et nul de nous ne voudrait l'imposer au genre humain comme le mode nécessaire de sa liberté. Ce sang doit couler quelquefois parce qu'il est précieux, et ne doit pas couler toujours parce qu'il est plus que précieux. Il fallait donc le remplacer, et que la liberté, fille du martyre, eût ailleurs qu'aux catacombes un asile grand et saint. Rome fut cet asile choisi de Dieu..... »

N'oublions pas enfin que sciences, arts, lois, institutions d'enseignement et de charité, tout nous est venu de Rome, ou a passé par Rome avant de venir à nous. L'hospice du Saint-Esprit recevait, depuis quatre cents ans, à Rome, les enfants trouvés, lorsque Vincent de Paul implora chez nous, pour ces pauvres petites créatures, la pitié de toutes les mères; l'hospice des convalescents de la *Trinité-des-Pèlerins* précéda de plus de deux siècles l'établissement semblable de la *Samaritaine,* dont les Anglais sont si fiers. La maison d'accouchement de Saint-Roch est la plus ancienne qui soit connue; l'origine des dépôts de mendicité remonte à Grégoire XIII et à Sixte-Quint; la réforme pénitentiaire, à Clément XI. On s'imagine peu ce qu'étaient les prisons, il y a cent ans, en France, et ce que sont même, aujourd'hui encore, les *workhouses* en Angleterre. A Rome, dès le règne d'Innocent X, c'est-à-dire au milieu du XVIIe siècle, était construite cette magnifique prison de la *Strada-Giulia,* dans laquelle la confrérie de Saint-Jérôme entretenait les prisonniers. Howard la citait comme une des plus solides et des plus salubres de toute l'Europe. Nous pourrions reprendre une à une toutes les œuvres de la civilisation, et nous arriverions toujours au même résultat : écoles gratuites dans toutes les paroisses, chaires ouvertes dans toutes les universités aux Lascaris, aux Beroalde, aux Muret, aux Copernic, aux Keppler, que les trésors des papes allaient chercher partout où la Providence les avait fait naître. Et même dans notre siècle, est-il beaucoup de pays qui puissent se vanter de savants tels que Mai, de polyglottes tels que Mezzofanti, cette *Pentecôte vivante,* comme l'appelait Grégoire XVI; d'archéologues tels que Visconti et le chevalier de Rossi? Parlerons-nous des arts? Où donc furent-ils aussi encouragés, et quelle est leur véritable capitale, sinon la ville qu'annonce au loin le dôme de Saint-Pierre? *Rome, le seul et unique foyer des inspirations!* disait, hier encore, Hippolyte Flandrin, l'un de nos plus grands peintres.

Est-il enfin une dynastie qui ait autant fait que la papauté pour la gloire de sa patrie et pour l'honneur du genre humain? Et quelle dynastie! « Sur deux cent cinquante-neuf papes, écrivait M. de Corcelle, quatre-vingt-deux ont été déclarés saints par l'Église. Vous n'admettez pas les canonisations; mais vous reconnaîtrez peut-être qu'ils n'ont pas été canonisés pour leurs vices. Quarante-quatre ont été choisis parmi des religieux qui se proposaient l'imitation rigoureuse de la vie évangélique. Plus de cinquante ont été élus absents, ou malgré leurs vives supplications pour se dérober à l'effrayante charge des âmes. Onze fois, des papes élus ont fait recommencer le scrutin pour des irrégularités dont les conclaves ne voulaient pas tenir compte, ou l'ont été parce que des cardinaux, assurés de leur élection, se retiraient devant eux. Connaissez-vous beaucoup de traits semblables dans l'histoire des dynasties et des républiques? Un bien petit nombre, sans altérer jamais le dépôt de la foi, ont donné de coupables exemples qui ont montré clairement quelle sorte de secours soutient l'Église.

» Il semble qu'entre la sainteté et la persécution le partage soit égal. Quatre-vingt-deux papes, en effet, un sur trois encore, ont été martyrs, ou bien exilés, captifs, chassés de leur siège. Pie IX est le dernier de ceux-là. C'est pourquoi il dictait à Florence cette inscription, qui est le complément de la sentence empruntée au Dante :

Super firmam petram : petra Christus est. »

Et maintenant ne parlons plus ni de sainteté, ni de martyre; laissons de côté les principes et les vertus qui donnent un trop grand avantage à cette dynastie de *serviteurs,* comme ils s'appellent eux-mêmes, sur les plus fières dynasties de rois et de Césars. Quelle est la royauté, je le demande, qui ait produit autant d'hommes éminents que la chaire de saint Pierre? Comment les nommer tous? Saint Sylvestre, saint Léon le Grand, saint Grégoire le Grand, saint Grégoire II, saint Grégoire III, saint Adrien, saint Léon III, saint Léon IV, saint Nicolas Ier, Sylvestre II, saint Léon IX, saint Grégoire VII, Urbain II, Alexandre III, Innocent III, Grégoire IX, Innocent IV, Boniface VIII, Martin V, Nicolas V, Jules II, Léon X, saint Pie V, Sixte-Quint, Innocent XI, Benoît XIV, Pie VI, Pie VII, Pie IX, et, sur deux cent cinquante-neuf souverains, pas un tyran! Quelle est la dynastie qui ait été près de quarante fois chassée de sa capitale, et qui y soit toujours rentrée en triomphe? En présence de tels souvenirs, il n'y a qu'un mot, celui de Pascal : *Bel état pour l'Église de n'être soutenue que de Dieu!*

EUGÈNE DE LA GOURNERIE.

TABLEAU CHRONOLOGIQUE DES PAPES

DEPUIS SAINT PIERRE JUSQU'A PIE IX

Le chiffre qui suit le nom est la date de l'élection ou du commencement du règne. — La fin du règne est donnée par la date du commencement du suivant.

Ier SIÈCLE.

1 S. Pierre, apôtre, disciple de J.-C., né à Bethsaïde en Galilée, établit le siége du suprême pontificat à Rome vers l'an 42. Martyrisé sous Néron et enterré au pied du Vatican. 42
2 S. Lin, de Volterre en Toscane. 67
3 S. Clet ou Anaclet, Grec, d'Athènes. 78
4 S. Clément Ier, Romain. 91

IIe SIÈCLE.

5 S. Évariste, Grec, d'Antioche. 100
6 S. Alexandre Ier, Romain. 109
7 S. Sixte Ier ou Xiste, Romain. 119
8 S. Télesphore, Grec, d'Anachorita. 127
9 S. Hygin, Grec, d'Athènes. 139
10 S. Pie Ier, Italien, d'Aquilée. 142
11 S. Anicet, Syrien, d'Amisa. 157
12 S. Soter, de Fondi, en Campanie. 168
13 S. Éleuthère, Grec, de Nicopolis. 177
14 S. Victor Ier, Africain. 193

IIIe SIÈCLE.

15 S. Zéphyrin, Romain. 202
16 S. Calixte Ier, Romain. 219
17 S. Urbain Ier, Romain. 223
18 S. Pontien, Romain. 230
19 S. Anthère, Grec. 235
20 S. Fabien, Romain. 236
21 S. Corneille, Romain. 251
  Novatien, premier antipape. 251
22 S. Luce Ier, Romain. 252
23 S. Étienne Ier, Romain. 253
24 S. Sixte II, Grec, d'Athènes. 257
25 S. Denys, Grec. 259
26 S. Félix Ier, Romain. 269
27 S. Eutychien, Toscan. 275
28 S. Caius, Dalmate. 283
29 S. Marcellin, Romain. 296

IVe SIÈCLE.

30 S. Marcel Ier, Romain. 308
31 S. Eusèbe, Grec. 310
32 S. Melchiade, Africain. 311
33 S. Silvestre Ier, Romain. 314
34 S. Marc, Romain. 336
35 S. Jules Ier, Romain. 337
36 S. Libère, Romain. 352
37 S. *Félix II*, considéré comme antipape. 355
38 S. Damase Ier, Espagnol. 366
  Ursicin, antipape. 366
39 S. Syrice, Romain. 384
40 S. Anastase Ier, Romain. 398

Ve SIÈCLE.

41 S. Innocent Ier, d'Albano. 402
42 S. Zozime, Grec. 417
43 S. Boniface Ier, Romain. 418
  Eulalius, antipape. 418
44 S. Célestin Ier, de la Campanie 422
45 S. Sixte III, Romain. 432
46 S. Léon Ier, le Grand, Romain. 440
47 S. Hilaire, de Cagliari. 461
48 S. Simplice, de Tibur. 467
49 S. Félix III, Romain. 483
50 S. Gélase Ier, Africain. 492
51 S. Anastase II, Romain. 496
52 S. Symmaque, de Sardaigne. 498
  Laurent, antipape. 498

VIe SIÈCLE.

53 S. Hormisdas, de Frosinone. 514
54 S. Jean Ier, Toscan. 523
55 S. Félix IV, de Bénévent. 526
56 Boniface II, Romain. 530
57 Jean II, Romain. 533
58 S. Agapit Ier, Romain. 535
59 S. Sylvère, de Frasinone. 536
  Vigile, antipape. 537
60 Vigile, Romain. 538
61 Pélage Ier, Romain. 555
62 Jean III, Romain. 560
63 Benoît Ier, Romain. 574
64 Pélage II, Romain. 578
65 S. Grégoire Ier, de Norcia. 590

VIIe SIÈCLE.

66 Sabinien, de Volterre. 604
67 Boniface III, Romain. 607
68 S. Boniface IV, de Valérie. 608
69 S. Dieudonné, Romain. 615
70 Boniface V, Napolitain. 618
71 Honorius Ier, de la Campanie. 625
72 Séverin, Romain. 640
73 Jean IV, Dalmate. 640
74 Théodore Ier, Grec. 642
75 S. Martin Ier, Toscan. 649
76 S. Eugène Ier, Romain. 655
77 S. Vitalien, de Segni. 657
78 Adéodat, Romain. 672
79 Domnus Ier, Romain. 676
80 S. Agathon, Sicilien. 679
81 S. Léon II, Sicilien. 682
82 S. Benoît II, Romain. 684
83 Jean V, Syrien, d'Antioche. 685
  Pierre et *Théodore*, antipapes. 685
84 Conon, Sicilien. 686
85 Serge Ier, Palermitain. 687
  Théodore et *Paschal*, antipapes. 687

VIIIe SIÈCLE.

86 Jean VI, Grec. 701
87 Jean VII, Grec. 705
88 Sisinnius, Syrien. 708
89 Constantin, Syrien. 708
90 S. Grégoire II, Romain. 715
91 S. Grégoire III, Syrien. 731
92 S. Zacharie, Grec. 741
93 Étienne II, Romain. 752
94 Étienne III, Romain. 752
95 S. Paul Ier, Romain. 757
  Théophylacte, Constantin et Philippe, antipapes. 757
96 Étienne IV, Sicilien. 768
97 Adrien Ier, Romain. 772
98 S. Léon III, Romain. 795
99 Étienne V, Romain. 816

IXe SIÈCLE.

100 S. Pascal Ier, Romain. 817
101 Eugène II, Romain. 824
  Sisinnius, antipape. 824
102 Valentin, Romain. 827
103 Grégoire IV, Romain. 827
104 Serge II, Romain. 844
105 S. Léon IV, Romain. 847
106 Benoît III, Romain. 855
107 S. Nicolas Ier, Romain. 858
108 Adrien II, Romain. 867
109 Jean VIII, Romain. 872
110 Marin ou Martin II, Toscan. 882
111 Adrien III, Romain. 884
112 Étienne VI, Romain. 885
  Anastase, antipape. 883
113 Formose, Romain. 891
  Serge, antipape. 891
114 Boniface VI, Romain. 896
115 Étienne VII, Romain. 896
116 Romain, Toscan. 897
117 Théodore II, Romain. 898
118 Jean IX, de Tibur. 898

Xe SIÈCLE.

119 Benoît IV, Romain. 900
120 Léon V, d'Ardée. 903
121 Christophe, Romain. 903
122 Serge III, Romain. 904
123 Anastase III, Romain. 911
124 Landon, de la Sabine. 913
125 Jean X, de Ravenne. 914
126 Léon VI, Romain. 928
127 Étienne VIII, Romain. 929
128 Jean XI, Romain. 931
129 Léon VII, Romain. 936
130 Étienne IX, Allemand. 939
131 Marin ou Martin III, Romain. 942
132 Agapit II, Romain. 946
133 Jean XII (*Octavien*), Romain. 947
  Léon VIII, antipape. 963
134 Benoît V, Romain. 964
135 Jean XIII, Romain. 965
136 Benoît VI, Romain. 972
  Boniface VII (Francon), antipape. 974
137 Domnus II, Romain. 974
138 Benoît VII (*Conti*), Romain. 974
139 Jean XIV (*Pierre*), de Pavie. 983
140 Jean XV, Romain. 985
141 Jean XVI, Romain. 985

PONTIFICAT DE SA SAINTETÉ PIE IX

E pontifical de Sa Sainteté Pie IX est aujourd'hui dans sa vingt-quatrième année. Deux seuls ont dépassé ce chiffre depuis dix-huit cents ans : le Pontificat de saint Pierre et celui de Pie VI. Pie IX atteindra-t-il les années de l'Apôtre? Les données humaines nous permettent cette espérance et nous avons de plus pour nous les prières de la chrétienté.

Monté sur le siége apostolique au sein d'un de ces calmes menaçants qui précèdent les tempêtes, Pie IX a traversé des épreuves qui eussent fait crouler les trônes les plus solides, et le sien, constamment attaqué, a été soutenu plus visiblement que jamais par les deux appuis qui font sa force, le bras de Dieu et l'amour des peuples. Jamais non plus Rome n'a mieux justifié ses titres de *Patrie commune* et de *Ville éternelle*. *Patrie commune*, elle n'est ni à un prince ni à un autre; mais à voir l'affluence qui se presse dans ses murs, chacun sent qu'elle est au Père de tous. *Ville éternelle*, elle domine les passions du temps et, tandis que ses ennemis ne lui donnent qu'un jour, qu'une heure, elle envoie ses missionnaires au bout du monde, elle relève la hiérarchie catholique chez des peuples qui hier encore criaient : *Plus de pape!* et, tranquille au milieu de l'orage, elle travaille paisiblement pour l'éternité. Il y a vingt ans, on se demandait où elle trouverait des défenseurs, et les défenseurs lui sont venus de partout, pour les luttes de l'épée comme pour celles de la plume. L'antique *Denier de Saint-Pierre* est renouvelé par les populations et généralisé avec enthousiasme. Les revers eux-mêmes ne font qu'accroître le zèle, et sur le monument funèbre de Mentana, plus encore que sur celui de Castelfidardo, on peut lire des noms qui rappellent toutes les langues.

Le long règne de Pie IX n'en a pas moins été une longue souffrance; le domaine de l'Eglise a été amoindri, ses finances ont été obérées; il a fallu des soldats et des canons à ce petit royaume qui, seul dans le monde, ainsi que l'a dit Voltaire, ne connaissait que les douceurs de la paix; et cependant, malgré ces souffrances et ces charges nouvelles, Pie IX comptera au nombre des princes dont le passage aura laissé sur le sol, non moins que dans les institutions, le plus de traces durables.

Et ce n'est pas seulement Rome, ce n'est pas seulement sa banlieue qui portent l'empreinte d'un grand règne, ce sont encore les provinces aujourd'hui détachées. Ferrare se souviendra de l'année 1856, où le desséchement de sa vallée fut entrepris à l'aide de puissantes machines; Bologne n'oubliera point le souverain généreux qui la dota d'écoles d'agriculture, contribua de ses deniers à l'achèvement de sa belle église de *San-Petronio*, et enrichit son université de la précieuse et unique bibliothèque polyglotte du cardinal Mezzofanti; Pesaro, Sinigaglia, Ravenne, se rappelleront l'agrandissement de leurs ports et la plantation commencée de leurs dunes. Et Rome! que ne doit-elle pas à Pie IX? Ici c'est Saint-Paul achevé avec un luxe de marbres et de peintures qui fait l'admiration de l'Europe; là, Saint-Laurent *hors des murs* restauré avec une science archéologique qui fait disparaître les mutilations successives de l'ignorance et du temps; c'est Sainte-Agnès ornée, renouvelée avec un goût et un art qui font d'elle une merveille; c'est Saint-Jean de Latran remis à neuf dans ses principales parties, et qui s'enrichit d'un nouveau pavé de marbre; c'est Sainte-Marie-Majeure, sa *Confession*, sa pieuse chapelle du *Præsepe*, qui reçoivent les décors les plus riches; c'est la basilique Vaticane, en avant de laquelle sont placées les statues colossales de saint Pierre et de saint Paul, et dont la frise intérieure voit se développer, en mosaïque bleue sur fond d'or, toute une suite d'inscriptions de l'Ecriture, sur la mission de saint Pierre, inscriptions qui se relient magnifiquement à celle de la coupole.

On lit dans la vie d'Adrien Ier, l'ami de Charlemagne et l'un des pontifes qui ont le plus fait pour les églises de Rome, qu'il offrit à beaucoup d'entre elles des courtines de pourpre. Saint-Jean de Latran et Saint-Pierre doivent à Pie IX d'admirables tapis de l'Orient. Adrien avait fait placer, au-dessus de la *Confession* de l'Apôtre, un phare en forme de croix portant 1,370 bougies; Pie IX a fait hommage à la basilique d'un ostensoir de vermeil haut d'un mètre trente-cinq centimètres, orné de pierres précieuses et d'un travail exquis. On comptait enfin cinquante-cinq monuments religieux qui furent construits sous le règne d'Adrien ou qui reçurent de lui un nouvel éclat. Le nombre est plus considérable encore aujourd'hui. Disons d'abord que soixante-quinze églises, dans les Etats pontificaux, ont dû leur restauration ou leur ornementation à la générosité de Pie IX. Quant à Rome, un mouvement général s'y est produit, sous ses auspices, pour l'embellissement des lieux saints, et Pie IX s'y est associé de son argent comme de sa parole. Nous verrons, dans la suite de cet ouvrage, tout ce qui a été fait avec goût et avec luxe depuis vingt ans, à Saint-Augustin, Saint-Pancrace, Saint-Roch, Saint-Marcel, Saint-Pantaléon, Saint-Jacques *in Augusta*, Saint-Charles à *Catinari*, Saint-Barthélemy, Sainte-Marie *Traspontine*, Sainte-Marie *sur Minerve*, Sainte-Marie *du Peuple*, Sainte-Marie *in viâ Latâ*, Saint-Étienne-le-Rond, Saint-Thomas *in Parione*, Saint-Laurent *in Lucinâ*, Saint-Clément, Saint-Bernard, Saint-Vital, Sainte-Sabine, Sainte-Marie *de l'Humilité*, Sainte-Marie *de la Paix*, Sainte-Marie *Trans-Tiberim*, Sainte-Agathe *des Goths*, la Madone *des Monts*, Saint-Nicolas *in Carcere*, Saint-Sauveur *in Lauro*, Saint-Ignace, Saint-Philippe de Néri, au petit temple de Saint-Pierre *in Montorio*, aux églises des Saints-Jean-et-Paul, des Saints-Vincent-et-Anastase, etc. Un sanctuaire était, en même temps, construit sous le vocable de Saint-André, entre les portes Cavalleggieri et Saint-Pancrace, au lieu où fut retrouvée la tête de l'apôtre; un vaste cimetière était créé au *Campo-Verano*, avec cloîtres ornés de peintures et élégante chapelle; de nombreux séminaires s'ouvraient, tant pour les jeunes clercs de l'État romain que pour ceux de tous les pays; et les catacombes étaient, en quelque sorte, découvertes de nouveau, grâce à la munificence du Saint-Père et au génie archéologique du chevalier de Rossi.

À voir cette efflorescence de l'art et de la foi, ne dirait-on pas un règne des plus prospères? Et c'est entre l'exil de la veille et les ruines du lendemain que tout s'est accompli; c'est sous le coup des invasions et des menaces que ces grandes choses ont été faites. À quoi se montent donc les trésors de cette cassette pontificale qui donne partout l'impulsion, sans être pour cela fermée jamais aux appels les plus lointains de la charité? Ces trésors ne dépassent pas 600,000 écus (3,210,000 fr.) par année, et encore cette somme doit-elle pourvoir aux traitements des cardinaux et des nonces, aux dépenses des congrégations et des grandes cérémonies pontificales, à l'entretien des musées, des bibliothèques et des palais pontificaux, à la solde de la garde Noble, de la garde Suisse et de la garde Palatine, aux gages et pensions des serviteurs, aux cadeaux princiers qui sont d'usage. 100,000 francs à peine sont prélevés pour la dépense du souverain, et c'est avec le reste que le successeur de l'Apôtre trouve moyen de consoler, de patroner, d'encourager, de se montrer en tout, pour les arts comme pour la religion, pour la science comme pour la misère, une providence attentive et secourable.

Le secret de cette richesse du plus pauvre des rois nous a été révélé, en quelques mots, par le jeune archiduc Maximilien d'Autriche, qui devait aller, plus tard, chercher une couronne et la mort par delà l'Océan. Admis, un jour, à la table de Pie IX, il ne put maîtriser son émotion en se voyant servir, dans de la vaisselle d'or qui rappelait l'auguste rang de son hôte, le repas frugal d'un presbytère [1].

Je n'ai parlé encore que des œuvres directement religieuses, mais ne doit-on pas comprendre parmi elles les asiles, les écoles, les hôpitaux créés ou renouvelés avec une préoccupation des intérêts de l'humanité souffrante où revit constamment l'âme du pontife qui commença sa carrière de dévouement, comme clerc, dans l'hospice de *Tata-Giovanni*, et, comme préfet, dans le vaste hospice apostolique de Saint-Michel.

Mais, en dehors même de la religion, jamais la science, sous toutes ses formes, n'a été plus efficacement secondée et protégée : l'agriculture, par des plantations, des primes, des traités de commerce, par la fondation d'un institut agricole à la *Vigna Pia* et d'une chaire à la Sapience; l'archéologie, par l'établissement d'une chaire, d'un musée, et par des fouilles incessantes sur tous les lieux qu'ont illustrés la République, l'Empire et le Christianisme. L'antique Ostie nous est rendue par l'illustre baron Visconti; la voie Appienne livre à l'étude, des colonnes, des statues, des cippes, des vases, des inscriptions enfouis depuis des siècles; le Colisée est fortifié contre une dégradation imminente et devient facilement praticable; la basilique Julia est retrouvée, le Panthéon isolé, le soubassement de la basilique Ulpienne déterré, et, au même moment, les oratoires des saints de la primitive Église revoient le jour; sur la voie Nomentane, c'est l'humble basilique de Saint-Alexandre; sur la voie Appienne, c'est la crypte de Sainte-Cécile, c'est le cimetière entier de Calixte, cette illustre nécropole, cette cathédrale immense et vénérée des pontifes du second siècle, dont on avait perdu la trace. Ailleurs c'est l'antique fortification de Romulus qui reparaît tout-à-coup sous le pavé d'une église; c'est le Palatin qui nous rend les salles dépouillées et pantelantes du palais des Césars [2]; c'est l'*Emporium* d'Auguste et de Néron qui nous livre toutes ses richesses [3].

Et ce monde éteint, qui semble renaître, nous est expliqué, restitué, illustré par une science dont les interprètes romains figurent au premier rang des savants de l'Europe.

Les sciences mathématiques et naturelles n'ont pas marché moins rapidement dans la voie du progrès. La triangulation trigonométrique des États pontificaux, commencée autrefois par le P. Boscovich et par Maive, est achevée par le P. Secchi. La carte géographique du domaine de saint Pierre est publiée à l'échelle de un quatre-vingt millième et avec une précision de détails qui en fait une œuvre rare de gravure et de topographie; un institut technique de géodésie et d'iconométrie est fondé avec le titre et les priviléges de lycée public.

Ajoutons que les collections scientifiques, non moins que celles des arts, sont enrichies avec une libéralité toute royale. Un nouvel observatoire astronomique est créé à Saint-Ignace, des observatoires magnétiques s'élèvent à Rome et à Ancone, et, pour la première fois, le télégraphe électrique est mis au service de la météorologie. Cette initiative, partie du Collége Romain, s'est ensuite répandue sur tout le monde.

S'il est une science que l'on puisse dire spécialement romaine, c'est assurément la statistique. Elle y était utilisée par l'administration longtemps avant le milieu du dernier siècle, époque où l'on commença, hors de Rome, à réunir ses éléments. L'*État des âmes dans*

---

(1) « Je déjeûnai chez le Saint-Père..... le service était de vermeil; quant au menu, je le trouvai d'une frugalité telle, qu'un moment je me crus chez un curé de campagne. Cela m'édifia beaucoup. » (*Lettre à l'archiduchesse Sophie*, 1ᵉʳ juin 1855.)

(2) Des fouilles sont pratiquées simultanément sur le Palatin, par Sa Sainteté Pie IX, dans la partie qui dominait le Grand-Cirque, et par Sa Majesté Napoléon III dans les *Jardins Farnèse*. Ces dernières fouilles sont dirigées par le savant archéologue Pietro Rosa.

(3) Pour tous ces détails et pour les suivants, voir un article de l'*Osservatore Romano* de 1862, intitulé : l'*Inertie du gouvernement pontifical*, le curieux ouvrage de l'abbé Alexandre Atti, professeur de belles-lettres au séminaire de Frascati (*Della Munificenza di Sua Santita Pio IX, felicemente regnante*, Rome 1864), et l'intéressante analyse que Mᵛ Ozanam a faite de cet ouvrage dans l'*Univers* (21 août 1858, — juillet 1859).

l'auguste cité de Rome est la statistique la plus ancienne et la plus régulière qui soit connue. Grâce à cette publication annuelle, nous pouvons suivre, depuis l'année 1600, les variations de la population romaine, croissant toujours sous le sceptre des papes, diminuant brusquement lorsqu'ils sont réduits à quitter ses murs. Le *Stato delle anime* forme aujourd'hui un in-folio de quarante-deux pages, où toutes les observations qui peuvent naître du calcul appliqué aux rapports divers sous lesquels peut être envisagée la population, sont habilement condensés.

Parlerons-nous maintenant de la darse de Civita-Vecchia, du dessèchement progressif des marais Pontins, du réseau de chemins de fer qui met Rome en communication rapide avec Civita-Vecchia, Orbitello, Florence, Ancone, Naples, du viaduc de l'Ariccia, long de trois cent quatre mètres, et dont les trois étages d'arcades atteignent une hauteur de soixante. Quelque part, au reste, que vous dirigiez vos pas, vous trouvez la main de Pie IX. C'est la vieille enceinte d'Aurélien qui est restaurée; ce sont les portes Pie et Saint-Pancrace qui sont relevées avec magnificence; c'est un musée nouveau qui est ouvert au Latran; c'est le Vatican restauré, orné, enrichi de peintures, avec un nouvel et élégant escalier conduisant à la cour des Loges; ce sont d'admirables toiles de Léonard, de Sassoferrato, de Francia, de Murillo, ajoutées à sa collection de chefs-d'œuvre; c'est l'atelier de mosaïques agrandi et développé; et, hors des palais, c'est une fontaine monumentale sur la *piazza Pia*; ce sont de nombreuses maisons à l'usage des ménages pauvres; ce sont des écoles sur l'Esquilin, aux *Monti*, à Sainte-Marie du Peuple, au Borgo, à Ponte-Rotto, à Sainte-Marie *in Carinis*, et, à toutes ces écoles, des jardins pour le délassement des élèves. Qu'ajouter encore?

Rappellerons-nous une armée créée, un armement transformé, des fortifications modernes se liant aux fortifications anciennes? Non, car ces tristes exigences d'un État menacé n'ont jamais été considérées comme des progrès par la grande âme de Pie IX; mais nous citerons la colonne de l'*Immaculée-Conception*, monument à la fois antique et nouveau, érigé en mémoire de la proclamation d'un dogme qui est venu consacrer la croyance de tous les siècles [1]; nous citerons cette autre colonne qui attendait, depuis Néron, le concile du Vatican pour sortir de l'*Emporium* et se dresser éclatante, comme un trophée de ce concile, sur la colline sanctifiée par le martyre de saint Pierre. Tels sont les monuments que préfère Pie IX, et telles sont aussi les défenses qu'il préfère.

Le *Concile du Vatican* sera la troisième grande réunion d'évêques que Rome aura vue sous le pontificat de Pie IX. Aucun autre pontificat n'en vit autant. On dirait que plus les liens de la société se relâchent, plus ceux de la religion tendent à se resserrer, plus les révolutions brisent de trônes, et plus on sent le besoin de se presser autour du seul trône qui repose sur la pierre. Une première fois, en 1862, trois cents évêques répondirent à l'appel du pontife et l'assistèrent dans la cérémonie de la canonisation des martyrs japonais, c'est-à-dire de vingt-sept pauvres religieux brûlés ou crucifiés, au bout du monde, il y a trois cents ans, illustres inconnus dont le monde demandait les noms et qui étaient inscrits solennellement au catalogue des saints par cette puissance supérieure qui n'oublie jamais et qui voit partout. La seconde fois, en 1867, quatre cent vingt évêques et douze mille prêtres célébraient, avec Pie IX, le dix-huitième centenaire du martyre de ce batelier de la Galilée, dont la barque toujours agitée domine toujours l'orage. De tous les cœurs, de toutes les voix semblait sortir le cri de saint Ambroise: « Où est Pierre, là est l'Eglise, *ubi Petrus, ibi Ecclesia.* »

Deux ans après, 11 avril 1869, le cinquantième anniversaire du sacerdoce de Pie IX était célébré à son tour, dans le monde entier, par une fête spontanée et sans précédent comparable dans l'histoire.

Enfin, le concile du Vatican viendra, à la fin de l'année présente, nous rendre ces grandes assises de la chrétienté dont le souvenir marque chacune des grandes résistances de la vérité aux attaques de l'erreur. Aujourd'hui, sans doute, comme au temps de saint Hilaire, comme toujours, la Papauté est une bouche qui suffit au monde, *os sufficiens orbi*. Quel est, en effet, l'intérêt qu'elle ait laissé en souffrance? Quelle est la question dogmatique, philosophique ou sociale qu'elle n'ait résolue? Quelle est, dans ces temps d'incrédulité systématique, la négation qui n'ait trouvé, à Rome, une affirmation pour lui répondre, l'erreur qui n'ait été qualifiée de ce mot juste et sûr sous lequel elle se débat vainement? mais Dieu n'a pas fait des promesses seulement à Pierre; s'il lui a dit: « J'ai prié pour toi afin que ta foi ne défaille pas [2], » il a dit aux apôtres réunis: « Allez, enseignez toutes les nations... et voilà que je suis avec vous, tous les jours, jusqu'à la consommation des siècles [3]. »

Au pasteur du troupeau, à celui qui a été chargé de paître les agneaux et les brebis, d'apprécier les nécessités des temps, de *confirmer* lui-même ses frères dans la doctrine et dans la foi, suivant l'ordre qui lui en a été donné [4], ou d'appeler autour de lui les apôtres épars afin d'enseigner avec eux cette vérité qu'ils porteront ensuite sur tous les points de la terre. Ainsi se maintiennent, d'un pôle à l'autre, l'autorité, la fraternité et l'unité.

Le premier concile de Nicée fut comme le couronnement du long pontificat de saint Silvestre. Le monde lui a dû la ruine du naturalisme triomphant qui croyait en avoir fini avec la divinité de Jésus-Christ. Le quatrième concile de Latran fut aussi une couronne pour les dernières années d'un grand pape, d'Innocent III. Dans les hérésies qu'il condamna et qui reproduisaient le dualisme insensé de l'Orient, se cachait un socialisme audacieux sous des formes mystiques. Le concile de Trente a été la gloire de trois papes, Paul III, Jules III et Pie IV, et l'on sait quelle digue il éleva contre les flots débordés du protestantisme. Nous en citons trois, nous pourrions les citer tous, car tous comptent comme autant de phares majestueux perpétuellement allumés pour les consciences au milieu des ténèbres et des orages.

Le concile du Vatican en sera un nouveau dans un temps où chacun suit sa voie au hasard et marche à l'aveugle. Les conciles ont, en

(1) Cette colonne, trouvée en 1778, sur la place du *Campo-Marzo*, où elle gisait enfouie sous terre, est de marbre carystien. Relevée par Pie IX devant la Propagande et surmontée de la statue de Marie, elle atteint, avec son chapiteau et sa base, une hauteur de 14 mètres 27. Son fût s'élève sur un double soubassement octogone orné de bas-reliefs et des statues de Moïse, Isaïe, David et Ezéchiel. Des lys et des oliviers, symboles de la pureté et de la paix, décorent le chapiteau. Au-dessus, un piédestal porte la statue de la Vierge Immaculée, couronnée d'étoiles et ayant sous les pieds le croissant et un globe appuyé sur les attributs des quatre Évangélistes. Le dessin de ce monument est du commandeur Poletti; la statue de Marie, du sculpteur Obici; et les statues des prophètes des sculpteurs romains Revelli, Giacometti, Tadolini et de l'Irlandais Kelly.

(2) Luc. XXII, 32. — (3) Matth. XXVIII, 19 et 20. — (4) *Et tu aliquandò conversus confirma fratres tuos.* Luc. XXII, 32.

outre, marqué toujours des époques de foi plus vive et de ferveur nouvelle; ils ont été comme des effusions plus abondantes de la grâce divine sur le monde. Le prochain concile sera donc une brillante couronne pour le long et glorieux pontificat de Pie IX.

« On a dit récemment, lisait-on, il y a peu de jours, dans le *Moniteur universel*, que la Papauté était la dernière grandeur de l'Italie; on pourrait dire aujourd'hui qu'elle est la dernière grandeur de l'Europe : tout semble petit à côté. Quel gouvernement au monde pourrait réunir, autour de lui, un concile œcuménique? Nous avons assez le sentiment des grandeurs historiques pour ne pas méconnaître celle-là. Bien que la société moderne soit emportée, au courant de principes très-différents des enseignements de l'Eglise, elle doit, volontairement ou non, payer l'hommage de ce qui change sans cesse à ce qui ne change jamais, le tribut du passager à l'immuable [1]. »

Quelles sont d'ailleurs les questions qui seront traitées au Concile, et comment seront-elles résolues? A ceux qui s'inquiètent ne peut-on rappeler les paroles divines qui furent adressées aux apôtres, le jour même où ils reçurent leur mission : « Ce que vous devrez dire vous sera donné, l'heure venue; ce n'est pas vous, en effet, qui parlez, c'est l'esprit de votre père qui parle en vous. » *Dabitur enim vobis, in illâ horâ, quid loquamini; non enim vos estis qui loquimini, sed spiritus patris vestri qui loquitur in vobis* [2].

Le concile du Vatican sera le sixième concile œcuménique tenu à Rome. Les cinq premiers, nous l'avons dit, portent le nom du Latran, où eurent lieu les séances. La salle du concile, nommée aussi *basilique Léonienne*, du pape saint Léon III qui l'avait édifiée, occupait la partie du palais patriarcal située en face de l'oratoire de Saint-Venance et du baptistère de Constantin. Elle était ornée de peintures représentant les faits relatifs à la prédication des apôtres, et avait trois portes dont les chambranles provenaient, suivant la tradition, du palais de Pilate, à Jérusalem. Un escalier la mettait en communication avec la nef septentrionale de la basilique du Sauveur.

Le prochain concile se réunira dans la basilique de Saint-Pierre, où une enceinte lui est, en ce moment, préparée. Elle occupe la partie septentrionale du transept. Au fond de l'abside, si nous en croyons les détails donnés par quelques journaux, sera une vaste tribune à laquelle on montera par huit marches. Sur cette tribune, seront rangés, en forme d'hémicycle, les siéges destinés aux cardinaux, et, au centre s'élèvera le trône du Souverain Pontife. Devant les deux ailes de l'hémicycle seront sept rangées de stalles en amphithéâtre, coupées par deux larges escaliers. Chaque prélat aura devant lui un prie-Dieu qui, par une ingénieuse combinaison, pourra se transformer en bureau. Une huitième rangée sera formée de stalles mobiles pour servir en cas de besoin. Tout autour de l'enceinte seront tendus des tapis précieux avec des tableaux représentant les conciles les plus célèbres et les portraits des papes qui les présidèrent. Au pied des stalles seront les siéges des protonotaires apostoliques, des secrétaires et théologiens pontificaux.

Au milieu s'élèvera l'autel isolé.

Deux séries de loges seront réservées dans les vastes nefs transversales qui, du lieu de réunion du concile, aboutissent, d'un côté, à la chapelle Saint-Michel; de l'autre, à celle de la Très-Sainte-Annonciation. Ces loges recevront les secrétaires épiscopaux, les sténographes et les personnes admises aux séances. Deux tribunes plus belles que les autres seront ouvertes aux princes et autres personnages de distinction.

L'entrée principale de l'enceinte circulaire sera en face de la Confession de saint Pierre. Le plan des travaux est disposé de manière à s'harmoniser avec l'architecture grandiose de la basilique [3].

Tel sera le lieu des grandes assemblées ou *sessions*. Les *congrégations* se tiendront soit dans la vaste salle qui s'étend au-dessus du portique de Saint-Pierre, soit dans la salle du *Consistoire* au Vatican. Il serait difficile de préciser, dès aujourd'hui, le nombre des membres du concile; mais on ne peut douter qu'il ne dépasse celui de la plupart des anciens conciles. A Nicée, on ne comptait que trois cent dix-huit évêques; les actes du concile de Trente ne furent signés que par deux cent cinquante-cinq prélats. Quelques autres conciles, il est vrai, présentèrent un ensemble plus imposant. Le second concile de Latran, sous Innocent II, réunit quatre cents évêques et six cents abbés; le quatrième, sous Innocent III, compta quatre cent trente-quatre évêques et archevêques, douze abbés mitrés, huit cents théologiens et les orateurs des empereurs, rois et républiques qui faisaient partie de la société chrétienne et reconnaissaient ses lois. Aujourd'hui les puissances ne paraissent pas devoir se faire représenter; mais tout porte à croire que le nombre des évêques sera supérieur à sept cents [4]. En y joignant les membres du Sacré Collége, les chefs d'ordre, les abbés mitrés, les théologiens, les secrétaires, on arrive à un chiffre d'au moins quinze cents dignitaires ecclésiastiques réunis de toutes les parties du monde, à la voix du pontife suprême, et qui, même humainement parlant, seraient incontestablement, avec lui, l'expression la plus haute de la foi et des intérêts de la chrétienté.

EUGÈNE DE LA GOURNERIE.

---

(1) Léo Joubert, *Moniteur* du 2 octobre 1859. — (2) Matth. X, 19-20.

(3) *Univers* du 28 juillet 1869, d'après une correspondance du *Mémorial diplomatique*.

(4) La *Correspondance* de Rome donne ainsi l'état présent de la hiérarchie catholique : Patriarches, 12. — Archevêques du rit latin, résidents, 75; Archevêques des autres rites, résidents, 25; Archevêques *in partibus*, 35. Total pour les Archevêques, 135. — Évêques du rit latin, résidents, 609; Évêques des autres rites, résidents, 45; Évêques *in partibus*, 193. Total des Évêques, 847. — TOTAL GÉNÉRAL DE LA HIÉRARCHIE, 994.

A ce chiffre il faudrait joindre quelques anciens évêques démissionnaires, ce qui porterait à plus de mille le nombre des dignitaires ayant le caractère épiscopal.

ROME ANTIQUE

CHAPITRE Ier

ÉTAT ANCIEN DE ROME

I

LES SEPT COLLINES.

De toutes les ruines de Rome, les sept collines sont encore celles qui ont le mieux conservé leur aspect primitif et dont la vue agit le plus fortement sur l'imagination. Elles ont cependant éprouvé, elles aussi, les coups du temps; leur hauteur s'est amoindrie, le sol de la vallée s'est exhaussé, et la roche Tarpéienne ne serait plus citée aujourd'hui comme un objet d'effroi. Mais enfin on les reconnaît encore, et chaque pas que l'on fait, en les parcourant, éveille de grands et nombreux souvenirs.

Ainsi, voilà bien le Palatin, le mont quadrangulaire [1], qui domine le Forum, le Vélabre, le Tibre, la vallée du Grand-Cirque, et projette, sur la *Voie Sacrée*, son appendice, la *Velia*, que surmonte l'arc de Titus. Là fut la demeure du pauvre Évandre, *tecta pauperis Evandri* [2]. Sur ce déclin de mont, vous pouvez vous figurer la scène de la louve et des jumeaux, et, sur le faîte, la petite maison d'Auguste, remplacée plus tard par l'immense maison de Néron. Le Palatin devient alors comme le trône des maîtres du monde, et son nom, *Palatium*, s'identifie avec celui de palais. Suivant Nibby, la circonférence du Palatin est de 4,400 pieds romains (1,301 mètres), et sa hauteur de 16 mètres au-dessus du niveau de la mer.

À l'Ouest du Palatin, le Tibre, décrivant une de ces courbes qui lui ont fait donner le nom de *Couleuvre*, ronge la base d'un coteau abrupt dont la forme est celle d'un pentagone irrégulier. Ce coteau est l'Aventin avec ses deux crêtes, l'une dominant le fleuve, l'autre la vallée d'Égérie [1]. Ovide nous représente au sommet de l'Aventin un immense rocher. « Ce fut là, dit-il, que Remus s'arrêta vainement lorsque les oiseaux, paraissant sur le Palatin, donnèrent l'empire à son frère [2]. »

L'Aventin fut d'abord cité pour ses lauriers; plus tard, pour ses temples. Enfin, une dernière célébrité lui fut acquise par le titre de *Séditieux*, que lui valut, dans les jours troublés de la République, son rôle d'asile et de forteresse du peuple.

Aujourd'hui la colline de Remus est déserte, et l'on pourrait s'y croire revenu à ces temps primitifs où Tite-Live ne signalait aux bords du Tibre que de *vastes solitudes*, si on n'y rencontrait çà et là de charmants cloîtres, de pieuses églises et, presque à chaque pas, de magnifiques échappées de vue sur la Ville Éternelle.

Denys d'Halicarnasse donnait à l'Aventin une circonférence de 18 stades ou 11,250 pieds romains (3,327 mètres). Sa hauteur n'est que de 42 mètres; c'est la moins élevée des collines de Rome.

A partir de l'Aventin, quatre monts, ou plutôt quatre promontoires, se détachant du plateau élevé de la campagne romaine, le Cœlius, l'Esquilin, le Viminal et le Quirinal, dessinent, à l'Est, un demi-cercle irrégulier qui se rattache au Tibre et au Palatin, par le Capitole.

Le Cœlius [3], primitivement le mont des Chênes, *mons Querquetulanus*, présente une surface longue et étroite de laquelle se détache, vers la porte Latine, un monticule connu sous le nom de petit Cœlius, *Cœliolus*. La hauteur du Cœlius est de 43 mètres et sa circonférence de 16,100 pieds (4,762 mètres). Ce fut sur cette colline que Tullus Hostilius plaça les Albains après la ruine d'Albe-la-Longue.

L'Esquilin offre encore aux yeux ses deux vieilles cimes, l'*Oppius*, au Sud, que domine l'église de Saint-Pierre-ès-Liens, et le *Cispius*, au Nord, où l'auguste basilique de Sainte-Marie-Majeure a remplacé le temple de Junon Lucine. Près de l'Oppius était le *Fagutal* ou bois des Hêtres; près du Cispius, l'antique champ funèbre, dans lequel Horace s'est plu à mettre le figuier de sa huitième Satire. Destiné d'abord à former un banc, ce figuier était devenu, sous l'ébauchoir du sculpteur, on se le rappelle, une statue de Priape. « C'est ainsi que je suis dieu, lui fait dire le poëte, et que je sers d'épouvantail aux voleurs et aux oiseaux. » Puis, le dieu-figuier fait le tableau suivant du lieu où il se trouve : « Ici, naguère, l'esclave apportait, dans un pauvre cercueil, le cadavre de son compagnon d'esclavage, jeté hors de son étroit cachot. Le terrain que tu vois servait de sépulture commune au petit peuple, à Pantolabus, le bouffon, à Nomentanus, le débauché. Mais aujourd'hui les Esquilies sont devenues salubres; on peut les habiter sans crainte; on peut jouir du soleil sur une terrasse, là même où l'œil n'apercevait qu'un champ hideux couvert d'ossements blanchis. » L'antique demeure des morts était devenue le jardin de Mécène [4].

Le Viminal, séparé de l'Esquilin par le *Vicus Patricius*, n'est plus facilement perceptible aujourd'hui que du côté de Saint-Vital, où existent encore d'antiques substructions qui le soutiennent. Saint-Vital marque la base de la colline, et Saint-Laurent *in Panisperna* en marque le faîte. Le Viminal était la colline des osiers ou des saules (*Vimina*), et Jupiter y était adoré sous le titre de *Vimineus*. Sa circonférence est de 6,600 pieds (1,952 mètres).

Le Quirinal fut d'abord simplement nommé *la Colline*, nom qu'il transmit à la porte par laquelle entrèrent Brennus et les Gaulois. « La forme du Quirinal, dit Nibby, est étroite et oblongue; on peut la comparer à un coude. Sa circonférence est de 15,700 pieds (4,644 mètres), et sa hauteur, prise à la croix qui surmonte l'horloge du palais pontifical, de 295 pieds 5 pouces de Paris (95 mètres 90 centimètres) [5]. »

Le Quirinal était le centre de la population sabine. Il dut son nom au temple de Quirinus, c'est-à-dire de Romulus, comme nous l'apprenons par Ovide :

Qui tenet hunc nomen Romulus antè fuit [6].

Le temple de Quirinus est aujourd'hui remplacé par l'église et le couvent de Saint-André *a Monte-Cavallo*.

Le Quirinal était joint au Capitole par un plateau que Trajan fit disparaître pour donner à son Forum le niveau du Forum romain. La colonne Trajane marque la hauteur du tertre détruit.

Enfin, le Capitole ou, pour parler plus exactement, l'antique mont de Saturne, complétait le demi-cercle vers le Tibre [7].

---

(1) Le nom d'Aventin viendrait, suivant Ovide, d'Aventinus, roi d'Albe, qui y aurait été enterré. (*Fast.*, l. IV, v. 51.)

(2) Ov., *Fast.*, l. V, v. 149. Ce rocher était, d'après Ovide, près du temple de la Bonne Déesse, c'est-à-dire du côté du prieuré de Malte. Telle est du moins l'opinion de Canina et de la plupart des antiquaires. M. Ampère veut le voir, au contraire, à Saint-Sabas, c'est-à-dire à la moins élevée des rimes de l'Aventin. Mais alors comment expliquer le vers d'Ovide nous représentant Remus gagnant le *faîte* de la montagne :

Alter Aventinum mané cacumen adit ?

(3) Le nom de Cœlius vient de Celès Vibenna, chef étrusque, qui campa sur cette colline. Il avait été appelé au secours de Rome par Romulus ou par Tarquin l'Ancien.

(4) C'est sans doute en raison de ces souvenirs qu'Horace dit ailleurs « les sombres Esquilies, » *Atris Esquiliis*. Suétone nous apprend que Claude fit frapper de la hache, dans la plaine Esquiline, ceux qui avaient usurpé le titre de citoyen romain. On dirait que l'Esquilin était le Montfaucon de Rome. (*In Cl.*, c. 25.)

(5) Le sommet de la tour du Capitole est un peu moins élevé (93 mètres 45 centimètres), et celui de la croix de Saint-Pierre notablement plus haut, bien que Saint-Pierre soit dans la vallée (138 mètres).

(6) Ov., *Fast.*, l. II, v. 476.

(7) *Hanc Saturnus condidit arcem.*

Virg., *Æneide*, l. VIII, v. 357.

Le mont de Saturne prit le nom de *mont Tarpéien*, après la mort de Tarpéia, fille du commandant que Romulus y avait placé pour résister aux Sabins, puis celui de *mont Capitolin*, après la découverte de la fameuse tête coupée. Le nom de Tarpéien resta d'ailleurs plus spécialement attaché au côté de la citadelle, et celui de Capitolin au côté du temple de Jupiter.

Ce mont, de 1,301 mètres de tour, et de 45 mètres de hauteur, avait deux sommets séparés par une vallée boisée, l'*Intermontium*, dans laquelle Romulus établit son célèbre asile. Ces deux sommets étaient le roc Tarpéien, que dominait la citadelle, et le Capitole, qui supportait le temple de Jupiter. Ce nom de Capitole venait d'une tête coupée, la tête d'Olus, qui avait été trouvée, disait-on, dans les fondations du temple, et le *Caput Oli* était devenu, sous le nom de Capitole, la tête du monde.

Vainement chercherait-on en ces lieux désormais, et le bois de l'Asile, et le temple de Jupiter, et la citadelle où était conservée la cabane de Romulus avec son toit de chaume; mais les pentes du mont sont toujours ardues comme au temps d'Ovide; ses substructions sont toujours immenses, insensées, *insanæ*, comme les qualifiait Pline; et, lorsqu'on considère les hautes rampes qui conduisent, d'un côté, au palais du Sénat, de l'autre, à la basilique d'Ara-Cœli, on reconnaît sans trop de peine cette roche sublime du haut de laquelle Properce faisait tonner Jupiter :

Tarpeiusque pater nudâ de rupe tonabat [1].

Tels étaient les sept monts de Rome. Quelques auteurs ne nomment pas l'Aventin, qui ne fut compris dans le *Pomœrium* que sous le règne de Claude, et lui substituent le mont de Janus, qui faisait face au mont de Saturne, sur la rive droite du Tibre. Une partie du *Janicule*, celle que domine Saint-Pierre *in Montorio*, avait été, en effet, réunie à la ville par un pont, et munie d'un rempart, sous le règne d'Ancus Martius. Quelques autres comptent, à la fois, parmi les sept monts, l'Aventin et le Janicule, mais n'en forment qu'un du Quirinal et du Viminal, comme étant deux croupes d'une même colline.

Il ne faut pas confondre d'ailleurs les sept monts avec l'antique *Septimontium* du temps des Sicules. Le *Septimontium* n'était pas seulement un ensemble de hauteurs, c'était un culte dont les sacrifices se faisaient sur sept points plus ou moins élevés. Ces points étaient : le *Palatium*, la *Velia*, le *Fagutal*, la *Subura*, le *Germale*, l'*Oppius* et le *Cispius* [2]. On ne peut douter, toutefois, que le souvenir du *Septimontium*, souvenir local et sacré, n'ait été l'origine du caractère, en quelque sorte fatidique, qui s'attacha au nombre sept et du soin que l'on prit toujours de ramener à ce nombre celui des collines romaines. Ainsi, soit avant, soit après l'adjonction de l'Aventin et du Janicule, on ne parle jamais que des sept monts. Virgile les nomme les sept citadelles, *septem arces;* Stace appelle Rome la ville *aux sept cimes;* Properce la représente assise sur sept hauteurs, et de là commandant au monde.

Septem urbs alta jugis toto quæ præsidet orbi.

Enfin, les collines étaient, depuis longtemps déjà, par l'accession du Pincius [3], au nombre de neuf, que Claudien chantait encore les sept monts et y voyait un sujet de rapprochement entre la capitale du monde et le séjour des Dieux.

Quæ septem scopulis zonas imitatur Olympi.

Le Vatican ne fut jamais compris parmi les sept monts. Non-seulement il était hors de l'enceinte, mais il était inhabité. On y fabriquait des poteries vulgaires, on y récoltait un vin détestable; l'air en était tellement malsain que Tacite traitait le Vatican d'infâme, *infamibus Vaticanis locis;* et cependant on n'en approchait pas sans respect : c'était la colline des oracles [4].

---

(1) Tacite parle d'un escalier de cent degrés qui montait à la roche Tarpéienne, *rupes centum gradibus aditur.* Ces degrés étaient taillés dans le roc. Il fallait ou qu'ils fussent très-élevés, ou plutôt qu'ils ne partissent pas de la base du mont; car l'escalier d'*Ara-Cæli* a aujourd'hui cent vingt degrés, bien que le sol antique soit enterré d'un certain nombre de mètres.

(2) La *Velia* et le *Germale* étaient deux appendices du Palatin : la *Velia*, du côté de la *Voie Sacrée*, et le *Germale*, du côté du Velabre. Nous savons que l'*Oppius* et le *Cispius* étaient deux cimes de l'Esquilin. Le *Fagutal* lui appartenait également et était voisin de l'*Oppius*. La *Subura* était aussi une de ses dépendances.

(3) La réunion du Pincius ou plutôt de la colline des Jardins (*Collis Hortorum*), comme on l'appelait alors, date de l'enceinte d'Aurélien. Aux monts anciens, on peut ajouter aujourd'hui le *Monte Citorio* et le *Monte Giordano*, formés l'un et l'autre de débris, et, près de la porte Saint-Paul, le *Monte Testaccio*, le plus important de tous, car il n'a pas moins de 38 mètres de haut sur 90 de tour. Sa masse n'est qu'un énorme monceau de poteries brisées.

(4) M. Ampère voit l'origine du nom de Vatican dans ces deux mots : *Vates canebant.* On peut aussi bien le voir dans le mot qui signifiait oracle, *Vaticinium.* Tel était du moins le sentiment d'Aulu-Gelle. « *Agrum Vaticanum*, dit-il, *et ejusdem agri Deum præsidem appellatum accepimus à Vaticiniis quæ vi atque instinctu ejusdem Dei in eo agro fieri solita essent.* (*Noct. Atti.*, l. XVI, c. XVII.)

II

ENCEINTES ET PORTES DE ROME.

E nom de Rome n'est pas latin; il est grec, Ρωμη (la force) [1]. « Rome veut dire *force* chez les Grecs, *sublimité* chez les Hébreux, disait saint Jérôme. Le premier devoir de Rome est donc d'être forte et sublime [2]. » Pour trouver l'origine de ce nom, qui a rempli le monde, et, à la différence de presque tous les autres, n'a subi aucune altération à travers les siècles, il faut donc remonter non-seulement à Romulus, mais aux Pélasges, qui furent, dit Virgile, *les premiers* habitants des terres des Latins :

Qui primi fines aliquandò habuere Latinas [3].

La *Rome carrée* des temps primitifs leur est attribuée par M. Ampère. Elle occupait le versant occidental du Palatin, entre le temple d'Apollon et ce que Solin appelle *les escaliers de Cacus.* C'était une enceinte fortifiée dont chaque côté aurait eu 800 pieds (236 mètres 64 centimètres), suivant Canina, et le pourtour plus d'un demi-mille romain. Canina a cru en reconnaître l'emplacement à une certaine élévation du terrain sur la ligne qu'elle suivait. On déposait dans cette enceinte les objets qui avaient servi à la fondation de la ville.

Plutarque et la plupart des historiens attribuent, au contraire, la *Roma quadrata* à Romulus; mais elle était différente, dans tous les cas, de l'enceinte qu'il traça pour le *Pomœrium,* enceinte dont d'importants vestiges ont été découverts, en 1857, dans les substructions de l'église Sainte-Anastasie. « Je ne crois pas qu'il soit indifférent de connaître, dit Tacite, le lieu où l'on commença à bâtir et le *Pomœrium,* tel qu'il fut marqué par Romulus. Le sillon tracé par lui commençait au marché aux bœufs (*Forum Boarium*), où l'on voit un taureau d'airain, parce que c'est l'animal qu'on attèle à la charrue; il contournait ensuite le grand autel d'Hercule; plus loin, il y avait des pierres posées, de distance en distance, le long et au pied du mont Palatin, jusqu'à l'autel de Consus, aux *anciennes curies,* au temple des Lares et au *Forum* romain. Quant au Capitole, on croit qu'il fut l'ouvrage non de Romulus, mais de Tatius [4]. »

Le *Forum Boarium* est aujourd'hui représenté par les alentours de l'arc de *Janus Quadrifrons* qui en occupait à peu près le centre; l'autel d'Hercule, ou grand autel, *Ara Maxima,* qu'Hercule s'éleva à lui-même après la défaite de Cacus, se trouvait, à l'Orient, vers l'entrée du cirque dont le souvenir nous est conservé par la rue *de Cerchi.* L'autel de Consus suivait de près. Romulus l'avait trouvé enfoui sous terre, si nous en croyons Plutarque. Les *vieilles curies* sont indiquées généralement dans le voisinage de l'arc de Constantin. Enfin, nous savons par Tite-Live que le temple des Lares s'élevait sur la Velia, et, par conséquent, non loin du Forum.

Telle était la Rome de Romulus. Elle ne dépassait pas le Palatin qui l'avait vu naître, mais elle l'embrassait tout entier, tandis que la *Rome carrée* ne comprenait qu'une partie du versant occidental et s'arrêtait au bord de l'escarpement qui dominait la vallée du Grand Cirque.

Il semblerait, d'après Tacite, que l'enceinte nouvelle aurait été simplement marquée par des bornes, *lapidibus interjectis* [5]. Mais Tite-Live parle d'une fortification, *Palatinum, primum.... muniit;* et, en effet, nous l'avons dit, elle vient de reparaître. On peut apercevoir, en trois endroits, ses gros blocs de tuf volcanique, unis sans ciment, et présentant tantôt la forme carrée, tantôt la forme oblongue. C'est, avec moins de régularité dans l'appareil, le système des constructions étrusques.

« Quand Romulus avait dirigé la charrue autour de sa cité future, dit M. Ampère, là où il voulait qu'il y eût une porte, il avait *porté,* suivant le rite antique, c'est-à-dire soulevé sa charrue et interrompu le sillon augural, car rien ne devait jamais franchir le sillon ni le mur qui allait s'élever derrière lui, et que protégeait ainsi la religion contre l'ennemi. L'enceinte des villes était sacrée; il fallait que le seuil des portes ne le fût pas pour qu'on pût le franchir [6]. »

Trois ou quatre portes donnaient entrée dans la ville : c'était d'abord la porte *Mugonia,* ainsi nommée du mugissement des troupeaux qui descendaient paître dans la vallée du Tibre. Cette porte dominait la partie élevée de la rue Neuve, *suprà summam novam viam* [7], c'est-à-dire qu'elle était au-dessus du Velabre. Une autre porte, la porte *Romaine,* est indiquée par Festus au bas du *clivus* de la Victoire, et, par conséquent, sous la Vélia. On suppose qu'une troisième s'ouvrait sur la

(1) Le nom est donc antérieur à Romulus, qui l'aurait pris pour lui-même au lieu de le donner à la ville.
(2) *Adv. Jovin.,* l. II. — (3) *Æneid.,* l. VIII, v. 602. — (4) *Ann.* XII, 24.
(5) C'était ainsi que les limites du *Pomœrium* étaient ordinairement fixées, ainsi que nous le verrons plus tard; ces limites étaient à une certaine distance du mur d'enceinte.
(6) *L'Histoire Romaine à Rome,* t. I⁰ʳ, p. 290. — (7) Solin, c. 1. La rue *Neuve* allait du Forum au Cirque.

vallée qui sépare le Palatin de l'Aventin, et peut-être une quatrième vers le Cœlius, dans l'endroit où s'éleva plus tard le *Septizonium*.

Tacite, en nous faisant suivre le sillon de Romulus, ce sillon qu'il traça, d'après Plutarque, avec une charrue au soc d'airain, traînée par un taureau blanc et une vache blanche, se propose de déterminer, dit-il, les limites du *Pomœrium*, (*quod Pomœrium Romulus posuerit*). Le *Pomœrium* était un espace consacré en deçà et au delà du mur. Cet espace, réservé sans doute pour la facilité de la défense, ne pouvait être ni habité ni labouré. Nul n'avait le droit de l'agrandir que celui qui avait agrandi le territoire romain. C'était dans le *Pomœrium* seul que se prenaient les auspices de la ville, *urbani*[1], et les bornes qui fixaient ses limites ne pouvaient être posées, changées, rétablies que par les augures.

Sous le règne d'Ancus Martius, une ligne de circonvallation, que Tite-Live nomme le Fossé des Quirites, *Fossa Quiritum*, fut creusée du côté où les défenses naturelles faisaient défaut, *a planioribus aditu locis*. Par les lieux plats dont parle ici l'historien, il entendait sans doute le plateau élevé dont le Cœlius, l'Esquilin et le Quirinal sont des escarpements plus ou moins avancés. Ce fossé était loin d'être une fortification indifférente, *haud parvum munimentum*. Le même prince ceignit d'un mur le mont Janicule, qui domine le Tibre sur la rive opposée, et y édifia une citadelle afin de protéger la navigation contre les violences des Étrusques établis sur ce côté du fleuve. On a cru reconnaître, derrière la fontaine Pauline, l'emplacement de cette citadelle. Ancus rattacha ensuite le Janicule à la ville par un pont, le pont Sublicius.

L'Aventin fut également entouré d'une muraille dont on retrouve des restes dans les dépendances de Sainte-Prisca et dans le jardin des Dominicains de Sainte-Sabine.

Le Cœlius devait être fortifié, à son tour; il le fut, soit par Ancus, comme le prétend Strabon, soit plus probablement par Tullus Hostilius, comme le veut Tite-Live.

Enfin, une enceinte continue protégea la ville, sauf du côté du Tibre, où le fleuve lui tint lieu de défense, et au pied du Capitole, que l'on crut suffisamment protégé par la roche Tarpéienne. Heureusement qu'au haut du rocher étaient le temple de Junon et ses oies célèbres. Cette enceinte, commencée peut-être par le premier Tarquin, fut achevée par Servius Tullius.

Le recensement de Servius Tullius constatait 85,000 hommes en état de porter les armes, et l'enceinte qu'il traça, en profitant sans doute des travaux de ses prédécesseurs, put contenir 266,000 habitants. Elle était, suivant M. Delamalle, de 238 hectares carrés. On est surpris, en la suivant sur la carte, de sa disposition anguleuse et irrégulière. Ainsi le Quirinal et le Viminal formaient, au Nord, une longue saillie qui se trouvait séparée du Tibre par le Champ de Mars, resté hors des murs. Le Champ de Mars était le lieu de l'assemblée des comices et de la réunion des troupes. Or, à ce double titre, il n'aurait pu être compris dans la ville sans porter atteinte à une défense religieuse qui se liait à la constitution même de l'État. Sur le plateau du Quirinal et de l'Esquilin, où avait déjà été creusé le *Fossé des Quirites*, Servius éleva un mur avec fossé profond de trente pieds, large de cent, et avec relèvement de terre à l'intérieur, formant terrasse. Le mur fut garni de tours.

Ce rempart, ou *Agger*, est encore visible. « On le suit, dit Ampère, depuis la porte Esquiline jusqu'à la porte Colline, c'est-à-dire depuis l'arc de Gallien jusqu'aux jardins de Salluste. Dans la villa Negroni, il forme un tertre dont la cime est le point le plus élevé de la ville, sur la rive gauche du Tibre. Un bouquet d'arbres le surmonte; on y a placé une statue de Rome [2]. »

Au temps d'Horace, le *boulevard* de Servius Tullius était devenu, comme les nôtres, un lieu de promenade où le poëte se plaisait à aller chercher le soleil qui lui manquait dans les rues étroites de la ville.

Nunc licet..............,
Aggere in aprico spatiari [3].

Le nombre des portes de Rome a beaucoup varié. L'enceinte de Servius, d'après les calculs de Canina, en avait dix-huit. On en comptait d'abord trois entre le Tibre et la roche Tarpéienne. Elles s'ouvraient à peu de distance les unes des autres, dans un mur qui passait derrière le théâtre de Marcellus et le laissait hors de la ville. Ces portes étaient : la porte *Flumentane*, la plus rapprochée du fleuve; la porte *Triomphale*, dans la direction du portique d'Octavie, et la porte *Carmentale*, vers le milieu de la rue actuelle de la *Bufala*. Ce fut par cette porte, à deux *Janus* ou deux ouvertures, que sortirent les trois cent six Fabius. On ne l'appela dès lors que la porte *Scélérate*. « Ne passe pas par elle, qui que tu sois, dit Ovide; la porte n'est pas coupable, mais cependant elle est de fâcheux augure. »

Porta vacat culpâ, sed tamen omen habet [4].

La porte Carmentale devait son nom à la mère d'Evandre, la prophétesse Carmenta, à qui Ovide fait prédire les grandes destinées de Rome : « Me trompai-je? Ces collines ne seront-elles pas couvertes, un jour, de hauts murs, et ne verra-t-on pas

[1] Les auspices des consuls se prenaient au Champ de Mars. (Cic., *adv. Cat.*, IV, 2.)
[2] *Histoire romaine à Rome*, t. II, p. 112. — [3] Sat. VIII, 14. — [4] *Fast.*, l. II, v. 204.

cette terre donner des lois au reste de la terre? L'univers entier est promis à ces monts [1]. » Carmenta avait, au pied du Capitole, un temple où il était défendu d'entrer avec des vêtements de cuir.

De l'autre côté du mont, et près du tombeau de Bibulus, était la porte *Ratumena*, nom qui rappelait un vainqueur aux jeux de Véies, dont nous dirons ailleurs la tragique histoire. Le mur gravissait ensuite le Quirinal, longeait la partie supérieure des jardins Colonne, puis le côté Nord du jardin pontifical, et passait au-dessus du cirque des jardins de Salluste. On cite deux portes dans cet espace : la porte *Sangualis*, ainsi nommée du temple de Sangus, et la porte *Salutaris*, du temple du *Salut*. Canina place la première au haut de la rampe actuelle de Monte-Cavallo, et la seconde aux Quatre-Fontaines.

Venait ensuite l'*Agger*, qui commençait à la porte Colline, en avant et à droite de la *Porta Pia* d'aujourd'hui. J'ai dit que ce fut par cette porte qu'entrèrent les bandes gauloises. Elle vit ensuite passer la fortune de Sylla. Elle vit Annibal lancer un javelot par dessus les murs. Ce sera enfin par la porte Colline que le flot des barbares se répandra sur Rome.

L'*Agger*, c'est-à-dire la partie de l'enceinte qui était munie d'un fossé et d'un boulevard, s'étendait de la porte Colline à la porte Esquiline, sur une longueur d'environ 7 stades (1 kilomètre 294 mètres). Entre ses deux points extrêmes se trouvait la porte Viminale, vers l'emplacement actuel de la gare du chemin de fer. La porte Esquiline était voisine de l'arc de Gallien. On rencontrait ensuite la porte *Querquetulana*, entre l'Esquilin et le Cœlius, et la porte *Celimontana*, en avant du point élevé qu'occupe Saint-Jean de Latran. Puis le mur s'infléchissait dans la direction de Saint-Étienne-le-Rond et de la villa Mattei. Les anciens auteurs indiquent, dans cette partie, une porte à laquelle ils donnent le nom de *Fontinalis*. De là, la ligne d'enceinte allait gagner le point le plus étroit de la vallée qui sépare le Cœlius de l'Aventin. C'était en cet endroit que s'ouvrait la célèbre porte Capène. Le nom de cette porte revient sans cesse dans l'histoire et dans la poésie; elle s'élevait sur le grand chemin du Latium, et donnait passage aux voies Latine, Appienne et Ardéatine. Properce s'y montre à nous les armes à la main, ce qui lui arrivait rarement.

Armaque cum tulero porta votiva Capenæ [2].

Martial nous la représente laissant tomber goutte à goutte l'eau de l'aqueduc Appien dont elle occupait un des arceaux.

Capena grandi porta quæ pluit guttâ.

Juvénal l'appelle l'*humide Capène*. C'est là, ajoute-t-il, que Numa donnait des rendez-vous nocturnes à son amie.

Hic ubi nocturnæ Numa constituebat amica [3].

Le mur gravissait ensuite l'Aventin, où l'on retrouve ses traces sous l'église de Sainte-Balbine; il s'engageait dans la vallée qui sépare les deux cimes du mont, et rejoignait le Tibre vers le pont Sublicius. Les portes, dans ce dernier espace, étaient multipliées; mais leur emplacement est souvent incertain. C'étaient d'abord, sur le Pseudo-Aventin, les portes *Nevia* et *Raudusculana*. Entre les deux sommets de l'Aventin se trouvait, suivant toute apparence, la porte *Lavernalis*, ainsi nommée d'un autel de Laverne. Venaient enfin la porte *Navalis*, près du bastion actuel de San-Gallo [4], et la célèbre porte *Trigemina*.

La porte *Trigemina* a plus d'un genre de célébrité. Si nous en croyons Pline, on était fort exposé à y laisser sa menue monnaie : *Extra portam Trigeminam, unciariâ stipe collatâ*. « Je puis sans doute, dit un des personnages de Plaute, aller tendre la main à la porte *Trigemina*; mais il n'y a pas de risque que cela m'arrive [5]. » On se plaint souvent aujourd'hui des mendiants de Rome; mais s'est-on jamais demandé ce qu'y était la mendicité autrefois?

Suivant Ampère, ce serait par la porte Trigemina que Camille aurait quitté Rome pour aller en exil. « Après avoir dit adieu à sa femme et à son fils, dit Plutarque, il sortit de son logis et s'en alla jusqu'à la porte de la ville, sans mot dire; mais, quand il fut là, il s'arresta tout court, et, se retournant en arrière, tendit les mains vers le Capitole et fit prières aux Dieux que si ce n'estoit justement, ains à grand tort que le peuple le contraignoit par envie à sortir honteusement de la ville, que bientôt les Romains s'en repentissent et, au sçû de tout le monde, ils le rappelassent et eussent affaire de luy. » Vœu parricide que les Gaulois devaient se charger d'accomplir.

Quoiqu'ayant son enceinte, l'Aventin était, nous l'avons dit, hors du *Pomœrium*, et il ne fut compris dans le territoire sacré que sous le règne de Claude. Mont de Remus, il semblait qu'il fût maudit.

Le Janicule formait également un faubourg à part, en dehors de la ville, laquelle s'arrêtait au Tibre : *Tiberis amnis*, disait Varron, *ambit campum Martium et urbem*. Nous avons cependant vu Ancus Martius rattacher à Rome la partie Ouest du Janicule par le pont Sublicius, et y construire une citadelle. Le mur d'enceinte devait partir, suivant Canina, du pont Sublicius et aboutir au pont Palatin, en enveloppant le sommet que couronne aujourd'hui la fontaine Pauline. Trois portes principales donnaient entrée dans cette enceinte: les portes *Piacularis*, à l'Ouest; *Settimiana*, à l'Est, et *Aurelia*, sur le faîte du mont.

---

(1) *Fast.*, l. 1er, v. 515. — (2) L. IV. — (3) Sat. III, v. 12.
(4) On cite aussi une porte *Minuccia*, entre les portes Navalis et Trigemina. Elle aurait été, suivant Canina, vers le prieuré de Malte. — (5) *In Capt.*

Les deux enceintes réunies de Servius et d'Ancus avaient un peu plus de soixante stades (11 kilomètres 97 mètres), ce qui justifie la comparaison établie par Denys entre elles et l'enceinte d'Athènes, qui atteignait précisément ce chiffre.

L'enceinte de Servius demeura, pendant de longs siècles, comme sacrée. La population croissait, les édifices encombraient et recouvraient le rempart, de manière à le rendre quelquefois invisible; ils envahissaient même le bord des routes et formaient, au delà des portes, des rues nouvelles. A l'intérieur de la ville, les habitants se serraient, les étages se multipliaient, les voies devenaient de plus en plus étroites et obscures, et cependant l'enceinte légale restait toujours la même. Un dieu ne permettait pas d'y toucher, disait-on. Le premier qui agrandit le *Pomœrium* paraît avoir été Sylla. César l'agrandit à son tour, puis Auguste; mais toujours dans des proportions restreintes. Tibère créa près des murs, à peu de distance des portes Colline et Viminale, un camp pour les neuf cohortes prétoriennes instituées par Auguste. Les vestiges de ce camp, de forme carrée comme tous les camps romains, et flanqué de tours, sont encore visibles. On ne peut passer près d'eux sans se représenter Néron montant à cheval pour se rendre à la villa de Phaon, et entendant tout à coup les clameurs qui partent du camp des prétoriens, clameurs contre lui et pour Galba, *et sibi adversa et Galbæ prospera ominantium* [1]. Il sentit alors tristement qu'il n'était plus le maître du monde.

Claude avait étendu le *Pomœrium* par delà l'Aventin; Néron et Trajan lui firent des additions nouvelles; mais la fortune de Rome était telle qu'on ne songeait plus ni à élever de nouveaux murs ni à restaurer les anciens. On ne savait où commençait la ville et l'on ne savait où elle finissait. Les faubourgs s'allongeaient dans toutes les directions, sans autre défense que le nom de Rome et le respect du monde [2]. Quand sonna toutefois l'heure de la décadence et que les barbares descendirent des Alpes, on sentit le besoin d'une fortification. Elle fut construite par Aurélien et embrassa la colline des Jardins et le Champ de Mars. Sur les anciennes collines, la ligne de circonvallation fut, en même temps, reculée. La nouvelle enceinte était à la fois, dit Eutrope, plus forte et plus étendue; et cependant elle était loin encore de comprendre l'agglomération sans fin d'habitations de tout genre, *villa* du riche, *tugurium* du pauvre, qui s'était formée autour de Rome. La ville légale, *urbs,* ne s'étendait pas au delà du *Pomœrium;* mais Rome allait d'Otricoli à Boville.

Les empereurs Tacite et Probus achevèrent l'œuvre d'Aurélien; Constantin supprima les prétoriens qui avaient combattu pour Maxence, et réunit leur camp à la ville. Sous Honorius et Arcade, les murs sont renouvelés, *instaurati;* les *sept monts* se rajeunissent d'un nouveau mur, s'écrie Claudien avec enthousiasme :

Cinctosque coegit
Septem continuo montes juvenescere muro.

Mais les Goths et les Vandales, Alaric et Genséric, portent à l'enceinte de rudes coups. Théodoric la rétablit avec les marbres tombés des amphithéâtres. Vitigès et Totila la détruisent sur une grande étendue; Bélisaire la relève avec une précipitation qui ne tient plus compte de l'art, mais de la nécessité du moment. Les pierres sont entassées à la hâte, parfois même sans ciment. La direction du mur est changée çà et là; on profite d'un aqueduc, d'un amphithéâtre, d'un tombeau pour se faire des moyens de défense. La porte Saint-Paul, qui a succédé à la porte *Trigemina,* laisse voir encore les deux portes, celle de Bélisaire et celle d'avant Bélisaire. Cette dernière a deux ouvertures ou, suivant l'expression romaine, deux Janus, l'un pour l'entrée, l'autre pour la sortie, comme la plupart des portes de l'ancienne Rome.

Après Bélisaire, Narsès compléta l'œuvre commencée. Il est facile de reconnaître, dans les murs existants encore, cette succession de travaux qu'ont suivis ceux des pontifes romains, de Grégoire II, entre autres, d'Adrien Ier, etc. « Ici, dit Panvinius, ce sont de grandes pierres carrées, là, le petit appareil réticulaire. En tel endroit, le mur est de briques; en tel autre il est arqué, et ailleurs autrement [3]. » Quant à son étendue, l'enceinte ne paraît pas avoir varié depuis Bélisaire, sauf dans la partie transtibérine, où tout un quartier, le *Borgo,* a été réuni à la ville par Léon IV.

L'enceinte d'Aurélien avait un peu plus de treize milles; c'était quatre milles de plus que celle de Servius, qui dépassait huit, mais n'atteignait pas neuf. Au temps des guerres gothiques, la longueur de l'enceinte, mesurée par le géomètre Ammon, était de vingt et un milles, en comprenant évidemment les moindres sinuosités du mur, c'est-à-dire réellement de seize à dix-sept milles [4].

Les nouvelles portes de la ville furent la *Flaminienne,* un peu à l'Est de la porte actuelle du Peuple; la *Pinciana,* sur la colline dont elle avait pris le nom (cette porte est aujourd'hui fermée); la *Salaria,* sur la voie qui conduisait à l'Anio et au mont Sacré; la *Nomentana,* murée depuis l'ouverture de la porte *Pia.* Elle était près de cette dernière, dans la direction du camp prétorien; les portes *Tiburtine* et *Prenestine,* sur les voies de Tibur et de Préneste. Aujourd'hui on les appelle porte

---

[1] Suétone, *in Nerone.*

[2] « Tout le pays, dit Denys d'Halicarnasse, se lie et se confond avec la ville et présente l'aspect d'une cité dont l'étendue est infinie. »

[3] Les anciens murs étaient de pierres carrées; ceux d'Aurélien furent de briques.

[4] Le mille romain était de 1,479 mètres 26 centimètres. Treize milles faisaient, par conséquent, 19 kilomètres 230 mètres; dix-sept, 25 kilomètres 147 mètres, et vingt et un, 31 kilomètres 064 mètres.

de Saint-Laurent et porte Majeure. Elles sont formées par les majestueux arceaux de deux aqueducs. La porte *Labicana* était contiguë à la porte *Prenestine*. Un peu après la porte actuelle de Saint-Jean de Latran, se trouvait la porte *Asinaria*; puis, venaient la porte *Metronia*, la porte *Latine*, sur la voie de ce nom, la porte *Appienne*, aujourd'hui de Saint-Sébastien, et la porte d'*Ostie*, aujourd'hui de Saint-Paul, qui s'ouvrit dans l'ancienne direction de la porte *Trigemina*.

De l'autre côté du Tibre, se succédaient les portes *Portuensis*, sur la voie de Porto; *Aurelia*, sur le faîte du Janicule; *Settiniana*, qui existe encore; puis, le long du Tibre, la porte *Triomphale*, à l'entrée du pont de ce nom, près de l'hospice du Saint-Esprit, et une dernière, la porte *Aurelia inférieure*, à l'entrée du pont Ælien.

Nous avons dit que le *Pomœrium* était considéré comme sacré. Les murs et les portes participaient plus ou moins de ce caractère. « Si quelqu'un viole les murs, disait la loi; s'il monte, en approchant une échelle ou de tout autre manière, qu'il soit puni de mort, car il n'est permis aux citoyens romains de passer que par les portes. Agir autrement, c'est faire acte hostile et abominable. » Et ailleurs : « Les choses aussi peuvent être saintes, comme sont saints les murs et les portes de la cité [1]. » C'est ce qu'exprimait admirablement Cicéron, en s'adressant aux pontifes : « Vous appelez les murs saints, leur disait-il, et vous mettez plus de soin à nous entourer de la religion qui s'y attache que de leur puissance comme murs, *diligentiores religione quàm muris ipsis cingitis.* »

III

LES QUATORZE RÉGIONS.

A ville de Rome ne fut d'abord divisée qu'en quatre régions. Ces régions étaient la *Suburana*, l'*Esquilina*, la *Collina* et la *Palatina*. D'après Varron, une cinquième, la *Romilia*, fut ajoutée aux quatre premières. Elle comprenait la rive droite du Tibre. Mais lorsque l'humble capitale des rois fut devenue la grande capitale de l'Empire, cette division primitive se trouva insuffisante, et Auguste en fit une toute nouvelle. « Il divisa Rome en régions et en quartiers, dit Suétone; la surveillance des régions était confiée à des magistrats annuels, qui les tiraient entre eux au sort; celle des quartiers à des maîtres (*magistri*) choisis dans le peuple même qui y demeurait [2]. » Dion et Tacite nous apprennent que le nombre des régions était de quatorze. Ces régions n'étaient pas rigoureusement limitées à l'enceinte de la ville. Plusieurs d'entre elles s'étendaient au dehors. Ainsi, le temple de Mars *Gradivus*, qui était situé hors de la porte Capène, se trouvait néanmoins compris dans la première région; le Vatican dans la quatorzième. Les quatorze régions ne furent longtemps désignées que par leurs numéros d'ordre; mais, vers la fin de l'Empire, on joignit à chaque numéro un nom indicateur du lieu que la région occupait. En voici la liste :

RÉGION I. — *Porte Capène.* — Cette région comprenait la vallée des Camènes ou d'Égérie, le ruisseau de l'Almon et une partie des côteaux voisins.

RÉGION II. — *Mont Cœlius.* — Elle comprenait le Cœlius, sauf son appendice, le Cœliolus, annexé à la première région.

RÉGION III. — *Isis et Serapis.* — La partie du Cœlius qui s'étend de l'amphithéâtre Flavien à la basilique actuelle de Latran et celui des sommets de l'Esquilin, qui portait le nom d'Oppius, paraissent avoir formé cette région.

RÉGION IV. — *Temple de la Paix*, et plus anciennement *Voie Sacrée.* — Elle s'étendait du temple de *Vénus et Rome* sur la *Voie Sacrée* jusqu'à l'antique *Subura*, et occupait la plaine entre l'Esquilin et le Quirinal.

RÉGION V. — *Esquiliæ.* — Le plus élevé des sommets de l'Esquilin, c'est-à-dire le Cispius, la vallée qui le sépare du Viminal, et, de l'autre côté, le plateau qui se termine à Sainte-Croix-en-Jérusalem, formaient son territoire.

RÉGION VI. — *Alta Semita.* — Le Viminal, le Quirinal et une partie de la Colline des Jardins étaient compris dans ses limites.

RÉGION VII. — *Via Lata.* — La *Via Lata* était une large rue qui faisait suite à la voie Flaminienne et conduisait au Capitole. Elle est aujourd'hui représentée par le Corso, de la place Saint-Marcel à la place de Venise. La VIIe région allait, d'un côté, jusqu'au pied du Capitole, de l'autre jusqu'à l'arc de Marc-Aurèle, c'est-à-dire au palais qui fait l'angle du Corso et de la place de Saint-Laurent *in Lucinà*. Elle comprenait, en outre, la partie occidentale du Quirinal. Cette région était complétement en dehors de l'enceinte de Servius.

RÉGION VIII. — *Forum Romanum magnum.* — Il y avait, ainsi que nous le verrons, plusieurs Forums; mais celui qui donnait son nom à la région VIII était le *Grand Forum Romain*, où le FORUM par excellence. La région à laquelle il appartenait embrassait avec lui le Capitole ainsi que les deux vallées qui le séparent du Quirinal et du Palatin.

____

(1) *Inst.*, l. II, *de Rer. div.* — (2) *In Aug.* c. XXX.

Région IX. — *Circus Flaminius.* — C'était la plus grande des régions, et, comme la septième, elle était complétement en dehors des murs de Servius. Ses limites étaient, au Sud le Capitole, à l'Ouest le Tibre, au Nord et à l'Est l'enceinte Aurélienne jusqu'au sommet de la colline des Jardins, puis une ligne qui, des jardins de Salluste, revenait au pied du Capitole. C'était l'ancien Champ de Mars avec ses monuments et ses souvenirs.

Région X. — *Palatium.* — Elle comprenait le Palatin et le vallon qui le séparait du Cœlius.

Région XI. — *Circus Maximus.* — Elle était située entre le Palatin et l'Aventin, et entre le Palatin et le Tibre.

Région XII. — *Piscina Publica.* — Elle comprenait les thermes de Caracalla, et occupait même une partie de l'Aventin, celle qui touchait aux portes *Raudusculana* et *Nœvia.*

Région XIII. — *Aventinus.* — Ainsi que son nom l'indique, cette région embrassait la plus grande partie de l'Aventin et s'étendait, en outre, dans la vallée du Tibre. L'emplacement du mont *Testaccio* en faisait partie.

Région XIV. — *Transtiberim.* — C'étaient le Janicule et toute la rive droite du Tibre.

Les quatorze Régions comprenaient ensemble 423, ou, suivant une autre version, 324 quartiers, et 46,602 îles (on appelait *île* toute réunion de maisons qui était circonscrite par des rues). Le nombre des *cases* (on entendait par là les édifices isolés qui avaient atrium et péristyle, suivant les données de Vitruve [1]) atteignait 1,790. « Si, à chaque île, dit Canina, on attribue 50 habitants, et à chaque *casa* 30, on arrive à un chiffre de 2,383,800 pour la population entière [2]. »

IV

VUE GÉNÉRALE.

UPPOSONS maintenant qu'il nous soit donné de revoir Rome antique, Rome dans toute sa gloire de maîtresse des nations, et notre surprise sera certainement très-grande. Nos villes modernes, et Rome, entre toutes, s'annoncent au voyageur par les monuments religieux qui les dominent, tours, flèches, coupoles. Ce sont autant de pensées d'en haut qui s'élèvent au-dessus des pensées de la terre, autant d'aspirations de l'art dans le domaine de la foi et de la poésie, et l'impression qui en résulte agit en même temps sur l'imagination et sur le cœur. Qui n'a été ému, en approchant de Rome, à la vue du dôme de Saint-Pierre? Rien de semblable dans l'antiquité. Les temples, ainsi qu'on peut en juger par le Panthéon d'Agrippa, s'élevaient à peine au-dessus des habitations communes, et, si quelques thermes, quelque amphithéâtre, quelques tombeaux attiraient l'attention par leur masse imposante, on ne pouvait y voir que des amas de pierres dont la signification au loin restait indéterminée. Ne l'eût-elle pas été, quelle émotion eussent pu produire des thermes, monuments de volupté, des tombeaux trop grands pour un peu de cendre, et des amphithéâtres, ou, en d'autres termes, je l'ai dit, des abattoirs de chair humaine, où le peuple était à la fois le sacrificateur et le Dieu !

Si, de cette impression générale, nous passons aux impressions du chemin, la surprise ne sera pas moindre. Nous nous figurons la voie Flaminienne, la voie Aurélienne, et surtout la voie Appienne, avec leur pavé de lave, leurs trottoirs de gravier, *glareâ ducti,* et leurs bordures de tombeaux, comme de magnifiques et splendides avenues [3]. Elles l'étaient peut-être par le luxe de la construction, et, ce qui est certain, c'est qu'elles firent longtemps l'admiration des peuples. Écoutons cependant Procope : « La voie Appienne s'étend de Rome à Capone, dit-il, et telle est sa largeur que deux chars, courant en sens contraires, y peuvent librement passer, *sed ea latitudine ut duo plaustra ex adverso invicem occurrentia liberè hûc queant pervadere.* De toutes les voies, ajoute-t-il, elle est certainement la plus digne de remarque, *spectatu dignissima.* » Se figure-t-on, à l'entrée de nos villes, des avenues tout juste assez larges pour donner facile passage à deux voitures?

« La route était d'ailleurs formée, nous dit Procope, de grandes pierres très-dures, apportées de loin et si bien jointes, sans soudure ni ciment, qu'elles semblaient bien plutôt disposées par la nature que par l'art. » Ni la multitude des chars, ni le temps n'avaient pu, à son époque, soit les disjoindre, soit les entamer, soit même leur faire perdre leur éclat.

---

(1) C'est ce que nous nommons en France des *hôtels.*

(2) Le même auteur arrive à peu près au même chiffre par le calcul du blé nécessaire à la consommation de la ville sous le règne d'Auguste. On sait, en effet, que l'Egypte importait à Rome, à cette époque, 20 millions de *modii* de grains, lesquels suffisaient à la nourriture des habitants pendant quatre mois. La consommation annuelle devait donc être de soixante millions de *modii,* qui équivalent à deux millions et demi de *rubbii* italiens actuels. Or, la nourriture d'une personne par an pouvant être d'un *rubbio,* la population aurait été de 2,500,000. Juste-Lipse la portait de 4 à 5 millions, et, par une exagération contraire, M. Delanuite, comparant l'enceinte de Rome à celle de Paris, ne la portait qu'à 560,000 habitants. Nous avons dit que la ville s'étendait beaucoup au delà de l'enceinte.

(3) Le nombre des voies romaines aboutissant aux portes de la ville était de vingt. Mais la plupart se ramifiaient, souvent même à peu de distance des murs. La *Claudia* se détachait de la *Flaminia* après le pont Milvius; la *Laurentina* de l'*Ostiensis,* après la basilique de Saint-Paul, etc. En comprenant tous ces embranchements, on arrivait au chiffre de vingt-huit.

On le voit, c'étaient surtout des monuments que ces voies romaines. Il n'eut pas d'ailleurs toujours été prudent de s'arrêter à les contempler. On parle beaucoup aujourd'hui des brigands romains; peut-être en parlait-on plus encore du temps de la République. Dans son discours pour Milon, Cicéron dit nettement que la voie Appienne, aux environs du temple de la Bonne-Déesse, était infestée de voleurs, *insidioso et pleno latronum loco*. Le temple de la Bonne-Déesse était aux portes de Rome.

Le grand orateur nous parle, avec un respect ému, dans ce même discours, des tombeaux qui ornaient la route. « Lorsqu'on sort par la porte Capène, disait-il, et qu'on voit les sépulcres des Calatinus, des Scipion, des Servilius, des Métellus, peut-on croire ces hommes malheureux? » Mais, à côté de ces tombeaux célèbres, combien d'autres qui l'étaient peu, et ce n'étaient pas toujours les moins magnifiques? Ainsi, sur cette même voie Appienne, non loin du tombeau de Cœcilia Metella, était celui de ce corbeau dont Pline nous raconte les merveilles [1]. Pourquoi s'en étonner? Les corneilles de Junon n'avaient-elles pas un autel sur le Janicule? Dans la direction de Laurentum, le tombeau le plus connu était celui qu'Auguste érigea à l'une de ses esclaves qui avait eu cinq enfants d'une seule couche [2]. Sur la route d'Ostie, c'était la pyramide de Cestius, que nous admirons encore. Caïus Cestius ne fut ni consul, ni tribun, ni préteur, mais il fut un des chefs des épulons qui préparaient les festins de Jupiter. Sur la route de Tibur, c'étaient le fameux tombeau du *Boulanger,* et, un peu plus loin, celui de Pallas, l'affranchi de Claude, à l'occasion duquel Pline écrivait à son ami Montanus : « Vous allez rire, puis vous indigner, puis vous rirez encore, lorsque vous aurez lu la chose incroyable que je vais vous dire. On voit, sur la route de Tibur, à un mille de Rome, le tombeau de Pallas, avec cette inscription : *Pour récompenser son attachement et sa fidélité envers ses patrons, le Sénat lui a décerné les marques distinctives de la préture avec quinze millions de sesterces. Il se contenta de l'honneur.* Grande leçon, continue Pline, sur la momerie et les impertinences des épitaphes [3]! »

Sur la voie Flaminienne, les monuments qui attiraient le plus l'attention étaient également ceux de deux affranchis, Pâris et Glaucias. « Qui que tu sois, voyageur, qui suis la voie Flaminienne, écrivait Martial, au sujet du tombeau de Pâris, ne passe pas sans t'arrêter devant ce noble marbre :

Noli nobile præterire marmor.

Sur la voie Salaria, à la seconde pierre, était l'insigne monument de Licinus, le barbier d'Auguste, dont Varron disait : « Licinus repose sous un tombeau de marbre, tandis que Caton n'a qu'un petit sépulcre et que Pompée n'en a même pas un. Prendrons-nous vraiment ces derniers pour des dieux? »

Marmoreo tumulo Licinus jacet, et Cato parvo
Pompeius nullo; credimus esse deos!

Enfin, aux portes de Rome étaient trois monuments qui effaçaient tous les autres. Le plus imposant était le tombeau d'Adrien, sur la rive droite du Tibre, tour immense, recouverte de marbre de Paros et couronnée de statues que dominait celle du mort. Le mausolée d'Auguste occupait la rive opposée du fleuve; il s'annonçait de loin par ses deux obélisques et par le tertre ombragé d'arbres verts qui le recouvrait, bosquet élyséen dont la base était de marbre. Le troisième sépulcre était celui de la famille Domitia. On apercevait, du Champ de Mars, son seuil de porphyre et les marbres de Luni et du Thase dont il était orné. Un jour trois femmes, deux nourrices et une courtisane, — les nourrices faisaient, en quelque sorte, partie de la famille dans les mœurs antiques, et les courtisanes furent quelquefois fidèles au malheur, — trois femmes obscures déposèrent furtivement dans ce tombeau, les restes de celui qui, la veille, était Néron.

Voilà sous le poids de quelles impressions on entrait à Rome; partout des hommages à la vanité, à la puissance ou à l'argent, hommages qui, loin de grandir ceux à qui ils étaient adressés, les rapetissaient comme tout ce qui est disproportionné et visé au gigantesque. Chose étrange que la seule impression un peu douce vous vienne de trois pauvres femmes et du tombeau de Néron!

Que dire maintenant de l'aspect de cette ville qui, à elle seule, se croyait le monde, *commune totius terræ oppidum, urbs urbium* [4], etc. Nous avons vu la voie Appienne citée pour sa largeur, parce que deux chars pouvaient s'y croiser aisément. On peut douter que les rues fussent aussi magnifiques. Cicéron les représente, en effet, comme très-étroites, *angustissimæ.* Après les ravages des Gaulois, chacun avait bâti au hasard, *promiscuè,* dit Tite-Live. De là une absence complète de régularité et d'ensemble; des voies tortueuses, anguleuses, encombrées, des habitations surplombant et d'une hauteur qui effraya plus d'une fois les édiles. Auguste crut devoir interdire les constructions de plus de soixante-dix pieds de haut. Trajan, plus sévère,

---

(1) Pl. *Hist. nat.* L. X. c. 43. Ce corbeau, éclos sur le temple de Castor et Pollux, se jeta, en essayant ses ailes, dans la boutique d'un cordonnier, qui le reçut comme venant d'un lieu saint et le tint en singulière recommandation pour cette cause. Chaque matin le corbeau, devenu habité, allait au Palatin saluer Tibère, Germanicus, Drusus, les nommant par leur nom. Or, un jour il fut tué par un cordonnier voisin de son maître, jaloux sans doute, mais qui prétendit qu'il avait sali ses chaussures. L'indignation du peuple fut alors telle que le meurtrier, traîné dans la rue, périt sous les coups. Puis des funérailles somptueuses furent faites au corbeau; bouquets et couronnes de fleurs, flûtes et hautbois, rien n'y manqua. La mort de Scipion Emilien n'avait pas été vengée; cette remarque est de Pline. On voit comment le fut celle-ci, par la vie d'un citoyen romain.

(2) Aulu-Gelle. *Noct. Attic.* L. X.

(3) Pline. *Epist.* L. VII. Ep. XXIX.

(4) Aristide de Smyrne.

fixa, comme *nec plus ultrà*, le chiffre de soixante, mais on montait toujours et indéfiniment. La hauteur de l'*île* Felicles, entre autres, était telle que Tertullien se plaisait à voir sur ses toits la demeure des dieux [1].

Ecoutons maintenant Juvénal : « Ce n'est qu'à grand'peine, dit-il, qu'on dort en cette ville; voilà ce qui nous tue. Les chars embarrassés dans un détour étroit, les imprécations d'un muletier contraint de s'arrêter réveilleraient de vieux maris. Si le riche a quelque affaire il est porté, à travers le peuple qui s'écarte, par de grands Liburniens. Chemin faisant, il lit, écrit ou dort, car une litière fermée provoque le sommeil. Cependant il arrive avant nous, retardés comme nous le sommes par la foule qui précède, pressés par la foule qui suit. L'un me heurte du coude, l'autre d'un chevron; ma tête frappée par une solive va donner contre une cruche; on m'éclabousse jusqu'à la ceinture; mes pieds sont écrasés par des pieds énormes [2]..... »

Et cependant Juvénal écrivait après l'incendie de Néron et la reconstruction qui suivit sur un plan vaste et uniforme. « Les maisons, dit Tacite, ne furent point rebâties comme après l'incendie des Gaulois, au hasard et confusément. On aligna, on élargit les rues, on réduisit la hauteur des édifices, on ouvrit des cours et l'on ajouta des portiques qui ombragèrent la façade des bâtiments. Néron promit de construire ces portiques à ses frais, de livrer aux propriétaires l'emplacement purgé de tous décombres, et de récompenser, en proportion de leur rang et de leur fortune, ceux qui auraient achevé leurs maisons avant un certain terme.... On régla que les édifices, dans quelques parties, seraient construits sans bois et seulement en pierres de Gabies et d'Albe, qui sont à l'épreuve du feu.... Chacun put trouver, en outre, sous sa main, des secours contre l'incendie. On décida aussi qu'il n'y aurait plus de murs mitoyens et que chaque maison aurait son enceinte séparée. Ces réglements, adoptés pour leur utilité, contribuèrent aussi à l'embellissement de la nouvelle ville. Quelques-uns cependant croyaient que l'ancienne forme convenait mieux à la salubrité, parce que les rues étroites et les hautes maisons ne laissaient pas, à beaucoup près, un passage aussi libre aux rayons du soleil. Maintenant au contraire, poursuit l'historien romain, tous ces larges espaces découverts et que ne protége aucune ombre, sont autant de foyers d'une chaleur lourde et brûlante [3]. »

Les prescriptions dont parle Tacite furent-elles longtemps observées? On peut en douter en considérant le tableau que trace Juvénal, et il est permis de croire que les maîtres de quartiers (*vico-magistri*) n'étaient pas des surveillants très-actifs. « Considérez, dit encore Juvénal, les dangers de la nuit. Contemplez la hauteur des maisons d'où la tuile pleut sur nous; et les vases fêlés, les vieux tessons, ne les jette-t-on point par les fenêtres? leur chute ne laisse-t-elle point de traces sur le pavé? On peut bien tenir pour paresseux et imprévoyant quiconque va souper sans avoir pris ses dispositions dernières. Autant de fenêtres éclairées sur son passage, autant de morts à craindre. On ne désire qu'une chose, triste et misérable vœu, c'est d'être simplement arrosé [4]. »

Faisons la part de la satyre et il restera encore un croquis peu séduisant. Malgré les lois qui limitaient la hauteur des édifices, les écroulements étaient continuels, *lapsus tectorum assiduus*.

Ainsi des rues angustiées et irrégulières, des maisons à quatre étages, peu de jour, peu d'air, tel était l'aspect de Rome avant Néron, et tel il fut encore, dans plus d'un quartier, après Néron; mais çà et là vous rencontriez de vastes places, des jardins immenses, avec lacs, nymphées, bois profonds, *sylva inter columnas*, comme dit Martial, c'est-à-dire toutes les magnificences de la nature et de l'art, et partout des temples, des portiques, des thermes, des statues. C'était, dans l'ordre matériel comme dans l'ordre moral, le luxe sous toutes ses formes, nobles et raffinées, à côté de la misère sous toutes ses expressions les plus pénibles, maisons exiguës, sombres, chancelantes, véritables palais néanmoins près des cabanons souterrains de l'Ergastule [5]. Même contraste pour la partie pensante et vivante de la cité : ici des sénateurs entourés de leurs clients, comme un prince de sa cour, des chevaliers enrichis par l'usure, des proconsuls traînant après eux les dépouilles du monde, et, autour d'eux, un peuple nourri dans l'oisiveté par les *frumentations*, au-dessus d'un peuple enchaîné pour le travail. en d'autres termes, un peuple mendiant dominant fièrement un peuple d'esclaves.

(1) *Contra Valentia*. C. VII. — L'île Felicles était comprise dans la IXe région, celle du cirque Flaminius.
(2) *Sat.* III. — (3) Tacite, Ann. l. XV. c. 43.
(4) *Sat.* III. — (5) La demeure des esclaves.

V

PLACES PUBLIQUES.

DIX-SEPT de ces places étaient connues sous le nom de *Forum*. La plupart étaient entourées de portiques où l'on s'assemblait pour causer politique ou affaires. Un Forum était toujours, en effet, plus ou moins, un marché, et quelques-unes ne cessèrent jamais de l'être. Ainsi le Forum *Boarium*, ou Vélabre, était la place des changeurs et des marchands de bœufs, *argentarii et negotiantes boarii*, ainsi que porte l'inscription du petit arc de Septime Sévère; le Forum *Suarium* était le marché aux porcs, son nom l'indique [1]; le Forum *Olitorium*, le marché aux légumes [2]; le Forum *Pistorium* le marché au pain [3], etc. Chacun d'eux, bien que consacré à des usages vulgaires, n'en avait pas moins ses galeries couvertes et ses statues. Un taureau de bronze d'Égine faisait l'ornement du Forum *Boarium*; l'éléphant *Herbarius*, du Forum *Olitorium*; au Forum *Pistorium* était, enfin, sans doute, ce bœuf de bronze doré que Tite-Live nous apprend avoir été élevé, hors de la porte Trigemina, à l'honneur de L. Minucius, préfet des vivres, en l'an de Rome 316 [4].

Sur le Quirinal, on citait le Forum *Archemonium*, qui était le bazar des marchands grecs [5]; sur l'Esquilin, le Forum *Esquilinum*, dans les environs de l'arc de Gallien; sur la Vélia, le Forum *Cupidinis* ou des Friandises, à la place qu'occupa depuis le temple de *Vénus et Rome*; derrière la basilique Porcia, le Forum *Piscatorium* ou marché au poisson. Quelques autres portaient le nom de *Macellum*, le grand marché, entre autres, ou marché à la viande, *Macellum magnum*, lequel était occupé, au centre, par un bâtiment circulaire sur les fondements duquel a été bâti, suivant Canina, Saint-Étienne-le-Rond. Nous savons enfin que le Vélabre était, à lui seul, tout un marché, *cum Velabro omne Macellum*, dit Horace [6].

FORUM ROMAIN. — Si les places étaient généralement consacrées au commerce, il en était une, la plus importante de toutes, sinon par son étendue, du moins par son rôle et par ses souvenirs, le *grand Forum Romain*, comme on l'appelait, qui l'était surtout aux affaires publiques. Contemporain des premiers rois, il avait d'ailleurs des limites beaucoup plus en rapport avec une ville naissante qu'avec la capitale du monde. Qu'on se figure une ligne partant de Saint-Adrien pour aboutir aux marches récemment découvertes de la basilique Julia, et une autre allant des huit colonnes encore debout du temple de Saturne, aux trois magnifiques colonnes du temple de Castor, vers Sainte-Marie-Libératrice, et l'on aura la largeur et la longueur du plus grand théâtre de la vie romaine [7].

En tâchant de reconstituer le Forum, il est nécessaire de reconstituer aussi les monuments et les lieux qui étaient, avec lui, en communication intime. Tels étaient, notamment, le *Vulcanal* et le *Comitium*, deux enceintes séparées qui formaient deux étages de plates-formes ou de terrasses au-dessus du Forum. Le Vulcanal, la plus élevée, se trouvait à l'extrémité Nord-Ouest, au pied même du Capitole. Il devait son nom à un autel de Vulcain. C'était sur le Vulcanal, disait-on, qu'était le tribunal de Romulus, auquel dut succéder celui du préteur. C'était du haut du Vulcanal que les consuls s'adressaient aux Curies.

Le *Senaculum*, lieu de réunion des sénateurs avant d'entrer en séance, et la *Græcostasis*, espace réservé aux ambassadeurs en attendant qu'ils fussent reçus par le Sénat, étaient compris dans l'enceinte du Vulcanal. Plusieurs monuments y furent, en outre, construits, la basilique Opimia, entre autres, et un temple de la Concorde.

Au-dessous du Vulcanal était le *Comitium*, espace également ouvert et découvert où se réunissaient les curies patriciennes [8].

La curie venait ensuite. On donnait ce nom à ce que nous appellerions aujourd'hui le palais du Sénat. C'était une construction imposante à laquelle on montait par un perron très-élevé. Aussi la curie dominait-elle non-seulement le Forum, mais le Comitium et même le Vulcanal. Un mot de Pline nous indique sa situation. C'était, dit-il, du haut de ses marches

---

que l'on déterminait l'heure de midi, en regardant le soleil entre les Rostres et la Græcostase. La curie se trouvait donc sur le côté Nord du Forum, et, devant elle, un peu à gauche, étaient les Rostres, c'est-à-dire la tribune aux harangues. La tribune faisait partie intégrante du Forum, *in Foro*, dit Tite-Live, mais elle était près du Comitium et assez haute pour que la voix fût entendue des curies patriciennes qui s'y réunissaient, non moins que du peuple répandu dans le Forum.

La tribune était une plate-forme allongée et formant un demi-cintre. Elle était tournée vers le Comitium et le Capitole. On sait que le nom de Rostres lui fut donné parce qu'elle avait pour ornement les éperons de bronze ou rostres des vaisseaux pris à Antium. Près d'elle étaient les colonnes et les statues de Caïus Mœnius, le vainqueur des Antiates et de Caïus Duilius, le vainqueur des Carthaginois, tous les deux grands pourvoyeurs de rostres. La colonne de Duilius était même ornée de ce trophée de sa victoire, *rostrata*. Diverses autres statues entouraient la tribune, celle de Marsyas, entre autres, l'illustre et malheureux joueur de flûte. Il était représenté deux doigts en l'air; c'était, disait-on, un symbole de liberté. Ceux qui gagnaient leur procès avaient coutume de poser sur sa tête une couronne, en souvenir sans doute du procès qu'il gagna contre Apollon, triomphe judiciaire dont il fut si cruellement puni. Citons encore les statues des trois Parques [1], et celles d'un certain nombre d'hommes célèbres, particulièrement des ambassadeurs romains tués par les Fidenates.

Sur les marches du Comitium était la statue d'Actius Nœvius, le célèbre augure du temps de Tarquin, qui justifia, dit-on, de sa mission sacrée, en coupant un caillou avec un rasoir. La statue était voilée comme l'étaient les augures, et le caillou était conservé dans ce qu'on appelait un putéal [2]. Enfin, non loin d'Actius Nœvius, aux deux angles du Comitium, on apercevait les statues d'Alcibiade et de Pythagore. Elles furent placées là après la guerre samnite sur un oracle d'Apollon Pythien, qui ordonna de consacrer en ce lieu célèbre deux monuments, l'un au plus brave et l'autre au plus sage des Grecs [3].

Tarquin l'Ancien avait fait construire des portiques au Forum. On ne sait s'ils étaient de bois ou de pierres; mais dans la suite ils furent remplacés par d'élégantes galeries à double étage.

Il est souvent question, dans l'histoire, des boutiques qui conservèrent longtemps au Forum son caractère d'ancien marché; On les distinguait, au temps de Tite-Live, en vieilles et en neuves. Les vieilles occupaient le côté méridional; on y vendait surtout des esclaves. Les neuves s'étendaient sur le côté septentrional, et Cicéron plaignait ceux qui les longeaient à midi. Il y avait là plusieurs étaux de bouchers, ainsi que le prouve l'histoire de Virginie. Tite-Live précise, en effet, l'endroit où Virginius saisit le couteau qui allait sauver la pudeur de sa fille : « Près du temple de Cloacine, dans les boutiques qu'on appelle aujourd'hui neuves. » Dans ces mêmes boutiques, Spurius Mœlius saisissait, lui aussi, quelques années après, un couteau de boucher qui ne put, toutefois, le défendre ni de la cavalerie ni du poignard de Servilius Ahala.

Vers la fin de la République, les étaux de bouchers firent place à des comptoirs pour les changeurs, les banquiers, les gens d'affaires, c'est-à-dire pour ceux qu'on appelait alors *argentarii, fœneratores*. Les mêmes industriels se réunissaient aussi aux trois Janus. C'étaient trois arcs, comme il en existait beaucoup à Rome, qui étaient dédiés à Janus, le dieu des portes, et servaient d'abri aux marchands, en même temps, quelquefois, que d'entrée aux rues. L'arc de Janus *Quadrifrons*, au Forum *Boarium*, est encore aujourd'hui un spécimen curieux de ce genre de monuments. Les trois Janus du Forum marquaient, au Nord, les deux extrémités et le milieu de la place. Là se faisaient et se défaisaient les fortunes. « Depuis que tout mon bien a sombré au *Janus du milieu*, dit Damasippe dans Horace, n'ayant plus d'affaires, je soigne les affaires des autres [4]. »

Le *Putéal de Libon*, sur la face orientale du Forum, eut aussi son genre de renommée. C'était une des citadelles de l'usure, mais c'était aussi le tribunal du préteur qui, originairement sur le Vulcanal, fut transporté là par Scribonius Libo, 150 ans avant Jésus-Christ. « Au Putéal de Libon, les hypocondres! disait le vieil Ennius, défense de chanter à sec [5]. »

Une médaille antique nous fait connaître ce petit monument de forme ronde et qui ressemblait beaucoup à un autel. Recouvrait-il un puits, comme pourrait le faire supposer son nom de Putéal? Suivant Festus, il recouvrait simplement un lieu devenu sacré pour avoir été frappé de la foudre.

Le temple de Cloacine, que nous avons nommé, n'avait probablement pas plus d'importance. C'était un autel ou peut-être une statue érigée sur le côté Nord du Forum, au lieu où, suivant Plutarque, les Sabines désarmèrent leurs pères et leurs époux, et où Romains et Sabins se purifièrent avec myrtes et verveines [6]. L'autel de Cloacine devait se trouver en face du point de départ du grand cloaque de Tarquin.

Sur le côté Sud nous avons cité le temple de Castor et Pollux ou des Dioscures, et, à l'Ouest, le temple de Saturne, sur les premières assises du Capitole.

(1) Pline dit des trois Sibylles, d'autres ont dit des trois Fées (Fata). — (2) Liv. L. I, c. 36, et Cic. *de Divin.*, L. I. c. 17.
(3) Pline, *Hist. nat.* L. XXXIV, c. 6. — (4) L. II. *Sat.* 3. v. 18.
(5) Hor. L. I. *Ép.* XIX. v. 8. — Le Putéal de Libon était près du temple de Castor. C'était là qu'avaient lieu les plaids judiciaires et ce fut là par conséquent que Cicéron prononça beaucoup de ses discours. (Voir Ampère.)
(6) Plin., *Hist. nat.* L. XV, c. 31.

Tel était l'ancien Forum, le Forum de la République. On y arrivait, du côté de la Vélia, par la voie sacrée que suivaient les pontifes et les triomphateurs pour se rendre au temple de Jupiter, et par l'arc Fabien, l'un des plus anciens arcs de triomphe de Rome.

L'arc Fabien s'élevait à l'entrée du Forum, près du temple de Castor et Pollux. Après l'avoir franchi, la voie sacrée suivait le côté méridional de la place jusqu'au temple de Saturne dont elle contournait la façade. Un rameau se détachait d'elle, en cet endroit, pour aller vers la prison, en passant devant le temple de la Concorde, tandis qu'elle-même gravissait le mont en faisant ce que nous appelons un *lacet*, appuyant à gauche, vers la roche Tarpéienne, puis à droite où elle rencontrait le portique des douze grands dieux, qui la conduisait jusqu'au faîte du Capitole [1].

Ce cadre une fois tracé, il nous est facile de suivre et les mouvements du Forum et la pompe des triomphes. Les débris du temple de la Concorde nous indiquent l'emplacement du Vulcanal, où nous pouvons nous figurer Appius siégeant comme décemvir, et suivant de ses insolents regards la jeune fille de Virginius qui traversait, chaque matin, le Forum avec sa nourrice, pour aller aux écoles.

Le Comitium qui s'étend immédiatement au-dessous, en avant de la Curie que l'on croit avoir existé vers l'église actuelle de Saint-Adrien, nous rappelle d'autres souvenirs. C'était le lieu des assemblées patriciennes; c'était aussi le lieu des exécutions des sentences du Sénat. Là peut-être Manlius périt de la mort des traîtres [2]. On leur passait la tête dans une fourche et on les frappait jusqu'à extinction de la vie. Là subissait également le dernier supplice tout homme convaincu d'avoir séduit une vestale. « Il était battu de verges par le grand pontife, dit Tite-Live, jusqu'à ce qu'il expirât sous les coups [3]. » Ce fut là enfin, sans doute, près de la prison Mamertine, que furent flagellés les deux grands apôtres Pierre et Paul.

La Curie n'a pas de moins grands souvenirs. Le gouvernement romain y fut, en quelque sorte, concentré pendant les plus beaux siècles de sa gloire. Cicéron l'appelait le temple de la sainteté, de la dignité, de l'intelligence, la tête de Rome; il la représentait comme le dernier refuge de toutes les nations, *summum auxilium omnium gentium* [4]. Le bâtiment qu'elle occupait remontait à Tullus Hostilius, d'où le nom de *Curia Hostilia* sous lequel elle était connue et qui la distinguait de la *Curia Calabra* du Capitole. Sa fin marque, pour ainsi dire, la fin de la République. Milon ayant assassiné Clodius, les partisans de celui-ci dressèrent son bûcher funèbre dans la Curie, comme insulte au Sénat. Le cadavre ne fut qu'à demi consumé; mais la Curie le fut de fond en comble. C'était, à en croire Dion, ce que les factieux avaient espéré. Et, à la lueur des flammes, ils dressèrent tranquillement des tables dans le Forum, pour le festin funèbre.

Le feu, dit l'histoire, avait chassé les tribuns des Rostres. Nous savons, en effet, que les Rostres touchaient presque à la Curie, *propè juncta Curiæ* [5]. Il nous est donc facile de nous représenter, en avant et un peu à l'Est de Saint-Adrien, cette célèbre tribune qui fut si longtemps comme une citadelle populaire au milieu de Rome. Aussi, dans toutes les agitations du Forum, la voyons-nous sans cesse attaquée comme une place forte. Les tribuns y subirent un siége, lors des tumultes qui signalèrent le consulat de Cinna et d'Octavius; Caton y tint tête, un autre jour, à toute la faction de César. Longtemps après et lorsque la tribune était devenue muette, c'étaient encore les Rostres qui étaient considérés comme la clef du Forum. Racontant l'émeute militaire qui détrôna et fit mourir Galba, Tacite dit : « Les uns parlaient de gagner le Capitole; les autres d'occuper les Rostres, *plerique Rostra occupanda censerent*. »

On pourrait croire, par ces détails, que la Tribune était une imposante construction, ainsi que l'a pensé Venuti; il n'en était rien cependant : les médailles ne peuvent nous laisser, à cet égard, aucun doute, et les débris subsistant encore, au pied du Capitole, d'une seconde tribune qui date des dernières années de la République, en précisent, d'une manière certaine, les dimensions et la forme. Ces débris se composent d'un soubassement en segment de cercle auquel sont encore visibles, dit Canina, les trous des tenons de fer qui assujétissaient les rostres [6].

La tribune n'était pas cependant tellement exiguë que l'orateur seul pût y prendre place. Les tribuns y avaient leur siége, *subsellium*. C'est sur ce siége que la main et la tête de Cicéron furent exposées par les sicaires d'Antoine [7].

Il résulte d'un passage de Cicéron que les témoins prenaient aussi quelquefois place dans les Rostres ou peut-être sur les degrés des Rostres. C'est enfin dans cet espace de quelques pieds que se résume l'histoire républicaine de Rome. Le courage, l'éloquence, le désintéressement, l'ambition, ont tous paru et lutté à cette tribune. C'est du haut des Rostres que Cicéron prononça sa seconde et sa troisième Catilinaires. Il semble qu'on l'entend encore annonçant la fuite de Catilina, *abiit, excessit,*

---

(1) Il est nécessaire d'avoir cette topographie sous les yeux pour bien comprendre la disposition des ruines qui existent encore entre le Forum et le Capitole. Sans elle il est impossible de s'expliquer la direction à angle droit du temple de Saturne, par rapport au temple de Vespasien, la situation en retrait de celui-ci, qui aurait interrompu la voie sacrée s'il se fût avancé sur la même ligne que le temple de la Concorde, et enfin la ligne oblique que suit le portique des douze grands dieux récemment retrouvé.

(2) Tite-Live, je le sais, fait précipiter Manlius du haut de la roche Tarpéienne; mais Manlius fut condamné par les curies patriciennes, ce qui donne une vraisemblance incontestable à la version de Cornelius Nepos qui le fait mourir par les verges.

(3) L. XXII, 57. — (4) *Ads. Cat.* IV, 2, et *pro Milon.* 33. — (5) Asc. in Cicer. *Pro Mil.*, 12.

(6) Cette tribune était vers le milieu du côté oriental du Forum, entre l'arc de Sévère et le temple de Saturne, mais un peu au-dessous de ce dernier.

(7) *L'Histoire romaine à Rome*, t. II, p. 357.

evasit, erupit : « il est parti, il a fui, il s'est évadé, il a disparu; il me semble que Rome est dans la joie d'avoir vomi et balayé une semblable peste. » Jusque dans l'éloquence limée de Cicéron, on sent l'influence populaire des Rostres.

Mais le plus beau jour du grand orateur fut certainement celui où, forçant les Rostres, malgré les tribuns qui lui reprochaient la mort des complices de Catilina, dont la condamnation n'avait pas été sanctionnée par le peuple, il s'écria : « Je jure qu'à moi seul j'ai sauvé cette ville et la République [1]. » Les acclamations du peuple lui répondirent et l'accompagnèrent jusque chez lui.

Les autres Rostres que nous avons indiqués au pied du Capitole commencent à paraître vers cette époque. Pompée y était assis, entouré de soldats, tandis que Cicéron défendait Milon. Plus tard, et lorsque le génie de Rome aura disparu, nous verrons Aurélien y ériger une statue dorée à ce génie, *Genium populi Romani aureum in Rostra posuit.*

Enfin, l'histoire cite une dernière tribune aux harangues qui daterait de César. Son emplacement est clairement indiqué : *in Foro, pro Rostris ædis Divi Julii* [2]. Le temple érigé à César par Auguste occupait le milieu de la partie orientale du Forum. Les Rostres que l'on appelle les *Rostres Jules*, étant placés devant, se trouvaient en face de ceux que nous venons de voir occupés par Pompée et dont les vestiges subsistent encore. Il y avait ainsi trois Rostres au Forum, comme l'indiquent, du reste, très-exactement, la Notice des Régions et le *Curiosum urbis :* « FORVM ROMANVM MAGNVM *continet* ROSTRA TRIA.

Après avoir décrit le Forum, nous voudrions suivre maintenant les modifications qui lui furent successivement apportées. La principale fut la substitution progressive des basiliques aux anciennes boutiques. Les basiliques marquent, suivant Ampère, l'avénement de la finance. Elles furent, à la fois, les *bourses* et les tribunaux de commerce de l'antiquité, en même temps qu'un lieu de réunion où les oisifs et les politiques pouvaient discuter plus à l'aise qu'au soleil et au bruit. Trois basiliques se succédèrent sur le côté Nord de la place : les basiliques Porcia, Fulvia et Æmilia; une autre fut édifiée sur le Vulcanal, la basilique Opimia, et le côté Sud du Forum s'enrichit, à son tour, sous le règne d'Auguste, de la vaste basilique Julia. Une nouvelle Curie fut également édifiée de ce côté par le même prince pour remplacer l'ancienne Curie Hostilienne, qui n'avait été qu'incomplétement réparée depuis son incendie. La nouvelle prit le nom de *Curia Julia*, car on rapportait tout à César [3]. Enfin, le temple du dieu Jules, *Divi Julii*, vint compléter l'apothéose.

Suétone, parlant des honneurs que César *souffrit* qu'on lui décernât, cite un siège d'or dans la Curie et au Forum. « Il eut, ajoute-t-il, des temples, des autels et des statues, près de celles des dieux. Comme eux, il eut un lit sacré, il eut un flamine, il eut des prêtres luperques [4]. » Et à peine fut-il mort qu'on alla offrir des sacrifices et former des vœux devant une colonne qui lui fut élevée au Forum comme au *père de la patrie* [5]. Nous avons indiqué le lieu choisi pour l'édification du temple que lui érigea Auguste. Du fond de la place, il faisait face au mont Capitolin. « Que le divin Jules, disait Ovide, contemple toujours, du haut de son temple, et le Forum et notre Capitole ! »

Le temple d'ailleurs était petit. Érigé sur l'emplacement du bûcher funèbre du dieu, il ne dépassait probablement pas les dimensions de ce bûcher. Son dessin était de ceux que Vitruve appelle *picnostyles*, c'est-à-dire que les colonnes qui l'entouraient n'étaient séparées les unes des autres que par un diamètre et demi.

A l'autre extrémité du Forum, devant le temple de Saturne, Auguste fit placer la borne qui devint si célèbre sous le nom de mille d'or, *milliarium aureum*. C'était une colonne surmontée d'une boule dorée qui servit de point de départ pour toutes les routes de l'empire, et sur laquelle fut inscrite la distance que chacune de ces routes parcourait dans l'intérieur de Rome.

Près de ce même temple de Saturne, en avant du portique capitolin, et dans un coude que formait le *Clivus*, la rampe sacrée, Domitien érigea, à son tour, un temple à son père. Ce temple de Vespasien n'a pas complétement péri : trois colonnes nous présentent encore un des angles de son portique [6].

Deux arcs de triomphe, l'un au pied du temple de Saturne et dédié à Tibère, l'autre au pied du temple de la Concorde et dédié à Septime Sévère, complétèrent dans la suite ce vaste ensemble de monuments.

Au centre, s'élevait une statue équestre, la statue de Domitien !

Plaute nous donne, dans son *Curculion*, un aperçu piquant des mœurs du Forum. Voulez-vous, dit-il, un homme qui tienne peu à sa foi et jure pour vous quand vous en avez besoin? allez au Comitium; un conteur, un glorieux? dirigez-vous vers l'autel de Cloacine. Si vous entrez dans les basiliques, vous y trouverez plus d'un époux viveur et plus d'une femme connaissant moins le prix de la vertu que celui de l'argent. Là se font des trafics de tout genre. On y fait même des parties, à chacun son écot. Dans le bas Forum (l'extrémité orientale du Forum) sont les braves gens (*boni homines*) et les gens à l'aise; au milieu, près du canal, les francs bavards, les fanfarons, les malveillants, les insulteurs, la plupart sans argent, mais parlant haut. On les appelait *canalicolæ*, mot qui n'est pas sans équivalent dans notre langue.

---

(1) *C. Pis.*, 8. — (2) Loi sur la conservation des aqueducs (an 743 de Rome), citée par Frontin.
(3) La Grécostase passa, en même temps, du Nord au Sud. — (4) *In Cæsar.*, 76.
(5) Suét., *in Cæsar.*, 85. Cette colonne était de marbre de Numidie, d'un seul bloc et de près de vingt pieds.
(6) Elles sont indiquées à tort, dans beaucoup d'itinéraires, comme ayant fait partie du temple de Jupiter tonnant.

Quittons maintenant le Forum par une des ouvertures qui se trouvent sur son côté Nord, et nous rencontrerons successivement le Forum de César, le Forum d'Auguste, le Forum de Vespasien, le Forum de Nerva, et le Forum de Trajan.

Le grand Forum ne suffisant plus, en effet, à la population et aux affaires, il fallut en ouvrir d'autres. Ce fut d'abord le Forum de César, avec son temple de Vénus-*Genitrix*, que l'heureux rival de Pompée fit vœu d'ériger avant la bataille de Pharsale. Devant ce temple était un cheval de bronze, représentant ce cheval de César dont Suétone nous a laissé une description si étrange : « César, dit-il, montait un cheval dont les pieds rappelaient la forme humaine et dont le sabot avait des ongles qui ressemblaient à des doigts. Ledit cheval était né dans sa maison, et les auspices avaient promis l'empire du monde à son maître. César l'éleva donc avec grand soin. Il fut le premier et le seul qui dompta sa fierté rebelle [1]. »

Le Forum de César touchait à l'extrémité Nord-Ouest du grand Forum, avec lequel il communiquait par un hémicycle. Vint ensuite le Forum d'Auguste, qui fut une continuation de celui de César, dans la direction de la *via Alessandrina*. Il fut destiné au jugement des causes criminelles et à l'élection des juges. Son plus bel ornement était le temple de Mars Vengeur, voué par Auguste pendant la guerre de Philippes qu'il avait entreprise pour venger son père [2]. A droite et à gauche du temple étaient de grands portiques sous lesquels furent placés, en costume triomphal, les statues de tous ceux qui avaient tiré de rien et porté si haut la grandeur de Rome, *qui imperium populi Romani ex minimo maximum reddidissent*. Deux arcs de triomphe, dédiés à Germanicus et à Drusus, complétaient magnifiquement cette espèce de panthéon patriotique.

Suétone nous apprend qu'Auguste n'avait pas donné à son Forum tout le développement qu'il eût voulu, et qu'il le laissa même étroit, *angustius*, parce qu'il n'avait pas osé extorquer leurs maisons aux propriétaires voisins, *non ausus extorquere possessoribus proximas domos* [3]. Vieux scrupules qu'on admirerait davantage si Auguste n'avait pas *extorqué* tant de vies !

Soixante ans s'étaient à peine écoulés depuis la mort d'Auguste, que Vespasien ouvrait un nouveau Forum, autour du temple grandiose qu'à la suite de ses victoires il dédia à la *Paix éternelle*, PACI ÆTERNÆ.

Ce Forum de Vespasien dut se trouver derrière l'emplacement qu'occupa, bientôt après, le temple d'Antonin et Faustine. Une épigramme de Martial, adressée à Janus et rappelant l'époque où ce dieu n'avait qu'un temple qui servait de passage à Rome entière, le félicite des dons de César, qui vient de le placer entre quatre Forums.

         Et Fora tot numeras, Iane, quod ora geris [4].

Ainsi, chacune des quatre faces du monument consacré à Janus était dirigée vers un Forum. Ces Forums devaient être le Forum romain, le Forum de César, le Forum de Vespasien et le Forum de Nerva.

Le Forum de Nerva fut d'abord connu sous le nom de Domitien qui l'avait commencé. On le nommait aussi *Forum Palladium*, du temple de Pallas qui en occupait le centre, et *Forum transitorium*, parce qu'il était long, étroit et servait de passage. Nous savons par Lampride qu'Alexandre Sévère y plaça les statues colossales, tant équestres que pédestres et nues, des *divins empereurs*, avec des colonnes d'airain portant des inscriptions qui consacraient leur souvenir. On voit encore, au lieu dit des *Colonnacce*, une partie du mur d'enceinte du Forum de Nerva et deux colonnes à demi enterrées, supportant une frise ornée de figures relatives au culte de Pallas. Comment ne pas se rappeler, en considérant ces débris, la scène dont ils furent témoins sous le règne d'Alexandre Sévère? Alexandre ayant appris qu'un nommé Petronius Turinus se faisait payer, de tous ceux qui obtenaient des places, le crédit qu'il prétendait avoir sur l'empereur, ordonna de l'attacher à un poteau dans le *Forum transitorium*. Le feu fut ensuite mis à un monceau de bois et de paille humide qui avait été placé sous le patient, et Petronius mourut étouffé, tandis que le crieur disait : « On punit par la fumée celui qui a vendu de la fumée. »

Les différentes places que nous venons de décrire n'étaient toutes que des dépendances du grand Forum romain et de nouveaux espaces ouverts aux affaires publiques à mesure que les anciens devenaient insuffisants. Ainsi en fut-il encore du Forum de Trajan, construit par Apollodore, et le plus vaste, le plus magnifique de tous. « Lorsque l'empereur Constance fut arrivé au Forum de Trajan, raconte Ammien Marcellin, il demeura comme frappé de stupeur devant cette construction qui est, suivant tous, sans égale sous le ciel. Sa pensée parcourait ces murailles gigantesques qu'aucun esprit mortel ne reverra plus désormais, et il ne trouvait aucun mot pour rendre ses impressions, *nec relatu effabiles*. »

Les vestiges du Forum de Trajan sont encore trop nombreux pour que nous n'en parlions pas avec détail lorsque nous décrirons ce qui reste de Rome antique. Qu'il nous suffise d'énumérer, à cette heure, ses principaux monuments. C'était, au Sud-Est, un arc de triomphe qui le mettait en rapport avec le Forum d'Auguste; venait ensuite un vaste atrium entouré de portiques, avec la statue équestre de Trajan au centre; puis la basilique Ulpienne se présentait par une de ses faces latérales et

<hr>

(1) *In Cæsar.*, c. LXI. — (2) *In Aug.*, c. XXIX.
(3) *In Aug.*, c. LVI. L'irrégularité est aujourd'hui encore visible, par la direction biaisante de l'arco de' Pantani.
(4) L. X., Ep. 28.

ayant, à ses deux extrémités, deux absides. Après l'avoir traversée, on apercevait la colonne Trajane entre deux bibliothèques monumentales, et, en face, le temple périptère de Trajan, dominant la place du haut d'un majestueux perron.

Pour ouvrir son Forum, Trajan avait dû supprimer un plateau qui reliait le Quirinal au Capitole, et la hauteur de la colonne (132 pieds) ne fit que marquer la hauteur du monticule qui avait disparu. L'inscription de la base le constate.

AD. DECLARANDVM. QVANTAE. ALTITVDINIS.
MONS. ET. LOCVS. TANTIS. OPERIBVS. SIT. EGESTVS.

La plupart des statues érigées au Forum de Trajan étaient en bronze doré, celles, entre autres, de Flavius Eugenius, d'Annius Paolinus, de Flavius Merobaudus. Plus les noms devenaient obscurs, plus les statues étaient magnifiques.

CHAMP DE MARS. — Nous avons dit que le Champ de Mars était hors de la ville, et qu'il n'y fut compris que par Aurélien. On donnait ce nom à la vallée qui s'étend du Tibre au Capitole, au Quirinal et à la colline des Jardins. Strabon nous la représente d'une grandeur admirable et offrant un espace libre pour la course des chars, les exercices équestres et tous les jeux qui attirent la multitude : la balle, le disque, la palestre. Les édifices qui y furent successivement élevés, le terrain que recouvrait constamment un vert gazon, enfin le cercle de collines qui l'entourait jusqu'au fleuve et lui faisait comme une couronne, semblaient, disait-il, réaliser une scène théâtrale, et offraient un spectacle dont les yeux se détachaient malaisément. On disait que cette magnifique plaine avait été consacrée à Mars par Romulus, et affectée par lui au pacage des chevaux, ainsi qu'aux exercices militaires et gymnastiques, tels que la course et la natation, et généralement à tous ceux qui pouvaient développer les forces d'un peuple appelé à la conquête du monde. Tarquin le Superbe s'empara du Champ de Mars et y fit passer la charrue. Or, lorsque les Romains se partagèrent ses biens, après son expulsion, ils ne voulurent point profiter d'un sacrilége ; car c'en était un d'avoir livré à la culture un champ consacré aux Dieux, et ils jetèrent la moisson dans le Tibre.

C'était au Champ de Mars que s'arrêtaient les armées et que finissait le pouvoir des généraux. C'était également au Champ de Mars que se tenaient les comices par centuries, c'est-à-dire les comices généraux du peuple, tandis que les comices par curies, en d'autres termes, les assemblées patriciennes, se tenaient au Comitium ou au Capitole. La réunion des centuries avait lieu au Champ de Mars, parce que cette réunion était considérée comme une armée, *exercitus*, et que, par suite, elle était soumise à l'*Imperium, pouvoir formidable que les consuls ne pouvaient exercer dans la ville* [1].

Le Champ de Mars se peupla peu à peu de monuments dont nous parlerons en leur lieu. Citons seulement ici les théâtres de Marcellus, de Balbus et de Pompée, l'amphithéâtre de Statilius Taurus, le portique des *Septa*, ceux de Neptune et d'Europe, les thermes d'Agrippa, de Néron, d'Alexandre Sévère, le stade pour les *équiries*, la *villa Publica*, où étaient reçus les ambassadeurs, et les temples de Bellone, d'Isis, de Minerve, de Neptune, le Panthéon, etc.

D'autres *champs* existaient sur quelques points de Rome. Nous nous bornerons à les nommer. Sur le Cœlius, près de la basilique actuelle de Saint-Jean de Latran, était un second Champ de Mars qui servait aux courses de chevaux, lorsque la vallée du Tibre était inondée. Il est connu sous le nom de CAMPUS MARTIALIS *in Cœlio*. Nous connaissons encore le CAMPUS FONTINALIS, au-dessus de Saint-Sixte ; le CAMPUS ESQUILINUS, où les cadavres des pauvres étaient enfouis dans des puits, *puteoli* ; le CAMPUS VIMINALIS, près de la porte de ce nom ; le CAMPUS AGRIPPAE, compris dans l'enceinte du Champ de Mars, et qui fut spécialement destiné aux exercices militaires ; le CAMPUS LANATARIUS, sur l'Aventin, où se faisait le commerce de la laine ; le CAMPUS CODETANUS, au Transtevère, dans lequel César, suivant Suétone, fit creuser un lac et livrer un combat naval. Il y avait le grand et le petit *Codetanus*, l'un et l'autre sur la rive droite du Tibre, non loin des jardins de César. Enfin, nous voyons cité par les Régionnaires, le CAMPUS BRUTIANUS, habité sans doute par ces Brutiens qui servaient de courriers aux magistrats publics. Il était près des deux *Codetani*, et a été quelquefois confondu avec eux.

(1) Ampère, l'*Histoire romaine à Rome*, t. II, p. 324.

VI

VOIES PRINCIPALES ET LIEUX CÉLÈBRES.

Nous avons dit, en décrivant l'enceinte de Rome, quel était le nombre des voies qui aboutissaient à ses portes. On en comptait vingt, et, avec leurs embranchements, vingt-huit. Quelques-unes de ces voies se prolongeaient dans l'intérieur de la ville, telle qu'elle fut surtout après les agrandissements d'Aurélien. Ainsi le Corso actuel n'est que l'ancienne VIA FLAMINIA et l'ancienne VIA LATA qui lui faisait suite. La *via Flaminia* était le grand chemin de la haute Italie et de l'Europe. Une autre voie, venant également du Nord, arrivait à Rome par le mont Marius et la rive droite du Tibre, qu'elle traversait sous l'hospice actuel du Saint-Esprit. Elle parcourait ensuite la portion méridionale du Champ de Mars et entrait dans la ville par une porte que nous avons indiquée à mi-distance des deux portes Flumentane et Carmentale. Cette voie, désignée quelquefois par le nom de VIA RECTA, était celle que suivaient le plus souvent les triomphateurs, ce qui lui valut, à elle et à la porte qu'elle franchissait, le nom de *Triomphales*. Les triomphes se dirigeaient de là, par le Velabre et le grand cirque, vers la *voie Sacrée;* ils traversaient ensuite le Forum et, par le *Clivus Capitolinus,* gagnaient le faîte du Capitole. On dit que la *voie Sacrée* devait son nom au traité de paix et d'alliance qui fut juré entre Romulus et Tatius; mais elle le devait aussi, si nous en croyons Ovide, aux pompes sacrées qui la parcouraient :

..... *A sacris quæ via nomen habet.*
(TRIST., l. III.)

La VOIE SACRÉE commençait au sanctuaire de Strenia, la déesse des Étrennes, qui se trouvait entre le Palatin et le Cœlius, au lieu qu'a occupé depuis l'arc de Constantin. Elle gravissait ensuite la Velia, passait devant la demeure du roi des sacrifices et suivait le côté Sud du Forum jusqu'au pied du Capitole. Une branche de la même voie suivait le côté Nord de la place.

Le CLIVUS VICTORIÆ devait son nom à un petit temple de la Victoire qui était sous la Velia. Il conduisait de la porte Romaine, qui en occupait la partie inférieure, au sommet du Palatin.

La SUBURA fut célèbre dès les premiers temps. Elle est, en effet, nommée parmi les lieux où s'accomplissaient les sacrifices du *Septimontium.* Sa position nous est indiquée par l'église de Sainte-Agathe *in Subura.* Elle partait donc de la base de l'Oppius et se dirigeait vers les hauteurs voisines. Nous savons, en effet, par Martial, qu'elle était très-montueuse.

Alta Suburrani vincenda est semita clivi [1].

Puis, il ajoute : « Ses pavés sales ne peuvent jamais être franchis à pied sec. A peine y peut-on échapper aux longues files de mulets traînant, à force de cordes, des quartiers de marbre. » Cette voie, humide, ardue, encombrée et retentissante de cris, *clamosa,* était, en outre, une des plus mal famées de Rome. Martial, qui s'y connaissait, ne tarit pas dans ses épigrammes sur les *obscènes créatures* de la Subura [2]. C'était le quartier des tondeuses, *tonstrix,* car le métier de coiffeur était quelquefois exercé par des femmes [3], le quartier des marchands de fard et de drogues, chez lesquels, suivant Martial, on se faisait pour le jour un visage postiche qui ne dormait pas avec vous [4]. C'était le quartier des marchands de comestibles; mais ce fut aussi le quartier de Caïus Gracchus et de César. Peut-être ne fut-ce pas sans intention que ces deux hommes, qui visaient à la popularité, vinrent habiter un quartier populaire.

Entre la Subura et la voie Sacrée était le quartier élégant des Carines, la demeure des financiers, des riches bourgeois, et, par sa proximité du Forum, des jurisconsultes. Les CARINES étaient sur les pentes de l'Oppius, du côté du Cœlius, *et cum Cœlio conjunctœ Carinœ,* dit Varron. La petite église de Sainte-Marie *in Carinis* en conserve encore le souvenir. Virgile a peint ce quartier en deux mots, *lautis Carinis,* les brillantes Carines.

La VIA SCELERATA devait son nom au crime de Tullie poussant ses chevaux épouvantés, *consternatos equos,* dit Tite-Live, sur le cadavre de Servius, son père. « Le Superbe a ravi le sceptre à celui dont il était le gendre, écrivait Ovide. Servius, tué au pied des Esquilies, sur lesquelles était son palais, tomba sanglant sur une terre dure. Cependant, sa fille, montée sur un char, s'en allait, haute et fière, à travers les rues, vers les pénates paternels. Or, comme son cocher, apercevant le cadavre,

[1] L. V, *Ép.* 22. — [2] L. XI, *Ép.* 61. et XII, 18.
[3] Ainsi Martial, l. II, *Ép.* 17, parle d'une *tonstrix* qui demeurait, dit-il, à l'entrée de la *Subura,* et il ajoute : « Là où pendent les fouets ensanglantés du bourreau. »
[4] L. IX, *Ép.* 38.

arrêtait ses chevaux en versant des larmes, elle le reprit vivement : — Avanceras-tu, lui dit-elle, ou compterais-tu, par hasard, obtenir une récompense pour ta pitié? Marche! dusses-tu faire passer les roues, malgré elles, sur sa tête. »

Duc, inquam, invitas ipsa per ora rotas [1].

« Et il y a, poursuit le poëte, un témoignage certain du fait; car c'est de là que le *vicus Sceleratus* a pris son nom; le crime reste ainsi marqué d'une note éternelle! »

Nibby croit reconnaître la voie *Scélérate* dans la rue actuelle de Saint-François-de-Paule, et c'est cette opinion qui a prévalu jusqu'à présent, dans le monde des ciceroni. Mais Tullie se rendait au palais paternel, qui était sur le Cispius (Sainte-Marie-Majeure), et, en prenant la direction de Saint-François-de-Paule, bâti sur l'Oppius, elle s'en fût évidemment détournée. Aussi Canina voit-il, par ce motif, le *vicus Sceleratus* dans la rue actuelle de Sainte-Marie-des-Monts. Ampère le place plus loin et au pied même de l'Esquilin, *sub Esquiliis*, comme dit Ovide. Suivant lui, Tullie, venant du Forum et se rendant vers l'emplacement actuel de Sainte-Marie-Majeure, devait prendre la direction de la *via Urbana*, qui aurait été le *vicus Ciprius* de Tite-Live. On sait que c'est à l'extrémité de ce *vicus*, et au moment où Servius allait monter, par le *clivus Virbius*, à son palais, qu'il avait été tué. Si l'on suit la *via Urbana*, on se trouve, en effet, entre le Viminal et l'Esquilin, et, si l'on prend à droite la rue de Sainte-Marie-Majeure, on arrive précisément au sommet du mont, vers lequel conduisait le *clivus Virbius*. Ce serait donc à la rencontre des voies *Urbana* et *Santa-Maria-Maggiore* qu'aurait eu lieu cette scène tragique.

Le *vicus Tuscus*, ou quartier étrusque, servait de communication entre le Forum et le Velabre. Horace, mettant en scène le débauché Nomentanus, nous le représente mandant solennellement, un matin, le pêcheur, le fruitier, l'oiseleur, le parfumeur, tous les misérables du *vicus Tuscus :*

Tusci turba impia vici [2].

Qu'était-ce que ces misérables, que cette tourbe *impie*, pour parler comme Horace? Les commentateurs répondent : C'étaient les pourvoyeurs de débauche, *lenones*, qui abondaient en ce quartier. Plaute dit, de son côté : C'est au *vicus Tuscus* que sont les hommes qui se vendent :

Ibi sunt homines qui ipsi se venditant [3].

Enfin, le *vicus Tuscus* était le quartier des riches magasins. Martial, se plaignant des exigences de sa maîtresse, note qu'en fait de soieries, elle n'en veut que du *vicus Tuscus* [4]. C'était évidemment une sorte de bazar où tout avait son prix, toutes les denrées et toutes les hontes. On y voyait la statue d'un dieu étrusque, de Vertumne. Ce même quartier était aussi appelé *vicus Thurarius*, mot qu'expliquent naturellement les marchands de parfums qui l'habitaient.

Tout près du *vicus Tuscus* était le *vicus Jugarius*, qui s'étendait du Forum à la porte Carmentale, en côtoyant le pied du mont Tarpéien. Il devait son nom à un temple de Junon, *Juga*, la déesse du joug, c'est-à-dire du mariage. On voyait, dans ce quartier, un temple d'Ops et de Saturne, et une place célèbre sous le nom d'Æquimelium. Elle rappelait cette maison de Spurius Mœlius, qui fut rasée comme infâme après le meurtre, en plein Forum, de son propriétaire. La générosité de Mœlius, dans un temps de cruelle famine, l'avait rendu populaire; ce fut là surtout son crime.

Le VELABRE séparait le Palatin du Tibre et du Capitole. Au Nord même, il s'étendait jusqu'au pied du Quirinal. C'était une vallée basse, fréquemment inondée par le fleuve, et dont la position en entonnoir, au pied de quatre collines, avait fait un marais fangeux. A en croire Properce, le nautonnier y naviguait quelquefois à la voile, au milieu de la ville.

Nauta per urbanas velificabat aquas [5].

Ce serait même de ces voiles du nautonnier que serait venu le nom de *Velabre*. Ovide ne nous fait pas un plus brillant tableau de ce quartier qui devint ensuite l'un des plus beaux de Rome. « Là où sont maintenant des forums, fait-il dire à une vieille dans ses *Fastes*, fut d'abord un marécage où l'on ne pouvait passer que pieds déchaux, et le Velabre, traversé aujourd'hui par les pompes solennelles qui vont au cirque, n'était peuplé que de roseaux et de saules [6]. »

Le grand égout de Tarquin, *cloaca Maxima*, fut une première et énergique tentative de desséchement; le terrain fut ensuite exhaussé et la terre devint solide et sèche, dit Ovide, *solida siccaque*.

Le Velabre était un des quartiers les plus populeux de Rome. Aussi formait-il un vaste marché où l'on trouvait tout ce qui était nécessaire à la vie, même la plus délicieuse, *ubi prostabant omnia quæ ad victus rationem et delicias pertinebant* [7]. On y voyait une statue d'Apollon, une d'Hercule couronné d'olivier et un grand nombre de monuments.

L'ARGILETUM était le quartier des savetiers, d'après ce que nous dit Martial; mais nous savons également par lui que c'était aussi le quartier des libraires. « Tu aimes donc mieux, petit livre, t'en aller aux boutiques d'Argilète que de rester sur mes

(1) Ovid., *Fast.*, VI, v. 608. — (2) *Sat.* III, v. 228, l. II. — (3) *Curcull.*, Act. IV, Sc. Ire. — (4) *Ep.*, l. XI, 7.
(5) Elég. V, 9, 6. — (6) *Fast.* VI, v. 405. — (7) *Scol. cruq.*, in Horatio, *Satir.*

rayons, » dit-il au fruit de ses œuvres, dans une de ses Épigrammes [1]. Dans une autre, il nomme même son libraire : « Vous êtes un habitué de l'Argilète, dit-il à Lupercus. Or, près du Forum de César se trouve une boutique dont la devanture est toute couverte de titres d'ouvrages, de sorte qu'on y lit, d'un coup d'œil, les noms de tous les poètes. Demandez-moi là, en vous adressant à Attrectus; c'est le nom du libraire. Du premier ou du second casier, il tirera un Martial, poli à la pierre ponce et orné de pourpre. Le prix est de cinq deniers. — C'est trop cher, dites-vous; vous avez raison, Lupercus [2]. »

Mais où était l'*Argiletum* ou *Argi letum?* comme écrit Martial. Deux textes de ce poète nous l'indiquent. Le premier, que nous avons cité, place l'Argilète près du Forum de César. Le second met l'entrée de la Subura, ce qu'il appelle les *gorges* de la Subura, dans le quartier de l'Argilète [3].

Beaucoup d'autres quartiers sont indiqués par les Régionnaires, le vicus SANDALARIUS entre autres, où fut placé par Auguste l'Apollon *aux sandales;* mais il nous suffit d'avoir indiqué les plus célèbres. Après avoir décrit les lieux, tâchons maintenant de décrire les monuments.

VII

TEMPLES.

Chez les Romains, on appelait *templum* un lieu auguré, c'est-à-dire orienté et consacré par les Augures. Les édifices religieux ne l'étaient pas tous, et, parmi les édifices civils, il y en avait qui l'étaient. Tite-Live le dit positivement des Rostres, *Rostrisque id* (suggestum) TEMPLUM *appelatum* [4]. Il en était ainsi de la curie. Le mot de *templum* était emprunté lui-même au cérémonial de l'auguration. On désignait par ce mot un espace circonscrit que l'augure, la tête voilée, délimitait dans le ciel avec son *lituus* ou bâton recourbé, et ce n'était que par dérivation du *templum* céleste que l'édifice auguré prenait lui-même le titre de *temple* [5]. Les édifices religieux qui n'étaient pas augurés portaient les noms d'*Ædes, Ædiculæ, delubra*. Cette distinction une fois établie, nous comprendrons l'ensemble des sanctuaires romains sous une appellation commune. J'ai déjà dit que ces sanctuaires étaient sans nombre. Cette multitude seule témoignait hautement d'un sentiment, mal défini sans doute, mais profond de la divinité. Il n'était pas un souvenir de l'histoire, pas une calamité, une guerre, un succès qui ne fût marqué sur le sol par quelque édifice votif qu'avait érigé l'espoir, la crainte ou la reconnaissance, tantôt d'un consul, tantôt d'un simple citoyen, souvent de l'État. Romulus, voyant fuir son armée devant les Sabins, voue un temple à Jupiter Stator, « qui vaut autant comme dire *arresteur*, » dit Amyot. Fabius adressera, lui aussi, son vœu à Jupiter Stator, pendant la guerre contre les Samnites. Un temple de Mars est voté lors de l'invasion gauloise; les temples d'Apollon *Medicus* et d'Esculape le sont durant des maladies, toujours fréquentes à Rome; Camille et, plus tard, Opimius consacreront des temples à la Concorde, pendant ou après des dissensions civiles; Posthumius en érigera un à la Victoire; Métellus à l'Honneur et à la Vertu. Marcellus, revenu d'une expédition en Corse, après avoir failli sombrer en mer, consacrera un temple à la Tempête. Caton, qui se vantait d'avoir pris en Espagne une ville par jour, élèvera un autel à la Victoire *vierge;* Pompée à Vénus *Victorieuse;* Jules César à Vénus *Mère*, etc.

Au milieu de tout cet Olympe de convention, Vénus apparaît ici comme la mère d'Énée et des Jules, *genitrix*, comme la protectrice de Rome, la déesse triomphante qui marchait en tête des légions, *victrix;* son culte prend à Rome, ainsi que le fait remarquer Ampère, un caractère patriotique et sérieux qu'en Grèce il n'avait pas. On dirait la Vénus d'avant Praxitèle, vêtue encore, conservant encore la dignité unie à la grâce. Parfois même les Romains faisaient d'elle la déesse de la Pudeur. Ainsi, trois vestales ayant violé leurs vœux, on se hâta de bâtir, près de la porte Colline, un temple à Vénus *Verticordia*, qui *tourne les cœurs,* pour obtenir qu'elle ramenât à la chasteté les cœurs dévoyés des jeunes filles.

Saint Augustin s'est moqué avec justesse et avec esprit du vocable de *Cloacine* donné à une Vénus dont nous avons rencontré l'autel au Forum, vocable qui rappelait si bien le mot de *cloaque* et faisait d'une déesse un agent de purification à la manière des égouts. Et cependant c'était cette idée de purification qu'on avait voulu rendre; on avait voulu rappeler que cet autel avait été élevé par Tatius sur le lieu où les Romains et les Sabins s'étaient purifiés avec des branches de myrte imbibées d'eau lustrale, après l'accord fait entre eux.

---

(1) *Ép.*, l. I, 4.

(2) *Ép.*, l. I, 118. — Martial cite ailleurs le libraire Tryphon, chez lequel on peut également trouver ses œuvres. L. IV, *Ép.* 27.

(3) L. I, *Ép.* 118. — L'Argiletum ne se prolongeait-il pas, lui aussi, comme le Velabre, jusqu'au Tibre? On serait tenté de le croire en voyant Servius placer le théâtre de Marcellus dans la partie inférieure de l'Argilète, *imum Argiletum*.

(4) L. VIII. c. 12. — (5) Voir Ampère, *Histoire romaine civile à Rome*, t. I⁰, p. 375, 477, et II, 60.

Ailleurs ce culte de Vénus était associé au culte de Rome (temple de *Vénus et Rome*, sur la voie Sacrée); ailleurs à celui de la Mort. Il y avait, en effet, sur l'Esquilin, un temple de Vénus *Libitine*, où Vénus était adorée comme la déesse de la Mort et des funérailles. C'était dans ce temple que les jeunes filles allaient déposer les poupées de leur enfance, premier adieu que consolaient du moins la demande et l'espoir d'un heureux mariage.

Veneri donata a virgine pupæ [1].

Rien dans tout ceci assurément ne rappelle le culte effréné d'Amathonte. La religion de Rome était orgueilleuse, superstitieuse, fataliste; mais elle n'était pas efféminée ou, du moins, elle fut longtemps avant de l'être. Lorsqu'on va au fond des religions païennes, on y trouve toujours deux choses, le culte de la vie et le culte de la mort. Le culte de la vie s'exprime par des images et des pratiques obscènes; le culte de la Mort par des sacrifices sanglants aux divinités infernales dont on se propose d'apaiser la colère, et pour ces sacrifices on choisit les plus nobles victimes, les victimes humaines. Tel est le fond du paganisme partout, à Rome comme en Grèce, dans le nouveau monde comme dans l'ancien; mais les mœurs tempéraient quelquefois, sinon la doctrine elle-même, du moins l'expression de la doctrine, et, sous ce rapport, Rome offrit longtemps une physionomie à part dans l'antiquité. On trouvait des cultes obscènes à bien peu de distance de ses murs, à Lavinium particulièrement, où les avaient laissés les Pélasges; mais à Rome, que les Pélasges avaient également habitée, à laquelle même ils avaient donné le nom qu'elle devait rendre illustre, si l'on en voit des traces, elles y sont du moins peu nombreuses [2] avant l'introduction des mystères; et ces mystères eux-mêmes, mystères de Cérès, mystères de la Bonne Déesse, mystères de Bacchus, restèrent d'abord comme une honte profonde mais cachée. C'est à ce culte de la Vie et de la Mort qu'appartenait Vénus Libitine; elle en était la personnification poétique et réservée. Quant à la corruption toute nue, on la trouvait aussi, mais ce fut dans les jeux du cirque, dans les mystères importés de la Grèce, dans le temple d'Isis, divinité égyptienne, *Isiacæ lenæ*, comme dit Juvénal. Non-seulement la corruption s'y trouvait, mais elle faisait en quelque sorte partie de la donnée religieuse; on rendait hommage, disait-on, au principe de la Vie, à la fécondité de la nature, au grand Pan ou à l'âme universelle. — Tout ceci se rapporte au monde, écrivait Varron et écrivent aujourd'hui encore certains savants de l'école de Varron. — Dites donc à l'immonde, répondait saint Augustin : *Videatne potius ad immundum* [3].

Ainsi une jeune fille, une matrone pouvaient être chastes dans leurs maisons, et elles ne pouvaient pas toujours l'être dans le temple.

Ce qui frappe le plus dans la religion romaine, c'est une contradiction permanente entre l'action avouée de la Providence, que l'on adore sous une multitude de noms différents, et une sorte de fatalisme qui s'adresse à la *Fortune* et qui domine tout. Saint Augustin s'est plu à énumérer les petits dieux de Rome. On ne peut entrer dans tous les détails qu'il nous révèle; mais ce qu'on peut dire c'est qu'il n'était pas une fonction de la vie, pas une affection de l'esprit ou du corps, pas une partie de la maison qui n'eût le sien. Tantôt c'était un dieu propice dont on invoquait le secours, l'Intelligence, l'Espérance, la Fidélité, presque toutes les qualités morales, soit sous des noms d'emprunt, soit sous leur nom propre; tantôt un dieu funeste dont on s'efforçait de détourner les coups : la Fièvre, le Mauvais Air, la Rouille, etc. D'autres, enfin, tels que la Santé, la Concorde, la Paix, le Départ, la Fuite, exprimaient les idées les plus diverses et parfois les plus complexes. Tullus Hostilius ne voua-t-il pas, à la suite du combat où il fut victorieux, malgré la trahison de Mettus Fufetius, un temple à la *Pâleur* et à la *Peur*?

A cette fourmilière de dieux familiers, les seuls, suivant Ampère, « qui appartenaient en propre aux Romains et qui convenaient merveilleusement, dit-il, au caractère pratique et prosaïque de ce peuple, » venaient se joindre les divinités des diverses races qui occupèrent le sol avec eux ou qui l'avaient occupé avant eux : les dieux indigènes du Latium, Saturne, Faune, etc.; puis la grande mythologie pélasge et grecque; les dieux sabins et étrusques, Janus, Vanilia, Juventa, Consus, Vertumne, Volupia, la déesse du plaisir, dont l'autel était inséparable de celui d'Angerona, la déesse de la douleur. Nommons encore Sancus Fidius; Summanus, le dieu des foudres nocturnes, et Feronia, la patronne des esclaves, qui ne les patronait guère. Vinrent enfin les dieux de l'Égypte et de l'Asie, Isis, Serapis, Astarté, contre lesquels Rome lutta d'abord énergiquement mais par lesquels elle fut envahie, malgré Cicéron et malgré les Augures. En conquérant l'univers, Rome avait, sans s'en apercevoir, ouvert la porte du Capitole à tous les Dieux [4].

Perse se moque des prières qui se murmuraient souvent dans les temples. « Il n'est pas facile à tous, dit-il, de s'interdire, aux pieds du dieu, des prières sourdes et de montrer ses vœux à découvert. Un bon esprit, une bonne réputation, des sentiments d'honneur, voilà ce que l'on demande tout haut, pour être entendu des assistants; mais, en soi-même, sous sa langue, *sub linguá :* — Oh! si je voyais sortir les belles funérailles de mon oncle! Oh! si, par la grâce d'Hercule, j'entendais résonner sous

[1] Perse, *Sat. II*, v. 70.
[2] Parmi ces traces dont Ampère a tenu trop peu de compte, il signale lui-même le culte obscène de Mutinus sur la Velia, et celui de Tutunus sur la voie Appienne.
[3] *De Civit. Dei*, l. VII, 26.
[4] Sur ce vaste et important sujet, voir les deux admirables ouvrages de notre ami, M. de Champagny, les *Césars* et les *Antonins*.

mon rateau, une cruche pleine d'argent! Plaise aux Dieux que ce mineur dont je suis l'héritier immédiat obtienne bientôt son congé! il est si malsain! il regorge de bile! Heureux Nérius, qui en est à sa troisième femme!... Et l'on crie : O Jupiter! bon Jupiter [1]! »

On conçoit qu'avec Jupiter, tel que nous le représente la mythologie, et fût-il même l'âme du monde, il ne pouvait y avoir de demande indiscrète.

Le peuple romain n'en était pas moins, en définitive, un peuple croyant et priant; mais ce qui étonne, c'est que la divinité à laquelle il adressait le plus volontiers et le plus souvent ses prières, ce n'était ni Jupiter *très-grand et très-bon*, bien qu'il l'adorât sous tous les titres possibles : *conservateur, défenseur, arbitre, gardien, tonnant*, etc.; pas même Mars et Bellone, divinités guerrières que l'on aurait pu croire préférablement honorées par un peuple conquérant; pas même Janus, dont le temple solennellement ouvert ou solennellement fermé était l'indice des grandes décisions de Rome; pas même Vénus, que César proclamait sa *mère*, mais la Fortune, puissance aveugle et capricieuse, sous laquelle se cachait non plus la Providence, mais le hasard. Il y avait une douzaine de temples dédiés à Jupiter, à peu près le même nombre à Vénus, six ou sept à Mars, et il y en avait plus de vingt-cinq à la Fortune. Salluste la proclamait la maîtresse du monde, *in omni re dominatur*, et il ajoutait qu'elle faisait tout par caprice plutôt que par raison; *ex libidine magis quam ex vero celebrat obscuratque*. Sylla avait toujours avec lui une statuette de la Fortune, et l'histoire a redit les tendres supplications qu'il lui adressa lorsqu'il se vit un instant repoussé au combat de la porte Colline. Chaque ordre, chaque famille, chaque légion avait sa Fortune particulière. Celle des empereurs était d'or. Antonin le Pieux, se sentant mourir, « fit porter chez Marc-Aurèle, dit Capitolin, la statue d'or de la Fortune qui est toujours dans la chambre à coucher des empereurs. »

Et, en outre de ces Fortunes domestiques que l'on pouvait prier chez soi, il y avait des Fortunes de tous les vocables pour les occasions solennelles où l'on tenait à prier dans les temples. Il y avait la Fortune *barbue*, à laquelle les jeunes gens dédiaient leur première barbe; la Fortune *vierge*, à laquelle les nouvelles mariées offraient leur ceinture de jeune fille; il y avait la *petite* Fortune, la *courte*, la *bonne*, la *douteuse*, la Fortune *mulièbre*, la Fortune *virile*, qui était surtout honorée par les femmes. Elles la fêtaient en s'enfermant dans une étuve, s'y dépouillant de tout vêtement et brûlant de l'encens en l'honneur de la déesse pour obtenir d'elle qu'elle ne laissât pas voir à leurs maris les imperfections de leur beauté. « Apaisez-la par vos prières, dit Ovide; car c'est elle qui est la gardienne de la beauté, des mœurs et de la bonne renommée [2], » précieux trésor qui était en de bonnes mains !

Il y avait encore la Fortune *complaisante*, la Fortune *tenace*, la Fortune *engluée*, et, pour couronner le tout, le hasard de la Fortune, *Fors Fortuna*. C'était Servius Tullius qui l'avait, le premier, disait-on, adorée sous ce titre.

Et maintenant, après avoir jeté un coup d'œil sur le culte, considérons le temple lui-même; après avoir sondé la pensée, étudions l'art.

Le principal ornement de Rome lui venait incontestablement de ses édifices religieux. Ils y étaient tellement multipliés que la ville entière semblait un temple à Cinéas. On peut se convaincre aujourd'hui encore de cette multitude par la simple énumération des temples et des chapelles (*ædiculæ*) qui couvraient le mont Capitolin, dont la circonférence, nous l'avons dit, n'était que de 1,300 mètres. Nardini en comptait jusqu'à soixante autour du temple de Jupiter. Souvent, il est vrai, ce n'étaient que de charmants édicules, comme celui qui existe encore, au bord du Tibre, sous le nom de temple de Vesta. Ainsi, le sanctuaire de Jupiter *Férétrien* n'avait que 15 pieds de long, et c'était un sanctuaire superbe, dit Properce, *Ara Superba*. Deux monuments parfaitement conservés, le temple de la Fortune *virile* et le Panthéon d'Agrippa, peuvent nous donner une idée des édifices plus considérables. Le temple de la Fortune ne dépasse pas 100 pieds sur 50, et le diamètre du Panthéon n'est que de 132, à peu près comme celui du dôme de Saint-Pierre; et cependant le Panthéon était l'un des plus magnifiques sanctuaires de Rome.

Comparés à nos églises, les temples romains seraient donc loin de pouvoir rivaliser, soit pour l'étendue, soit pour la hauteur, c'est-à-dire pour ce qui frappe et élève le plus l'imagination, ce qui lui imprime le mieux la pensée de l'infini. Quelque admirable que soit le Panthéon, son immense rotonde pèse lourdement sur la terre, tandis que les coupoles de Rome moderne semblent graviter vers les cieux. Une autre différence capitale, c'est que nos églises sont toujours ouvertes, tandis que les temples anciens étaient habituellement fermés. On les ouvrait pour une pratique religieuse, pour un sacrifice, pour un festin; mais l'ouverture de tous les temples à la fois n'avait lieu que dans les grandes joies de la patrie. Or, on sait quel aspect triste et morne s'attache aux édifices inhabités. La beauté des temples anciens consistait donc uniquement dans l'harmonie des proportions et dans la perfection de l'art; c'était une beauté qu'ils partageaient avec les portiques, avec les basiliques, avec les thermes, avec les amphithéâtres, et encore les thermes et les amphithéâtres étaient-ils souvent beaucoup plus grandioses.

(1) *Sat.* II, v. 5. — (2) *Fast.*, l. IV, v. 135.

Le premier temple de Rome était le temple de Jupiter Capitolin; il l'était non par son antiquité, ni même peut-être par son étendue, mais parce qu'il était le sanctuaire du Dieu des Dieux, et qu'il s'élevait sur un mont réputé de tout temps la demeure de la divinité. « Vois, dit Évandre, cette colline au sommet verdoyant, un Dieu (lequel? on ne le sait), mais un Dieu y réside, *hanc collem habitat Deus* [1]. » Le temple de Jupiter ne remontait d'ailleurs qu'au premier Tarquin, et il ne fut consacré que par le consul Horatius Pulvillus, après l'expulsion des rois. « Comme on érigeait de nouveaux autels dans le Capitole, dit Ovide, tous les Dieux cédèrent la place à Jupiter; mais, suivant les anciens, le dieu Terme résista et il partage son temple avec le maître de l'Olympe [2]. » Une autre divinité, assure-t-on, refusa également de se laisser mettre à la porte. Ce fut la *Jeunesse*, qui ne doute de rien.

Le temple de Jupiter, de construction étrusque, était loin d'avoir la noblesse et l'élégance des monuments qui furent élevés à Rome après la conquête de la Grèce. Mais il y a plus; ses proportions, qui ne varièrent jamais, manquaient complétement d'harmonie. Denys d'Halicarnasse nous apprend, en effet, que sa longueur était d'environ 200 pieds romains et sa largeur d'à peu près 185 (64 mètres sur 59). Ce n'était donc ni un carré parfait ni un carré long nettement accusé. La façade tournée vers le Midi était formée par un portique à trois rangs de colonnes; deux rangs seulement se prolongeaient sur les côtés [3]. On peut croire, d'après les habitudes de l'architecture étrusque, que les colonnes étaient courtes et d'un fort diamètre, ce qui, joint à la grande largeur de l'édifice, devait lui donner, suivant la remarque d'Ampère, un air *écrasé* et *trapu*. Au-dessus du temple était un quadrige en terre cuite qui avait considérablement enflé dans le four, ce qui fut pris pour un présage de la future grandeur de Rome. Un autre grand présage, pour parler le langage de Pline, se rattachait à ce quadrige. Un vainqueur aux jeux de Véies, nommé Ratumenus, venait de remporter la palme dans la lutte des chars, lorsque, emporté par ses chevaux, il arrive malgré lui à Rome où il tombe renversé et meurt; mais son attelage n'en poursuit pas moins sa course comme s'il était conduit par une main habile et il ne s'arrête qu'à la vue du quadrige du Capitole. Ce fut alors que le nom de *Ratumena* fut donné à la porte qui s'ouvrait dans la direction de Véies.

Le temple construit par Tarquin était dédié à Jupiter, Junon et Minerve. Aussi comprenait-il intérieurement trois *cellæ* et trois nefs auxquelles répondaient les trois portes de la façade. Ces nefs étaient séparées par des piliers de briques blanchis. La *cella* de Jupiter occupait le fond de la nef centrale; la *cella* de Junon était à gauche, et celle de Minerve à droite. Tite-Live nous apprend que chaque année on enfonçait un clou dans cette dernière pour marquer l'année écoulée, parce qu'en ce temps, dit-il, les lettres étaient rares et que l'invention des nombres était due à Minerve.

Tel fut le temple de Jupiter Capitolin jusqu'aux derniers temps de la République. On y voyait toujours l'édicule de la *Jeunesse* dans le vestibule de Minerve, et, près du mur, celui du dieu Terme, avec sa voûte ouverte, afin de n'avoir au-dessus de lui que le ciel [4]. C'est au temple de Jupiter que les triomphateurs montaient solennellement après leurs victoires. Scipion ne se borna pas à y monter, il fit placer sa statue dans la *cella* du Dieu.

Ce sanctuaire vénéré fut incendié l'an 425 de la République, et Sylla le reconstruisit avec luxe. Les dimensions, toutefois, restèrent les mêmes; mais les piliers de briques furent remplacés par des colonnes de marbre apportées du temple de Jupiter Olympien. La toiture fut formée de tuiles d'airain que fit dorer Catulus, le vainqueur des Cimbres. Un quadrige de bronze doré, remplaça, en même temps, le quadrige de terre cuite. Le feu avait pris au temple par les aigles en vieux bois qui soutenaient la charpente; on leur substitua des aigles de bronze doré. Les ornements, les architraves, les portes de bronze resplendirent, comme tout le reste, de l'éclat de l'or. Ces portes étaient ornées de reliefs. Ajoutons qu'un grand nombre de statues firent cortége, sur le faîte, à celle de Jupiter. Dans la *cella*, l'image du dieu avait été originairement d'argile. « Aucun or, dit Juvénal, n'avait encore violé l'argile de Jupiter. » Et Ovide ajoute : « La foudre que tenait sa droite était également d'argile. » Mais l'or envahit tout, et les décemvirs décrétérent à Jupiter un foudre d'or; puis, après l'incendie, la statue elle-même fut d'or, et les statues de Junon et de Minerve furent d'argent.

Un second incendie, sous Vitellius, et un troisième, sous Tite, occasionnèrent des restaurations chaque fois plus splendides. « Tout étincelait d'or et d'argent ou plutôt tout en était souillé, *polluebatur*, dit Pline, et les statues des plus mauvais princes y profanaient le temple, mêlées aux statues des Dieux [5]. » Parlerons-nous maintenant des richesses sans nombre comme sans prix qui y étaient entassées : vases des plus célèbres artistes, pierres précieuses, or en lingots et or ouvré, étoffes et peintures admirables, dons du Sénat, des magistrats, des triomphateurs ou même souvent de villes et de princes éloignés. Auguste donna, à une seule fois, seize mille livres pesant d'or et des perles, des joyaux pour une valeur de 50 millions de sesterces (10 millions de francs) [6]. On y voyait une couronne du poids de vingt-cinq livres offerte par les Carthaginois; une autre de deux cent quarante-six livres, par le roi Attale; une de cent par Philippe de Macédoine; une de cinquante par les habitants

<hr>

(1) Virg., *Æneid.*, l. VIII, v. 351. — (2) *Fast.*, l. II, v. 667.
(3) C'est le chiffre donné par Denys d'Halicarnasse. Ampère croit néanmoins qu'il n'y avait qu'un seul rang. Il suit, en cela, la leçon du manuscrit Chigi.
(4) *Fast.*, l. II, v. 671. — (5) Panégyrique de Trajan. — (6) Suétone, *in Aug.*, c. XXX.

d'Alabanda; une de quatre-vingts par les habitants de Lampsaque; puis une Victoire d'or donnée par Hiéron de Syracuse, une vigne d'or de cinq cents talents par Aristobule de Judée, etc., etc.

Telles étaient les offrandes; quant aux victimes, c'étaient le plus souvent des brebis. Au mois d'avril toutefois on sacrifiait trente vaches pleines dont les veaux étaient exposés au feu par la vierge la plus âgée. Le sol sacré était rouge de sang, dit Ovide : *largo sparsa cruore madet* [1].

Les triomphateurs avaient coutume de sacrifier un bœuf. On sait que, pour obtenir le triomphe, ils avaient dû prouver antérieurement qu'ils avaient tué au moins cinq mille ennemis. Représentons-nous maintenant la pompe triomphale. Le temple de Jupiter occupait celle des cimes du Capitole que couronne aujourd'hui l'église d'*Ara Cœli*; mais la direction était différente. J'ai dit, en effet, que la façade était tournée vers le Midi, suivant les prescriptions augurales, et Denys d'Halicarnasse nous apprend qu'elle dominait le Forum. On comprend l'impression qu'à cette hauteur de plus de cent pieds, le portique, le quadrige, les statues et les tuiles dorées devaient produire sur la foule encombrant la voie Sacrée et se pressant autour des Rostres. La pompe triomphale se déroulait sur le *Clivus Capitolinus*, montée en pente douce que pouvait franchir le char du triomphateur. Au moment où elle passait devant le temple de Saturne, les *confecteurs* entraînaient en prison ou à la mort le chef des ennemis vaincus. Jugurtha fut jeté nu dans les humides profondeurs du *Tullianum*, et on l'y laissa mourir de faim; Simon, fils de Gioras, fut mis à mort après avoir été battu de verges en plein Forum. L'exécution était annoncée par les mots célèbres : *Actum est*, « c'est fait, » qu'accueillaient les applaudissements de la foule, et le triomphateur, montant les degrés du Capitole, allait déposer sa couronne sur les genoux de Jupiter. César monta les degrés à genoux [2].

Ensuite avait lieu le sacrifice, puis un festin dans le temple lui-même ou, plus souvent, sous le portique du temple [3].

Le temple du Capitole était du petit nombre de ceux où il était permis aux hommes de passer la nuit. « Si les parjures veulent coucher avec Jupiter, disait insolemment Plaute, ils n'ont qu'à monter au Capitole [4]. »

Parmi les temples qui faisaient cortége au temple de Jupiter Capitolin, nous citerons particulièrement ceux de Jupiter *Férétrien*, de Jupiter *conservateur*, de Vejovis, le Jupiter enfant, de Junon *Moneta*, de Vénus *chauve*, de l'Intelligence, *mens*, de la Bonne Foi, *Fides*, de la Concorde, de la Fortune, etc.

Le temple de JUPITER FÉRÉTRIEN avait été fondé, disait-on, par Romulus pour recevoir les dépouilles du roi Acron. On l'appelait Férétrien, de *ferire*, frapper. Tout général qui frappait à mort le chef des ennemis y apportait ses dépouilles.

Le temple de JUPITER GARDIEN remontait beaucoup moins haut. C'était une œuvre pie de Domitien qui, s'étant caché en ce lieu lors des troubles dont fut suivie la mort de Vitellius, y érigea à Jupiter une petite chapelle et un autel de marbre sur lequel il fit graver son aventure. Parvenu plus tard à l'empire il consacra à Jupiter Gardien un temple superbe, *templum ingens*, où il se plaça lui-même entre les bras du dieu [5]. Ce temple devait être sur l'emplacement actuel du palais des conservateurs.

Ovide place entre les deux bois de l'*Asyle*, le temple de VEJOVIS.

Celui de JUNON MONETA occupait la cime méridionale du mont dont la cime septentrionale était couronnée par le temple de Jupiter. Ce nom de *Moneta* venait, au dire de Cicéron, du verbe *monere*, avertir, parce qu'on prétendait avoir entendu, lors d'un tremblement de terre, la voix de la déesse retentir du haut de la citadelle. Ne serait-ce pas plutôt le cri des oies du temple de Junon, lors de l'escalade nocturne des Gaulois, qu'on aurait voulu rappeler comme un avertissement céleste? Canina place le temple de Junon *Moneta* au lieu qu'occupe le palais Caffarelli, sur la roche Tarpéienne. C'était sans doute sous les portiques dorés de ce temple qu'était conservée l'oie d'argent dont parle Virgile :

> ... *Auratis volitans argenteus anser*
> *Porticibus* [6].

Mais si l'oie était en honneur à Rome, le chien, par la même raison, ne l'était pas. Dans les festins on l'appréciait par gourmandise, nous dit Pline, mais dans les temples on le pendait par religion. Ainsi, chaque année, des chiens étaient pendus à une fourche, entre le temple de Summanus et celui de la Jeunesse, en souvenir des Gaulois et du Capitole.

Le temple de VÉNUS CHAUVE se liait, lui aussi, au souvenir de l'invasion gauloise; il rappelait la calvitie patriotique des femmes romaines qui se dépouillèrent de leurs cheveux pour en faire des cordages et engins de guerre.

Le temple de la BONNE-FOI reconnaissait pour fondateur le pieux Numa. « Nos ancêtres ont voulu, disait Caton, que la bonne foi siégeât au Capitole près du très-grand et très-bon Jupiter. » On voyait dans son temple une statue de vieillard enseignant un enfant au son de la lyre. Cette statue était celle d'Aristide de Thèbes.

---

(1) Ovide, *Fast.*, l. IV, v. 636. — (2) Dion Cassius, *in Cæs.*
(3) Le temple était entouré d'une place ou *Area*, dont l'étendue était de huit plèthres, environ 76 ares.
(4) Plaute, *in Curcul.* — (5) Tacit., *Hist.* l. III, 74. — (6) *Æneid.*, l. VIII, v. 655.

Le temple de la Concorde fut fondé par Camille pour consacrer l'accord qui intervint entre les patriciens et les plébéiens après la première grande conquête plébéienne. Ovide précise sa position près du temple de Junon Moneta.

Qua fert sublimes alta Moneta gradus [1].

On ne peut dès lors le confondre avec le temple de la Concorde que nous avons indiqué sur le Vulcanal.

Si maintenant nous descendons du Capitole, nous rencontrons sur la pente un temple de la Fortune et le temple de Jupiter Tonnant, érigé par Auguste en souvenir d'un danger qu'il avait couru chez les Cantabres. La foudre avait sillonné sa litière et tué l'esclave qui le précédait, sans lui faire aucun mal à lui-même. « Auguste, dit Suétone, était très-assidu dans ce temple. Or, un jour, il y rêva que Jupiter *Capitolin* se plaignait du voisinage de Jupiter *tonnant* qui lui enlevait ses adorateurs. Auguste lui répondit qu'il n'avait placé là Jupiter *tonnant* que pour être son portier, et, dès le lendemain, il fit garnir de sonnettes le sommet du temple comme on en garnit les portes [2]. » Charmante légende et digne du dieu ! Nous savons par une médaille d'Auguste que le temple de Jupiter tonnant était hexastyle, c'est-à-dire à six colonnes de face. Près de ce temple, et environ vers le milieu du *Clivus Capitolinus*, était le *Sterquilinium*, lieu sacré, ainsi nommé de *Stercus* (excrément, ordure), parce que, chaque année, aux calendes de juin, les ordures du couvent des Vestales (*purgamina Vestæ*) y étaient solennellement transportées pour être ensuite jetées dans le Tibre. Rien, en effet, de souillé ne pouvait rester chez ces vierges pures. Le *Sterquilinium* était fermé par la porte *Stercoraria*.

Enfin, à l'extrémité du *Clivus*, s'élevait sur un perron, au-dessus du Forum, le temple de Saturne, le plus ancien dieu du pays, dont le nom primitif, *Stercutius* ou *Sterculus*, n'était pas sans analogie avec le *Sterquilinium* et la porte *Stercoraire*. Ce nom avait été donné au dieu, parce qu'il avait fait connaître l'emploi du fumier, que l'on considérait, et que quelques écrivains considèrent encore comme le *premier pas des sociétés vers la civilisation* [3].

Le temple de Saturne avait succédé à un autel érigé, dès les premiers temps, à l'entrée de la gorge qui conduisait à la ville de Saturnia. Lui-même était peut-être le plus ancien temple de Rome. Souvent il est désigné par le nom d'*Ærarium*, parce que c'était à lui qu'était confié le trésor public, en souvenir de ce règne de Saturne qui fut l'âge de la bonne foi, l'*âge d'or*. Mais quand la République toucha à son terme, César viola audacieusement le temple de Saturne pour s'emparer des sommes qui y étaient placées sous la garde du dieu [4].

Les temples de Saturne, de Vespasien et de la Concorde, dominaient le Forum à l'Ouest; au Midi se trouvait le temple de Castor et Pollux, dont trois colonnes sont encore debout [5]. Ce temple remontait au dictateur Posthumius qui avait fait vœu de l'ériger pendant la bataille du lac Régille. Il fut réparé, vers la fin de l'ère républicaine, par Métellus le Dalmatique, reconstruit plus tard par Auguste et dédié par Tibère. Cicéron parle de lui comme d'un monument très-distingué et très-célèbre, *celeberrimo clarissimoque monumento* [6]. Dans les derniers temps de la République, il servit souvent aux réunions du Sénat et son perron fut le théâtre de scènes dramatiques dans lesquelles figurèrent César et Caton. Ce fut enfin devant le temple de Castor, près du putéal de Libon où siégeait le préteur, que Cicéron prononça la plupart de ses plaidoyers d'avocat.

Le temple de Castor était voisin de la fontaine de Juturne et contigu au cloître des Vestales, l'ancienne *Regia* de Numa. Venait ensuite le sanctuaire de Vesta, au pied du Palatin, avec son bois sacré. « On a trouvé sur l'emplacement de Sainte-Marie-Libératrice, dit Ampère, les piédestaux des statues de douze vestales [7]. » On sait que dans le temple de Vesta étaient gardés le feu sacré et le Palladium, antique statue de Pallas que l'on disait avoir été apportée de Troie. Le temple de Vesta était rond avec une coupole de bronze [8].

Pénétrons maintenant dans les trois ou quatre Forums qui s'étendaient entre le Forum romain, l'Esquilin et le Quirinal. Nous avons déjà nommé dans le Forum de César le temple de Vénus Genitrix; dans celui d'Auguste, le temple de Mars Vengeur; dans celui de Vespasien, le temple de la Paix; dans celui de Nerva, le temple de Pallas, et en face de la colonne Trajane, le temple de Trajan. Le temple de Vénus *Genitrix* était à colonnes serrées, c'est-à-dire *picnostyle*, comme celui de Jules César. César y avait associé tout naturellement la statue de Cléopâtre à celle de Vénus. Le temple de Mars Vengeur avait pour façade un portique de huit grandes colonnes corinthiennes avec péristyles latéraux formés de colonnes semblables. Au fond était une grande niche ou abside. Auguste décida que le Sénat s'assemblerait dans ce temple toutes les fois qu'il aurait à délibérer sur une guerre ou sur un triomphe. Le portique du temple de Pallas n'a été démoli que sous le pontificat de Paul V. Palladio l'avait vu et il a pu nous en conserver le dessin. Ce portique était de six colonnes de face et de trois sur les côtés, comme celui d'Antonin et Faustine, c'est-à-dire prostyle hexastyle.

---

(1) *Fast.* I, 649. — (2) *In Aug.* 91. — (3) *L'Histoire romaine écrite à Rome*, t. Ier, p. 81.
(4) Huit colonnes du temple de Saturne existant encore, nous reviendrons sur lui et sur les autres ruines du Forum, au chapitre des monuments existants.
(5) Ce sont celles que les *ciceroni* attribuent à la Græcostasis. — (6) *In Verr.* II. — (7) *L'Histoire romaine écrite à Rome*, t. Ier, p. 360.
(x) Ne pas confondre ce temple, qui était contigu au Forum, avec celui qui porte le même nom sur le bord du Tibre, ni avec Saint-Théodore, église construite sur des fondations antiques, mais en dehors des limites où fut certainement le temple de Vesta.

Le temple de la Paix n'exista que quelques jours. Construit par Vespasien avec les trésors qu'il rapportait de la Judée, il fut incendié sous Commode et resta à l'état de ruine. On a longtemps appelé de son nom les grands arcs délabrés de la basilique de Constantin dont il était proche; mais de lui-même on ne retrouve aucun vestige. Telle était cependant la splendeur de ce temple que son souvenir s'est perpétué comme de l'un des plus magnifiques monuments de Rome. On y voyait des peintures de Protogène et de Timante et une statue de basalte représentant le Nil, entouré de seize figures d'enfants.

Une petite rue se dirigeant de la voie Sacrée vers les Carines présentait, à son entrée, la chapelle des Lares, les dieux du foyer et de tous ceux qui prenaient place au foyer, même des esclaves. Les esclaves ne pouvaient prier ni Jupiter, ni Junon, ni Minerve; mais ils pouvaient prier Diane, Feronia et les Lares. Se représente-t-on aujourd'hui une église fermée aux pauvres, aux infirmes, aux travailleurs? Tels étaient cependant le principe et le droit à l'époque de la grandeur romaine.

Dans les Carines, entre le forum de Nerva et l'église actuelle de Saint-Cyr, se trouvait le temple de Tellus (*la Terre*), édifié sur l'emplacement de la maison de Spurius Cassius, le vainqueur des Volsques et des Herniques, le premier promoteur des lois agraires, mais qui paya de sa vie ses projets de réforme. D'après une tradition rapportée par Tite-Live, le père de Spurius aurait lui-même prononcé et exécuté la sentence dans sa propre demeure. La demeure fut rasée et un temple y fut élevé à la Terre qui était réputée une divinité infernale. Ce temple était rond, suivant certaines prescriptions liturgiques indiquées par Ovide et dont il nous donne la raison : c'est que la terre elle-même est ronde :

Terra pilæ similis nullo fulcimine nixa [1].

Le temple de Tellus était assez grand pour servir aux réunions du Sénat.

En ce même quartier des Carines existent encore, sous la tour des Conti, quelques débris d'un édicule périptère avec une *cella* très-étroite; il était uni à un autre petit temple par quelques arcatures; Canina désigne ces restes comme étant deux sanctuaires de Jupiter et de Laverne, la déesse des voleurs.

Les Régionnaires ont quelquefois confondu le temple de Jupiter dont nous venons de parler, avec le célèbre temple de Jupiter-Stator voué par Romulus pendant le combat qui suivit l'enlèvement des Sabines. Ce dernier temple s'élevait sur le Palatin. Ovide a clairement indiqué sa place, *ante Palatini ora jugi* [2]; et, dans ses *Tristes*, indiquant à son livre le chemin du palais impérial, il lui fait suivre la voie Sacrée : « Ici est le temple de Vesta, lui dit-il; là fut la petite demeure du vieux Numa; puis, tournant à droite, on rencontre la porte du palais; c'est là qu'est *Stator*, c'est là que fut fondée Rome. »

Le temple voté par Romulus ne fut toutefois construit que par le consul Attilius Regulus, en l'année 458; il était voisin de la demeure de Cicéron, qui réunit le Sénat dans son enceinte pour entendre sa première Catilinaire. Ce fut donc là que retentit l'exorde si souvent cité : *Quousque tandem...* Cicéron nous apprend qu'il avait muni et préparé le temple contre toute entreprise, afin que les sénateurs pussent y délibérer en sûreté, *hic munitissimus habendi senatus locus* [3].

Sur le Palatin se trouvaient également les temples d'Apollon, de Bacchus, de Cybèle, d'Auguste, de Jupiter Vainqueur, etc. Le temple d'Apollon était compris dans l'enceinte du palais impérial. Une partie de ce palais ayant été frappée de la foudre, les aruspices virent dans cet événement l'indice de la volonté du dieu d'avoir dans cet endroit une demeure, et Auguste la lui construisit. Autour du temple régnait un portique, et sous ce portique était une bibliothèque grecque et latine, que Properce, Suétone, Martial, ont tour à tour célébrée. Le portique était en outre orné de statues. « Tu demandes pourquoi j'arrive si tard, écrivait Properce; le grand César a ouvert le portique doré de Phébus, portique soutenu par des colonnes de marbre d'Afrique, entre lesquelles sont les nombreuses filles du vieux Danaüs, »

Inter quas Danai fæmina turba senis [4].

Un des plus beaux ornements de la bibliothèque était le colosse d'Apollon. Quant au temple, on y remarquait un écrin donné par Marcellus, un lustre pris par Alexandre le Grand à Thèbes, et des courtines d'or offertes par Auguste.

Auguste eut lui-même sur le Palatin un temple qui lui fut érigé par Livie et par Tibère, mais ne fut consacré que par Caligula. Ce temple nous est représenté par les médailles comme un rectangle entouré de colonnes. Il dominait le Palatin du côté du Forum. Pline, en sa qualité de naturaliste, admirait surtout dans ce temple une racine de cinnamome dont les gouttes odorantes étaient conservées sous forme de grains.

Mais le temple de Cybèle surtout éveille en nous des souvenirs. Le culte de Cybèle datait à Rome du VIe siècle de son ère. Ce fut une importation grecque, ou mieux, une conquête romaine. L'arrivée à Rome de la pierre noire tombée des cieux, qui représentait la Mère *idéenne*, la grande divinité adorée à Pessinunte, est un des événements qui ont le plus marqué dans

[1] *Fast.* L. VI. v. 269. — [2] *Fast.* L. VI, v. 794.
[3] Le temple de Jupiter *Stator* est représenté, sur la carte de Canina, comme un édifice hexastyle et périptère, près de l'église actuelle de Saint-Théodore.
[4] L. II. Eleg. 31.

l'histoire. Ai-je besoin de rappeler l'oracle de Delphes, demandant le plus homme de bien de la république pour recevoir la déesse, l'envoi de Scipion Nasica, l'échouage dans le Tibre du vaisseau portant le simulacre divin, les aruspices déclarant qu'il ne pouvait être relevé que par des mains chastes, et la vestale Claudia le traînant jusqu'au pied de l'Aventin?

La pierre noire ou, comme on disait, la *Grande Mère*, fut d'abord déposée dans le temple de la VICTOIRE [1], au pied du Palatin, puis on lui édifia un temple à elle-même, temple rond surmonté d'une coupole, à l'intérieur de laquelle étaient peintes les danses des Corybantes [2]. On s'imagine peu ce qu'étaient les danses sacrées de ces prêtres. « Ici l'interprétation manque, s'écrie saint Augustin; la raison rougit, la parole s'arrête, *deficit interpretatio, erubuit ratio, conticuit oratio* [3]. » Pendant que les prêtres dansaient et allaient laver dans l'Almon leur fer sanglant ainsi que la fameuse pierre noire elle-même, des jeux appelés mégalésiens étaient célébrés devant le temple. Plusieurs des comédies de Térence, l'*Eunuque*, l'*Andrienne*, l'*Hautontimorumenos* firent partie de ces jeux. C'était donc là, devant le temple de la Mère des dieux, que Chœrea disait à Antiphon : « Je me mis à regarder un tableau représentant Jupiter faisant tomber une pluie d'or dans le sein de Danaë; et, comme Jupiter avait justement fait ainsi le même tour que moi, j'étais enchanté. Quel dieu encore! celui qui ébranle l'Olympe du bruit de son tonnerre! Et moi, pauvre homme, *homuncio*, je serais plus sage que lui! non vraiment. J'ai suivi son exemple et de grand cœur [4]. » Tels étaient les enseignements des lettrés, des philosophes, des savants et des dieux!

Et que dirons-nous d'un autre dieu du Palatin, du dieu MUTINUS, qui avait sa chapelle sur la pente de la Velia. Mutinus était le même que Priape, et il était représenté par le même symbole obscène sur lequel on faisait asseoir les jeunes mariées; saint Augustin lui-même l'atteste : *in celebratione nuptiarum super nova nuptia sedere jubebantur* [5].

Descendons maintenant au temple de CÉRÈS, entre le Palatin et le fleuve, et nous y trouverons des leçons plus mystiques, sans être plus dignes. Le temple de Cérès était près du grand cirque, et l'on y adorait non-seulement la déesse couronnée d'épis, mais encore Bacchus, le dieu du vin, et Proserpine, la déesse de la mort. Bacchus et Proserpine étaient désignés par les noms de Liber et de Libera. C'était toujours le culte de la Vie et de la Mort, exprimés par le blé, la vigne, et, suivant le mot de Lucien, par l'épouse du triste roi de la nuit. Que les mystères de Cérès à Eleusis eussent été d'abord le refuge des âmes auxquelles répugnait le matérialisme païen, et qui cherchaient sur la vie et sur l'avenir une plus douce espérance *lœtiorem spem*, comme disait Cicéron [6]; nous sommes d'autant plus portés à le croire, que nul homme souillé n'osait, dit-on, en approcher, et que les courtisanes en étaient exclues. « Cérès a ses mystères, dit saint Augustin, où l'on cherche Proserpine enlevée par Pluton [7]. » Ne se cachait-il pas, sous cette recherche, un enseignement plus précis de l'immortalité de l'âme? peut-être; mais la théorie fut promptement étouffée par l'atmosphère corrompue des sociétés secrètes, et la pensée toujours un peu vague de l'immortalité finit par se concentrer dans le culte effréné de la vie universelle que personnifiaient les symboles les plus honteux. Le panthéisme envahit les mystères et couvrit d'une apparence de doctrine, en même temps que de l'ombre de la nuit, des abominations qui n'auraient pu supporter le jour. L'émotion fut telle, au moment où le secret de ces mystères commença à percer, qu'on voulut les traiter comme un danger public; mais on se lassa vite de lutter contre le torrent, et l'on arriva, par l'impulsion même des dieux, à ce terme si admirablement peint par Juvénal, lorsqu'il représente la luxure plus puissante que les armes, s'impatronisant à Rome, et vengeant l'univers asservi.

Sævior armis
Luxuria incubuit victumque ulciscitur orbem [8].

Les débris du temple de Cérès font partie aujourd'hui de l'église Sainte-Marie *in Cosmedin*; à un culte infâme a succédé le culte même de la pureté. On raconte qu'il était défendu de pleurer dans le temple de Cérès, ce qui cependant eût été assez naturel, aux pieds d'une déesse qui avait perdu sa fille. La défense cependant était si rigoureuse, qu'à l'approche d'Annibal les fêtes ne purent être célébrées, parce qu'on ne trouva pas, dit Valère Maxime, une matrone sans larmes; il fut alors interdit par le Sénat de pleurer plus de trente jours.

Le *Forum Boarium*, à l'extrémité duquel se trouvait le temple de Cérès, nous rappelle d'odieux souvenirs. Là furent enterrés vifs, après la bataille de Cannes, un Gaulois et une Gauloise, un Grec et une Grecque, qu'on offrait comme victimes expiatoires aux dieux. L'endroit où fut accompli cet abominable sacrifice était entouré de pierres, et sacré, dit Tite-Live, pour avoir été déjà imbibé de sang humain, *jam ante hostiis humanis... imbutum.*

Près de là était l'*Ara Maxima*, qu'Hercule, dit-on, s'érigea à lui-même, et dont M. de Rossi a parfaitement démontré l'emplacement, vers l'Est, à l'entrée du cirque. Un temple fut érigé plus tard non loin de l'autel; il était rond comme celui de *Tellus*, comme celui de la *Grande Mère*, comme tous ceux qui étaient dédiés à Vesta, et surmonté d'une coupole.

« Au temple d'Hercule, qu'on voit dans le *Forum Boarium*, n'entrent, dit Pline, ni les chiens ni les mouches [9]. »

Le culte d'Hercule était plus ancien que Rome, ainsi que le prouve la fable de Cacus; mais nul dieu ne dut mieux convenir

(1) Petit temple, sous la Velia. — (2) Martial. L. I. Ep. 71. — (3) De Civ. Dei. L. VII, 26. — (4) Eunuch. Act. III. Sc. 5. (5) De Civit. Dei. L. VII, 14. — (6) Cicer. De Legib., II, 14. — (7) De Civit. Dei. L. VI, 7. — (8) Sat. VI, 292. — (9) Hist. nat., L. X. c. 29.

au caractère romain que cette héroïque personnification de la force. Son culte avait à Rome des rites particuliers. Les sacrifices s'y faisaient tête nue, ce qui était une coutume grecque; les repas sacrés s'y prenaient assis, et non pas couchés suivant la coutume; enfin les femmes étaient exclues des cérémonies, qui avaient cependant pour but d'honorer l'amour d'Omphale; elles en étaient exclues, parce qu'autrefois, disait-on, Hercule avait quitté l'Italie, dévoré de soif, sans avoir obtenu un verre d'eau d'aucune d'elles.

L'*Ara Maxima* rappelait la victoire du demi-dieu sur Cacus, qui, nous le savons, lui avait volé ses taureaux. Ceux que ces pieux souvenirs intéressent peuvent suivre le drame entier, l'histoire ancienne à la main. On leur montrera même l'antre de Cacus [1]. Est-il bien authentique? Ampère en doute; il le voudrait sur l'Aventin et non au pied de l'Aventin. Suivant lui l'antre célèbre était parmi les rochers de Sainte-Sabine. Cherchons-le de préférence dans Virgile et dans Ovide : il n'est plus que là.

L'Aventin, nous l'avons dit, était célèbre par ses temples. Les premiers qu'on rencontrait en venant du Palatin étaient le temple de la Lune, au pied du mont, puis celui de Diane au faîte. Le temple de DIANE fut construit par Servius Tullius, aux frais communs des cités latines, et reconstruit par Lucius Cornificius, sous le règne d'Auguste. Ce temple dominait le grand cirque, ainsi que le constatent les vers de Martial, qui le placent près de la demeure de Sura, d'où l'on pouvait voir de près, *propiùs*, les combats de l'arène [2]. Le vestibule du temple était orné de cornes de bœuf gigantesques, qui rappelaient un souvenir cher au patriotisme de Rome. Le bœuf auquel ces cornes appartenaient avait été amené par un Sabin pour être sacrifié sur l'autel de Diane; mais l'aruspice ayant dit que celui qui l'immolerait assurerait l'empire à sa nation, le pontife, un rusé Latin, engagea le Sabin à aller d'abord se purifier dans les eaux du Tibre; et, pendant que le Sabin s'éloignait, il accomplit lui-même le sacrifice. A quoi tenait cependant la grandeur de Rome!

Ce fut dans le temple de Diane que Caïus Gracchus se réfugia après le massacre de Fulvius. « Se tourmentant et se passionnant de voir un si grand désordre, dit Plutarque, il se retira dans le temple de Diane, et là il se voulut soi-mesme desfaire, n'eust esté que ses plus féaux amis, Pomponius et Licinius, l'en engardèrent; car ces deux-là se trouvant lors auprès de luy, luy ostèrent son épée et lui conseillèrent de s'enfuir. Et là on dit qu'il se mist à genoux et, tendant ses deux mains jointes à la statue de la déesse, la pria, pour vengeance de ceste ingratitude et de ceste trahison du peuple, que jamais il ne sortît de servitude. » Vœu impie qui ne rappelle que trop celui de Camille! Du temple de Diane, Caïus se sauva dans le temple de la Lune qui était près du *Clivus Publicius* au pied de l'Aventin, puis, par le pont Publicius, sur le Janicule où il fut tué [3]. Le temple de la LUNE est surtout connu pour avoir été orné par Mummius des dépouilles de Corinthe.

Près du temple de Diane était un temple de MINERVE édifié par Auguste, et, sur l'emplacement actuel de Sainte-Sabine, le temple de JUNON-REINE, fondé par Camille après la prise de Véïes, pour recevoir la célèbre Junon de la ville détruite. La Junon de Véïes était une statue de bois; Plutarque rapporte le discours que lui tint Camille. « Il sacrifia premièrement à la déesse, la suppliant de vouloir accepter et avoir pour agréable la bonne affection des Romains, et volontairement s'en venir habiter avec les autres dieux, qui avaient en protection la ville de Rome. Il y en a qui disent que l'image répondit qu'elle en estoit contente. » Et, en effet, si nous en croyons Tite-Live, lorsque de jeunes Romains, le corps purifié par un bain sacré, se présentèrent pour la prendre, la statue céda sans peine à leurs efforts. On eût dit, raconte l'historien, qu'elle *suivait*, et il ajoute, avec un certain orgueil patriotique : « Et elle n'eut plus d'autre demeure que l'Aventin; le temple que le dictateur lui avait dédié devint sa demeure éternelle. »

Où en est aujourd'hui l'éternité de Junon-Reine? Où en est même l'éternité de son temple qui cependant fut reconstruit par Auguste? Que sont devenues, et cette statue de Véïes si prompte à suivre les vainqueurs, et cette statue de bronze qu'érigèrent à la déesse les matrones romaines, et ces deux statues de cyprès, représentant son image, qui furent traînées en grande pompe dans le temple pendant la seconde guerre punique? De tant d'honneurs, de tant de gloire, il ne reste aujourd'hui que les magnifiques colonnes de marbre blanc cannelé qui décorent Sainte-Sabine.

Sainte-Sabine occupe une des pointes de l'Aventin; l'autre était couronnée par le temple de la BONNE DÉESSE. Ce temple n'est que trop célèbre par les mystères qui s'y célébraient. « On sait ce qui se passe à ces mystères, s'écriait Juvénal, lorsque amollies par le son de la flûte, ivres à la fois de musique et de vin, les Ménades font tourbillonner leur chevelure en invoquant Priape. Quelle frénésie alors dans l'esprit, dans la voix! Le vieux vin ruisselle à flots.... » On ne peut continuer. N'oublions pas que le temple de la Bonne Déesse remontait cependant à une vestale, la vestale Claudia, et peut-être comprendrons-nous pourquoi la chasteté elle-même des vestales, cette chasteté si sévère vis-à-vis des hommes, n'a pas échappé aux soupçons que font naître, bon gré mal gré, les pratiques mystérieuses du paganisme.

---

(1) Rue de *la Salara*, N° 14. — (2) L. VI., *Ép.* 64.

(3) Sur le même Aventin et près du temple de Diane était un édifice religieux qui devait sa fondation aux Grecques; c'était le temple et l'*Atrium* de la Liberté, reconstruit plus tard par Asinius Pollion à l'instigation d'Auguste.

Les mystères de la Bonne Déesse furent une des grandes plaies de la société romaine. Ce n'était point, en effet, un plaisir de courtisanes; les matrones les plus qualifiées y prenaient part. Bientôt un temple ne suffit pas, il en fallut deux; les maisons privées elles-mêmes eurent, en secret, leurs mystères, et ce fut chez l'épouse de César, pendant la célébration du culte de la Bonne Déesse, que Claudius fut surpris sous un costume de servante. « Aujourd'hui, si on regardait bien, on le surprendrait partout, dit Juvénal, *ad quas non Claudius aras* [1] ! »

Ainsi se révèle en tout et partout l'incurable misère du paganisme. Il veut fêter la chasteté; il institue dans ce but un culte non-seulement interdit aux hommes, mais où toute peinture représentant un homme est proscrite, et ce culte devient une infamie. Le caractère romain était cependant étranger à la mollesse de l'Orient; il avait des allures fortes et sévères, mais il fut vaincu et pourquoi? Aristote le disait en parlant des abominations qui se commettaient dans les temples : « Parce que les dieux voulaient être honorés ainsi. » La science moderne s'efforce vainement de faire sortir quelque abstraction philosophique de ces hontes. C'est, dit-elle, le culte de la vie et de la nature, c'est l'adoration du grand Pan. L'Écriture a seule dit le mot vrai : « Les dieux des nations sont les démons, *Dii gentium dæmonia*, » et ils voulaient être honorés comme des démons. Aristote, sans le comprendre, l'avait bien senti.

L'Aventin est séparé du Cœlius par l'antique voie Appienne. Le temple des Camènes, le temple de la Vertu et de l'Honneur, le temple du dieu *Rediculus*, le temple de Mercure, et surtout le temple de Mars, lui faisaient tout un cortége de monuments et de souvenirs.

Le temple des Camènes rappelle Egérie, qui était une des Camènes. Longtemps on a cherché, à la *Caffarella*, la vallée où Numa lui donnait de mystérieux rendez-vous; aujourd'hui il est parfaitement reconnu qu'elle touchait à la porte Capène. Juvénal ne laisse aucun doute à cet égard. C'est donc vers Saint-Sixte qu'il faut se représenter le temple dédié aux Camènes par Numa, et la fontaine qu'il donna aux Vestales, « afin que, tous les jours, elles allassent y puiser de l'eau pour laver et arroser le sanctuaire de leur temple [2]. »

On voyait dans le temple des Camènes, qui étaient pour Rome ce que les Muses étaient pour la Grèce, la statue que le poëte Accius s'était modestement érigée. Il avait pris soin de la faire très-grande, bien qu'il fût très-petit, dit l'histoire.

Le temple de l'Honneur et de la Vertu fut édifié par Metellus, à la suite d'un vœu fait pendant la bataille de Clestidium et renouvelé pendant le siége de Syracuse. Ce temple se composait de deux édicules, le premier dédié à la *Vertu*, et servant de vestibule au second qui était dédié à l'*Honneur*. A l'intérieur étaient les statues des trois Metellus avec cette inscription : « Ceux-ci sont les *Metellus*, neuf fois consuls, l'aïeul cinq fois, le père une fois et le fils trois. » Ces beaux vœux que l'on faisait pieusement sur le champ de bataille n'aboutissaient donc souvent qu'à se décerner à soi-même une sorte d'apothéose. Il y avait à Rome trois sanctuaires dédiés à l'Honneur et à la Vertu. Le plus ancien avait été fondé par Quintus Fabius Maximus. La Vertu y était représentée avec un casque, l'Honneur avec une couronne de laurier.

Le temple édifié par Metellus touchait au temple de Mars, l'un des plus grands et des plus célèbres de Rome. Il était hors de la ville, suivant l'ancien usage constaté par Vitruve, usage qui n'admettait ni Mars, ni Bellone, ni la plupart des grands dieux, dans l'intérieur des murs. Mars y était adoré sous le titre de *Gradivus* (qui marche); c'était le dieu guerrier conduisant les légions à la victoire. Ce temple fut dédié, pendant la guerre contre les Gaulois, par Titus Quinctius, duumvir, et consacré sous l'édilité de Sylla. Il reposait sur cent colonnes. On l'apercevait de la porte Capène à laquelle il était joint par un portique. Chaque année, aux ides de juillet, tous ceux à qui des chevaux étaient fournis par la République, s'assemblaient au temple de Mars par tribus et par centuries, tous à cheval, comme s'ils revenaient du combat, la tête couronnée de branches d'olivier, le corps revêtu de la trabée ou de la toge ornée de palmes, et se rendaient ainsi au temple de Castor. Ils étaient quelquefois plus de cinq mille, portant les dons militaires qu'ils avaient reçus de leurs chefs.

Le temple de Mars était entre le premier et le second mille. Au second mille se trouvait la chapelle du dieu Rediculus. Les *ciceroni* disent *Ridicule* et racontent avec Marliani que ladite statue fut érigée après le départ d'Annibal, lequel se retira moqué et confus, *illusus*. Festus et Paul Diacre donnent au mot une étymologie moins plaisante. Rediculus viendrait, suivant eux, de *redire*, s'en retourner, parce que ce serait de ce lieu qu'Annibal serait parti pour retourner en Afrique. Mais pourquoi *Rediculus* au lieu de *Redux!* On ne peut s'étonner, dans tous les cas, que le dieu du retour soit alors devenu, pour les Romains, le dieu Ridicule.

Revenons maintenant sur nos pas jusqu'à la porte Capène, et donnons un souvenir au temple et à la fontaine de Mercure. « Il y a, près de la porte Capène, dit Ovide, une eau dédiée à Mercure, et, s'il faut en croire l'expérience, c'est une eau divine. Là vient le marchand, après avoir ceint sa tunique; il boit de l'eau dont il emplit sa cruche, puis y trempe un laurier avec lequel il arrose les divers objets qu'il se propose de vendre. Ses cheveux eux-mêmes ruissellent, et il poursuit, de sa

(1) *Sat.* VI. v. 345. — (2) Plutar. *in Numa*.

1re P. — Chap. 1er.

voix accoutumée, ses fallacieuses prières : « Que ton eau emporte, dit-il, ô Mercure, mes parjures du temps passé! qu'elle emporte mes paroles fausses et perfides, soit que je t'aie pris à témoin, soit que j'aie vainement attesté le nom de Jupiter qui ne devait pas m'entendre!... Que les dieux ne se mettent point en peine de mes paroles! Fais maintenant que je gagne et que je me réjouisse de mon gain; fais que je trouve toujours du profit à en conter aux acheteurs; — et Mercure se mit à rire, poursuit Ovide, en se souvenant qu'il avait lui-même dérobé le troupeau d'Admète [1]. »

C'est sous l'impression de cette pieuse légende que nous gravissons les pentes du Cœlius, couronné majestueusement aujourd'hui par la grande basilique de Saint-Jean de Latran. Les temples étaient peu nombreux dans cette partie de Rome. Citons cependant ceux de Faune, de Carna, de Bacchus, de Claude, auxquels il faut joindre un édicule de Diane, sur le Cœliolus, et ceux de Minerve Captive et de la Fortune Barbue.

On a longtemps cru reconnaître le temple de Faune dans l'église actuelle de Saint-Étienne-le-Rond; mais cette église, faite de fragments disparates, est évidemment une œuvre de la conquête chrétienne. Ses fondements seuls pourraient être antiques. Nardini suppose, d'après une médaille du temps de Néron, que l'édifice remplacé par l'église actuelle était le *Macellum magnum* ou grand marché. Il était, en effet, comme Saint-Étienne, voisin des arceaux de l'aqueduc de Néron.

Le temple de la déesse Carna remontait au premier Brutus. Cette déesse présidait, dit-on, aux fonctions du cerveau, et Brutus aurait voulu lui rendre grâce du succès qu'avait eu sa feinte imbécillité. Suivant une autre opinion, c'était la déesse des portes, et Brutus crut lui devoir un autel après avoir fait passer la porte à Tarquin. L'édicule de la Fortune Barbue datait de Tullus Hostilius qui habitait le Cœlius et voulut l'avoir près de sa demeure. La Fortune Barbue ne pouvait, sans doute, être volage. Fabricius fait remarquer, à ce sujet, que la Fortune n'était pas la seule déesse à qui on donnât parfois de la barbe. Vénus elle-même était représentée barbue sur certains autels de Chypre.

Quant à Minerve Captive ou plutôt Capta, elle avait son sanctuaire sur la pente du Cœlius, là, dit Ovide, où la voie n'est pas encore plane, mais commence à le devenir. Le temple était petit, *parca delubra;* la déesse était dite captive parce qu'elle fit partie des dépouilles des Falisques.

Minerve, après tout, était la déesse des arts et de l'esprit, *ingeniosa Dea;* mais que dire de Claude qui avait, cependant, sur ce même Cœlius, le temple le plus vaste de Rome! Qu'était-ce que Claude? Un gros homme philologue, érudit, spirituel, mais prince faible, maladroit, ridicule, objet de moquerie pour sa femme, de pitié pour l'empire et qui fut traîné au ciel avec un croc, pour parler comme Gallien, frère de Sénèque. Voilà ce qu'était un dieu à Rome!

Et cependant le dieu Claude eut la gloire d'être deux fois mis au ciel: une première par Agrippine, qui commença l'érection de son temple, et une seconde par Vespasien, qui reconstruisit ce temple détruit par Néron. Le temple de Claude dominait la partie du Cœlius qu'occupe aujourd'hui le couvent des Saints-Jean-et-Paul, et l'on peut se figurer l'effet grandiose que devait produire le portique dont il était entouré, sur ce point, l'un des plus beaux points de Rome, et en face du palais des Césars.

« C'est un sacrilège, disait Tertullien, de choisir ses dieux comme on trie des oignons, en rejetant ceux qui sont pourris [2]. » On voit qu'on triait peu. Et cependant ce n'était pas toujours faute de bonne volonté. Lorsque les divinités Égyptiennes voulurent s'introduire à Rome, leur culte fut proscrit, leurs temples furent renversés; on les croyait disparues et le lendemain elles étaient partout. Une des régions de Rome, celle dont faisait partie le Colisée, prit même le nom d'*Isis et Serapis.*

Isis compta jusqu'à quatre ou cinq sanctuaires à Rome, et nous apprenons par Josèphe que Vespasien et Titus passèrent la nuit qui précéda leur triomphe, dans le temple que cette déesse avait au Champ de Mars. Ainsi les dieux étrangers obtenaient une préférence même officielle sur les dieux de Rome. Mais le crédit d'Isis grandit encore: Commode pratiqua les rites de son culte, au point, dit Spartien, de porter l'Anubis et de faire les pauses consacrées, *pausas ederet;* Caracalla lui édifia des temples magnifiques et célébra ses mystères avec une solennité inaccoutumée [3].

Sans doute Rome avait déjà subi plus d'une invasion théologique, celle des Sabins, celle des Grecs; mais il y avait une certaine confraternité entre ces diverses mythologies. Quelques noms seulement furent changés; Mutinus devint Priape, les Camènes devinrent les Muses; le culte s'amollit peut-être, mais sans rompre avec les vieilles traditions. Avec Isis, au contraire, Osiris, Astarté, Derceto, la rupture est complète, jusque sous sa forme la plus sensible, celle de l'art. Quel étrange spectacle, en effet, présentaient ces roides statues emmaillotées de l'Egypte et de l'Asie, avec leurs têtes hideuses, tantôt de chien, tantôt de vautour, quelquefois leurs innombrables mamelles, près des divinités grecques et romaines réalisant les plus belles formes de l'humanité! Et cependant c'est à ces monstres que l'on court. Osiris sera ce qu'il voudra, soit le soleil, soit le Nil, soit l'époux d'Isis. On admettra indifféremment tous les mythes, toutes les légendes; mais on tiendra à cette statue noire, à sa tête d'oiseau de proie, à son œil unique comme l'œil de Polyphème et au *Theta* que portent ses tablettes, première

<hr>

[1] *Fast.* l. V, v. 673. — [2] *Ad gentes,* IX — [3] Spartien, *Caracalla,* IX.

lettre du mot grec *Thanatos*, la mort. C'était la lettre que traçaient les juges lorsque leur arrêt entraînait la peine capitale.
« Tu peux tracer sur le front du crime le noir *Theta*, » disait Perse.

Et potis es nigrum vitio praefigere Theta.
Sat. IV, 13.

Comment expliquer cet entraînement vers les monstruosités étrangères, de la part des Romains si fiers de leur patrie et, longtemps, des dieux de leur patrie? par la marche habituelle de l'erreur qui ne s'arrête jamais. Une fois lancée sur le terrain mouvant du doute, elle va, anxieuse, haletante, et s'enfonçant toujours. Telle est aussi la marche de la débauche qui ne s'arrête non plus, ni ne peut s'arrêter, parce que la jouissance vraie, le sol ferme lui manque toujours. Du culte où elle revêtait encore parfois une forme poétique, elle s'est perdue, sous une forme philosophique, dans les hontes des mystères, puis, lasse de la philosophie et du secret, comme Messaline était lasse de l'adultère, elle se jette, comme elle, dans des désordres inconnus. Or, les cultes de l'Orient la mettaient à l'aise sous ce rapport, et Juvénal n'oublie pas, au nombre des mauvais lieux les plus famés de Rome, le temple de la courtisane Isis.

Aut apud Isiacæ potius sacraria lenæ [1].

Les données manquent sur le lieu qu'occupait le temple d'Isis et Sérapis, qui devait se trouver dans la troisième région. Sur l'Esquilin nous rencontrons celui de Junon Lucine. Junon était adorée comme reine sur l'Aventin, comme protectrice (*Sospita*) au pied du Palatin, comme conseillère (*Moneta*) sur le Capitole, comme lien ou comme joug (*Juga*) au Velabre. A ce dernier titre, elle était censée présider au mariage, le joug par excellence, qui unit et qui asservit à la fois. Sur l'Esquilin, elle présidait aux naissances sous le nom de Lucine; mais elle n'y présidait pas seule. Tertullien et saint Augustin nous font connaître les noms de ses assistants et assistantes. J'en citerai quelques-uns : la vie était donnée à l'enfant par Vitumnus, le sentiment par Sentinus; le jour par Diespiter et un peu aussi par la déesse *Candelifera*, dont le nom explique les fonctions (porte-chandelle). Albana veillait sur le lait de sa nourrice; Racinia l'empêchait d'avoir le hoquet; Potina lui donnait à boire; Educa lui faisait manger la bouillie, etc., etc. [2].

Le temple de Junon Lucine couronnait celui des sommets de l'Esquilin qui était connu sous le nom de Cispius. Ovide nous représente les jeunes filles et leurs fiancés venant prier à genoux dans le bois sacré de la déesse. Le temple devait être d'une grande richesse si c'est à lui, comme on le croit généralement, qu'appartinrent les trente-six magnifiques colonnes ioniques de marbre blanc qui font aujourd'hui le plus bel ornement de Sainte-Marie-Majeure.

Au pied de l'Esquilin, du côté du *Vicus Patricius*, se trouvait le sanctuaire d'une déesse toute romaine, Mephytis (le mauvais air). Sous ce titre, c'était encore Junon qu'on adorait. « Il est constant que Junon c'est l'air, dit Servius, or nous savons que c'est la corruption de l'air qui engendre la puanteur. »

Diane avait un édicule dans le bois sacré de Mephytis. C'était le seul sanctuaire de cette déesse qui fût interdit aux hommes. Plutarque en donne pour raison qu'une femme y avait été outragée. Le coupable éprouva aussitôt le courroux de la divine chasseresse: il fut dévoré par des chiens.

Au nombre des divinités du Viminal nous remarquons Sylvain qui avait un temple sur la pente du mont, vers le lieu qu'occupe aujourd'hui Saint-Vital [3]. Sur la cime, au milieu d'un bois de saules, était l'autel de Jupiter *Vimineus*.

Le temple de Sylvain était entouré d'un portique construit par Lucius Vallius Solon, et dédié par lui sous les consulats de Pison et de Bolanus. L'inscription portait : Silvano Sancto. Varron fait dériver le nom de Viminal de l'autel de Jupiter Vimineus, ce qui le ferait remonter aux premiers âges de l'histoire. Un édicule rond, découvert, sous Sixte-Quint, sur la partie du mont qui domine Sainte-Pudentienne, a été pris pour l'antique sanctuaire du dieu.

Près de là s'ouvrait la porte Viminale, que Panvinius et Donatus confondent avec la porte *Catularia*, ainsi nommée, disent-ils, du sacrifice d'un chien qui se faisait, chaque année, dans un bois sacré du voisinage [4]. « Revenant, un matin, de Nomentum, raconte Ovide, j'aperçus une foule vêtue de blanc, au milieu de la route. Un flamine se dirigeait vers le bois sacré de l'antique Rouille (*Rubiginis*), pour y exposer aux flammes les entrailles d'un chien et celles d'une brebis... Il répandit sur le feu le vin, l'encens, puis les entrailles de la brebis, et, je l'ai vu, les ignobles intestins d'une chienne obscène. » Ce sacrifice avait lieu pour apaiser le *Chien céleste*, autrement dit la Canicule, et pour empêcher la déesse *Rubigo*, que nous appelons simplement la rouille, d'infester les moissons; c'étaient là les Rogations du paganisme!

La déesse Rouille avait pour voisine la déesse Plainte, *Nænia*, qui était solennellement invitée par les pleureuses à toutes les funérailles. C'était elle, disait-on, qui inspirait les chants funèbres.

---

(1) *Sat.* VI, v. 489. — (2) Tertullien, *ad Gentes*, XI,

(3) Ampère place également près de Saint-Vital le temple de la Pudicité plébéienne; celui de la Pudicité patricienne était au *Forum Boarium*.

(4) Un ancien commentateur de Suétone place, au contraire, la porte *Catularia* près du Tibre. Le calendrier de Préneste indique, de son côté, le bois sacré de *Rubigo* comme étant sur la voie Claudia, c'est-à-dire par delà le pont Milvius; mais alors comment Ovide aurait-il rencontré la pompe sacrée en revenant de Nomentum à Rome?

Si maintenant de la voie Nomentane nous passons à la voie Salaria, nous rencontrons le temple d'HERCULE, près duquel passa Annibal, et le temple célèbre de VÉNUS ERYCINE, qui fut occupé par Sylla dans la terrible journée de la porte Colline. Ce temple était, en effet, près de la porte, *proxima portæ*, mais en dehors, comme il arrivait le plus souvent pour les grands dieux. Vitruve, qui nous fait connaître cet usage, l'approuve et le loue. Depuis longues années toutefois il était tombé en désuétude, lorsque le temple en question fut érigé. Pourquoi donc fut-il exclu de la ville? par un motif qui marque dans l'histoire des mœurs romaines. Nous savons que la Vénus romaine ne fut point d'abord la Vénus grecque, sensuelle et déhontée. Mais, après les guerres puniques, surtout après le siège du mont Erix, en Sicile, où Vénus avait un temple servi par de faciles hiérodules, la Vénus grecque fit son entrée à Rome parmi les dépouilles des vaincus. Le dictateur Fabius fut le premier à lui dédier un temple sous le nom d'Erycine. N'était-ce pas Solon qui avait introduit à Athènes le culte de la Vénus Pandemos, la Vénus animale? Voilà où en étaient les vainqueurs et les législateurs les plus illustres de l'antiquité.

Ce n'était pas d'ailleurs la première fois que les Fabius témoignaient d'un respect particulier pour l'infidèle épouse de Vulcain. Déjà l'un d'eux, Fabius *Gurges*, c'est-à-dire le *Gouffre*, surnom qu'il devait à la capacité de son estomac, avait consacré à Vénus deux temples : l'un à Vénus *Obsequens* (favorable), après une heureuse expédition sur les Samnites, l'autre à Vénus *Murtia*, ainsi nommée de la vallée des myrtes, entre le Palatin et l'Aventin, où se trouvait le nouveau sanctuaire. Une particularité curieuse, c'est que ce dernier temple fut édifié du produit des amendes levées sur les matrones dissolues. Rien ici n'annonçait donc encore la Vénus d'Amathonte; mais, pour Vénus Erycine, ce fut différent. Le dictateur l'avait placée sur le Capitole, où elle était séparée seulement par un ruisseau du temple de *Mens* (l'Intelligence, la Raison), que les Fabius considéraient comme la grande divinité de leur famille. On ne tarda pas à trouver que c'était une société un peu grave pour la Vénus sicilienne. Le Capitole d'ailleurs, avec Jupiter, Junon, Minerve, était un séjour, sinon respectable, du moins respecté, et dès lors assez peu convenable pour la déesse qui goûtait le moins le respect. On lui édifia donc un autre temple sur le Quirinal, hors des murs et à peu de distance du mont des Jardins où trônait Priape. Telle fut l'origine du temple de la porte Colline. Strabon nous le représente d'une magnificence rare. Un portique l'entourait et un autre le reliait à la ville. Chaque année, aux Calendes d'avril, les courtisanes allaient offrir à la déesse de l'encens *pour devenir belles et être aimées*; et avec l'encens, de la menthe, du myrte et une couronne de roses [1].

Mais ce n'étaient pas seulement les courtisanes qui allaient demander des sourires à la *riante* Vénus, comme dit Horace. Les plus graves matrones se rendaient processionnellement à son temple, portant, à travers la ville, un simulacre obscène qu'elles allaient déposer dans son giron. Ce rite infâme est attesté par saint Augustin et par Arnobe.

Et c'était près du *Champ Scélérat* où étaient enterrées vives les Vestales convaincues d'avoir manqué à leurs vœux, qu'avaient lieu ces exhibitions honteuses. La procession du Phallus aurait pu rencontrer la procession de la Vestale. « Lorsqu'elles ont fait quelques fautes, dit Plutarque en parlant des prêtresses de Vesta, elles sont battues par le grand pontife qui quelquefois les frappe toutes nues, suivant la qualité du délit, en lieu obscur et sous une courtine; mais celle qui a forfait à son honneur et violé sa virginité est enterrée toute vive, joignant une des portes de la ville qu'on appelle porte Colline... On creuse un petit caveau et y laisse-t-on une ouverture par laquelle on y peut dévaller; et, au dedans, y a un petit lict dressé, une lampe ardente et quelque peu de vivres nécessaires à soutenir la vie, comme un peu de pain, d'eau, de lait, et un peu d'huile, par manière de descharge et acquit de conscience, afin qu'il ne semble pas qu'on fasse mourir de faim un corps qui a été sacré par les plus dévotes et saintes cérémonies du monde. » — Touchante délicatesse! — « Cela faict, prend-on la criminelle et la met-on dans une lictière... et la porte-t-on ainsi enfermée à travers la place. De tant loin qu'on voit venir cette lictière, tout le monde se retire et va-t-on après, avec une chair basse et morne, sans mot dire. Il ne se fait chose en toute la ville qui soit si effroyable à voir que cela, et il n'y a jour où les personnes soient si tristes. Puis, quand on est arrivé au caveau, le grand pontife, après avoir fait certaines prières secrètes et levé les mains au ciel, tire la patiente toute bouclée de la lictière et la met sur l'échelle par où on la descend dans le caveau. Cela fait il se retire et les autres prestres aussy, puis on retire l'échelle et jette-t-on force terre dedans l'ouverture, de sorte qu'on la comble [2]. »

Tel était le dernier terme de cette grande civilisation qui donnait droit de vie et de mort au père de famille, au vainqueur, au peuple lui-même dans l'amphithéâtre, civilisation déhontée, par habitude, jusqu'au crime, et pudique, par occasion, jusqu'à la barbarie.

Dans le quartier qui s'étendait de la porte Colline au Champ de Mars se trouvaient les temples de QUIRINUS, de la SANTÉ, de la FIÈVRE, d'APOLLON ET CLATRA, de la FORTUNE PUBLIQUE, de FLORE, et ce qu'on appelait le *Vieux Capitole*, c'est-à-dire les trois sanctuaires unis de Jupiter, Junon et Minerve, qui précédèrent le Capitole de Tarquin. Cette région, connue sous le nom d'*Alta Semita*, embrassait tout le Quirinal, qui lui-même devait son nom au temple de Quirinus.

(1) Ov. *Fast.* l. IV. v. 867. — (2) Plutarch. *Numa*.

Ce temple s'élevait sur la partie du mont qui fait face au Viminal et domine l'antique vallée de la Chèvre, dans laquelle Romulus avait disparu. On a longtemps considéré le grand escalier d'Ara-Cœli comme formé des marches qui conduisaient à son portique. Deux fois ce temple fut reconstruit; une première fois par le consul Lucius Papirius, qui l'orna des dépouilles des Samnites, et une seconde par Auguste, qui y fit placer soixante-six colonnes doriques, autant de colonnes qu'il avait d'années. Ces colonnes étaient disposées sur deux rangs, c'est-à-dire que, suivant l'expression de Vitruve, le temple était diptère. Pline raconte que devant sa façade étaient deux myrtes : l'un nommé le *Patricien*, l'autre le *Plébéien*. Pendant longtemps le patricien eut une végétation exubérante qui charmait les yeux, tandis que son voisin les attristait par son tronc rabougri et ses feuilles fanées. C'était le temps de la puissance du Sénat et des humiliations du peuple. Mais le peuple ayant fini par prévaloir, le myrte languissant poussa avec vigueur, tandis que le premier sécha et se flétrit à son tour [1].

Le temple de la SANTÉ, *Salus*, remontait au censeur Junius Bubulcus et au temps de la guerre des Samnites; il touchait à la porte *Salutaris* qui avait pris son nom. C'était à la fin de mars qu'on portait des offrandes à la Santé. « Alors, dit Ovide, on adore *Janus* et la douce *Concorde* et la *Santé Romaine*, ROMANA SALUS. » On ne pouvait adresser trop de prières à la Santé Romaine, car elle fut, de tout temps, fort chancelante, ainsi que le prouve l'antiquité du culte de la Fièvre qui, disait-on, était fille de Saturne, le plus ancien dieu du pays. La FIÈVRE avait trois sanctuaires à Rome : l'un sur le Palatin, le berceau de Romulus; un autre sur l'Esquilin, non loin de la déesse Méphytis, et le troisième entre le Quirinal et le Viminal, c'est-à-dire au pied du coteau que dominait le temple de la Santé. Ce dernier avait été orné de peintures par Fabius *Pictor*. Dans les arts comme dans la guerre et dans le sacerdoce, cette grande famille des Fabius fut toujours la première.

Nardini croyait reconnaître le temple de la Santé dans de magnifiques restes d'architecture, colonnes, marbres, grands et beaux escaliers que possédait le jardin Colonne; mais la position du temple de la Santé, près de la porte *Salutaris*, répond à l'emplacement actuel du palais du Quirinal, et les antiques constructions des jardins Colonne sont attribuées aujourd'hui au temple du SOLEIL, édifié par Aurélien, et sous les portiques duquel il faisait vendre du vin au peuple [2]. Ce temple, suivant Palladio, devait être orné de colonnes sur la façade et sur les côtés. Devant lui étaient les deux chevaux célèbres qui ont donné leur nom à la place de Monte-Cavallo.

On comptait deux ou trois autres temples du Soleil à Rome, indépendamment de ceux d'Osiris et d'Apollon, qui s'adressaient aussi parfois au dieu du Jour. Apollon avait notamment un temple sur le Quirinal où son culte était associé à celui de Clatra, la déesse des serrures et des grilles. Ce temple devait être sur l'emplacement des jardins du Quirinal.

Je remarque encore dans la sixième région le dieu SANCUS. Ovide nous apprend qu'on l'appelait indifféremment Sancus, Fidius et Semo. « Quel que soit celui de ces noms, lui fait-il dire, sous lequel on me fait une offrande, j'accepte [3]. » Ce dieu, on le voit, était d'humeur facile. Properce le confond avec Hercule, et l'une de ses élégies est adressée à Hercule Sancus. D'autres voient en lui le dieu de la fidélité. C'était un dieu Sabin auquel on consacrait les biens, suivant Pline; son temple, qui devait s'élever sur la partie la plus haute des jardins Barberini, avait une voûte ouverte comme le temple du dieu Terme ou comme le Panthéon d'Agrippa, afin qu'on pût voir *Dium*, le ciel. On conservait dans ce temple la quenouille et le fuseau de Tanaquil, cette femme *moult prudente et forte*, dit Plutarque, qui assura successivement la couronne à son mari et à son gendre, et que Juvénal était tenté de prendre pour une sorcière [4].

J'ai dit combien les temples de la Fortune étaient multipliés à Rome. Il était donc naturel que le Quirinal eût le sien. La Fortune à laquelle il était dédié était la FORTUNE PUBLIQUE. Sa fondation remontait à l'expulsion des rois. Flaminius Vacca a cru le reconnaître dans un édicule rond avec colonnes de marbre gris d'Afrique qui existait, de son temps, près de Saint-André du Quirinal. Ce temple avait pour pendant, sur l'Esquilin, le temple de la MAUVAISE FORTUNE. Au pied de l'Esquilin était le temple de la FORTUNE SEJA, c'est-à-dire la Fortune des Semailles [5]. Lorsque le blé était sorti de terre il tombait sous la protection de la déesse *Segetia;* lorsqu'il était dans le grenier, on invoquait la déesse *Tutelina;* venait-il à manquer, on recourait aux *Saints Vivres*, ainsi que le constate une inscription trouvée sur le Capitole : ANNONAE SANCTAE.

Passons maintenant de la déesse Fortune à la déesse LAVERNA qui lui tenait de près. Laverna avait temple et bois sacré sur la voie Salaria, hors de la porte Colline. Elle partageait avec Mercure le patronage des voleurs auxquels se joignait plus d'un homme de bien, *vir bonus*, si nous en croyons Horace. « Quant à votre homme de bien, écrivait-il à Quinctius, il est vrai qu'au Forum et dans les tribunaux il attire tous les regards; il offre aux dieux, tantôt un porc, tantôt un bœuf. O Janus, ô père! crie-t-il, ô brillant Apollon! — Puis il ajoute du bout des lèvres, de peur qu'on ne l'entende : Belle Laverne! fais-moi la grâce de les duper; accorde-moi de paraître un juste et saint homme; couvre de ton ombre mes péchés et mes fraudes [6]. »

(1) *Hist. Nat.* XV. c. 31. — (2) Vopiscus, *Aurelian.* c. 47. — (3) *Fast.*, VI, v. 215. — (4) *Sat.*, VI, v. 565.
(5) Le temple de la Fortune *Seja* avait été construit par Servius Tullius et reconstruit par Néron qui l'orna d'un marbre de Cappadoce, à veines fauves, et tellement ne se bornait pas à refléter la lumière, mais qu'il éclairait le temple lui-même, au dire de Pline, *etiam foribus apertis*. Sainte-Marie *in Portico* possède une ce marbre; Saint-Marc du palais de Venise en possède deux. Vainement y chercherait-on la lumière, *lux inclusa*, que mentionne Pline.
(6) *Epist.* XVI, l. I, v. 37.

C'est, trait pour trait, la prière du marchand d'Ovide. « Fais de mes mains des scélératesses en matière de vol, » disait plus énergiquement encore un des personnages de Plaute, *in furtis scelerascis manus* [1]. » Pourquoi, après tout, s'en étonner? « C'est la fortune qu'il faut demander aux dieux, disait Cicéron, et attendre de soi la sagesse [2]. »

« On rend grâces aux dieux pour les richesses, les honneurs, la santé, disait-il encore, ce sont là les biens qu'on demande à Jupiter; mais qui jamais lui demanda la justice, la tempérance, la sagesse [3]? » Ainsi parlaient ceux qui possédaient le mieux le catéchisme du temps, qui l'avaient le plus étudié et s'en faisaient les interprètes.

Descendons, au reste, le Quirinal, et nous allons trouver, sur notre route, un nouveau monument de leur piété. Je veux parler du temple de Flore. Qu'était-ce que Flore? Ovide, le grand hagiographe de l'antiquité, nous la donne pour l'épouse de Zéphyr et la déesse des fleurs. Lactance, moins poétique, voit simplement en elle une ancienne courtisane qui donna, par testament, son bien au peuple, et, sans doute, Lactance avait raison; car on sait le rôle que les courtisanes jouaient dans ses fêtes. On sait aussi le rôle qu'y joua, un jour, Caton. « Caton, assistant aux jeux floraux que faisait célébrer l'édile Menius, raconte Valère Maxime, le peuple eut honte de demander devant lui que les femmes qui jouaient les rôles de mimes se dépouillassent de leurs vêtements. Favonius, un de ses amis, l'avertit alors du désir du peuple, et aussitôt Caton sortit du théâtre, afin que sa présence ne changeât rien aux habitudes du spectacle, *ne præsentia sua spectaculi consuetudinem impediret.* « Son départ, ajoute l'historien, fut salué par un applaudissement unanime, et le peuple rappela sur la scène les anciennes coutumes de ces jeux [4]. »

Quelle déesse, quel peuple et quel philosophe! L'austérité de Caton n'en est pas moins restée célèbre; mais on sait les vers de Martial : « Puisque tu connaissais, sévère Caton, la douce fête et les jeux sacrés de la joyeuse Flore, puisque tu connaissais la licence du peuple, pourquoi venir au théâtre? N'es-tu donc venu que pour t'en aller [5]? »

Si nous en croyons Varron, le culte de Flore existait dès le règne de Tatius; mais les jeux ne dataient, suivant Pline, que de l'an de Rome 516, et ils ne devinrent annuels qu'en 580 [6].

Nous connaissons par les historiens anciens deux temples de Flore à Rome : l'un près du grand cirque, dans la direction de l'Aventin; il avait été fondé par les édiles Lucius et Marcus Publicius à l'entrée de la voie qui portait leur nom (*Clivus Publicius*); l'autre sur le Quirinal, non loin du temple de Quirinus et du vieux Capitole; il avait été dédié sous le consulat de Quirinus et de Valgius, *à la déesse qui préside à la floraison, à cause de la disette des fruits* [7].

Le Quirinal dominait le Champ de Mars qui, nous le savons, offrait l'aspect le plus varié de temples, de portiques, de tombeaux, de théâtres épars parmi les platanes, les pins et les statues, depuis la base des collines jusqu'au Tibre. Ses principaux temples étaient ceux de Janus, d'Apollon, de Bellone, de Neptune, de la Fortune équestre, de Minerve, d'Isis, de Juturne, d'Antonin, et le plus beau débris qui nous reste des anciens sanctuaires de Rome, le Panthéon.

Le temple de Janus dont il est ici question avait été édifié par Duilius, qui le premier sut vaincre les Carthaginois sur mer. Tacite nous apprend que ce temple était au *Forum Olitorium*, c'est-à-dire près du théâtre de Marcellus. Les édifices consacrés à Janus étaient très-nombreux à Rome. On en trouvait presque dans chaque rue; mais le temple célèbre fondé par Numa, ce temple dont les portes étaient ouvertes en temps de guerre, fermées en temps de paix, n'a laissé lui-même aucune trace. Il était, dit-on, au bas de l'Argilète.

Le temple d'Apollon rappelait une de ces maladies endémiques que nous présente si souvent l'histoire de Rome. Il fut fondé en l'an 330, sur la foi des livres sibyllins, par trois tribuns, et consacré soixante-douze ans après, par les consuls Sulpitius Potitus, et Valérius Publicola. C'est du temple d'Apollon que partit la pompe solennelle dont nous avons parlé à l'occasion de Junon Aventine. « Deux vaches blanches sortirent du temple d'Apollon et furent conduites, par la porte Carmentale, à travers la ville. Derrière elles étaient portées deux statues de cyprès de Junon-Reine, etc. [8]. »

Le temple d'Apollon servit souvent aux réunions du Sénat, lorsqu'il avait quelques motifs pour s'assembler hors de la ville. Canina en fixe l'emplacement entre les places Montanara et de Sainte-Marie *in Campitelli*.

Près de lui était le temple de Bellone, devant lequel s'élevait la colonne de la guerre; « petite colonne, mais non pas d'un petit renom, » dit Ovide; *non parvæ parva columna notæ* [9]. « C'est de là; ajoute-t-il, qu'une hache est lancée, en signe de guerre, vers le roi et les peuples contre lesquels il plaît à Rome de porter les armes. » Cette hache que lançait le consul était teinte de sang. Le temple de Bellone avait été fondé par Appius Claudius pendant la guerre étrusque, et les Claudii y plaçaient leurs portraits de famille. Le Sénat avait coutume d'y tenir séance pour la réception des ambassadeurs ennemis auxquels l'entrée de la ville était interdite. C'était là également qu'il recevait les généraux vainqueurs avant de leur accorder le triomphe, et qu'il distribuait aux soldats les couronnes et autres récompenses militaires. Il y était réuni après le combat de

<hr>

(1) *Cornicul.* — (2) *De Naturâ Deorum*, III, 36. C'était également la pensée d'Horace :
        Det vitam, det opes, æquum hic animum ipse parabo.
(3) *De Nat. Deor.*, III, 36. — (4) Valer. Max., l. II, c. 5. — (5) L. Ier, ép. 1. — (6) Pl., l. XVIII, c. 29.
(7) Inscription citée par Canina. — (8) Liv. l. VII. *Dec.* III. — (9) *Fast.* l. VI, v. 206.

la porte Colline et prêtait l'oreille à un discours de Sylla, lorsque retentirent tout à coup les cris des captifs qu'on égorgeait dans la *Villa Publica*, qui était voisine. On sait le mot de Sylla aux sénateurs qui *s'esbahyssoient*, dit Amyot. « Ce sont quelques garnements qu'on punit par mon ordre. »

La colonne de la guerre était, si nous en croyons Ampère, sur le lieu qu'occupe aujourd'hui la place Paganica; c'est donc là qu'il faut également chercher le temple de Bellone. Quant à la *Villa Publica*, qui servait de logement aux ambassadeurs, Venuti la place dans les environs du palais de Venise.

On attribue généralement au temple d'Hercule Gardien les colonnes d'un édifice circulaire qui existent encore dans la cour du couvent de Saint-Nicolas *de' Cesarini*, et l'on voyait, au temps de Marliani, de magnifiques restes du *Minervium* chez les Pères Dominicains de Sainte-Marie *sur Minerve*. Le Minervium, ou temple de Minerve, avait été fondé par Pompée, à la suite et du profit de ses victoires. L'inscription dont il l'orna était ainsi conçue :

CN. POMPEIVS. MAGNVS. IMPERATOR. BELLO. XXX. ANNORVM. CONFECTO.
FVSIS. FVGATIS. OCCISIS. IN. DEDITIONEM. ACCEPTIS. HOMINVM. CXXI. LXXXIII.
M. DEPRESSIS. AVT. CAPTIS. NAVIBVS. DCCC. XLVI.
OPPIDIS. CASTELLIS. MDCCCVIII. IN. FIDEM. RECEPTIS.
TERRIS. A. MAREOTIS. LACV. AD. RVBRVM. MARE. SVBACTIS.
VOTVM. MERITO. MINERVAE.

« Pompée le Grand, *imperator*, après trente années de guerre, après avoir défait, mis en fuite, tué ou réduit en esclavage 121,083 hommes, coulé ou pris 8,046 navires, soumis 1,808 places fortes et toutes les terres qui s'étendent du lac Maréotis à la mer Rouge, a fait, à bon droit, ce vœu à Minerve. »

L'inscription était magnifique; le temple l'était moins. Son plus bel ornement était la statue de Minerve qui, sous le nom de Minerve *Giustiniani*, compte aujourd'hui parmi les chefs-d'œuvre du Vatican. Le *Minervium* devait être de forme prostyle, c'est-à-dire n'ayant de colonnes que sur le devant.

L'Iseum et le Serapeum, deux temples d'Isis et de Sérapis, étaient contigus au Minervium et sur la même ligne que lui. Plusieurs statues égyptiennes ont, en effet, été trouvées, à diverses époques, dans l'enclos des Dominicains de la Minerve : une statue d'Osiris, notamment, avec sa tête d'oiseau de proie, la belle statue du Nil, l'obélisque de la place de la Rotonde, et les lions de la rampe du Capitole. Ne serait-ce pas dans ce temple d'Isis que les Égyptiens employèrent la fourberie pour séduire Pauline, une noble romaine, crime qui fut cause de leur proscription. Chose étrange! ce fut Tibère qui se fit, à cette occasion, le vengeur de la morale. Les prêtres d'Isis furent crucifiés, le temple détruit, la statue de la déesse jetée dans le Tibre [1]; mais quelques années se sont à peine écoulées, que nous retrouvons et les prêtres et le temple. Ce fut, en effet, dans les dépendances de l'*Iseum*, nous l'avons dit, que Vespasien et Titus passèrent la nuit qui précéda leur triomphe. Domitien est cité ensuite pour avoir restauré l'*Iseum* et le *Serapeum* [2]; Alexandre Sévère pour les avoir ornés. « Il les orna comme il convenait, dit Lampride, et y ajouta des statues, des vases de Délos, enfin tout ce qui avait rapport avec les cérémonies mystiques de ces divinités [3]. »

Canina attribue au *Serapeum* les colonnes de jaune antique qui existent sous l'église de *San Stefano del Cacco* [4].

Le temple de la Fortune équestre rappelait une victoire remportée en Espagne par le consul Fulvius à l'aide de sa cavalerie. Les Celtibériens, faisant le coin, étaient parvenus à rompre l'infanterie romaine, lorsque Fulvius fit ôter le frein aux chevaux et lança ses cavaliers sur les côtés du triangle. Le succès fut complet, et une nouvelle divinité fut inaugurée au Champ de Mars. Ce fut la *Fortune Équestre*.

Plus on étudie la topographie de Rome et plus on est frappé de cette remarque, qu'au milieu des divinités d'aventure que l'on créait au jour le jour, la Fièvre, la Santé, l'Espérance, la Tempête, la Fortune sous tous les vocables, et des dieux étrangers qui envahissaient le pays, les grands dieux de la mythologie étaient comme oubliés et perdus. Jupiter avait eu son beau temps; Junon, Minerve, avaient encore des sanctuaires, mais chaque jour qui s'écoule marque leur décadence. Du moins leur règne n'avait pas été sans gloire. Mais Neptune, un des plus anciens dieux du pays, qui y était adoré dès le temps de Romulus sous le nom de Neptune *Équestre*, comme si on eût voulu comparer l'emportement des flots à celui d'un cheval, Neptune ne comptait que deux temples à Rome : l'un au Palatin, l'autre au Champ de Mars. Ne pourrait-on pas voir, dans cet oubli du dieu de la mer, le peu de souci qu'avaient les Romains de la navigation et du commerce? Le temple de Neptune, au Champ de Mars, était près des *Septa*. On admirait dans ce temple une des œuvres les plus considérables et les plus célèbres de Scopas. C'était tout un ensemble de divinités marines entourant le fils de Pélée et l'accompagnant à l'île des Bienheureux. Canina croit reconnaître dans les onze colonnes qui ornent la façade de la Douane de terre, colonnes généralement attribuées au temple d'Antonin, un débris imposant du temple de Neptune. Le temple d'Antonin, ou plutôt de Marc-Aurèle Antonin,

(1) Fl. Joseph. *Antiquit*. XVIII, 4. — (2) Eutrope. l. VII. c. 23.
(3) Lamprid. *in Alexander Sev*. c. 25. — (4) Petite église située derrière le palais Altieri

devait être en rapport avec la belle colonne Antonine sur laquelle sont gravés ses exploits; Canina pense qu'il occupait le côté de la place où se trouve aujourd'hui le palais Chigi.

Près de là, dans le voisinage et sur l'emplacement peut-être de Sainte-Marie *in Aquiro*, était le temple de Juturne, édifié par Q. Lutatius Catulus. On sait l'histoire de Juturne, cette sœur de Turnus qui, devenue Naïade, fit souffrir à Jupiter par ses rigueurs, dit Ovide, ce que ne devait pas souffrir un tel dieu, *tanto non patienda Deo* [1]. On voyait près du Forum le lac de Juturne, et le temple que lui dédia Catulus fut érigé près des bassins de l'eau vierge, *ad aquam virgineam*. Varron nous apprend qu'on s'adressait à Juturne dans les temps de sécheresse, et que l'eau de sa source était celle qui était employée de préférence dans les sacrifices.

Marciana et Matidia, la première, sœur de Trajan, la seconde, belle-sœur d'Adrien, avaient l'une et l'autre leurs temples entre le réservoir de l'eau vierge et le Panthéon. Ces temples étaient si vastes qu'ils sont quelquefois désignés par le nom de basilique. Marciana était mère de Matidie. Canina croit reconnaître des restes de son temple dans quelques pans de murs de la place et du collège Capranica, et attribue les grandes colonnes qu'on voit encore au carrefour de l'*Épée de Roland* au portique qui entourait le temple de sa fille.

Nous ne dirons rien ici du Panthéon qui occupera naturellement une grande place au chapitre des monuments subsistant encore; mais nous signalerons près de lui un édicule dont toute trace a disparu : il était dédié au dieu des parvenus, Bonus Eventus, le bon événement, la bonne chance. *Bonus Eventus* était représenté tenant de la main droite une coupe, et de la main gauche un épi et un pavot. C'était dire que le bien vient en dormant. Ammien Marcellin place l'édicule en question et le portique qui l'entourait près des thermes d'Agrippa. On peut donc croire que l'un et l'autre furent l'œuvre de ce parvenu, bon soldat d'ailleurs, bon courtisan, mais qui fit peu d'usage du pavot et ne laissa jamais dormir la Fortune.

On peut être étonné que, depuis que nous parcourons le Champ de Mars, nous n'ayons encore rencontré aucun temple qui eût Mars pour dieu. Mars, sans doute, était associé à Jupiter et à Vénus dans la dédicace du Panthéon; mais il n'y venait qu'en seconde ligne, et le temple d'ailleurs n'était pas ancien, puisqu'il était postérieur à la République. Mars était cependant adoré dans la vaste plaine qui portait son nom; mais il n'y eut longtemps qu'un autel près duquel les censeurs avaient coutume de s'asseoir sur leurs chaises curules, après la tenue des comices, afin de recevoir les félicitations du peuple. Chaque année, on sacrifiait au dieu, sur cet autel, un des chevaux vainqueurs à la course des chars. La tête de la victime devenait ensuite un sujet de lutte entre les habitants de la Subura et ceux de la voie Sacrée. Les premiers tenaient à l'attacher à la tour Manilia qui dominait leur région; les autres aux murs de la *Regia* qui faisait l'ornement de la leur [2]. Quant à la queue, elle était portée dans la *Regia* avec une telle promptitude qu'aucune goutte de sang, dit-on, n'était perdue. On faisait distiller ces gouttes dans le feu, toujours en l'honneur de Mars et pour avoir part à ses faveurs. C'était également sur l'autel de Mars qu'avaient lieu les *Suerotaurilia*, sacrifices célèbres dont les victimes étaient un porc, une brebis et trois taureaux.

A cet autel vint s'ajouter un temple, mais seulement vers la fin du VII⁰ siècle. Il fut érigé près du cirque de Flaminius, par Junius Brutus, surnommé *Gallaïcus* à la suite de ses victoires en Galice. L'architecte fut Hermodore, de Salamine. Dans l'intérieur de ce temple était une statue colossale de Mars, mentionnée par Pline [3], et dans le vestibule une inscription en vers du poète Accius à l'honneur de Brutus, son grand ami, *amicissimus suus*, dit Cicéron.

Mais, indépendamment des temples et des autels visibles, il y en avait de cachés. Tel était, par exemple, le Terentum, autel enfoui de vingt pieds sous terre et consacré aux dieux infernaux. Sa consécration remontait, suivant Zozime, au temps de la guerre d'Albe; mais cette consécration n'aurait fait, dans tous les cas, que renouveler un ancien culte. L'endroit qui le recélait, à l'extrémité du Champ de Mars, sur le bord du Tibre, devait rester secret, et l'on n'enlevait la terre qui le recouvrait qu'à l'époque des jeux séculaires [4]; mais alors des sacrifices s'y accomplissaient pendant trois nuits consécutives, pour apaiser Pluton et Proserpine et détourner les maux qui menaçaient l'État. Les victimes qu'on immolait étaient des victimes noires.

N'oublions pas enfin que, dans ce même Champ de Mars, deux hommes furent immolés, au temps de César, sous forme de sacrifice. Cette immolation eut lieu après une sédition militaire sans importance. Elle n'avait d'ailleurs été prescrite, raconte Dion, ni par la sibylle, ni par aucun autre oracle.

Pluton ou le *Ditis Pater*, comme on appelait le dieu du Terentum, n'était pas la seule divinité souterraine qu'on adorât à Rome. Il y avait encore le dieu sabin Consus, dieu caché, *Absconsus*, dont Romulus avait trouvé l'autel sous terre dans la vallée du grand Cirque. Son culte était donc antérieur à l'époque romaine. Consus était, lui aussi, une puissance infernale, un dieu stérile, et, par ce motif, c'était le mulet qui lui était consacré. Ses fêtes se nommaient *Consualia*, et, durant leur célébration, les ânes et les chevaux étaient couronnés de fleurs. Les *Consualia* sont célèbres aussi, à un autre titre. Ce fut pendant que Romulus les célébrait, que les Sabines, accourues pour assister aux jeux, furent ravies par les hardis bergers du

(1) *Fast.* L. II. v 586. — (2) La *Regia* dont il est ici question était sur la voie Sacrée et servait de demeure au *roi des sacrifices.*
(3) *Hist. nat.*, l. XXXVI, c. 5. — (4) Ce fut pour ces jeux qu'Horace écrivit son *Carmen seculare.*

Velabre. Ovide fait honneur de l'idée à Consus : *Consus tibi cetera dicat* [1]. De là, sans doute, l'habitude chez les Romains de l'invoquer comme le dieu du bon conseil.

Passons maintenant dans l'île du Tibre, cette île formée, disait-on, par les gerbes du champ de Tarquin que le peuple jeta dans le fleuve [2]. « Je pense qu'ensuite cette île fut consolidée de main d'homme, dit Tite-Live, de manière à former un plateau assez consistant et assez élevé pour supporter des temples et des portiques. » On comptait, en effet, trois temples dans l'île du Tibre : un temple de Faune, un temple de Jupiter et le célèbre temple d'Esculape.

Le temple de Faune avait été érigé, l'an 557, par deux édiles, Domitius Ænobarbus et C. Scribonius, du produit des amendes auxquelles ils firent condamner quelques publicains. « Aux ides agrestes, dit Ovide, fument les autels de Faune, là où l'île divise les eaux obéissantes [3]. » Le temple du dieu cornu (*bicornis*) était donc dans la direction du pont Sixte. Nous savons par Vitruve qu'il était prostyle, c'est-à-dire qu'il n'avait de portique que sur sa partie antérieure.

Telle était également la forme du temple de Jupiter, édifié à la suite d'un vœu du préteur Furius Purpureo, pendant la guerre des Gaules, et consacré par C. Servilius, décemvir, l'an 558, c'est-à-dire un an seulement après le temple de Faune. Ce temple était en face de celui d'Esculape et lui était uni par un portique.

Le temple d'Esculape remontait, comme celui d'Apollon, à l'une de ces épidémies toujours fréquentes à Rome. Pour obéir aux livres sibyllins, des députés furent envoyés à Épidaure afin d'en rapporter la statue du dieu de la Médecine. Ils rapportèrent mieux que la statue : un serpent se glissa dans leur navire ; nul doute que ce ne fût le dieu lui-même. Arrivé à Rome, le serpent élut pour domicile l'île du Tibre, où on lui consacra immédiatement un temple avec prêtres et culte. Mais comme il fallait, en outre, faire vivre le dieu, on lui vota des aliments sur le fonds publics. Pline assure que la race du divin serpent existait encore, de son temps, dans plusieurs maisons de Rome [4].

Le temple d'Esculape était entouré d'un portique où affluaient les malades qui venaient chercher la santé. Plaute s'amuse, dans son *Curculion*, des guérisons qui s'y opéraient. « Il me faut bien partir du temple, dit un de ses personnages, dès que je sens l'arrêt d'Esculape. Loin d'éprouver un peu de mieux, ce qui me reste de santé s'en va. »

Les maîtres dont les esclaves étaient malades ou infirmes s'en débarrassaient souvent en les portant à l'île du Tibre et les remettant à la garde du dieu. L'abus devint tel que Claude déclara libres les esclaves ainsi exposés. Venaient-ils à guérir, ils ne retombaient plus sous le joug. Prévoyant, en outre, le cas où leurs maîtres, au lieu de les exposer, les mettraient à mort pour se dispenser de leur donner des soins, Claude ordonna de les poursuivre pour meurtre, *cædis crimine teneri* [5]. Il est remarquable que c'est dans le chapitre même où Suétone nous fait connaître cet édit qu'il parle de la première persécution des chrétiens. « Claude chassa de Rome, dit-il, les Juifs qui excitaient des troubles, à l'instigation d'un certain Chrest, *impulsore Chresto.* » On avait beau chasser et sévir, le christianisme pénétrait déjà la société et les lois.

Les malades qu'on apportait à Esculape étaient ordinairement couchés sous le portique où le dieu devait leur indiquer des remèdes en songe. Dans la crainte, sans doute, qu'il fût peu exact au rendez-vous, des recettes de tout genre étaient sculptées sur marbre, sous les arceaux.

Les temples de Jupiter et d'Esculape sont aujourd'hui remplacés par le pieux hospice des *Benfratelli* et par l'église Saint-Barthélemy, dont les colonnes sont antiques.

La rive droite du Tibre était à peu près déserte sous la République et l'Empire. C'était cependant sur cette rive, à un mille et un sixième de mille de la cité, qu'était le fameux temple érigé par Servius Tullius au hasard de la Fortune, *Fors Fortuna*. « Allez, Romains, disait Ovide, allez célébrer gaiement la déesse du Hasard, sur la rive droite du Tibre, où l'un de vos rois lui a fait don d'un temple. Allez, les uns à pied, les autres dans des barques rapides, et n'ayez pas honte de revenir chancelants à la maison. Et vous, barques, que couronne une riante jeunesse, chargez-vous de vivres, que l'on boive force vins au milieu de l'eau. Le peuple honore spécialement cette déesse, parce que celui qui lui érigea un temple était lui-même du peuple, et que le sceptre vint le trouver en petit lieu. C'est donc bien à propos que les petites gens fêtent cette divinité douteuse. »

Le temple de la Fortune eut plus tard pour voisins les jardins de César, un autre favori de la Fortune, et il est aujourd'hui remplacé par le couvent de Saint-François *à Ripá*, célèbre pour avoir été la demeure du grand apôtre de la pauvreté.

Les anciens auteurs mentionnent le bois de la déesse Furina, qui devait se trouver dans les environs de l'église actuelle des Quarante Martyrs. Ce bois est surtout célèbre par la mort de Caïus Gracchus qui y chercha vainement un refuge contre ceux qui le poursuivaient. Furina devait être sœur de Laverna, car elle était, comme elle, la déesse des filous.

Enfin, Anastase le bibliothécaire parle d'un temple d'Apollon qui se serait trouvé au pied du Vatican, près du cirque de

---

(1) *Fast.*, l. III, v. 199.
(2) Cette origine légendaire est considérée comme impossible par M. Ampère et plusieurs autres érudits. Nardini, après avoir bien étudié le régime du Tibre, la considère, au contraire, comme très-probable.
(3) *Fast.*, l. II, v. 193. — (4) Pline. *Hist. nat.*, l. XXIX, c. 4. — (5) Suét., *in Claud.*, c. 25.

Néron. On a pris longtemps pour ce temple la vaste rotonde qui formait la chapelle de Sainte-Pétronille dans la première basilique vaticane; mais, suivant Charles Fontana, la position qu'occupait cette chapelle eût rendu impossibles les évolutions des chars dans le cirque. Ampère suppose que les oracles, *Vaticinia*, qui avaient rendu le Vatican célèbre, émanaient du temple d'Apollon. Peut-être, au contraire, avait-on bâti le temple en raison des oracles, car les oracles avaient précédé le temple. On les signalait dès le temps des Étrusques. Il y avait dans tout le Vatican un dieu, dit Aulu-Gelle, dont la force et l'inspiration se révélaient par des oracles continuels [1]. Singulier présage du rôle que cette colline célèbre devait jouer un jour dans l'histoire. C'est bien là qu'on peut dire avec plus de raison que sur le Capitole : *Numen inest* [2].

VIII

MONUMENTS DIVERS.

ORTIQUES. — Nous avons pu remarquer que la plupart des temples avaient des portiques, soit seulement sur leur façade, et alors on les appelait prostyles, soit autour de leur *cella*, quelle que fût sa forme, ronde ou carrée, et alors on les appelait périptères. Quelquefois ils étaient accompagnés, en outre, d'un forum ou d'une *area* entourée de portiques. Tels étaient, entre autres, le temple de Vénus Mère au Forum de César, et celui de Mars Vengeur au Forum d'Auguste. Nous avons parlé aussi des doubles portiques du Forum romain; mais il en existait beaucoup d'autres, tant pour l'ornement que pour la promenade. Nous citerons les plus célèbres.

Sur la partie de l'Esquilin qui confinait à la Velia était le PORTIQUE DE LIVIE, édifié par Auguste à la place de l'immense maison, *immensæ domus*, que Vedius Pollio lui avait léguée. Auguste craignit que le luxe d'une pareille demeure devînt d'un mauvais exemple, et, afin d'en effacer jusqu'au souvenir, il supprima le nom de Pollio et donna celui de Livie, sa femme, au portique. Livie y ajouta un temple magnifique qu'elle dédia à la Concorde [3].

On donnait le nom PORTICUS APSIDATUS à une galerie couverte qui allait de la voie Sacrée aux Carines.

Le célèbre portique MILLIARENSIS faisait partie des jardins de Salluste, sur le Quirinal. Vopisque nous dit qu'Aurélien, qui se plut à l'orner, y faisait chaque jour, à cheval, un exercice fatigant, *et equos et se fatigabat* [4]. Les uns ont interprété son nom de *milliarensis* par mille colonnes, les autres par mille pas.

Entre le Quirinal et le Viminal était le PORTIQUE DE QUIRINUS, rendez-vous habituel de la foule oisive. C'était là qu'on pariait sur *Scorpus et Incitatus*, dit Martial, c'est-à-dire sur les jockeys et les chevaux du temps.

Sur la pente du Quirinal devait être le PORTIQUE DE CONSTANTIN, dont Canina a cru reconnaître des vestiges importants au-dessous du palais pontifical.

Le PORTIQUE VIPSANIUS s'étendait près de là, dans la plaine. On attribue sa fondation à Marcus Vipsanius Agrippa, le célèbre favori d'Auguste. Agrippa n'ayant pas eu le temps d'y mettre la dernière main, il fut achevé par sa sœur Pola, qui y ajouta des allées plantées. Martial apercevait, de son troisième étage, les lauriers de ce portique, *Vipsanas lauros* [5]. Nous savons par le même Martial que l'arceau d'un aqueduc, celui évidemment de l'eau Vierge, lui servait d'entrée [6]. C'était là que le poëte rêvait le bonheur dans la conversation de ses amis. « Le portique, la fraîcheur de l'ombre, l'eau de la fontaine vierge, les bains, voilà les lieux où je voudrais être toujours : »

.... Porticus, umbra, Virgo, thermæ
Hæc essent loca semper [7].

Le portique des SEPTA avait une destination particulière, celle de former les rangs du peuple lorsqu'il allait voter. Les *Septa* ne furent d'abord que de simples palissades en bois comme pour les troupeaux; aussi les appelait-on *Ovilia* (barrières à brebis). Mais à la fin de la République les *Ovilia* furent supprimés pour faire place à un somptueux portique. « Nous faisons quelque chose de très-glorieux, écrivait Cicéron à Atticus, ce sont des clôtures en marbre et couvertes pour les comices par tribus, et nous les entourons d'un portique élevé, dont la longueur sera de mille pas [8]. » On trouve des vestiges de ce portique depuis Sainte-Marie *in via Lata* jusqu'à Saint-Marc. Il avait sept nefs. Le vote populaire ayant fini par tomber en désuétude avec la liberté, l'enclos des *Septa* servit souvent à des jeux et à des combats de gladiateurs. « Claude y donna, entre autres, un spectacle tout nouveau et qu'il nomma la *Sportule*, raconte Suétone, parce que, disait-il, c'était un petit souper impromptu et sans cérémonie. Ce petit souper était un combat de gladiateurs, mais de peu de durée, *paucorum dierum* [9]. » Ce fut enfin

(1) *Noct. Atti.*, l. XVI, c. 17. — (2) Ov., *Fast.*, l. III, v. 296. — (3) Ov., *Fast.*, l. VI, v. 637. — (4) *In Aurel.*, c. XLVIII.
(5) *Ep.*, l. 1, Ép. 109. — (6) L. IV, Ép. 18. — (7) L. V, Ép. 20. — (8) L. IV. Ép., 16. — (9) Suét., in *Claud.*, c. 21.

pendant le sacrifice qui précédait les jeux gymniques donnés par Néron dans les *Septa*, que ce prince fit couper sa première barbe. Il l'enferma dans un coffret d'or orné de pierreries et la consacra au Capitole [1]. Voilà à quoi servaient les *Septa* depuis qu'ils étaient devenus de marbre.

Les *Septa* et leur portique avaient été commencés par Lépide, continués par Agrippa et terminés par Pola, sa sœur, dont le portique prit quelquefois le nom.

Ce fut également Agrippa qui construisit le célèbre PORTIQUE DES ARGONAUTES. Il le dédia à Neptune, en reconnaissance des victoires qu'il avait remportées sur mer. Une vaste peinture représentant l'expédition des Argonautes à la recherche de la toison d'or en faisait le principal ornement. Ce portique entourait le temple de Neptune.

Ammien Marcellin cite un autre *grand portique* qu'il appelle du BON ÉVÉNEMENT (*Boni Eventus*), parce qu'il était près du temple de ce dieu. Il était aussi voisin des bains d'Agrippa, que nous savons avoir existé derrière le Panthéon.

Le PORTIQUE D'EUROPE et ses buis échauffés par le soleil sont célébrés par Martial comme un des lieux les plus fréquentés de Rome [2]. On y voyait le taureau ravisseur d'Europe, *Vector lascive... taure*. Le portique d'Europe paraît avoir occupé l'emplacement de l'église actuelle de Saint-Sauveur *in Lauro*.

Martial fait courir son parasite, à la recherche d'un dîner, du portique d'Europe aux *Septa* et des *Septa* au *toit reposant sur cent colonnes* et au *double bois de Pompée*.

Le théâtre de Pompée occupait l'emplacement actuel du palais Pio et des maisons environnantes, entre le *Campo di fiori* et le couvent de Saint-André *della Valle*. Derrière le théâtre était un portique divisé en deux parties par quatre files de colonnes avec bosquets au centre, allées de platanes et statues de bêtes sauvages, au milieu desquelles était un triton qui lançait de l'eau. Sur le côté Nord de ce portique s'en trouvait un autre à deux rangs de colonnes, désigné par le nom d'HÉCATONSTYLE (à cent colonnes). C'est bien le *centum pendentia tecta columnis* de Martial. On attribue généralement les quarante-quatre colonnes de granit de la cour de la Chancellerie à l'Hécatonstyle de Pompée.

Sur le Capitole était le portique qui entourait le temple de Jupiter, et sur la pente du mont, vers le Forum, le portique des DOUZE DIEUX CONSENTES, c'est-à-dire formant le conseil de l'Olympe. Chacune des divinités avait sa *cella* et sa statue. Sous le *Tabularium*, suivant Canina, étaient les *cellæ* et les statues de Jupiter, Junon et Minerve; et de l'autre côté du *clivus*, celles de Vesta, Cérès, Diane, Vénus, Mars, Mercure, Neptune, Vulcain et Apollon. Le portique formait galerie devant les *cellæ* et les Dieux. Nous parlerons du portique du *Tabularium* au chapitre des monuments qui ont vaincu le temps et les révolutions. Nous décrirons en même temps ce qui reste du célèbre PORTIQUE D'OCTAVIE, entre le Capitole et le Tibre. Le lieu où il s'élève fut d'abord occupé par le portique de MÉTELLUS le Macédonique, où l'on voyait les nombreuses statues équestres en bronze des cavaliers tués au passage du Granique, statues célèbres pour être de Lysippe et pour avoir été commandées par Alexandre le Grand [3]. Le portique d'Octavie était l'œuvre d'Auguste; il enfermait dans sa vaste enceinte quadrilatérale un temple de Jupiter et un temple de Junon, une bibliothèque, une curie, des objets d'art sans nombre. Les deux temples avaient été construits par Saurus et Batrachus, ces deux artistes de Laconie qui signaient leurs œuvres en sculptant sur les chapiteaux un lézard et une grenouille, traduction parlante de leurs noms. Le temple de Jupiter était périptère. On y voyait une statue du dieu par Pasitélès et la Vénus accroupie de Polycharme. Le temple de Junon avait deux statues de la déesse par Polyclès et par Denys, une Diane et un Esculape de Cephisodote, et une Vénus de Philiscus, qui était peut-être la Vénus de Médicis, trouvée à peu de distance. La curie possédait un Alcibiade en Amour tenant la foudre. Ailleurs on voyait un Amour attribué par Pline à Praxitèle, un tableau d'Antiphile représentant Philippe et Alexandre avec Minerve; enfin, sous le portique, à côté des statues des compagnons d'Alexandre, une Vénus de Phidias, l'Hercule divinisé d'Antiphile, Cornélie, l'illustre mère des Gracques [4], et des tableaux de la guerre de Troie, par Théon.

A la suite du portique d'Octavie venait le portique construit par Marcius PHILIPPUS autour du temple d'Hercule Musagète ou des Muses, *Ædes Herculis musarum*. Ce temple avait d'abord été fondé par Fulvius Nobilior, qui l'avait orné de statues apportées de l'Acarnanie et de l'Étolie. Il fut ensuite reconstruit par Philippe. Dans le temple et sous le portique étaient l'Hélène de Zeuxis, un Bacchus, un Alexandre enfant, un Hippolyte effrayé par le monstre et diverses peintures d'Antiphile.

Nous ne ferons maintenant que citer le PORTIQUE DE CATULUS, sur le Palatin, portique qui fut deux fois démoli par Clodius; celui de MINUCIUS, qui servait à la vente du froment et était surmonté de vastes greniers; le portique MARGARITARIUS, évidemment occupé par les joailliers; le portique FABARIUS, au pied de l'Aventin, qui servait au débarquement des marchandises, et le portique ÉMILIEN, qui formait une dépendance de l'*Emporium*. Tous ces portiques étaient ornés d'objets d'art. Le PORTIQUE DE POMPÉE avait, à lui seul, deux cent quatre-vingt-cinq statues de bronze et deux cent trente de marbre.

---

(1) Suét., *in Nerone*, c. 12. — (2) *Ép.*, l. II, Ép. 14, et l. III, Ép. 20.
(3) *Turmam statuarum equestrium.* (*Vellejus Paterculus*, l. Ier, c. 11.)
(4) Et estoit ladite statue assise, dit Pline, ayant cela de singulier qu'on lui fit des sandales et chaussures sans courroies ni brides. (Traduction de du Pinet).

Basiliques. — Les basiliques étaient, je l'ai dit, les *Bourses* de l'antiquité. C'était là, en effet, que se traitaient les affaires et que se trouvait le tribunal de commerce. La première basilique construite à Rome le fut par Caton le Censeur, *caractère très-positif, très-pratique, très-ami du gain*, dit Ampère. Elle prit le nom de basilique Porcia, de son nom de Porcius, et marqua l'influence croissante des financiers. La seconde basilique fut la basilique Sempronia, qu'érigea le père des Gracques.

Tite-Live nous apprend que la basilique Porcia fut bâtie sur l'emplacement des Lautumies et de quatre tavernes que Caton avait achetées, et Plutarque ajoute : « au-dessus de la Curie. » Les Lautumies étaient des prisons qui paraissent avoir été en usage depuis la seconde guerre punique.

La basilique Sempronia fut érigée dans le *vicus Tuscus*, près de la statue de Vertumne, en vue du Forum.

Une troisième basilique, la basilique Fulvia, fut érigée pendant la censure de Fulvius Nobilior et de M. Æmilius Lepidus. On y voyait des boucliers de bronze représentant les images des Æmilius. Elle était située sur le côté Nord du Forum.

Opimius en construisit une quatrième, la basilique Opimia, après le meurtre de Caïus Gracchus et le massacre de ses partisans. Ce fut de leurs dépouilles et des dots de leurs femmes que la basilique fut édifiée. Opimius y ajouta un temple à la Concorde. Basilique et temple se trouvaient sur le Vulcanal.

La basilique Fulvia étant dégradée, Æmilius Paulus entreprit sa restauration; puis, s'étant fait payer 1,500 talents par César sa défection du parti de Pompée, il commença une basilique toute nouvelle, la basilique Æmilia ou Basilique de Paul, à l'Est de celle qui portait le nom de Fulvius, vers l'emplacement actuel de Saint-Adrien. On a cru reconnaître ses belles colonnes dans celles qui ornaient l'ancienne basilique de Saint-Paul.

Sous Auguste, la basilique Julia fit pendant à la basilique Æmilia, sur le côté méridional du Forum; sous Trajan, la basilique Ulpia fut un des plus beaux ornements de la place Trajane; enfin, sous le tyran Maxence s'éleva, sur la voie Sacrée, la vaste basilique qu'on a si longtemps prise pour le temple de la Paix.

De tous ces monuments, trois seuls, la basilique Julia, la basilique Ulpia et la basilique de Maxence, ont laissé des vestiges reconnaissables. Les basiliques étaient de vastes édifices à trois ou à cinq nefs, avec une abside au fond pour le tribunal. Les nefs latérales avaient deux étages et, par conséquent, formaient un double portique. On peut en voir un exemple à Sainte-Agnès hors les murs, car la forme, comme le nom, fut adoptée par les premiers chrétiens pour leurs églises.

Cirques, Amphithéâtres, Théâtres. — Les jeux publics des Romains rappelèrent d'abord l'âge pastoral d'Évandre. C'étaient des courses sur des peaux de bœuf huilées, *pelles bubulcas oleo perfusas percurrebant* (Varron). Mais cet amusement rustique fit bientôt place à un amusement plus guerrier, les *Équiries*, ou courses de chevaux, qui se firent, tantôt dans le Champ de Mars, tantôt et plus souvent dans la vallée *Murcia*, entre le Palatin et l'Aventin. Les croupes de ces deux collines présentaient, en effet, des gradins naturellement disposés pour les spectateurs. On fit, en outre, des gradins plus rapprochés, d'abord en bois, puis en pierre. Ce fut Tarquin le Superbe qui opéra cette transformation et fit du cirque un monument. Denys d'Halicarnasse, qui le vit après sa restauration et son agrandissement par Jules César, lui donne trois stades et demi de longueur (647 mètres 32 centimètres), sur une largeur de quatre plèthres (124 mètres). Il pouvait contenir cent cinquante mille personnes. Vespasien l'agrandit de nouveau, et Pline porte alors à deux cent cinquante mille le nombre des spectateurs qui pouvaient y trouver place. Nouvel agrandissement sous Trajan, puis sous Constantin. Le nombre des places finit par monter à quatre cent cinq mille. Cette simple énumération rappelle le cri toujours plus vif des Romains de la décadence : *Panem et circenses!* du pain et les spectacles du cirque! Voilà quelles furent sous l'Empire les grandes passions de Rome!

Il ne faudrait pas croire, au reste, que la Rome des rois et des consuls en eût été complètement exempte. C'était dans cette même vallée du cirque qu'avait eu lieu l'enlèvement des Sabines pendant la célébration des jeux *Consualia*, et nous verrons bientôt les combats de gladiateurs inaugurés au Forum, en pleine République.

Le *Grand Cirque*, Circus Maximus, nom que méritait, à si juste titre, le cirque de Tarquin, avait la forme oblongue qui devint habituelle à toutes les constructions de ce genre, avec une extrémité semi-circulaire décrivant la courbe que formaient les chars en tournant autour de la *meta*, et une autre extrémité, également cintrée, mais dont le cintre était à peine sensible. Dans la partie semi-circulaire, celle de l'Est, était la grande porte d'entrée; dans la partie opposée s'ouvraient les douze portes des *carceres*, prisons ou remises, d'où s'élançaient, au signal donné, les chevaux, les chars ou les bêtes féroces. Le milieu de l'arène était marqué, dans toute sa longueur, jusqu'à la borne, par ce qu'on appelait la *Spina*, plate-forme étroite ornée d'autels, de statues [1], de colonnes, d'oves rappelant Castor et Pollux, et, à ses extrémités, de deux obélisques.

Autour de l'arène, César fit creuser un canal de dix pieds de largeur et de profondeur qu'il nomma l'Euripe. Ce canal était plein d'eau et garantissait la sécurité des spectateurs. En dehors de l'Euripe était un portique à trois étages où des gradins

(1) Tertullien cite notamment des édicules dédiés au Soleil et à la Lune, avec quadriges et les statues des deux divinités, puis les statues des divinités *Sessiennes, Messiennes, Tuteliennes*, des figures de dauphins, et des œufs, symboles de Castor et Pollux, les deux célèbres dompteurs de chevaux.

étaient disposés comme dans les théâtres. Les gradins inférieurs, construits en pierre ou en marbre, étaient les plus distingués. On montait aux étages par un portique extérieur surmonté d'édifices dans lesquels des escaliers avaient été pratiqués.

Avant de commencer les jeux, on déterrait l'autel du dieu Consus qui, nous le savons, était un dieu caché, et on lui offrait des sacrifices. Le cirque avait été particulièrement fait pour les courses de chevaux et de chars; mais la course à pied, le pugilat, la chasse des bêtes fauves y étaient également admis. On dit même que ce fut dans le grand cirque qu'eut lieu la touchante aventure d'Androclès épargné et protégé par un lion auquel il avait arraché une épine du pied, en Afrique.

Après avoir dit quels étaient les acteurs, il nous resterait à dire quels étaient les spectateurs. *C'était tout Rome*, dit Juvénal : « Le signal est donné, ajoute-t-il; les jeux sont commencés; déjà le préteur, ruiné par ses chevaux, est assis sur son char comme un triomphateur; j'entends des acclamations; sans doute la faction verte triomphe; sinon nous verrions la ville aussi consternée qu'après la défaite de Cannes. Allez à ce spectacle, jeunes gens; le bruit, les paris, l'agrément de s'y asseoir près de jeunes filles coquettement parées, conviennent à votre âge. Et vous, jeunes mariées, allez, penchées sur vos époux, contempler ce qu'on rougirait de dire en votre présence [1]. » Ailleurs, le même poète nous montre le cirque envahi par les courtisanes [2]. Tertullien n'a pas dit plus que lui.

N'oublions pas enfin que c'était dans le cirque qu'avaient lieu ces jeux de Flore qui faisaient fuir Caton; mais dans quel cirque? Ampère croit que c'est le Grand Cirque, supposition peu admissible par le genre de spectacles qui s'y donnait. Les pantomimes veulent, en effet, un espace restreint, comme les courses en veulent un étendu. Le spina, les édicules, les statues, les bornes, deviennent alors des obstacles; il faut une arène libre comme pour un théâtre; aussi Martial et Valère Maxime donnent-ils le nom de théâtre au cirque de Flore. Le Cirque de Flore est généralement placé dans la vallée qui sépare le Quirinal du Pincius, au lieu qu'occupe actuellement la place Barberini.

Nommons encore le Cirque Flaminien, construit, en l'an de Rome 533, par le censeur C. Flaminius, dont le nom rappelle la grande victoire de Trasimène. Ce cirque paraît s'être étendu de la place Paganica, où était sa partie semi-circulaire, à la place Margana où étaient les *carceres*. Sainte-Catherine des Cordiers se trouve comprise dans son enceinte, et les *botteghe oscure* doivent leur nom aux boutiques qui s'étaient établies sous ses gradins. C'était dans le cirque Flaminien que se célébraient les jeux Apollinaires; et lorsque ce cirque, situé dans la partie basse de Rome, était inondé, ils avaient lieu sur le Quirinal, dans le Cirque de Salluste. On voit encore des vestiges de ce dernier entre l'église des Capucins et l'ancienne porte Salara.

Le Cirque de Caius et de Néron mérite une mention spéciale par le lieu qu'il occupa et les souvenirs qu'il rappelle. Il était situé au pied du Vatican. Commencé par Caius Caligula dans les jardins d'Agrippine, sa mère, il fut achevé par Néron qui prit plaisir à l'orner. Sénèque, après avoir flétri les cruautés de Caligula, ajoute : « Se promenant dans le xyste [3] des jardins de sa mère, qui s'étendent entre le portique et le fleuve, il fit venir quelques-unes des victimes, avec des matrones et des sénateurs, pour les décapiter aux flambeaux [4]. » Avons-nous besoin maintenant de reproduire le célèbre texte de Tacite, pour savoir quels jeux y célébra Néron? C'était là qu'il se donnait en spectacle, conduisant des chars et entraînant sur la scène, à prix d'argent, les héritiers de familles nobles, dans la pensée que *plus il y aurait d'infâmes, moins sa honte serait grande*. Et quand il voulut faire retomber sur les chrétiens l'incendie de Rome, il en fit arrêter, dit l'historien, une multitude immense, *multitudo ingens*, et, tantôt, les enveloppant de peaux de bêtes, il les faisait déchirer par des chiens, tantôt enduisant leurs corps de résine, il s'en servait la nuit comme de flambeaux pour éclairer ses plaisirs. Néron avait offert ses propres jardins pour ce spectacle, et, pendant ce temps-là, il donnait des jeux au cirque [5].

Le cirque de Néron s'étendait du milieu de la place actuelle de Saint-Pierre à l'église de Sainte-Marthe où se trouvait son hémicycle. Il couvrait ainsi dans toute sa longueur l'emplacement de la nef gauche de la basilique vaticane. L'obélisque du Vatican ornait sa *Spina*. Les jardins de Néron faisaient suite au cirque dans la direction du môle d'Adrien.

Adrien eut aussi son cirque qui fut construit spécialement pour fêter le huit cent soixante-quatorzième anniversaire de la fondation de Rome. Ce cirque s'étendait dans les prés de Néron, au Nord-Est du château Saint-Ange.

Près de Sainte-Croix en Jérusalem, et au-dessous de l'amphithéâtre *Castrense*, on reconnaît l'emplacement d'un cirque qui fut sans doute celui des Horti Variani, où Héliogabale allait donner des courses lorsqu'il fut pris par ses soldats.

Le Cirque d'Alexandre Sévère a laissé des traces plus visibles, à la place Navone qui lui a succédé. Les maisons y sont, en effet, construites sur les substructions arquées qui supportaient les gradins, et elles reproduisent encore le demi-cercle que décrivait son extrémité septentrionale, du côté du Tibre. Au moyen-âge, il fut nommé cirque *Agonal,* bien que rien ne prouve jusqu'à présent que la fête des *Agonales* fut accompagnée de jeux à Rome comme en Grèce. C'est de ce mot *Agonal* qu'est venu le nom de place *Navone.*

Les jeux du cirque furent la première grande joie des désœuvrés de Rome. Les combats de gladiateurs furent la seconde et

(1) *Sat.* XI, v. 19 et *seq.* — (2) *Sat.* III, v. 65.
(3) Allée couverte où s'exerçaient les athlètes. — (4) *De Ira*, l. III, c. 18. — (5) *Ann*, l. XIV, c. 14, et l. XV, c. 45.

certainement la plus vive. Ils furent introduits à Rome l'an 490, par M. et D. Junius Brutus qui furent mus, dit Tite-Live, par je ne sais quelle piété filiale et désir d'honorer les cendres de leur père. « Ce nouveau divertissement, ajoute-t-il, fut accueilli avec *grande faveur*, et ainsi commença la cruelle coutume de faire de l'effusion du sang humain un *plaisir public*. Cette injure à l'humanité fut vengée par la peste [1]. » La peste toutefois passa, mais les massacres restèrent.

L'indignation de l'historien lui fait d'ailleurs d'autant plus d'honneur qu'elle fut moins partagée.

Scipion l'Africain donna en Espagne un spectacle du même genre pour les funérailles de son père. Les combattants étaient, dit Tite-Live, des personnages distingués qui combattirent volontairement. Les deux Levinus mirent aux prises cinquante gladiateurs dans une circonstance semblable; on en vit cent vingt aux funérailles d'un Licinius; soixante-quatorze combattirent, pendant trois jours, pour honorer la mémoire d'un Flaminius. La philosophie elle-même n'osait proscrire ces hontes. Cicéron convenait que plusieurs les trouvaient inhumaines. « Je ne sais, disait-il, s'ils n'ont pas raison, en parlant des jeux tels qu'ils sont aujourd'hui; mais quand on n'y voyait lutter que des coupables, nul spectacle ne pouvait mieux nous fortifier contre la douleur et contre la mort [2]. » Une fois cependant il se montre attendri à la pensée d'un malheureux, faible et tremblant, que déchire une bête vigoureuse *ou d'un noble animal percé par un javelot* [3]. » Même pitié pour un homme et pour un éléphant!

Et les femmes n'étaient pas le moins empressées à embellir de leur présence ces affreuses hécatombes! Les vestales elles-mêmes, ces vierges pures, dont la seule rencontre sauvait un condamné, avaient leur place marquée dans l'amphithéâtre. Nous savons par Prudence avec quelle joie elles trépignaient lorsqu'un gladiateur était grièvement blessé : « Elle se lève au coup, dit-il, et, chaque fois que le fer pénètre dans la gorge, elle se pâme d'aise, puis, renversant le pouce, la vierge modeste prononce l'arrêt de mort : »

Pectusque jacentis
Virgo modesta jubet, converso pollice, rumpi [4].

Ces jeux étaient suivis de festins, dit Tite-Live, *post ludos epulum.*

Les combats de gladiateurs eurent d'abord lieu dans le Forum, autour duquel on élevait des échafaudages en planches. Les balcons des terrasses qui surmontaient les boutiques étaient aussi garnis de spectateurs. Dans les derniers jours de la République, Curion fit construire un amphithéâtre formé de deux théâtres en bois tournant sur pivots. Séparés, on pouvait donner sur chacun d'eux des représentations scéniques; réunis et dessinant un ovale complet, leur arène devenait la scène, et, au lieu des plaisirs de l'art, comme dit Ampère, on avait les plaisirs du sang. Peu après, César fit construire un amphithéâtre fixe; comme celui de Curion, d'ailleurs, il était en bois. Statilius Taurus en édifia un en pierres sous Auguste. Enfin, Vespasien donna une consécration solennelle et dernière à cette prédominance chaque jour plus grande du goût du sang, en faisant de l'AMPHITHÉÂTRE FLAVIEN le plus vaste et le plus beau des monuments de Rome.

Énumérons maintenant les jouissances de l'amphithéâtre. C'était d'abord le combat de l'homme contre l'homme, sous toutes les formes possibles et avec tous les raffinements de la plus cruelle habileté : lutte à l'épée, au trident, au filet, au lacet comme les sauvages des pampas; on combat à pied ou à cheval, sur des chars ou sur des navires, car des tuyaux permettent de transformer, quand on veut, l'arène en un lac. On se porte des coups à claire vue ou à l'aveugle. Le peuple aime, en effet, les méprises et les surprises des malheureux *andabates* qui se cherchent et se frappent les yeux bandés; à chaque coup qui présage la mort, les applaudissements éclatent. *Hic habet*, « il en tient! » crie-t-on avec ivresse.

Je n'ai parlé jusqu'ici que des combats d'homme à homme, mais plus d'une fois les femmes parurent dans l'arène, sous Néron notamment, et des *femmes illustres*, dit Tacite [5]. Suétone mentionne également des femmes parmi les combattants, sous Domitien [6], Xiphilin sous Titus, et Juvénal nous représente une femme, Mævia, armée, le sein nu, et perçant de son javelot un sanglier de Toscane [7]. *Sævit et ipsa Venus*, disait Martial.

Les chasses suivirent, en effet, de près les combats de gladiateurs. Ceux-ci avaient été empruntés aux Étrusques; mais les chasses furent un plaisir tout romain, et quelles chasses! Les bêtes furent d'abord seules à périr. Sylla donna le spectacle de lions que des Numides tuaient à coups de flèches; Claudius Pulcher fit, à son tour, tuer des éléphants; mais Pompée perfectionna le spectacle. « Il fit paraître dix-huit éléphants, dit Sénèque, et, contre eux, des condamnés. Nouvelle méthode, ajoute-t-il, pour faire périr les hommes. Ils luttent, ce n'est pas assez; ils sont mis en pièces, ce n'est pas assez; il faut qu'ils soient écrasés par la lourde masse d'animaux énormes [8]. » César, facilement jaloux, ne voulut pas faire moins. Il fit combattre des hommes et des éléphants dans un amphithéâtre et deux armées soutenues par vingt éléphants dans le cirque. Les tigres, les panthères, les lions, les ours furent successivement amenés, à grand prix, de tous les points de l'Afrique. Pompée avait fait paraître un loup cervier et un rhinocéros; Scaurus, un hippopotame et cinq crocodiles. Quelquefois on leur livrait les condamnés attachés nus à des poteaux; mais, le plus souvent, il y avait lutte, péripétie et boucherie.

(1) Liv. XVI, 52. — (2) *Tuscul.*, II, 17. — (3) *Ad Fam.*, VII, 1. — (4) *In Symm.*, II, v. 1100.
(5) *Ann.*, XV, 32. — (6) *In Domit.*, IV. — (7) *Sat.* Ire, v. 22. — (8) *De brevi vita*, XIII.

Titus mit en scène cinq mille bêtes de toute espèce pour la consécration de l'amphithéâtre Flavien; Trajan en produisit dix mille en une seule chasse, et le nombre des gladiateurs allait de pair. Vainement Auguste avait cru pouvoir limiter ce nombre à soixante couples par jour; les mœurs furent plus fortes que sa bonne volonté, et le doux Trajan donna cent vingt-trois jours de jeux où parurent dix mille gladiateurs. Auguste avait voulu aussi que son arrivée à l'amphithéâtre sauvât la vie d'un combattant; il défendit même le combat à outrance; mais le peuple réclame, proteste. « On accorde tout à César, dit un éloquent écrivain, sauf le droit de faire grâce [1], » et le Sénat lève sa défense.

Telle est l'histoire de l'amphithéâtre, monument essentiellement romain, dernier terme de l'horreur et, par nos martyrs, dernier terme du sublime.

L'amphithéâtre de STATILIUS TAURUS, au Champ de Mars, n'a laissé aucun vestige. Les uns le placent au Monte-Citorio; les autres (Canina) au Monte-Giordano. L'AMPHITHÉÂTRE FLAVIEN et l'AMPHITHÉÂTRE CASTRENSE subsistent encore en partie. Nous nous en occuperons au chapitre des monuments existants.

Le théâtre avait précédé l'amphithéâtre; mais il lui resta toujours inférieur et subordonné. Térence s'en plaignait tristement : « A la première représentation de l'*Hecyre*, disait-il dans le premier prologue de cette pièce, nous commencions à peine qu'il survint un pugiliste en réputation et, pour nous achever, l'annonce d'un danseur de corde. Aussitôt chacun de courir à ce spectacle.... J'essaie une seconde représentation; le premier acte réussit; mais le bruit court soudain qu'on va donner des gladiateurs; adieu notre monde! » Horace n'est pas moins explicite. Il nous représente le peuple interrompant les vers pour demander l'ours et les lutteurs, car c'est là ce qui l'amuse, *his nam plebicula gaudet.* « Le chevalier lui-même, ajoute-t-il, ne cherche plus que les vaines jouissances des yeux; il lui faut le défilé sur la scène d'un escadron de cavaliers et d'un bataillon de fantassins; il lui faut des rois les mains enchaînées, des chars, des villes d'ivoire [2]; » il faut à ce peuple non de l'esprit, non des feintes, mais d'affreuses vérités : Pasiphaé outragée sur la scène, Orphée déchiré par un ours. Et lors même qu'on se prête à de plus nobles spectacles, ce n'est pas la pièce qu'on applaudit, c'est l'acteur; c'est son jeu qui exagère l'expression, qui rend l'obscénité vivante par le geste. A ce prix, il gagnera 100,000 sesterces; on le verra même parfois en laisser jusqu'à 20,000,000 (4,000,000 de francs) à sa famille.

Le THÉÂTRE DE MARCELLUS, construit sous Auguste, existe encore en partie. Nous y viendrons plus tard. Le THÉÂTRE DE BALBUS, qui datait de la même époque, et celui de Pompée ont complétement disparu. Le théâtre de Balbus et le portique qui y était joint, afin que les spectateurs pussent trouver un abri à l'occasion, occupaient la partie basse de Rome, près du Ghetto actuel. On en retrouve encore quelques vestiges sous le palais Cenci.

Le THÉÂTRE DE POMPÉE était plus ancien de quelques années et il était le premier qui eût été construit en pierres, ce qui lui valut le titre de théâtre *lapideum* ou *marmoreum.* Sa magnificence était extrême. On y comptait quarante mille siéges et, au sommet des gradins, était un temple dédié à Vénus *Victrix*, la mère d'Énée personnifiant la Victoire. « Pompée le Grand, dont la grandeur ne céda qu'à celle de son théâtre, dit Tertullien, après avoir fait construire cette citadelle de toutes les hontes, *arcem omnium turpitudinum*, craignant les reproches qu'un pareil monument pourrait attirer à sa mémoire, lui superposa un édifice en l'honneur de Vénus, et, appelant le peuple à sa dédicace, évita de lui donner le nom de théâtre pour l'appeler le *temple de Vénus*, auquel, disait-il, il n'avait fait qu'ajouter des gradins pour le spectacle [3]. »

Cette supercherie religieuse ne trompa toutefois personne. Les vieux Romains firent un crime à Pompée, dit Tacite, d'avoir substitué un théâtre fixe aux constructions éphémères qu'on élevait pour l'heure des jeux et dans lesquelles même le peuple restait debout, de peur qu'une position plus commode ne le retînt des jours entiers dans l'oisiveté du spectacle [4]. »

Le théâtre de Pompée était joint à sa curie et à son portique. On en trouve encore des restes sous le palais Pio, à *Campo di Fiore*, et dans le demi-cercle qu'on pourrait décrire de Sainte-Barbe au chevet de Saint-André *della Valle*.

THERMES. — Les thermes ne datent que de l'époque impériale. Antérieurement, sans doute, on se baignait à Rome; mais les bains n'y avaient pour but que la propreté, nullement la jouissance. « On y allait pour se purifier de la sueur et non des parfums, disait Sénèque... Dans les vieilles mœurs de Rome, ajoutait-il, on se lavait journellement les bras et les jambes, afin de n'y rien garder des souillures du travail; mais on ne se lavait entièrement qu'une fois par semaine. Les bains étaient donc en petit nombre et sans ornements; l'eau même n'y était pas toujours nouvelle, toujours claire, et cependant, Dieux bons! poursuit le philosophe, quel plaisir d'entrer dans ces bains obscurs qui n'étaient enduits que de plâtre, mais où l'on savait que Caton, Fabius Maximus ou l'un des Cornélius avait trempé ses doigts pour régler la température! Aujourd'hui nos délicats se moquent de la rusticité de Scipion qui ne savait pas éclairer ses étuves à l'aide de pierres spéculaires et se baignait quelquefois en eau trouble. — Malheureux homme, s'écrient-ils, il ne sut pas vivre [5]! »

(1) Champagny, *les Césars*, t. IV, p. 161. — (2) *Ép*., l. Ier, Ép. Ire, v. 185.
(3) *De Spectac.*, c. 19. — (4) *Ann.*, XIV, 20. — (5) *Ad. Lucil.*, Ép. 86.

Savoir vivre au temps de Sénèque, c'était passer aux thermes une partie du jour, manger, digérer dans le bain, se faire masser, épiler, parfumer, se livrer à l'exercice, au jeu, à la promenade dans de tièdes bosquets, à la conversation dans de vastes hexèdres, ornés de statues, de peintures, de mosaïques, ou même à l'étude dans de riches bibliothèques.

Les Thermes d'Agrippa furent les premiers monuments de ce genre que l'on vit à Rome. Auparavant, les bains s'appelaient simplement *Balneum*, *Lavacrum*; c'était le temps de l'eau trouble de Caton. Ils s'appelèrent désormais *Gymnase laconien*, de la Laconie où cette gymnastique du bain avait pris naissance, et plus souvent *thermæ*, c'est-à-dire étuves.

Les thermes d'Agrippa étaient derrière le Panthéon et s'étendaient fort loin, car on a trouvé des restes de leurs salles ou de leur enceinte dans le couvent de la Minerve, dans les fondations du palais Altieri et dans celles du théâtre Valle. On ne peut s'étonner d'ailleurs de l'espace qu'ils couvraient lorsqu'on examine les thermes de Caracalla et ceux de Dioclétien, dont l'étude sur place est encore possible. Les thermes se composent ordinairement d'un bâtiment central divisé en une trentaine de salles, dont quelques-unes de dimensions grandioses, et, à l'entour de ce bâtiment, d'une double enceinte de bosquets et de portiques auxquels se trouvait joint quelquefois un stade.

Agrippa laissa ses thermes au peuple. Néron en fit construire pour son usage personnel qui furent unis à ceux d'Agrippa par un lac dont la cavité se retrouve aujourd'hui dans le nom comme dans la position de Saint-André *della Valle*. « Néron dédia un gymnase, dit Tacite, et fournit l'huile aux sénateurs et aux chevaliers, extravagance qu'il prit aux Grecs [1]. »

Les Thermes de Néron étaient peu considérables; mais Alexandre Sévère les agrandit dans de vastes proportions et y fit couler l'eau Alexandrine. Il y ajouta, en outre, un bois à la place d'édifices qui lui appartenaient. Les thermes laissèrent alors le nom odieux de Néron, dit Cassiodore, pour prendre celui d'Alexandre.

Les Thermes de Titus communiquaient par un portique avec l'amphithéâtre Flavien. Ils furent édifiés en quelques jours sur la partie de la maison dorée de Néron, qui occupait l'Esquilin.

Les Thermes de Trajan formèrent comme une annexe à ceux de Titus, dans la direction de Saint-Martin-des-Monts. On y montait par de grands escaliers.

Commode et Septime Sévère eurent aussi leurs thermes. Lampride donne à ceux de Commode le simple nom de *Lavacrum*; ils étaient l'œuvre de son favori Cléandre. Les Thermes de Sévère sont souvent confondus avec ceux de Commode, dont ils furent, sans doute, un agrandissement. Ils étaient situés dans la première région.

Dèce en fit construire sur le mont Aventin, dans les environs actuels de Sainte-Sabine.

On voit encore dans les substructions du palais Rospigliosi, sur le Quirinal, des restes des Thermes de Constantin qui s'étendaient sur l'emplacement actuel du palais pontifical et communiquaient avec les grands escaliers du temple du Soleil, dans la direction de la place des Saints-Apôtres.

Nous décrirons, au chapitre des monuments existants, les immenses Thermes d'Antonin Caracalla et de Dioclétien, et nous ne ferons que nommer ici ceux de Philippe, sur le Cœlius; de Sura, sur l'Aventin; d'Olympias, sur le Viminal; de Novatus, au *Vicus Patricius*, c'est-à-dire entre le Viminal et l'Esquilin; de Sainte-Hélène, près de Sainte-Croix en Jérusalem, et huit cent cinquante-six bains, au nombre desquels les Régionnaires citent particulièrement les *bains de Daphné*, de *Paul*, de *Torquatus*, d'*Ampelide et Priscidien*, au Transtevère, et les bains *Palatins* ou *bains de César*.

Aqueducs. — Les eaux nécessaires aux habitants de Rome et à un si grand nombre d'établissements thermaux provenaient de quatorze sources amenées à grands frais d'une distance de trente à quarante-cinq milles.

La plus anciennement amenée, l'eau *Appia*, l'avait été en l'an de Rome 442, par l'illustre censeur Appius Claudius Cæcus. Son conduit, d'une longueur de 11,190 pas, entrait à Rome par l'Esquilin, près de l'édicule de la Vieille-Espérance, c'est-à-dire dans les environs de Sainte-Croix en Jérusalem [2]; de là, il se dirigeait vers le Cœlius pour aboutir au pied de l'Aventin. Trente-neuf ans après (an 481), un autre censeur, Manlius Curius Dentatus, fit une prise d'eau sur l'Anio, à vingt milles de Rome, et consacra aux frais de l'aqueduc l'argent des dépouilles de Pyrrhus. L'eau ainsi amenée prit le nom d'*Anio Vetus*. Puis, vinrent successivement l'eau *Marcia*, amenée par le préteur Marcius Rex, en 608; la *Tepula*, par Cneus Servilius Cepio, en 627 ou 629; la *Julia* et l'*Alsentina*, par Auguste, de 719 à 727; la *Virgo* (l'*Eau Vierge*), par Agrippa, en 737; la *Claudia* et l'*Anio Novus*, par Caligula et Claude, de l'an 789 à l'an 803. Les conduits de ces neuf sources atteignaient une longueur totale de 286,393 pas (426,439 mètres), sur lesquels plus de 20,000 pas (29,780 mètres) sur de majestueux arceaux. Le nombre des châteaux ou réservoirs était de deux cent quarante-sept, et le volume d'eau apporté ainsi est comparé par Rondelet, dans ses Notes sur Frontin, à une rivière large de trente pieds, profonde de six, et dont la vitesse serait de trente pouces par seconde.

La plus élevée de ces eaux était l'*Anio Novus*, dont les arceaux atteignaient 109 pieds de hauteur. Venait après elle la

(1) *Ann.*, XIV, 47.
(2) Sur ce point élevé se rencontraient les aqueducs des six eaux : *Appia, Julia, Tepula, Marcia, Claudia* et *Anio Novus*.

Claudia, dont le conduit était inférieur à celui de la précédente, mais porté néanmoins par les mêmes arceaux. C'est ce magnifique aqueduc qui forme aujourd'hui la porte Majeure (*porta Prenestina*), et dont une déviation connue sous le nom d'*Arcs néroniens* se dirige vers le Latran, pour aboutir autrefois au temple de Claude (Saints-Jean-et-Paul). Les trois eaux *Julia*, *Tepula* et *Marcia* avaient également leurs conduits étagés dans le même aqueduc. La *Julia* était la plus haute, la *Marcia* la plus basse. L'aqueduc qu'elles suivaient passait à la porte Saint-Laurent (*porta Tiburtina*). L'*Appia* traversait la vallée qui sépare le Cœlius de l'Aventin, sur des arcades dont l'une formait la porte Capène. L'eau Vierge, ainsi nommée, dit-on, de ce qu'elle fut indiquée aux soldats d'Agrippa par une jeune fille, ou peut-être de ce qu'elle fuit le ruisseau voisin d'Hercule, entrait à Rome par un conduit souterrain qui traversait le Pincius et n'était soutenu par des arcs que du bas des jardins de Lucullus aux *Septa*, c'est-à-dire de la Propagande aux environs du palais de Venise.

Ces détails minutieux nous sont donnés par Frontin. Mais, après lui, Trajan amena, en l'an de Rome 863, l'eau *Sabatina* sur le faîte du Janicule; Septime Sévère fit couler l'eau *Severiana* dans les étuves de la première région; Caracalla introduisit, à son tour, l'eau *Antoniana* dans ses immenses thermes; Alexandre Sévère fit venir l'eau *Alexandrina* pour l'usage des siens; et Dioclétien répandit l'eau *Jovia* dans la vallée que parcourt la voie Appienne.

La plus célèbre de ces eaux pour sa bonté était l'eau Marcia; elle avait néanmoins dans l'eau Claudia une rivale. L'*Alseatina*, au contraire, et la *Sabatina* passaient pour n'être ni agréables ni salubres. Auguste n'avait fait venir l'*Alseatina* que pour le service de sa naumachie; elle arrosait, en outre, un certain nombre de jardins. La *Sabatina* faisait tourner un grand nombre de moulins pour la consommation de la ville. Elle remplit aujourd'hui encore le même emploi; car l'*Aqua Paola* n'est que la réunion, par Paul III, des deux sources amenées par Trajan et par Auguste.

Sur la rive gauche du Tibre, l'*Acqua Felice* nous représente l'ancienne source Alexandrine, retrouvée par Sixte-Quint et élevée par lui à un niveau supérieur à celui qu'elle avait dans l'antiquité; enfin, l'eau Vierge continue de couler à flots au pied du Quirinal, où les papes lui ont consacré la riche fontaine de Trévi, ainsi que dans tout l'ancien Champ de Mars où la portent les canaux souterrains qui ont donné leur nom à la *via de' Condotti*.

Ainsi, des quatorze sources que possédait Rome, il n'en reste plus que quatre qui suffisent à l'alimentation et à l'agrément de la ville. Rome est toujours la ville aux fontaines jaillissantes, et nulle part l'eau n'a plus de fraîcheur ni de limpidité.

PONTS. — *Le plus ancien pont de Rome était le pont* SUBLICIUS, *construit par Ancus Martius entre l'Aventin et le Janicule.* Ce pont était de bois, comme son nom l'indique, et le fer n'entrait pour rien ni dans sa construction, ni même dans l'assemblage de ses pièces. Son emplacement est clairement marqué par les piles qu'on voit encore dans le Tibre, un peu au-dessus du grand hospice de Saint-Michel. C'est sur ce pont que combattit Horatius Coclès.

Le premier pont construit en pierres fut le pont ÆMILIUS ou pont PALATIN, commencé en l'an 573 par les censeurs Æmilius Lépidus et Fulvius Nobilior, et terminé, peu d'années après, par Scipion l'Africain. Ce pont était voisin du *Forum Boarium* et du théâtre de Marcellus. Aussi lui attribue-t-on les arches brisées du *ponte Rotto*. Le Scoliaste de Juvénal le signale comme un lieu mal famé, *quod ibi lupanaria essent*. Ce fut du haut de ce pont que fut jeté le corps mutilé d'Héliogabale [1].

L'île du Tibre fut reliée aux rives du fleuve par les deux ponts FABRICIUS et CESTIUS, nommés actuellement *a quatro Capi* et de *Saint-Barthélemy*. Le pont FABRICIUS devait son nom à L. Fabricius, curateur des voies et préposé par Auguste, avec L. Cestius, à l'administration de Rome, en l'année 718. Le pont CESTIUS devait, sans doute, le sien à ce dernier. Il est quelquefois appelé PONT DE GRATIEN, du nom de cet empereur qui le restaura ou le reconstruisit au IVe siècle. On peut croire, par un vers d'Horace, que c'était du pont Fabricius qu'on se jetait dans le Tibre lorsqu'on était ruiné [2].

En remontant le Tibre, on rencontre aujourd'hui le pont Sixte, construit par Sixte-Quint sur des piles antiques. Ces piles devaient être celles du pont de PROBUS ou d'ANTONIN. Canina explique ces deux noms en attribuant la construction du pont à Probus, beau-frère d'Antonin Caracalla. Le pont Sixte met en communication le Janicule et le Champ de Mars.

Dans le coude que fait le Tibre, sous l'hôpital du Saint-Esprit, sont les restes d'un pont qui paraît avoir été le pont AURÉLIEN, sur lequel passait la voie triomphale.

Un peu au-dessus est le pont ÆLIEN, l'un des monuments les mieux conservés de Rome; il fut construit vers l'an 136 de l'ère chrétienne par l'empereur *Publius Ælius Hadrianus*, en face du mausolée qu'il s'était érigé à lui-même sur le bord du Tibre. Le pont Ælien n'avait que cinq arches; il en a six aujourd'hui. Les balustres et les statues qui l'ornent ne datent que du règne de Clément IX. Tout indique d'ailleurs qu'il fut autrefois, comme de nos jours, le plus beau pont de Rome.

Le nombre des ponts se trouvait être ainsi de sept, formant six lignes de communication entre la ville proprement dite et la région *trans-tiberim*.

(1) Lampride, *in Élagab.*, 17. — (2) Sat. III, v. 36.

MAISONS ET JARDINS. — Si nos monuments modernes rappellent souvent les monuments antiques, il en est tout autrement de nos demeures qui ne ressemblent par aucun point aux maisons romaines. Le climat est pour quelque chose dans cette différence; les habitudes y sont pour beaucoup. La vie des Romains était tout extérieure; elle s'écoulait au Forum, au Champ de Mars, aux thermes, au cirque, dans les basiliques et un peu dans les temples. Notre vie, au contraire, s'écoule principalement dans l'étude, dans la famille, dans la société, c'est-à-dire chez nous et chez nos voisins, au foyer domestique et au foyer de nos amis. Il est donc naturel que notre luxe soit bien moins un luxe de marbres, de peintures, de jets d'eau, de mosaïques, qu'un luxe d'aisance et de confort.

« L'homme, aux temps païens, a dit M. de Champagny, vivait plus dans la cité que dans la famille. Aussi les demeures privées sont-elles étroites. Celles de Pompeï ne sont guère que d'élégants boudoirs. Quelques chambres sans jour s'ouvrent sur une cour à moitié couverte et éclairée seulement par le haut (*cavædium*, *atrium*). Pas de séparation, pas de clôture; un passage étroit, où couche le portier, est seul entre le salon et la rue. Des rideaux seulement séparent l'*atrium*, le salon des clients, du *tablinum*, le salon des amis, et le *tablinum* du péristyle. Rien ne rappelle la retraite, la solitude, le sérieux de la méditation ou l'isolement de la famille; peu de place pour le recueillement, pour l'étude, pour la prière. Les Dieux sont au fond du jardin ou quelquefois dans la cuisine. On ne vit pas dans cette maison, on s'y repose [1]. »

Les portes des maisons romaines s'ouvraient en dedans, au lieu de s'ouvrir en dehors comme celles des maisons grecques, et ce fut à titre de récompense qu'on permit à Publicola d'avoir sa porte ouvrant sur la rue. A l'intérieur se tenait le *janitor* ou portier, la baguette à la main et enchaîné, comme un chien, dans sa loge. Près de lui brûlaient, sur un trépied, des bois odoriférants en l'honneur des Dieux lares. L'*atrium* suivait immédiatement. Le plus souvent il formait un carré long qui comprenait à la fois l'*atrium* proprement dit, le *tablinum* dans le fond, et, sur le côté, les ailes. Dans l'*atrium* étaient les images en cire des aïeux, et, quelquefois, les ustensiles de ménage; dans le *tablinum*, les papiers d'affaires et les livres. Quelques appartements, ou plutôt quelques cabinets, s'ouvraient ensuite sur un portique; le plus richement orné était le *triclinium*, ce que nous appelons la salle à manger; il ne fut d'abord fait que pour trois convives, ainsi que le nom l'indique; plus tard on admit jusqu'à neuf personnes à la même table, *pas moins que les Grâces*, disait-on, *pas plus que les Muses*. Parfois on mangeait dans le *solarium*, le point le plus élevé de la maison, où l'on pouvait jouir de l'air, du soleil, et peut-être d'une vue riante et étendue.

Lorsque le luxe envahit les mœurs, il s'attacha d'abord à orner et à embellir plus qu'à modifier. Métellus le Macédonique fit entrer le marbre dans la construction des temples (an de Rome 590). Cent ans après, un obscur citoyen de Formie, qui remplissait dans l'armée de César les fonctions de *prefectus fabrorum*, chef des pionniers, sans doute, se construisit à lui-même, sur le Cœlius, une maison dont les parois furent intérieurement revêtues de marbre. Les colonnes de cette maison étaient d'une seule pièce et toutes de marbre de Caryste ou de Luni.

Marcus Lépidus faisait venir, de son côté, des marbres de Numidie pour les chambranles et les seuils de sa demeure, dont, toutefois, il fut bien *mercurialisé* et *syndiqué*, dit un ancien traducteur de Pline. Il n'y avait alors maison plus somptueuse à Rome que celle de Lépidus; trente-cinq ans ne s'étaient pas écoulés qu'il y en eût cent autres plus belles. « Et maintenant que direz-vous, s'écrie Pline, en comptant les colonnes de ladite maison, ses peintures, ses richesses, en considérant les cent qui la surpassaient en somptuosité, puis tout ce monde de maisons plus récentes dont la moindre est plus excellente que la plus excellente des autres, que direz-vous?... L'homme ne peut-il donc en venir à ce point de se bien imprimer au cerveau qu'il n'y a chose si fragile ni passant sitôt que l'homme [2]. »

Ainsi la corruption était faite avant même que l'empire fût inauguré. Scaurus plaça en avant de sa maison, sur le Palatin, quatre colonnes de ce beau marbre noir auquel Lucullus avait donné son nom. Elles avaient trente-huit pieds de haut, si bien que les édiles demandèrent caution à Scaurus pour le dommage que leur transport pourrait occasionner aux égouts. C'était moins, au reste, le beau que l'on cherchait que le rare, le coûteux, l'extraordinaire. Lucius Crassus, un censeur, faisait venir, pour sa maison, des colonnes du mont Hymète, et entretenait, dans son jardin, six pieds de lotus pour lesquels son collègue Ænobarbus offrait de payer le prix de la maison entière. Les jardins devinrent ainsi, à leur tour, un luxe, et quel luxe!

LES JARDINS DE LUCULLUS couvraient toute la partie du Pincius qui s'étend du palais Médicis et de la Trinité-du-Mont au collège de la Propagande et à *Sant'Andrea delle Fratte*. Ce fut après sa campagne du Pont que Lucullus se fit cette somptueuse retraite dans laquelle il réunit des livres, des statues, et où il se plaisait à recevoir les plus doctes personnages de la Grèce qu'attiraient son accueil empressé et ses riches collections. Là étaient une pinacothèque célèbre et cette salle d'Apollon dans laquelle Cicéron et Pompée prirent part à un splendide festin que leur donnait le vainqueur de Mithridate [3].

---

(1) *Les Césars*, t. III, p. 220. — (2) *Hist. nat.*, XXXVI, 6 et 15.

(3) Après Lucullus, cette belle demeure passa à Valerius Asiaticus, dont Messaline obtint la mort, « parce qu'elle convoitait, dit Tacite, les jardins commencés par Lucullus et qu'Asiaticus embellissait avec une magnificence extraordinaire. » La seule grâce qui fut faite à Asiaticus, ce fut qu'il choisit lui-même son genre de mort; il se livra à ses exercices ordinaires, dit Tacite, se baigna, donna un grand repas où il mangea gaîment, puis il visita son bûcher, le fit transporter ailleurs dans la crainte que le feu n'endommageât l'ombrage de ses arbres, *ne opacitas arborum vapore ignis minueretur*, et finit par se faire couper les veines.

Non loin des jardins de Lucullus s'ouvrirent, sous César, les JARDINS DE SALLUSTE qui allaient du Pincius au Quirinal. On y admirait un temple de Vénus, un cirque, un obélisque et ce portique *Milliarensis* dont nous avons déjà parlé. Les débris de toutes ces magnificences couvrent encore le sol, aux environs de Sainte-Marie de la Victoire.

Sur l'Esquilin étaient les JARDINS DE MÉCÈNE. « Quitte les ennuis de l'opulence, disait Horace à leur heureux possesseur, et ce palais dont le faîte s'élève jusqu'aux nues; cesse d'admirer, de ses hauteurs, la fumée, le luxe et le fracas de Rome [1]. » Nous avons déjà dit un mot de ces jardins qui étaient sous l'*agger* de Servius, hors de la porte Esquiline. Horace les appelle les *nouveaux* jardins de Mécène; les vieux étaient sur la pente de l'Oppius, où ils furent remplacés par la maison d'or de Néron.

Sur l'Aventin, voici les JARDINS DES SERVILIUS que peuplaient tant de chefs-d'œuvre : l'*Apollon* de Calamis, la *Cérès* et la *Flore* de Praxitèle, la *Vesta assise* de Scopas, le *Callisthène* d'Amphistrate, et, sur l'emplacement desquels a été trouvée la célèbre mosaïque *Asaretos* (qui n'est pas balayée). On sait qu'elle représente un plancher où sont épars les débris d'un festin, feuilles de salade, os de poulet, arêtes de poisson; l'original était de Sosos; la copie d'Héraclite [2].

Les jardins des Servilius occupaient la pente de l'Aventin, au-dessous du bastion actuel de San-Gallo. Nous pouvons nous y figurer cette belle Servilie, que César aima plus qu'aucune autre femme, dit Suétone, et à qui il donna, pendant son consulat, une perle achetée par lui six millions de sesterces (1,200,000 francs). Servilie était sœur de Caton et mère de Brutus.

Les JARDINS DE CÉSAR étaient en face, sur la rive droite du Tibre. César les légua au peuple.

Domitia, tante de Néron, avait également des jardins sur le bord du Tibre. Son neveu en ayant hérité, on ne les nomma plus que les PRÉS DE NÉRON. Ce fut dans ces prés que s'éleva plus tard le mausolée d'Adrien.

Citons encore les JARDINS D'ATTICUS, sur le Quirinal, avec leur forêt, *Sylva*, suivant le mot de Cornélius Népos; ceux de CRASSIPÈS, près de la porte Capène. Crassipès fut le premier mari de la fille de Cicéron, de cette Tullie tant pleurée, à qui son père érigea un temple. Cicéron s'arrêtait volontiers dans les jardins de son gendre, lorsqu'il avait quelque motif de ne pas paraître au Sénat. Nous l'y trouvons un jour soupant avec Crassus, en signe d'amitié et d'oubli.

Les JARDINS D'ÉPAPHRODITE et ceux de PALLAS, près de la *Vieille-Espérance*, ne manquaient pas non plus d'une certaine célébrité. Les platanes de FRONTO doivent surtout leur illustration aux lettrés qui se réunissaient à leur ombre. Les JARDINS DE LICINIUS, sur l'emplacement actuel de Sainte-Bibiane, rappellent un passage de Trebellius Pollio : « Lorsque l'empereur Licinius Gallienus, dit-il, allait dans les jardins auxquels il a donné son nom, il était suivi de tous les préfets et maîtres des différents offices, lesquels étaient admis à ses festins et se baignaient avec lui. Les femmes elles-mêmes étaient admises, etc. »

Les JARDINS DE VARIUS, *Horti Variani*, ne nous présentent pas de plus nobles souvenirs; ils devaient leur nom à Sextus Varius Marcellus et furent parfois le théâtre des plaisirs de son fils Héliogabale.

Nous avons parlé des objets d'art qui ornaient ces somptueuses demeures; mais que n'aurions-nous pas à dire des volières à colonnes peuplées d'oiseaux les plus rares, et des viviers dans lesquels étaient nourris à grand prix les plus beaux poissons. Les viviers célèbres datent des derniers temps de la République; ce sont ceux de Sergius, surnommé *Oreta* (la Dorade), de Licinius *Murena* (la Murène), de Lucullus, d'Hortensius, d'Hirrius, de Crassus, etc.

Au milieu de toutes ces profusions, la petite maison d'Auguste, sur le Palatin, se distinguait par sa modestie. Achetée par lui à Hortensius, elle avait pour principal ornement deux lauriers plantés en avant de la porte et, par décret du Sénat, une couronne de chêne. Auguste y ajouta, en l'honneur de son père Octavius, un édicule avec colonnes que surmontait un chef-d'œuvre de Lysias : *Apollon et Diane dans un quadrige*, le tout sculpté, suivant Pline, en un seul bloc de marbre.

La maison d'Auguste devint insuffisante pour ses successeurs. Tibère l'agrandit du côté du cirque; Caligula l'étendit sur le versant opposé, jusqu'au Forum, et fit du temple de Castor le vestibule de son palais. Il mit ensuite ce palais en rapport avec le Velabre par les grands escaliers de Cacus ou du *beau rivage* et avec le Capitole par un pont qui partait du temple du divin Auguste [3].

Ce n'était pas assez encore, il fallut de nouveaux espaces à Néron, ce qui faisait dire à Pline que deux fois la ville entière fut envahie par les maisons de ses princes. « Néron étendit la maison du Palatin jusqu'aux Esquilies, dit Suétone, et appela ses constructions nouvelles *domus transitoria*; mais le feu les ayant détruites, il les releva et les appela *maison d'or*. Il suffira de dire pour en faire connaître l'étendue et la magnificence, qu'on voyait dans le vestibule un colosse de 120 pieds; c'était sa statue (par Zénodore), puis, autour, des portiques à trois rangs de colonnes et de mille pas de longueur; ailleurs, une pièce d'eau imitant la mer, et bordée d'édifices qui donnaient l'idée d'une grande ville; au delà, des plaines, des champs de blé, des vignobles, des pâturages et des forêts peuplées d'une multitude de troupeaux et de bêtes fauves. L'intérieur était doré partout, orné de pierreries et de nacre de perle. Dans les salles à manger, le plafond était fait de tablettes d'ivoire mobiles qui laissaient échapper des parfums et des fleurs. La plus belle de ces salles était ronde et tournait jour et nuit pour imiter le mouvement du

---

(1) Hor., *Od.*, l. III, 29. — (2) Ampère, *l'Histoire Romaine écrite à Rome*, t. IV, p. 134.
(3) *Super templum divi Augusti, ponte transmisso, Palatinum Capitoliumque conjunxit* (Suét., *in Calig.*, 22).

monde... Ce palais terminé, Néron dit, en en faisant la dédicace : — Je vais donc être logé comme un homme! » Il se trompait; bourrelé de craintes, de remords peut-être, il n'y habita, quelques jours, que comme un condamné.

Sa maison elle-même lui survécut peu. Titus l'enfouit sous ses thermes comme s'il eût voulu qu'on en perdit la mémoire. Celle qu'il avait construite sur le Palatin a laissé plus de vestiges. On lui attribue les arceaux et les murs qui sont à gauche de la maison d'Auguste, du côté du Grand-Cirque, ainsi qu'une partie des belles ruines qui font face au Cœlius.

Enfin, on reconnaît l'œuvre de Domitien dans les salles édifiées sur les débris de la maison d'Auguste et dans quelques-unes des constructions plus ou moins ruinées qui s'élèvent, tant du côté du Cœlius que du côté de l'Esquilin, le Stade, entre autres, et son grand portique. Il faut entendre Martial et Stace célébrer le palais et son maître. « Toit auguste, immense, s'écrie Stace, soutenu par plus de cent colonnes et capable de supporter le ciel et ses habitants pendant le repos d'Atlas. » Et le poëte représente ce *monument superbe* déployant *impétueusement* ses contours, impatient de toute limite, et embrassant un espace qui ne le cède en grandeur qu'à son maître. La demeure *voisine* du maître du tonnerre en est *stupéfaite*, mais les Dieux se réjouissent de voir à Domitien un aussi beau palais, dans l'espoir qu'il sera *moins pressé de prendre son essor vers les cieux* [1].

Martial n'était pas moins dans l'admiration, disons mieux, dans le délire : « César, écrivait-il à Domitien, ce palais, dont le sommet frappe le ciel, est égal au ciel lui-même; mais il est moins grand que son maître. »

Par domus est calo, sed minor est domino [2].

Écoutons maintenant la sévère histoire : « Plus inquiet, de jour en jour, dit Suétone, Domitien fit garnir les portiques dans lesquels il se promenait habituellement de pierres transparentes appelées *phengites*, dont la surface polie, réfléchissant les objets, lui permettait de voir tout ce qui se passait derrière lui [3]. » Terrible résumé de tant de grandeurs! Tacite les résume, lui aussi, d'un mot, lorsqu'il appelle Domitien une moitié de Néron, *pars Neronis*.

Après les folies de Domitien. il ne nous reste plus à citer, au palais des Césars, que le *Septizonium* de Septime Sévère. Ce mot de *Septizonium*, qui semble indiquer sept zones, a fait supposer que l'édifice en question était formé de sept portiques étagés les uns au-dessus des autres. Telle était l'opinion de Baronius qui nous le représente avec sept sièges (*septem solia*) ou étages distincts, ayant l'aspect d'une haute tour dont le diamètre allait en diminuant jusqu'au faîte [4]. Ce faîte aurait été occupé par un temple richement orné, qui serait devenu plus tard la petite église de Sainte-Lucie *in Septem Soliis*. Il est difficile toutefois d'admettre les sept étages de la tradition qui auraient fait un monument disproportionné. Ce qui est certain c'est qu'au XVIe siècle, le *Septizonium* n'en avait que trois, et l'on peut croire qu'il n'en eut jamais davantage. Les dessins qui nous en restent présentent un corps avancé et deux arrière-corps. Suivant Canina, le *Septizonium* se composait de trois absides. On a dit, en le confondant avec le *Septizonium* de la voie Appienne, dans lequel fut enseveli Geta, que c'était un tombeau. D'autres y ont vu un temple du Soleil avec les sept zones des cieux. Spartien, dans son histoire de Septime Sévère, dit simplement : « En construisant le *Septizonium*, il ne songea qu'à présenter cet édifice le premier à la vue de ceux qui viendraient de l'Afrique (sa patrie). Il aurait même, dit-on, établi de ce côté l'entrée de la demeure impériale ou le vestibule du palais si, pendant son absence, sa statue n'avait été placée au milieu par le préfet de Rome [5]. Alexandre voulut reprendre après lui ce projet; mais il paraît que les aruspices l'en détournèrent [6]. »

Le *Septizonium* occupait l'angle méridional du Palatin, près de l'entrée du Cirque, et en face du *Clivus Scauri*. Après avoir servi de forteresse au moyen-âge, il fut démoli par Sixte-Quint qui employa ses matériaux dans les travaux de Saint-Pierre.

Nous voudrions indiquer maintenant les lieux qu'habitèrent les personnages les plus célèbres de l'histoire. La cabane de Romulus se trouvait sur la partie du Palatin qui domine le Vélabre; la *Regia* de Numa, au pied du Palatin, près du temple de Vesta. Tullus Hostilius habitait la Velia; le vieil Horace la pente septentrionale de l'Oppius, où l'on vit, jusqu'à la fin de l'Empire, la Poutre de la Sœur (*Tigillum Sororium*), sous laquelle son fils dut passer pour expier le fratricide dont il s'était rendu coupable [7]. Ampère place le *Tigillum Sororium* vers la rue actuelle de Saint-François de Paule.

Nous retrouvons sur la Velia Ancus Martius, Tarquin l'Ancien et Tanaquil. La fenêtre du haut de laquelle celle-ci harangua le peuple donnait sur la rue Neuve qui allait du Forum au Grand-Cirque. Servius Tullius établit sa demeure sur le Cispius. Tarquin le Superbe avait la sienne près du Fagutal, c'est-à-dire dans les environs de Saint-Pierre-ès-liens.

Nous savons l'histoire de cette habitation de Valérius Publicola qui, par sa masse sur une hauteur escarpée, excita la jalouse susceptibilité de la République naissante. Elle occupait le sommet de la Velia, dont l'élévation n'offre plus rien aujourd'hui d'inexpugnable. Les prés *Quinctii*, ces quatre arpents (*jugera*) que cultivait *Quinctius Cincinnatus*, lorsqu'on vint lui annoncer qu'il était nommé dictateur, sont généralement reconnus dans les prés qui forment aujourd'hui encore la rive

<hr>

(1) Stace. *Sylv.*, l. IV, c. 2. — (2) *Ep.* VIII, 38. — (3) *In Domit.*, c. XIV.

(4) Ainsi on disait que les trois premiers plans avaient chacun dix colonnes, le quatrième huit, le cinquième sept, le sixième six et le septième cinq.

(5) On ne retirait jamais une statue d'un endroit où elle avait été consacrée. — (6) *In Sept. Sev.*, c. XXIV.

(7) Au Forum était la *Pila Horatia*, pilastre sur lequel Horace, vainqueur, déposa les dépouilles des Curiaces, et qui reçut ensuite divers autres trophées.

droite du Tibre, en face du port de Ripetta [1]. Ce fut là, devant ses bœufs, comme dit Perse, *ante boves,* que son épouse tremblante le revêtit des ornements de la dictature, tandis que le licteur emportait sa charrue à la maison [2].

En parcourant le Capitole, on aime à se demander où était la maison de Manlius, cette maison d'où il entendit le cri des oies du temple de Junon, et que le Sénat fit raser plus tard comme menaçant la sûreté et la liberté de la République. Elle devait être sur l'emplacement ou à peu de distance du palais Caffarelli.

En passant sur l'Esquilin, près de Sainte-Bibiane, n'oublions pas cette petite maison des Ælii, dans laquelle seize membres de la famille vivaient ensemble et où Plutarque nous représente la fille de Paul-Émile, épouse d'Ælius Tubero, ne rougissant point de la pauvreté de son mari, mais admirant la vertu *qui le faisait pauvre.* Et lorsque nous parcourons les environs du Forum, du côté de Saint-Théodore, comment oublier cette maison des Scipions qu'habita particulièrement Scipion l'Africain, où naquit sa fille Cornélie et qui fut démolie par Sempronius, son gendre, pour faire place à la basilique Sempronia. Tite-Live nous donne, en effet, avec une rare précision, son adresse.

La demeure des Gracques était sur le mont aristocratique, le Palatin. Caïus Gracchus la quitta pour aller s'établir dans la Subura, le quartier populaire. Sylla habitait le Germale, cet appendice du Palatin, disparu aujourd'hui, qui formait promontoire sur la rue Neuve. Pompée avait, lui aussi, sa maison sur le Palatin; mais cette maison ayant été pillée par les partisans de Marius, il alla s'établir aux Carines, la chaussée d'Antin de Rome. L'habitation qu'il y occupa, et qui appartenait à sa famille, était voisine du temple de *Tellus,* et, par conséquent, de l'emplacement actuel de *Tor de' Conti.* Elle était modeste, mais Pompée prit soin de l'orner si bien, qu'après lui elle ne fut dédaignée ni par le voluptueux Antoine, ni par Tibère, ni par l'empereur Gordien. On l'appelait quelquefois *domus rostrata,* parce que Pompée avait fait placer des rostres à la porte, afin de rappeler ses victoires navales. Gordien y fit peindre une forêt dans laquelle on voyait deux cents cerfs à larges cornes mêlés à des cerfs de Bretagne, trente chevaux, cent brebis sauvages, dix élans, cent taureaux de Chypre, trois cents autruches de Mauritanie peintes au vermillon, trente onagres, cent cinquante sangliers, deux cents chamois, deux cents daims [3]. » Tristes images d'autant de victimes qu'il avait sacrifiées en un jour aux plaisirs du peuple.

Lorsque Pompée eut construit son théâtre, il quitta les Carines pour aller se loger au Champ de Mars.

César, avec son habileté accoutumée, avait choisi le quartier du peuple, la Subura, et sa maison brillait par sa modestie, *modicis ædibus,* dit Suétone. Il ne la quitta que pour aller sur la voie Sacrée prendre possession, comme grand pontife, de la demeure affectée à ce haut sacerdoce.

Cicéron, enfant, habitait aux Carines la demeure de son père; plus tard, il alla se loger, pour son malheur, parmi les aristocrates du Palatin, où il eut pour plus proche voisin Clodius, son ennemi intime, lequel pilla et ruina sa maison. Cette maison avait appartenu à Livius Drusus, puis à Crassus le censeur, puis à Crassus le triumvir, de qui Cicéron l'avait achetée. Nous avons parlé de ses colonnes du mont Hymète; elles avaient fait nommer Crassus la *Vénus du Palatin.* Cicéron ne fut jamais plus éloquent que lorsqu'il plaida pour cette maison qui avait fait son orgueil et ses délices. Il nous la représente en vue de toute la ville, dont elle domine la partie la plus importante et la plus fréquentée, le *Vicus Tuscus,* le Forum, les Rostres, et, de l'autre côté, le Tibre.

Sur l'Aventin, nous rencontrons les *monuments de Pollion,* c'est-à-dire un ensemble d'édifices, dont le plus célèbre contenait une bibliothèque, la première bibliothèque qui ait été publique à Rome. Les plus belles statues de la Grèce avaient été réunies par Pollion, statues de Praxitèle, de Cephisodote, d'Eutychide, de Cléomène, et le groupe célèbre du *taureau Farnèse.*

Les maisons privées d'Adrien et de Trajan étaient également sur l'Aventin : la première, vers Sainte-Balbine; la seconde, vers Sainte-Prisca; celle de Titus, sur l'Esquilin, maison de triste apparence, *perparva et obscura,* dit Suétone; elle était voisine des *Sept Salles;* celle de Marc-Aurèle, sur le Cœlius, dans le voisinage de la demeure des Laterani. Suétone nous apprend enfin que Domitien était né *ad Malum Punicum* (les environs de Sainte-Suzanne), et qu'il fit de la maison où il reçut le jour un temple en l'honneur de sa famille, *templum gentis Flaviæ.*

Chercherons-nous maintenant les demeures de ceux qu'ont illustrés les lettres? nous les trouverons souvent indiquées par eux-mêmes. Ovide nous apprend, du fond de son exil, que le Capitole était *joint à ses pénates,* mais *en vain;* il ne les avait pas protégés! Avec quel sentiment nous l'entendons dire : *Capitolia nostra,* notre Capitole [4]! Nous savons par cœur cette petite maison d'Horace, où l'on ne voyait ni or, ni ivoire, ni poutres de l'Hymète, ni colonnes venues d'Afrique. Un guéridon de marbre blanc supportant deux verres et un cyathe, un hérisson, une patère et une burette, le tout en argile de Campanie, tel était l'humble mobilier du *cœnaculum* dans lequel le poète était toujours sûr de trouver des pois chiches, des poireaux et des beignets avec quelque vieille amphore de Falerne, lorsqu'il rentrait de ses promenades au Forum ou parmi les filous du cirque [5]. Mais dans quel quartier était cette maison? Nul doute qu'elle ne fût sur l'Esquilin et près de la demeure de Mécène,

<hr>

(1) Pline les place dans le champ Vatican et Tite-Live en face du port (*Contra Navalia*). C'est donc à l'Est du Mausolée d'Adrien qu'il faut les chercher.
(2) *Sat.* I, v. 74. — (3) *Jul. Capit. in Gord.,* t. III. — (4) *Métamorph.,* liv. XV, v. 840, et *Trist.* I, III, 29. — (5) Hor., *Od.,* l. II, 18, et *Sat.* I, 6, v. 113.

comme celle de Virgile. Mais la maison de Virgile a laissé plus de souvenirs que celle d'Horace. Donatus en précise l'emplacement, *in Esquiliis, juxtà hortos Mœcenatis,* et Canina serait tenté de la reconnaître dans une construction antique de la *via Graziosa,* où l'on voit des peintures représentant les aventures d'Ulysse.

Les trente arpents (*jugera*) que Térence laissa à sa fille étaient sur la voie Appienne, dans le voisinage du temple de Mars, c'est-à-dire près du tombeau des Scipions. Properce habitait l'Esquilin [1]. Martial avait son troisième étage perché sur la pente du Quirinal [2]; trois étages et de hauts escaliers encore! On voit que, malgré sa célébrité, il était du nombre de ces pauvres héros que Juvénal nous représente logés *sous la tuile où la colombe amoureuse vient déposer ses œufs.*

Tel n'était assurément point l'historien Salluste. Nous avons parlé de ses jardins. Horace qui le louait, non sans raison, d'être l'ennemi des trésors cachés, lui trouvait un mérite plus douteux, celui d'en faire un sage emploi, *temperato usu* [3]. Au luxe cependant dont nous comptons les débris, il en joignait un autre que n'oublie pas Horace, le luxe des adultères [4].

Arcs. — L'arc de triomphe est, de tous les monuments de Rome, celui qui lui appartient le mieux en propre. La basilique, sans doute, est romaine, mais son nom est grec, ce qui suffit pour indiquer sinon une copie, du moins une imitation. On peut dire la même chose de l'amphithéâtre, qui n'est qu'un double théâtre, comme son nom le dit. L'arc de triomphe seul est donc complétement romain. Chose singulière! les deux premiers arcs qui furent élevés dans des intentions de gloire le furent par L. Stertinius, qui n'avait pu obtenir le triomphe. Ce fut comme une consolation qu'il se donna à lui-même. Il en érigea deux, l'un dans le *Forum Boarium,* l'autre dans le cirque, avec le butin qu'il avait fait en Espagne. Quelques années après, Scipion l'Africain s'éleva également un arc monumental sur le Capitole, avant même d'avoir rejoint ses légions. Tite-Live place cet arc en face de la voie qui montait au Capitole. Il était orné de sept statues dorées, de deux chevaux et de deux bassins de marbre.

J'ai déjà parlé de l'arc Fabien, souvenir du censeur Fabius, vainqueur des Allobroges (an de Rome 584). Nous nous rappelons qu'il était sur la voie Sacrée, à l'entrée du Forum. Puis, avec l'Empire, les arcs se multiplient : arc d'Auguste, hors de la porte Flaminienne; arcs de Germanicus et de Drusus, au Forum d'Auguste; arc de Dolabella, sur la pente du Cœlius; arc de Tibère, près du temple de Saturne; arc de Drusus, voie Appienne; arc de Claude, sur l'emplacement actuel de la place Sciarra; arc de Néron, sur le mont Capitolin; arc de Titus, sur la *voie Sacrée;* de Domitien, *arcus ovans,* comme dit Martial, près de Saint-Silvestre *in Capite;* de Trajan, à l'entrée Sud de son Forum; de Marc-Aurèle, sur la *via Flaminia,* près de Saint-Laurent *in Lucinâ;* de Gordien, sur la même voie; de Gallien, sur l'Esquilin; de Septime Sévère, au Forum; de Constantin, près de l'amphithéâtre Flavien; de Gratien, Valentinien et Théodose, près du pont Ælien, sur l'emplacement de la rue *de' Banchi,* etc.

De tous ces arcs, il ne reste aujourd'hui que ceux de Titus, de Septime Sévère, de Gallien, de Constantin, de Drusus et de Dolabella. Nous en parlerons au prochain chapitre.

(1) *El,* III, 23.
(2) *Ep.,* l. I, 118, l. V, 22, l. VI, 27. Martial dit encore que pour aller chez son ami Paullus, sur les Esquilies, il lui faut gravir la pente ardue de la Subura. Il semble donc qu'il devait demeurer vers la rue actuelle *de' Serpenti.*
(3) *Od.,* l. II, 2. — (4) *Sat.,* l. I, Sat. II, v. 47.

CHAPITRE II

ÉTAT ACTUEL DES MONUMENTS ANCIENS [1]

I

MONUMENTS DU TEMPS DES ROIS.

PRISON MAMERTINE. — Le plus ancien monument qui nous reste de Rome antique est une prison. Cette prison étant devenue un oratoire, nous la décrirons de préférence dans la partie de cet ouvrage qui traitera de Rome chrétienne [2]. Qu'il nous suffise de citer ici quelques textes des auteurs latins. « L'audace croissant, dit Tite-Live en parlant du règne d'Ancus Martius, une prison fut construite au milieu de la ville, et dominant le Forum, comme un objet d'effroi [3]. » Cette prison, en partie creusée dans le roc, en partie formée de blocs de travertin [4], dont quelques-uns atteignent jusqu'à 2 mètres 68 centimètres de longueur, sur une épaisseur de 90 centimètres, était divisée en deux étages. Le plus bas était appelé *tullianum,* ce qui a fait supposer qu'il datait de Servius Tullius. Ni portes, ni fenêtres ne laissaient pénétrer le jour dans cette horrible, fétide et humide demeure. Salluste n'a rien dit de trop, *inculta, tenebris et odore fœda, atque terribilis ejus facies est.* On ne descendait dans ces deux étages de souterrains que par une ouverture centrale pratiquée dans les voûtes. L'étage supérieur était éclairé par une étroite fenêtre. Enfin un escalier mettait la prison en communication avec le Forum. Cet escalier, sur lequel on jetait les cadavres des suppliciés, est resté célèbre sous le nom de *Gémonies.* On regrette de n'en plus trouver de trace. La prison n'a d'ailleurs de changé que l'entrée, devenue plus facile, l'obscurité disparue et les symboles de la prière remplaçant les chaînes des coupables ou des vaincus. On lit encore l'inscription d'un Vibius et d'un Cocceius Nerva qui réstaurèrent ces cachots en l'an 775 de Rome.

Là ont passé tour à tour Jugurtha, Syphax, Persée, les complices de Catilina, notre illustre compatriote Vercingétorix et les deux grands apôtres saint Pierre et saint Paul.

CLOACA MAXIMA. — Après le cachot, l'égout, le besoin d'assainir les lieux après avoir cherché à assainir la société. La *Cloaca Maxima,* c'est-à-dire le *grand égout,* est le monument le plus remarquable qui soit resté des rois. Son but était de dessécher le Forum et le Vélabre qu'inondaient les eaux des collines, ce qui les réduisait souvent à l'état de lac ou de marais. Entrepris par Tarquin l'Ancien, cet important travail de canalisation fut achevé par Tarquin le Superbe. L'égout commençait au lac de Curtius, en avant de Sainte-Marie-Libératrice, nommée d'abord Saint-Sauveur *in Lacù;* il passait ensuite sous le *Forum Boarium* et débouchait dans le Tibre au-dessous du pont que nous nommons aujourd'hui *ponte Rotto.* On voit encore sa large et haute embouchure entre le pont et le petit temple qui porte le nom de Vesta. Pline dit, avec admiration, qu'un chariot

(1) S'il n'est pas donné, dans cet ouvrage, de vues détaillées de tous les monuments de l'antiquité, subsistant encore aujourd'hui à Rome en tout ou en partie, on les trouvera cependant pour la plupart représentés dans les vues d'ensemble, principalement dans les différents aspects du Forum romain et de ses annexes.

(2) Voir *Saint-Pierre in Carcere* et *Saint-Joseph des Charpentiers,* IIe Vol., page 176. — (3) *Liv.* I. I.

(4) Pierre calcaire de Tivoli qui se durcit à l'air et prend une teinte chaude et orangée.

chargé de foin pouvait passer aisément sous la voûte du canal. L'arc a, en effet, douze pieds de hauteur et la largeur du conduit n'est pas moindre. La voûte est formée de trois assises de gros blocs de tuf liés, de distance en distance, par des blocs de travertin, sans chaux ni ciment. La longueur de la *Cloaca Maxima* est de 2,500 pieds. Elle a fait l'admiration de tous les âges, et elle partage avec les aqueducs et les routes la gloire d'avoir marqué, plus que tous les autres monuments, le génie hardi et pratique de Rome.

II

MONUMENTS DU TEMPS DE LA RÉPUBLIQUE.

ABULARIUM. — Cet important édifice, qui s'élève sur la pente du mont Capitolin et domine le Forum, fut construit par Quintus Lutatius Catulus, consul, en l'an 676 de l'ère romaine. Son nom vient des tables de bronze qu'on y conservait, tables qui contenaient les sénatus-consultes, plébiscites, traités et priviléges accordés à chaque peuple. Incendié lors d'un combat entre les soldats de Vitellius et ceux de Vespasien, il fut rétabli par ce dernier prince, qui fit faire, en outre, trois mille tables d'airain pour remplacer celles qui avaient péri, et reconstruisit ainsi, dit Suétone, le plus beau et le plus ancien mémorial de l'Empire [1].

Le portique du *tabularium* repose sur une haute et majestueuse substruction. Sa hauteur à lui-même est de 7 mètres 37 centimètres, et sa largeur de 3 mètres 79 centimètres. L'ordre est dorique; les murs sont formés de gros blocs de pierres de Gabies, avec chapiteaux et entablement en travertin. C'est du haut de ce portique que les soldats de Vespasien accablaient de pierres et de tuiles ceux de Vitellius. Tacite le désigne, en effet, d'une manière précise : « Il y avait, dit-il, sur le côté de la rampe, à droite de ceux qui montaient, d'anciens portiques dont les toits étaient occupés par les soldats, etc. [2]. »

Au-dessus de ce portique étaient le *tabularium* et probablement la bibliothèque Capitoline ainsi que l'Athénée. La bibliothèque n'était pas seulement une collection de livres, c'était un lieu ouvert aux poètes qui y récitaient leurs vers. L'Athénée était un atelier public et une école de beaux-arts.

« Les dernières découvertes, dit Canina, ont permis de reconnaître la distribution de ce grand édifice, composée de différentes salles, dont l'une, au milieu, communiquait avec le Forum par un escalier et un passage pratiqué sous le portique. » Deux autres escaliers desservaient les étages supérieurs. La porte qui s'ouvrait sur le Forum correspondait avec la place où siégeaient les édiles curules. Elle fut plus tard supprimée lors de l'édification du temple de Vespasien. Le portique du *tabularium* devait être suivi d'un autre portique par lequel on arrivait jusqu'à l'*intermontium*, en face du temple de Jupiter.

Le PORTIQUE DES DOUZE GRANDS DIEUX, qui longeait la partie supérieure du *Clivus Capitolinus*, a laissé quelques vestiges qui ont été récemment retrouvés. On distingue encore la trace des *cellæ* où étaient les images des Dieux.

TEMPLE DE LA FORTUNE VIRILE. — Ce temple, d'un style mâle et sévère comme tous les monuments du temps de la République, était précédé d'un portique de quatre colonnes de front et de deux sur les côtés. A la troisième, commençait la *cella*. Aujourd'hui, le portique a été supprimé, mais les colonnes du moins subsistent encore. Elles sont d'ordre ionique, cannelées et couvertes de stuc. La longueur de l'édifice est de 100 pieds sur 50 de largeur; le nombre des colonnes de sept dans un sens et de quatre dans l'autre. Elles n'occupent que trois côtés, c'est-à-dire que le temple était pseudo-périptère. Ces colonnes de pierres de Tibur ont 28 pieds de haut. Elles supportent un entablement orné de génies, de bucrânes et de candélabres entremélés avec des festons. Ce temple, dont on a déterré la base en 1830, reposait autrefois sur un haut soubassement.

TEMPLES DE L'ESPÉRANCE, DE LA PITIÉ et de JUNON SOSPITA, au *Forum olitorium*. — Les débris de ces trois temples sont aujourd'hui enfouis sous l'église de Saint-Nicolas *in Carcere*. On peut cependant encore reconnaître leur disposition et leur style. Tous les trois étaient tournés vers le Capitole. Le plus grand, celui du milieu, était périptère et d'ordre ionique; ses colonnes étaient de pépérin (tuf rugueux d'Albano) et cannelées. Canina croit y reconnaître le temple de la Pitié, édifié par Acilius Glabrio, à la suite d'un vœu fait pendant la bataille des Thermopyles (an de Rome 563). Le second temple, au Nord, était également d'ordre ionique, mais sans cannelures. Il n'avait de colonnes que sur trois côtés. Suivant Canina, ce devait être le temple de l'Espérance, fondé, vers l'an 500 de Rome, par Aulus Attilius Calatinus. Enfin, le troisième et le plus petit était périptère et d'ordre dorique. Ce devait être le temple de Junon Sospita, ce temple que les matrones du marché aux légumes avaient pris pour lieu d'aisance, si nous en croyons l'histoire [2].

TEMPLE D'HERCULE GARDIEN. — Ce temple, dit Ovide, fut consacré par Sylla, d'après un ordre du Dieu de l'Eubée, *Euboico*

---

(1) *In Vesp.*, VIII. — *Hist.*, l. III, c. 71.
(2) *Matronarum sordidis obcœnisque corporis coinquilatum ministeriis.* — *Jul., Obsequens*, 115.

Carmine. Il était à l'une des extrémités du cirque Flaminien. On voit à *San-Nicolo de' Cesarini*, quatre colonnes qui passent pour lui avoir appartenu. Le temple était rond et entouré de colonnes revêtues de stuc et cannelées.

SUBSTRUCTIONS DE L'ÎLE DU TIBRE. — On peut en voir aujourd'hui encore des restes qui figurent la proue d'un navire. Ils sont à la pointe Sud de l'île. Un buste d'Esculape et le fameux serpent y sont sculptés en haut relief.

TOMBEAU DE BIBULUS, au *Macel de' Corvi.* — Ce tombeau de l'édile Caïus Publius Bibulus était composé de deux ordres. L'ordre inférieur est aujourd'hui complétement enfoui. Celui qui reste est orné de quatre pilastres qui vont en diminuant à partir de la moitié de leur hauteur. Au-dessus est une belle corniche.

TOMBEAU DES SCIPIONS. — Le tombeau des Scipions n'a plus qu'un étage; autrefois, il en avait deux. Les objets qu'il contenait, lorsqu'il fut découvert en 1780, ont été d'ailleurs transportés au musée du Vatican, de sorte qu'aujourd'hui on ne rencontre plus au lieu indiqué, sur la voie Appienne, qu'un grand souterrain creusé dans le tuf. La partie supérieure était décorée de demi-colonnes d'ordre ionique et de niches contenant les statues des Scipions, avec celle du poète Ennius.

TOMBEAU DU BOULANGER. — Ce curieux monument, qui était resté enfoui, jusqu'à 1838, dans une tour de la décadence, entre les portes Prénestine et Labicane, porte une inscription de laquelle il résulte qu'il fut érigé à *Marcel. Virgil. Eurysacés,* boulanger fournisseur des appariteurs, c'est-à-dire, en termes modernes, des *conducteurs* mis à la disposition des curateurs des eaux lorsqu'ils visitaient les aqueducs. Là, en effet, sur le haut Esquilin, étaient concentrés presque tous les aqueducs de Rome, à leur entrée dans la ville. Sur l'une des faces du monument auquel l'inscription donne le titre singulier de PANARIUM, est un bas-relief représentant Eurysacés et sa femme Atistia; sur la frise sont sculptées les différentes opérations de la boulangerie : mouture du blé, blutage de la farine, cuisson, pesage et débit du pain.

Le tombeau de CÆCILIA METELLA et les autres tombeaux de la voie Appienne, n'étant pas compris dans le *Pomœrium* antique, trouveront leur place naturelle dans le chapitre des *Environs de Rome.*

Nous ne pouvons enfin quitter la République sans dire un mot de la ROCHE TARPÉIENNE. On peut voir encore cette haute roche de tuf volcanique rougeâtre près de la place de la Consolation. Les éboulements et les atterrissements l'ont beaucoup amoindrie, et cependant elle mesure encore, d'après Venuti, 80 palmes de hauteur (17 mètres 84 centimètres).

III

MONUMENTS DU TEMPS DE L'EMPIRE.

Panthéon. — Le Panthéon édifié par Agrippa, et qui ne fut d'abord peut-être qu'une salle de ses thermes, est aujourd'hui le plus beau débris qui nous reste des temples de Rome; et cependant il n'est pas entouré de portiques comme beaucoup d'entre eux; ses murs sont nus, et le *pronaos* qui décore sa façade, quelque noble qu'il soit, est évidemment une addition faite après coup [1]. Ce *pronaos*, sur la frise duquel on lit, aujourd'hui encore, le nom d'Agrippa [2], est formé par seize colonnes de granit oriental, disposées sur trois rangs : le premier, de huit colonnes; chacun des autres, de quatre. Au-dessus est l'entablement que couronne un majestueux fronton. Les colonnes sont d'ordre corinthien et toutes d'un seul bloc, avec bases et chapiteaux de marbre blanc. Autrefois le fronton était orné d'un bas-relief de bronze doré qu'on croit avoir représenté les Titans foudroyés par Jupiter. Sur le faîte du temple s'élevaient plusieurs statues [3]. Enfin, un perron de sept marches donnait accès dans le vestibule, dont la hauteur atteignait près de quinze mètres.

Aujourd'hui, le Panthéon n'est plus élevé que de deux marches; il n'a plus les célèbres statues de l'Athénien Diogène qui le couronnaient, et cependant on se rend parfaitement compte par l'impression qu'il produit de celle qu'il devait produire.

A l'intérieur du portique, les murs étaient incrustés de marbres divers, avec frises sculptées représentant des ustensiles sacrés, des candélabres et des festons, parmi lesquels on reconnaît le bonnet du flamine de Jupiter. Les poutres qui supportaient le toit étaient revêtues de bronze; enfin, à droite et à gauche de la porte, les statues d'Auguste et d'Agrippa se tenaient debout dans les deux niches qui existent encore. Agrippa avait voulu mettre la statue d'Auguste dans le temple même dont, pour lui, il était le vrai Dieu. Auguste s'y était refusé.

On ne sait d'ailleurs ce qui a valu à ce temple le nom de Panthéon, car il était dédié à Jupiter Vengeur, si nous en croyons Pline. Suivant Dion, les statues de Mars et de Vénus s'y trouvaient près de celle du maître de l'Olympe, et ces statues portant les attributs de diverses divinités, le nom de Panthéon (*tous les Dieux*) aurait été donné à l'édifice. Dion, au reste, se tenait pour peu sûr de la justesse de cette explication, et il en cherchait une autre dans la forme convexe de la voûte qui, disait-il, rappelait le ciel, la demeure des Dieux.

La porte du Panthéon était revêtue de bronze comme les poutres, comme la toiture. Elle s'ouvrait sur un seuil de marbre africain, entre des jambages et sous une architrave de marbre blanc, et ses deux battants s'appuyaient sur deux pilastres de bronze cannelé. L'intérieur, ainsi qu'on peut s'en assurer encore, n'était ni moins riche, ni moins majestueux. On descendait autrefois quelques marches en entrant dans le temple, ce qui ajoutait à l'impression. L'immense rotonde que forme la *cella* n'a pas moins de 132 pieds de diamètre, sur une hauteur égale. Au centre de la coupole est une ouverture de 50 pieds de circonférence; par laquelle seule pénètre la lumière. On appelait *Subdiales* les temples qui étaient ainsi ouverts du côté du ciel, *sub dio*.

La voûte est partagée en cinq ordres de caissons qu'enrichissaient autrefois des ornements en argent et bronze doré. Elle repose sur un entablement que devaient soutenir les belles caryatides de Diogène, dont Pline nous a conservé le souvenir. Quatorze niches carrées, avec chambranles et frontons, sont pratiquées dans cet ordre qui forme une espèce d'attique. Au-dessous se développe une magnifique corniche de marbre blanc, dont la frise est plaquée de porphyre. Elle est supportée par un ordre grandiose de colonnes et de pilastres cannelés, d'ordre corinthien, dont le diamètre atteint trois pieds et demi, et la hauteur, entre chapiteau et base, vingt-sept pieds cinq pouces. Quatorze de ces colonnes sont de jaune antique et six de marbre violet. Elles forment à la rotonde, avec les pilastres qui les accompagnent, le plus magnifique encadrement.

L'*œil* de la voûte, pour parler comme les Italiens, était entouré d'une couronne de chêne en métal doré. Les murs, dans les entrecolonnements, étaient revêtus de porphyre, et des édicules ménagés dans leur épaisseur, formaient, avec leurs frontons et leurs colonnes, d'élégants sanctuaires pour les divers dieux. Ces édicules étaient au nombre de sept : un en face de l'entrée et trois sur chacune des moitiés de la rotonde. Les principaux, c'est-à-dire celui du fond et les deux qui occupent le milieu des côtés, sont en hémicycle; les quatre autres ont la forme rectangulaire. Pline ne nous parle pas des statues qui les occupaient,

---

(1) C'est ce qui justifie l'opinion de Nibby que le Panthéon fut d'abord une salle des thermes, transformée ensuite par Agrippa lui-même en édifice religieux.

(2) *M. Agrippa. L. F. Cos. tertium fecit.*

(3) Dimensions du portique, 25 mètres sur 33 mètres 50 centimètres; des colonnes, 14 mètres 54 centimètres de haut. Les entre-colonnements vont en diminuant à partir du milieu et le diamètre des colonnes augmente. Trois de ces colonnes, sur le côté oriental, n'appartenaient pas originairement au portique, mais à quelque autre monument du voisinage, aux thermes d'Agrippa, sans doute, ou à ceux de Néron. Elles furent placées là aux XVIᵉ et XVIIᵉ siècles pour en remplacer trois qui manquaient.

comme il parle des statues du fronton et des caryatides de Diogène, ce qui semble indiquer qu'elles ne comptaient pas parmi les chefs-d'œuvre. Il ne cite qu'une statue d'Hercule prise aux Carthaginois, et devant laquelle ils immolaient des victimes humaines. Nous savons, d'ailleurs, par Macrobe, que la statue de Vénus qui se trouvait au Panthéon avait pour pendants d'oreilles les deux moitiés de la perle de Cléopâtre.

Lors de la dédicace du temple par Agrippa, les chapiteaux et les bases des colonnes étaient de bronze de Syracuse. Détruits par le feu, ils furent remplacés par du marbre. On compte trois restaurations du Panthéon, par Adrien, Antonin et Septime Sévère. Puis, vinrent les dévastations des Barbares et des empereurs grecs : statues de bronze et de marbre, tuiles de bronze, tout disparut, et le Panthéon serait devenu une ruine si les papes ne l'avaient à la fois purifié et sauvé.

Nous avons décrit ici le temple de Jupiter; nous décrirons le sanctuaire de Marie au chapitre des églises.

TEMPLE DE VÉNUS *aux jardins de Salluste.* — On donne ce nom à un édifice octogone qui existe encore près de l'antique porte Salaria.

TEMPLE DE CASTOR ET POLLUX. — On a longtemps attribué et l'on attribue quelquefois encore à la *Grecostase*, qui était une enceinte comme le *Comitium*, mais ne fut jamais un temple, les trois belles colonnes voisines de Sainte-Marie-Libératrice. La découverte du soubassement de la basilique Julia, dont la situation est clairement indiquée, *inter ædem Castoris et ædem Saturni* [1], ne peut plus laisser de doute aujourd'hui sur le monument dont faisaient partie ces colonnes. Nous savons que le temple de Castor fut reconstruit par Auguste et dédié par Tibère; et, en effet, les débris dont nous parlons appartiennent à la plus belle époque de l'art. Les colonnes sont de marbre pentélique cannelé et d'ordre corinthien; leur diamètre est de 4 pieds et demi; leur hauteur de 45, avec chapiteau et base. Elles supportent un entablement majestueux et d'un travail exquis. Il en est de même des chapiteaux qui valent, dit Nibby, ceux du Panthéon. Le monument entier devait avoir huit colonnes sur le devant et treize sur les côtés. Les colonnes subsistantes étaient du nombre de ces dernières.

TEMPLE DE MARS VENGEUR. — Nous avons dit que trois colonnes ont survécu à la ruine de ce temple. On les voit près de l'*Arco de' Pentani*, ainsi qu'une partie des murs en gros blocs de travertin qui formaient l'enceinte du Forum d'Auguste. Ces colonnes cannelées de marbre de Luni et d'ordre corinthien ont une circonférence de 5 mètres 36 centimètres, sur une hauteur de 16 mètres. Les chapiteaux en sont très-riches.

TEMPLE DE CÉRÈS. — La fondation de ce temple remonte au IIIe siècle de Rome; mais nous apprenons par Tacite qu'il fut reconstruit sous le règne de Tibère. On peut voir encore huit de ses colonnes dans l'église de Sainte-Marie *in Cosmedin*. Sept sont encastrées dans le mur. Leur fût est de marbre blanc cannelé et d'ordre composite; leur circonférence atteint 7 pieds. Le travail délicat des chapiteaux rappelle la belle époque de l'art. Une partie de la *cella* est encore visible; elle est construite en gros blocs de travertin.

TEMPLE DE LA CONCORDE, près de l'arc de Septime Sévère. — Ce temple, dont une partie malheureusement reste enfouie sous la rampe moderne qui va de l'arc de Septime Sévère à la place du Capitole, ne présente plus aujourd'hui que des vestiges de sa *cella* qui était entièrement incrustée de jaune antique, de *pavonazzetto* et de marbre africain. Cette *cella* était plus large que profonde, et le portique de six colonnes qui la précédait ne s'étendait pas sur toute sa largeur. On a trouvé dans ses débris des fragments de colonnes en jaune antique, avec bases très-ornées. Un seul bloc de *portasanta* [2] formait le seuil, et dans ce seuil était une incrustation en bronze représentant un caducée. Le monument entier avait été reconstruit par Tibère.

TEMPLE DE VESPASIEN. — Ce temple, qui est souvent indiqué à tort comme étant celui de Jupiter *Tonnant,* dont la véritable position était sur le Capitole, fut édifié par Domitien et rétabli sous les règnes de Septime Sévère et de Caracalla. On lit encore sur les débris de la frise : ESTITVER, fragment du mot *restituerunt,* qui se rapporte à cette restauration. Stace a, nettement, déterminé la position de ce temple *près de celui de la Concorde* et *derrière* la statue de Domitien. Il ne peut donc y avoir aucune incertitude sur ses ruines. Les trois colonnes qui nous le rappellent aujourd'hui formaient l'angle du portique. Ce portique en comptait six de face, sur deux de profondeur. Les colonnes sont de marbre de Luni, d'ordre corinthien et cannelées. Les cannelures sont différentes sur les côtés de ce qu'elles sont sur la façade; les entrecolonnements diffèrent aussi. Le diamètre des colonnes est de 4 pieds 2 pouces. La corniche est riche, mais chargée, et l'exécution est faible; on commence déjà à sentir la décadence. Sur la frise sont divers instruments de sacrifice.

TEMPLE DE PALLAS. — Ce temple, qui faisait l'ornement du Forum de Domitien, ne nous est plus représenté que par ce qu'on appelle les *Colonnacce,* à *Tor de' Conti.* Ce sont deux colonnes cannelées d'un beau travail, mais malheureusement enterrées jusqu'aux deux tiers. Leur circonférence est de 14 palmes, et leur hauteur devait être de 42 (3 mètres 12 centimètres, et 9 mètres 38 centimètres). Elles supportent un riche et bel entablement dont la frise représente les arts de Minerve. Au-dessus est la statue de Pallas en relief.

---

(1) *Monument. Ancyra.,* voir Ampère, *L'Histoire Romaine écrite à Rome,* t. II, p. 306. — (2) Marbre dont est fait le chambranle de la *Porte-Sainte* à Saint-Pierre.

Temple dit d'Antonin-le-Pieux. — Nardini et Canina ont démontré, jusqu'à l'évidence, que les débris connus sous ce nom doivent être attribués au Temple de Neptune, construit par Agrippa et restauré par Adrien. Ces débris se composent de onze majestueuses colonnes corinthiennes, portant malheureusement des traces d'incendie. Leur hauteur est de 39 pieds et demi et leur diamètre de 4 pieds 2 pouces. Les chapiteaux sont ornés de feuilles d'olivier; ils supportent un magnifique entablement.

Ces onze colonnes sont encastrées, depuis le XVIIe siècle, dans le mur de façade de la Douane. L'entablement fut alors restauré en stuc par Borromini.

Temple de Vénus et Rome. — Ce temple, dessiné par Adrien lui-même et construit sous sa direction, comprenait deux *cella* et deux façades, comme il avait deux déesses. Les *cella* étaient adossées l'une à l'autre; elles existent plus ou moins encore; les débris de l'une d'elles font face au Colisée. Quant aux façades, elles présentaient deux rangs de colonnes, et les côtés un seul. C'était, suivant le mot de Vitruve, un édifice *pseudo-diptère*. Les colonnes étaient en marbre de Proconèse [1], ainsi que le revêtement des murs. Ce marbre était blanc avec veines grisâtres. L'ordre était corinthien; les colonnes étaient cannelées, et avaient six pieds de diamètre.

Intérieurement, les *cella* étaient ornées de colonnes de porphyre [2] et la voûte était enrichie de caissons dorés; le pavé était de serpentin et de jaune antique. Les mêmes marbres revêtaient entièrement les murs.

Après les détails venons maintenant à l'ensemble. Ni l'une ni l'autre des entrées du temple ne donnait sur la voie Sacrée. L'une était dirigée vers le Forum, l'autre vers le Colisée. Un portique à double rang de colonnes en granit gris de 500 pieds de long sur 300 de large, formait une enceinte magnifique à l'édifice sacré. On montait à ce portique par un perron qui régnait, à l'Ouest, sur toute son étendue, et qui se divisait, à l'Est, en deux rampes. Après avoir franchi ce portique, on se trouvait dans une vaste cour, *area*, au milieu de laquelle se présentait le temple exhaussé sur sept marches. Cinq autres marches donnaient accès aux absides qui, ainsi que je l'ai dit, étaient adossées au milieu de la grande nef. Un portique formant collatéral encadrait cette nef sur les quatre côtés [3].

Les ruines du temple de Vénus et Rome comprennent les *cella*, plusieurs marches des perrons et du temple, des fragments de colonnes et autres débris en assez grand nombre pour qu'on puisse se faire du monument une juste idée.

(1) Aujourd'hui Marmara. — (2) Dimension de ces colonnes : 2 mètres 10 centimètres de circonférence.
(3) Dimensions du temple : 333 pieds sur 160. Dix colonnes sur chaque façade, vingt sur chaque côté.

Temple d'Antonin et Faustine. — Le portique de ce temple sert aujourd'hui de frontispice à l'église de Saint-Laurent *in Miranda*. Il se compose de six colonnes de face et de deux en profondeur. Ces colonnes, en marbre cipolin [1], sans cannelures, ont 43 pieds de haut, y compris le chapiteau et la base. Ce sont, dit Nibby, les plus hautes colonnes de cipolin qui soient connues. L'entablement est magnifique. La frise porte en relief des griffons, des candélabres et des vases d'un beau travail; on y lit cette inscription :

DIVO. ANTONINO. ET. DIVAE. FAVSTINAE. EX. S. C.

La divine Faustine!

Une partie des murs de la *cella* existe encore; ils sont faits en gros blocs de pierre d'Albano, que recouvraient autrefois des plaques de marbre blanc. Le temple était élevé de 5 mètres et demi au-dessus du sol, et on y arrivait par un escalier de vingt et une marches. En avant était une enceinte décorée d'arcs et de colonnes, qui allait jusqu'à la Voie Sacrée.

Temple dit de Vesta. — Ampère y voit un temple d'Hercule, Canina un temple de Matuta, Nibby un temple de Vesta, mais non pas le célèbre temple de cette déesse, qui contenait le *Palladium*. Nous savons en effet, par Ovide, que ce dernier touchait au Forum et au temple de Castor. Matuta, dont le temple était voisin de celui de la Fortune au *Forum Boarium*, était la Leucothoé des Grecs, l'épouse infortunée d'Athamas, qui la trahit pour une de ses servantes. Aussi les servantes ne pouvaient-elles entrer dans son sanctuaire, et celle qui y entrait était battue de verges.

Tout indique que la jolie rotonde qui est attribuée à ces divinités diverses fut reconstruite dans la seconde moitié du deuxième siécle de l'Empire. Elle n'a pas, intérieurement, plus de 28 pieds de diamètre; mais le luxe de sa construction indique un temple renommé. Le mur entier est en marbre blanc; vingt colonnes du même marbre, dont dix-neuf subsistent encore, formaient autour de la *cella* un portique circulaire de 178 pieds de développement. Ces colonnes sont de marbre de Paros, d'ordre corinthien et cannelées. Elles ont 3 pieds de diamètre et 36 de hauteur, en comprenant le chapiteau et la base. Malheureusement l'entablement n'existe plus, et le dôme a été remplacé par une couverture vulgaire. En dépit néanmoins de ces mutilations, et bien que le style des chapiteaux indique déjà une époque de décadence, le temple de Vesta n'en demeure pas moins, ainsi qu'on peut s'en convaincre par la planche qui le représente, un des joyaux de l'architecture antique.

Prétendu temple de Vénus et Cupidon. — Une grande niche et deux pans de murs latéraux, qu'on remarque dans les *Horti Variani*, près de Sainte-Croix en Jérusalem, sont tout ce qui reste du monument auquel on a donné ce nom. La statue qu'on avait prise pour celle de Vénus représente tout simplement Sallustie Barbie Orbiane, femme d'Alexandre Sévère.

Prétendu temple de Minerva Medica. — Bâtiment décagone, éclairé par dix fenêtres, et contenant neuf niches pour des statues. Cette ruine, dont la circonférence atteint 220 pieds, est des plus imposantes; mais quel fut l'usage du monument? rien n'indique que ce fut un temple; on croirait plutôt à un hexédre ou à une salle de bains. Canina y voit une dépendance des jardins de l'empereur Gallien, ce qui lui aurait fait donner le nom de *Galluzze*, au moyen-âge.

Temple de Romulus. — On donne ce nom, et quelquefois celui de Romulus et Remus, à la rotonde qui forme aujourd'hui le vestibule de l'église des Saints-Cosme-et-Damien. Le premier nom est exact, le second ne l'est pas. Le dieu du temple n'était point, en effet, le fondateur de Rome, le frère jaloux de Remus, mais bien un Romulus très-obscur, fils du tyran Maxence. Après la défaite de celui-ci par Constantin, les monuments du vaincu furent tous dédiés au vainqueur, et le nom de Constantin fut inscrit sur la façade du temple; on le lisait encore au temps de Panvinius. Aujourd'hui l'ancienne façade n'existe plus. Elle fut détruite par Arrigocci, sous le pontificat d'Urbain VIII, afin de mettre la porte, qui s'ouvrait un peu plus à l'Est, dans l'axe de la nef de l'église moderne. Un dessin de Ligorio nous la représente formée de deux avant-corps et d'un arrière-corps. Les avant-corps étaient ornés de quatre grandes colonnes corinthiennes, et l'arrière-corps de huit petites. Enfin, de chaque côté du portique, étaient deux niches avec leurs statues.

Le temple de Romulus est construit en briques, et, ainsi que nous l'avons dit, de forme circulaire. Les jambages de la porte sont en marbre et chargés d'ornements d'une sculpture médiocre. Le niveau actuel est beaucoup plus élevé que l'ancien. Derrière ce temple étaient deux autres temples de forme carrée et de construction plus ancienne, qui forment aujourd'hui, le premier la nef, et le second l'abside et la sacristie de l'église moderne. On ne sait quels étaient leurs vocables; ce qui est certain, c'est qu'il n'existait pas de relation entre eux et le temple de Romulus, puisque la direction de celui-ci était différente de la leur. Le troisième temple avait sa porte sur le côté droit de l'église, c'est-à-dire du côté de la basilique de Constantin, et c'est sur sa paroi extérieure, derrière la sacristie, que fut trouvé, au XVIe siècle, le fameux plan de Rome sur marbre blanc, qui est une des richesses du musée du Capitole. D'autres fragments du même plan viennent d'être découverts au même lieu, par M. Louis Tocco, ainsi qu'un grand et riche pavé au pied du mur. Panvinius nommait l'édifice auquel cette magnifique iconographie était fixée, *Temple de la ville de Rome*. Cette appellation, qu'on retrouve dans le livre pontifical, ne

[1] Marbre feuilleté comme l'oignon (*cipolo*); couleur blanc-grisâtre, à veines grises, vertes ou bleues. Voir le beau portique du temple d'Antonin et Faustine dans l'une des planches qui sont consacrées au Forum et à ses environs.

venait-elle pas précisément du plan de la ville qui y était exposé à tous les yeux? L'illustre chevalier de Rossi considère l'affirmative comme probable; il paraît croire, en même temps, avec Canina, que les constructions en pierres carrées, qui se voient sur le côté droit de l'église des Saints-Cosme-et-Damien, étaient des dépendances du célèbre temple de la Paix.

Temple de Saturne [1]. — Le temple de Saturne était peut-être le plus ancien de Rome; mais, détruit à plusieurs époques, il ne nous rappelle plus aujourd'hui, par les huit colonnes de son portique, que les temps avancés de la décadence. Ces colonnes si connues qui font face, non pas au Forum, mais à la rampe antique du Capitole, ont été longtemps attribuées au temple de la Concorde, puis à celui de la Fortune. Nul doute ne peut exister désormais sur leur dépendance du temple de Saturne situé, en effet, à l'extrémité occidentale de la basilique Julia, entre le Capitole et le Forum. Ce temple devait être *prostyle hexastyle,* c'est-à-dire précédé d'un portique de six colonnes de face. Les huit colonnes existantes appartiennent à ce portique, six de front, et une en retour de chaque côté. Malheureusement ces colonnes n'ont pas toutes le même diamètre, ce qui indique une époque où l'on ne créait plus d'un seul jet, mais où l'on prenait aux monuments existants les éléments des nouvelles constructions. Elles sont de granit égyptien et d'ordre ionique; quelques-unes ont jusqu'à 12 pieds de circonférence. Leur hauteur est de 40 pieds, avec chapiteau et base. Au-dessus de l'entablement s'élevait un fronton qui n'existe plus. La frise n'a aucun ornement extérieur, mais intérieurement elle est décorée de feuillages et d'arabesques, dont une partie rappelle les meilleurs jours de l'architecture, tandis que l'autre appartient à un art dégénéré.

Basilique Julia. — De récents travaux ont remis au jour le plan à peu près entier de cette basilique, qui, nous le savons, occupait le côté méridional du Forum, entre le *Vicus Tuscus* et le *Vicus Jugarius*. Elle se composait d'une grande nef, entourée, sur ses quatre faces, par un double portique. Les arceaux étaient supportés par des piliers; il y avait huit piliers sur la largeur, et seize sur la longueur, sans comprendre les piliers d'angle.

Basilique Ulpia. — Les fouilles faites depuis le commencement du XIX° siècle, dans le Forum de Trajan, ont mis à découvert la partie centrale de cette basilique, ainsi que des fragments de colonnes qui permettent de connaître sa disposition intérieure. Cette basilique comprenait une nef centrale entourée, dans les quatre sens, par un double portique. Les colonnes qui supportaient les arceaux étaient de granit gris. Chaque extrémité de la basilique avait une abside ou tribune pour un tribunal. C'était dans la basilique Ulpienne que se faisaient les affranchissements, ce qui porte à croire qu'elle avait succédé au célèbre *Atrium Libertatis,* dont elle devait occuper la place. Les entrées de la basilique étaient sur les côtés, au Sud vers le Forum, et au Nord vers la colonne Trajane. Trois grandes portes s'ouvraient du côté du Forum, avec portiques formés par des colonnes de marbre de Numidie (jaune antique). La porte du milieu était précédée de quatre colonnes, les autres de deux.

Basilique de Maxence ou de Constantin. — Le nom de *temple de la Paix* a été longtemps donné à ce monument grandiose, dont les vastes arceaux sont un des principaux ornements de la Voie Sacrée. Il est aujourd'hui démontré qu'il fut construit par Maxence, pour servir de basilique, et qu'il prit le nom de Constantin, comme toutes les autres constructions de Maxence, après la défaite de celui-ci au pont Milvius.

Cet imposant édifice avait cent mètres de long sur 66 de large et 12 de haut. L'entrée primitive était ouverte, suivant l'habitude, dans le sens de la largeur; mais, plus tard, et s'il faut en croire Canina, dès l'époque de la dédicace du monument à Constantin, l'entrée fut transportée vers la Voie Sacrée, c'est-à-dire dans le sens de la longueur de l'édifice; mais, au lieu du grand portique qui ornait l'entrée principale, à l'Est, l'entrée nouvelle, au Sud, n'eut qu'un petit, soutenu par quatre colonnes de porphyre. Une abside fut, en même temps, construite au fond de la nouvelle nef centrale, de façon que la basilique se trouva avoir deux absides : l'une à l'Ouest, en face de l'ancienne entrée, et l'autre au Nord, en face de la nouvelle. Prise dans le premier sens, la basilique comprenait une grande nef et deux petites; prise dans le second, elle se composa de trois larges nefs peu profondes; ce sont celles qu'on aperçoit dans la planche ci-jointe.

Les nefs sont séparées par d'énormes piliers; celle du milieu était ornée de huit colonnes corinthiennes en marbre blanc, dont une seule existe encore. Elle fut transportée, par Paul V, devant Sainte-Marie-Majeure où elle sert de piédestal à une statue de la Vierge. Elle a 58 pieds 1/2 de hauteur, avec chapiteau et base, sur 19 1/4 de circonférence. Des fouilles récentes ont fait découvrir le pavé de la basilique de Constantin; il était de marbre blanc et de jaune antique.

Nous avons parlé du portique Capitolin et de celui des Dieux *Consentes* en décrivant le *Tabularium*. Il nous reste à mentionner l'une des entrées encore subsistantes du **Portique d'Octavie**. Ce portique, qui avait 760 pieds romains de long, sur 500 de large (221 mètres 85 centimètres, sur 147 mètres 90 centimètres), ne présente plus aujourd'hui qu'une ouverture monumentale, accompagnée de colonnes et de pilastres de marbre blanc cannelés, sur lesquels repose un entablement qui se termine par un fronton. Au lieu de quatre colonnes et de quatre pilastres, comme autrefois, il n'y a plus aujourd'hui que deux colonnes et deux pilastres d'un côté, et, de l'autre, deux colonnes et un seul pilastre.

---

(1) Voir pour ce temple et pour ceux de Vespasien et de Castor (dit de la Grecostase) les belles vues du Forum, par M. Benoist.

Théâtre de Marcellus. — Commencé par César et terminé par Auguste, ce théâtre, qui avait 267 pieds romains de diamètre (78 mètres 97 centimètres), et pouvait contenir 30,000 spectateurs, est devenu, au XVIe siècle, un palais. L'architecte qui opéra cette transformation fut le célèbre Balthazar Peruzzi. Il serait impossible aujourd'hui de juger de la disposition intérieure du monument antique par quelques escaliers et ambulacres; on voit seulement qu'en dedans la construction était réticulaire, avec lignes de péperin de distance en distance, tandis qu'au dehors, où elle subsiste dans plusieurs de ses parties, le mur et les colonnes sont en travertin. Ce qui reste du théâtre antique, c'est d'abord sa forme en hémicycle; puis, sur la place Montanara, deux des portiques superposés qui l'entouraient. Autrefois il y avait trois ordres, peut-être même quatre. Aujourd'hui il n'y en a plus que deux : le premier dorique, et le second ionique. Les pieds-droits des arceaux sont ornés de colonnes supportant un entablement. Ces deux ordres, qui réunissent la sévérité à la beauté, sont cités comme modèles.

Colisée [1] ou Amphithéâtre Flavien, commencé par Vespasien en l'an 72 de notre ère, et dédié par Titus en l'an 80. On sait comment se faisaient ces dédicaces. Après avoir sacrifié aux dieux on sacrifiait au peuple. Chasses, batailles, naumachies, combats d'éléphants, combats de grues, combats de gladiateurs; trois mille hommes, cinq mille bêtes luttant, s'entretuant pendant cent jours, tel fut le sacrifice. L'amphithéâtre prit le nom de Flavien, de la *gens Flavia*, à laquelle appartenaient les deux empereurs, et remplaça le lac de Néron dont on cherchait à effacer la mémoire. Si nous en croyons Suétone, Vespasien ne fit, en le construisant, qu'accomplir une pensée et peut-être même exécuter un plan d'Auguste. Ce plan présente un ovale de 200 mètres sur 167, avec quatre ordres d'architecture s'élevant à une hauteur totale de 232 palmes (51 mètres 82 centimètres). Qu'on se figure trois portiques superposés de 80 arcades chacun, dont les piliers sont flanqués de colonnes, et, au-dessus, un mur plein, orné de pilastres, percé de fenêtres, et faisant le tour d'une terrasse ou galerie supérieure. Le premier ordre est dorique, le second ionique, les deux derniers corinthiens. Vespasien ne construisit que trois rangs de gradins: Titus en ajouta deux; enfin Domitien acheva le monument tel que nous le voyons jusqu'au faîte, *usque ad clypea*. Le nombre des places où l'on pouvait s'asseoir était de 87,000, et 20,000 spectateurs pouvaient, en outre, se tenir debout dans la galerie [2]. Deux portes principales s'ouvrent aux extrémités de l'ovale; l'une vers le Forum, l'autre, plus grande,

(1) Les Italiens disent il Colosseo (le Colosse). La première fois qu'il est question dans l'histoire de l'amphithéâtre Flavien, sous son nom moderne, c'est dans ce mot si connu qu'a citait Bède au VIIIe siècle, et qui, dès lors, avait le caractère d'une tradition : *Quamdiu stabit Coliseus, stabit et Roma; quando cadet Coliseus, cadet et Roma; quando cadet Roma, cadet et mundus.* « Tant que le Colisée sera debout, Rome aussi sera debout; quand le Colisée tombera, Rome tombera; quand Rome tombera, tombera le monde. »

vers Saint-Jean de Latran. On suppose que c'est par cette dernière qu'étaient introduits les décors et les machines employés dans certains jeux. Ces deux entrées conduisent dans l'arène. Les arcs qu'elles dessinent sont des plus grands et des plus beaux. Soixante-dix-huit portes secondaires, élevées de quelques marches, servaient aux spectateurs. Chacune d'elles avait, et a encore, son numéro d'ordre, afin de prévenir toute confusion. On remarque que l'une d'elles, celle du milieu, vers l'Esquilin, n'a pas de numéro. Elle s'ouvre entre les numéros XXXVIII et XXXVIIII; on y remarque les traces d'une ornementation plus riche, d'une espèce de propylée. Sans doute c'était la porte impériale. Elle conduit dans une salle ornée de stucs, d'où l'on passait sur le *Podium*. Ce nom de *Podium* était donné à une plate-forme élevée d'à peu près trois mètres, qui se développait autour de l'arène [1] sur un soubassement revêtu de marbre. Le *Podium* était réservé à l'empereur, aux magistrats, aux sénateurs et aux vestales. Au-dessus étaient étagés les gradins au nombre de cinquante, divisés en trois ordres; le premier de vingt-quatre gradins, le second de seize, et le troisième de dix; puis venait la galerie [2], vaste promenoir, que couvrait un soffite soutenu par quatre-vingts colonnes.

On peut suivre aujourd'hui encore chacune de ces divisions au Colisée; car si, du côté du Cœlius, il n'a plus pour lui que la beauté des ruines, du côté de l'Esquilin il conserve toute sa majestueuse grandeur. C'est toujours la grande construction de Vespasien. Vous montez les escaliers que montèrent les Romains de l'Empire; vous parcourez les ambulacres qu'ils parcouraient; vous traversez les vomitoires par lesquels s'écoulait leur foule; voici les consoles qui servaient d'appui aux poutres de bronze sur lesquelles reposait le *Velarium*; voici, sous le *Podium*, les ouvertures qui donnaient passage aux bêtes féroces; voici l'arène qui fut imbibée du sang de nos martyrs!

Construit pour être un magnifique abattoir, le Colisée est devenu le plus monumental et le plus éloquent des reliquaires; aussi éprouve-t-on, en le voyant, un sentiment tout autre qu'en présence des plus grands et des plus célèbres chefs-d'œuvre. Rien ne pouvait mieux exprimer ce sentiment que la Croix et le Chemin de Croix érigés au milieu de ces ruines par Benoît XIV et saint Léonard de Port-Maurice.

Jusqu'au XIe siècle, le Colisée était resté à peu près intact; mais il devint alors une forteresse qu'occupèrent successivement les Frangipani et les Annibaldi, et souffrit beaucoup de leurs guerres. Plus tard, on le prit souvent pour une carrière de travertin et de marbre. Benoît XIV, en y érigeant la Croix, mit un terme à ces destructions; mais il fallait encore soutenir ce qui restait, déblayer le terrain, rendre au monument ses proportions antiques; c'est ce qu'ont fait, avec un admirable zèle, les cinq papes Pie VII, Léon XII, Pie VIII, Grégoire XVI et Pie IX. Le sol a été nivelé, de gigantesques contreforts ont été construits; enfin des voûtes ont été refaites par ordre de Pie IX, et des escaliers restaurés avec une complète fidélité archéologique, de manière à rendre facile et sans danger le parcours des gradins et des ambulacres [3].

AMPHITHÉÂTRE CASTRENSE. — On voit encore, près de Sainte-Croix-en-Jérusalem, les débris de cet amphithéâtre construit en briques; il avait deux étages; le premier orné de colonnes corinthiennes, et le second de pilastres du même ordre.

Il ne reste aujourd'hui du GRAND CIRQUE que quelques substructions perdues sous les granges à foin de la *via de' Cerchi*; et, au-dessus de cette voie, un hémicycle et des gradins qu'on croit avoir appartenu au *Pulvinar* (la loge) des empereurs.

La forme du CIRQUE DE SALLUSTE est encore plus ou moins visible sur le Quirinal; et celle du CIRQUE D'ALEXANDRE SÉVÈRE à la place Navone. Les souterrains de Sainte-Agnès en sont, même au point de vue archéologique, un précieux débris. Pour se rendre exactement compte toutefois d'un cirque romain, il faut aller sur la Voie Appienne visiter les débris presque intacts du CIRQUE DE ROMULUS, fils de Maxence [4].

Les THERMES D'AGRIPPA n'ont laissé que des restes sans importance dans la sacristie du Panthéon et dans les rues voisines. Ce qu'on appelait au moyen-âge l'*Arco della Ciambella* en faisait partie.

Les THERMES DE NÉRON ET D'ALEXANDRE SÉVÈRE ont encore un arceau debout; c'est celui qui forme la petite église de Saint-Sauveur *in Thermis*.

Les THERMES DE TITUS n'existent réellement plus; mais la villa de Néron, sur laquelle ils avaient été construits, nous présente encore une trentaine de chambres et plusieurs corridors. C'est là que se trouvent ces arabesques si élégantes de dessin et si vives de couleur, qui faisaient l'admiration de Raphaël.

Les THERMES DE TRAJAN formaient, je l'ai dit, un appendice à ceux de Titus. On en retrouve des restes dans la cour de Saint-Martin-des-Monts, et surtout dans ses souterrains.

On donne le nom de BAINS DE PAUL-ÉMILE à une construction en briques de forme semi-circulaire, qui devait faire partie des édifices du Forum de Trajan. Rien n'indique d'ailleurs que ce fut un établissement de bains. Cette construction avait trois

---

(1) Dimensions de l'arène : 420 palmes sur 268, c'est-à-dire 93 mètres 28 centimètres, sur 59 mètres 94 centimètres.

(2) Cette galerie fut d'abord en bois. Ayant été détruite par un incendie, sous Macrin, elle fut rétablie en travertin, comme le reste du monument, par Héliogabale et Alexandre Sévère. Voir la planche qui est consacrée à cet admirable monument.

(3) Une pierre tumulaire trouvée à Sainte-Martine, peut faire croire que l'architecte du Colisée finit par devenir chrétien et par être martyrisé dans l'amphithéâtre qu'il avait construit; il se nommait Gaudentius. Les Juifs captifs furent employés par milliers à l'édification de l'amphithéâtre.

(4) Voir au chapitre des *Environs de Rome*.

ordres, dont le premier est aujourd'hui enterré; le second est précédé d'un vaste portique formé par des arceaux dont les pieds droits sont flanqués de pilastres ioniques. Au-dessus des arceaux sont des frontons alternativement circulaires, aigus et tronqués, ce qui prouve que les bizarreries sont un peu de tous les temps. Au-dessous règne une série de boutiques dont le pavé est en mosaïque blanche et noire.

Les Sette Sale paraissent avoir été une piscine ou un réservoir pour les thermes du voisinage. On ne sait d'où leur vient le nom de Sept Salles ou de *Septizonium* que Suétone leur donne [1], car elles présentent neuf corridors. Ces corridors, construits de façon à pouvoir résister à l'action de l'eau, avaient autrefois deux étages; l'un d'eux est aujourd'hui sous terre.

Thermes Antoniniens ou de Caracalla. Ces thermes et ceux de Dioclétien comptent parmi les ruines les plus importantes de Rome, et c'est par leur étude qu'on en est venu à se faire une idée assez complète d'un genre de monuments qui nous est devenu complétement étranger. Ainsi on peut y distinguer encore, plus ou moins, et le portique d'enceinte avec ses deux grandes absides à colonnes, et la vaste cour qu'il renfermait, et le stade, et le bâtiment même des thermes, immense construction isolée au sein de l'*Area*; puis, dans ce bâtiment, plusieurs des salles de bains, le *Laconicum* ou étuve, dessinant une immense rotonde; près de lui les *Caldaria* ou bains chauds, les *Oleotesta* ou salles des onctions et des parfums, les *Conisteria* ou salles des lutteurs; au centre de l'édifice la *Pinacothèque* ou peut-être la grande piscine d'eau chaude, entre le *Laconicum* et le *Frigidarium* ou grande piscine d'eau froide [2]; à droite et à gauche, enfin, les *Sphæristeria* ou jeux de paume, les *Exedræ* ou salles de conversation, élégants hémicycles qui communiquaient par des colonnades avec les deux péristyles d'entrée.

Tels sont les thermes de Caracalla ou tels du moins ils devaient être; car il faut l'œil patiemment investigateur de la science pour les restituer ainsi. Ce que l'on voit aujourd'hui, au lieu qu'ils occupaient dans l'antique vallée des Camènes, entre le Pseudo-Aventin et le Cœlius, se réduit à de grands pans de murs et à un certain nombre de chambres sans ornements, qui durent être occupées par les gens de service, c'est-à-dire par les esclaves. Les colonnes des portiques étaient de granit gris. On reconnaît encore la grande piscine; on aperçoit dans la salle du milieu les places qu'occupaient huit superbes colonnes de granit dont l'une existe encore; mais il faut aller la chercher à Florence, où Cosme de Médicis la fit transporter au XVIe siècle [3]. Ce qu'il y a de plus beau dans ces ruines, ce sont ces ruines elles-mêmes, surtout lorsqu'on les considère du haut d'un des escaliers restés debout d'où la vue peut comparer l'œuvre mélancolique du temps et l'œuvre toujours riante de la nature. Spartien, en parlant des thermes de Caracalla, *thermæ eximiæ*, cite surtout la *Cella solearis* qui, au dire de tous les architectes, était *inimitable*; car sa voûte entière, *cameratio tota*, portait sur une balustrade d'airain ou de cuivre, et son étendue était telle, que d'habiles mécaniciens tenaient la chose pour impossible [4]. Quelle était cette *cella solearis?* on l'ignore. Les thermes de Caracalla étaient ornés d'un grand nombre de statues dont quelques-unes sont restées célèbres. Tels sont, entre autres, le Taureau et Dircé, l'Hercule et la Flore Farnèse, et le fameux Torse du Belvédère. Les mosaïques qui formaient le pavé des salles étaient en pierres dures dessinant des compartiments variés; on en a récemment découvert deux, représentant des athlètes avec leurs noms, mosaïques non moins remarquables par leur finesse que par leur éclat.

Thermes de Dioclétien. — L'église de Sainte-Marie-des-Anges, qui occupe une des salles de ces thermes, suffirait seule pour en faire connaître et admirer la magnificence. Nous savons, par Olympiodore, que 3,200 personnes pouvaient s'y baigner, tandis que les thermes Antoniniens n'avaient que 1,600 places [5]. Le portique d'enceinte était flanqué, à ses deux angles, vers le Midi, par deux rotondes qu'on a supposé être des *Caldaria* et dont l'une est aujourd'hui l'église de Saint-Bernard. Sainte-Marie-des-Anges occupe le *Laconicum*, suivant quelques-uns, la Pinacothèque, suivant quelques autres. Les huit colonnes monolithes de granit rouge qui l'ornent, n'ont pas moins de 48 pieds de haut sur 16 de circonférence [6]. Dioclétien avait fait transporter, du Forum de Trajan dans ses thermes, la fameuse bibliothèque Ulpienne.

Arc de' Pantani. — On donne ce nom à une des entrées du Forum d'Auguste, qui existe encore et s'ouvre de biais sur les trois belles colonnes du temple de Mars Vengeur. Cette obliquité singulière rappelle la modération d'Auguste, qui ne voulut pas s'emparer, pour cause d'utilité publique, de terrains que les propriétaires refusaient de lui vendre.

Arc de Dolabella, sur le Cœlius, près de l'église des Saints-Jean-et-Paul. C'était probablement une des entrées du *Campus martialis*. Il fut érigé l'an 10 de l'ère chrétienne, par Publius Cornelius Dolabella et Caïus Junius Silanus, prêtre de Mars, *flamen martialis*. Cet arc est en travertin.

Arc de Titus. — Cet arc célèbre occupe le sommet de la Velia, entre le Forum et l'amphithéâtre Flavien. La voie qui le traverse était la voie Sacrée. Moins grand que celui de Constantin, il produit néanmoins plus d'effet, et par sa position sur

---

(1) *Natus est propè septizonium*, dit-il en parlant de Titus. C. Ier.
(2) Le *Laconicum* faisait saillie en demi-cercle sur la façade du côté du Stade. Les entrées des thermes sont au centre des deux extrémités. — Dimensions d'après Nibby : Bâtiment des thermes, 690 pieds sur 450 (224 mètres sur 146); portique d'enceinte, 1,050 pieds (341 mètres) sur chaque face ou 4,200 pieds (1,363 mètres) de tour. 1,604 personnes pouvaient s'y baigner en même temps, suivant Olympiodore.
(3) Elle supporte la statue de la *Justice* devant le pont de la Trinité. — (4) Spart. *In Caracal.*, IX.
(5) On calcule que le pourtour des Thermes de Dioclétien devait atteindre 4,275 pieds (1,388 mètres).
(6) Vanvitelli en a ajouté huit autres semblables, mais en briques recouvertes de stuc.

une hauteur et par la beauté du travail. Ses bas-reliefs surtout sont renommés pour le sujet et pour l'exécution. Ceux qui ornent les parois intérieures représentent le triomphe de Titus. D'un côté, on voit l'empereur sur un quadrige que conduit Rome sous les traits d'une femme; la Victoire le couronne; son armée le précède et le suit. De l'autre, sont les prisonniers et les dépouilles, les vases sacrés du temple de Jérusalem, la table des pains de proposition, les trompettes d'argent, le chandelier à sept branches. Sous la voûte, et parmi de très-belles rosaces, Titus est figuré assis et porté par un aigle.

Au dehors, les sculptures continuent l'histoire du triomphe. On distingue le simulacre du Jourdain porté sur un brancard; puis, viennent des bœufs pour les sacrifices et des soldats armés de boucliers ronds sur lesquels est une tête de Méduse.

L'arc n'a qu'une ouverture; il est en marbre pentélique et était orné, sur chacune de ses façades, de quatre demi-colonnes cannelées d'ordre composite. De ces colonnes, deux seulement restaient, de chaque côté; les autres ont été rétablies et l'arc entier restauré sous le pontificat de Pie VII.

Arc de Drusus, sur la voie Appienne. — Cet arc est en travertin; mais il était complétement revêtu de marbre blanc, ainsi qu'on le voit encore par l'imposte et l'archivolte. Chaque façade était ornée de quatre colonnes de marbre africain dont deux subsistent encore. Elles supportaient un entablement et un fronton. Ce monument, à une seule arcade, fut dédié à Drusus, après sa mort, pour les victoires qu'il avait remportées en Germanie.

Arc Quadrifrons. — Cet arc ou *Janus*, qui existe encore dans l'antique *Forum Boarium*, rappelle un passage de Suétone : « Domitien, dit-il, fit élever, dans les différents quartiers de Rome, tant de Janus et d'arcs avec quadriges et insignes des triomphes, que quelqu'un écrivit en grec sur l'un d'eux : *C'est assez* . » Nous savons que ces arcs servaient de refuge aux marchands, en cas de pluie. Les uns n'avaient qu'une ouverture; les autres en avaient deux se croisant, et se trouvaient ainsi percés sur les quatre faces. Tel est celui du *Forum Boarium*, et c'est par ce motif qu'il porte le nom de *Quadrifrons*. Chacune de ses faces a un développement de 75 pieds (24 mètres 35 centimètres). Elles sont revêtues de marbre blanc et ornées de niches qu'accompagnaient autrefois des colonnettes. Le monument est lourd et le style se ressent de la décadence. Nibby ne le fait pas remonter à Domitien, mais seulement à Septime Sévère.

Arc de Septime Sévère, au *Forum Boarium*, petit, en marbre, et n'ayant qu'une ouverture. Il fut élevé à Septime Sévère, à sa femme Julie et à ses deux fils Antonin et Geta, par les marchands de bœufs et les banquiers, *argentarii et*

(1) *In Domit., c.* XIII.

negotiantes boarii, qui se réunissaient dans ce Forum. Les bas-reliefs, d'exécution médiocre, représentent : sous l'ouverture de l'arc, l'empereur, sa femme et ses fils offrant des sacrifices; puis, des soldats conduisant des esclaves barbares et des marchands conduisant des bœufs. Au dehors sont Hercule et Bacchus, les dieux protecteurs de Septime Sévère, les aigles des légions et des boucliers ornés de portraits de la famille impériale. L'image de Geta est effacée; elle l'est également sous la voûte et son nom a été gratté dans l'inscription : souvenir affectueux d'Antonin Caracalla, son frère, après qu'il l'eut fait mourir.

Arc de Septime Sévère, au *Forum Romain*. — Ici encore nous retrouvons la main de Caracalla, grattant le nom de son frère. Cet acharnement fraternel ne fait que mieux lire le nom supprimé. L'arc de Sévère est au pied du Capitole; il lui fut érigé à lui et à ses fils, après ses victoires sur les Parthes, les Arabes et les Adiabenites. Cet arc, en marbre pentélique et à trois ouvertures, est orné de huit colonnes cannelées d'ordre composite et de bas-reliefs représentant des scènes de guerre. Les voûtes sont enrichies de caissons et de rosaces. Enfin sur la plate-forme, à laquelle on monte par un escalier de marbre pratiqué dans le côté occidental de l'arc, était la statue de Sévère, assise, entre celles de Caracalla et de Geta, sur un char tiré par six chevaux de front, entre deux fantassins et deux cavaliers.

Arc de Gallien, près de l'église des Saints-Guy-et-Modeste. — Cet arc, en travertin, porte l'inscription : *au très-clément prince Gallien, dont l'invincible courage ne fut surmonté que par sa piété, et à Salonine, très-sainte,* sanctissimae (sa femme), par *Marcus Aurelius Victor,* qui le dédia *à leur majesté et à leur divinité,* numini majestatiqve eorvm. Originairement l'arc avait trois ouvertures. Celle du milieu existe seule aujourd'hui. Elle est accompagnée de pilastres corinthiens.

Arc de Constantin, près de l'amphithéâtre Flavien, dans la direction de la voie d'Ostie. — Cet arc magnifique est, malgré sa richesse, une preuve frappante de la décadence des arts au commencement du IV\u1d49 siècle. Ses plus belles sculptures sont, en effet, d'emprunt, et jurent avec celles qui lui appartiennent en propre [1]. Ainsi les colonnes, les bas-reliefs des deux façades, les statues des rois prisonniers furent pris à l'arc de triomphe de Trajan, ou peut-être, suivant l'opinion de Canina, l'arc de Constantin ne serait lui-même qu'un arc de Trajan, arc inachevé à la mort de ce prince, d'après Dion, et qu'il ne faudrait pas confondre avec celui de son Forum. Cet arc inachevé aurait été terminé et dédié à Constantin par le Sénat et par le peuple après sa victoire sur Maxence.

L'inscription est célèbre par les mots *instinctu divinatis*, qui remplaçaient le *diis faventibus* des inscriptions anciennes [2]. Mais les images du paganisme n'en continuent pas moins de figurer sur le monument. Trajan y est représenté offrant un *suovetaurile* à Mars [3], et ailleurs sacrifiant à Apollon et à Diane [4].

L'arc de Constantin est à trois ouvertures et orné de huit colonnes d'ordre corinthien, dont sept de jaune antique et une en partie de marbre blanc. Elles supportent des statues de rois prisonniers dont les têtes ont été refaites par Bracci, sur d'anciens modèles. Sept de ces statues sont en marbre *pavonazetto* (violet) et antiques; la huitième est en marbre blanc et date de la restauration du monument par Clément XII. Les Victoires qui ornent les piédestaux sont de l'époque de Constantin et les bas-reliefs de la voûte d'une époque peu antérieure. L'arc avait, en outre, des ornements en bronze et en porphyre qui ont disparu. Il en est de même du char triomphal de Constantin qui devait couronner la plate-forme. (*Voir le Frontispice,* I\u1d49\u02b3 vol.)

Colonne Trajane. — Les colonnes ne sont le plus souvent qu'une continuation des arcs de triomphe. La plus célèbre, la colonne Trajane, et, après elle, la colonne Antonine, furent, en effet, surtout des monuments triomphaux, à la gloire de ceux dont elles portaient les statues. Mais la colonne Trajane servit, en outre, de tombeau à Trajan; et l'iconographie des victoires de ce prince, qui se déroule autour d'elle, n'est en définitive qu'une magnifique épitaphe. Cette histoire sculptée des deux guerres contre les Daces, comprend environ deux mille cinq cents figures d'une hauteur d'à peu près trois palmes (75 à 77 centimètres), sans compter les chevaux, les armes, les machines de guerre, les trophées, les enseignes, etc. Elle se développe en spirale sur une bande qui fait vingt-trois tours. Le dessin est du meilleur style et révèle l'œuvre d'un seul artiste, sinon pour l'exécution, toujours excellente cependant, du moins pour la composition et la pensée. L'élévation totale de la colonne est de 193 palmes 1/2 (43 mètres 22 centimètres) [5]. Le piédestal, longtemps enterré, est du plus beau travail. Ses ornements sont des trophées, des aigles et des guirlandes de feuilles de chêne.

Cette admirable colonne, la plus belle colonne qui existe, est faite de trente-quatre quartiers de marbre de Luni unis par des crampons de bronze. Huit blocs forment le piédestal; un seul, la plinthe; vingt-trois, le fût de la colonne; un, le chapiteau qui est d'ordre dorique, et un dernier, la base de la statue. Au centre, est un escalier de cent quatre-vingt-deux marches taillées dans le marbre, qu'éclairent quarante-trois soupiraux. Il conduit à une plate-forme qui repose sur le chapiteau et

---

(1) Comparer, par exemple, les bas-reliefs représentant l'entrée de Trajan à Rome, sa victoire sur Decebale, son allocution à ses soldats, ses chasses, ses sacrifices, et ceux représentant la prise de Vérone, la victoire de Constantin sur Maxence, puis les statues des rois, avec celles des Renommées et Victoires.

(2) On a prétendu que ces mots avaient été substitués après coup. J'ai dit ailleurs avec quelle sûreté de critique l'illustre chevalier de Rossi avait démontré leur complète authenticité. Voir *Bulletino d'Archeologia cristiana, anno primo,* p. 49 et 57.

(3) Quatrième bas-relief carré, du côté de Saint-Grégoire. — (4) Bas-reliefs ronds.

(5) Cette élévation se divise ainsi : piédestal, 22 palmes; plinthe, 4 ; colonne avec chapiteau et base, 131 (29 mètres 26); piédestal et base de la statue, 20; la statue enfin 16. Le diamètre est de 16 palmes 1/2 en bas et de 15 en haut.

qu'entoure une balustrade en fer. On y jouit d'une magnifique vue de Rome. La colonne était surmontée de la statue en bronze doré de Trajan. Depuis Sixte-Quint, elle l'est de la statue de saint Pierre.

Colonne Antonine, imitation de la colonne Trajane, et aussi belle que peut être une imitation. Ses sculptures, sans doute, trahissent un art inférieur; mais l'ensemble ne manque ni de grandeur ni de dignité. Même système d'ailleurs dans la composition et dans le dessin des deux monuments. Comme la colonne Trajane, la colonne Antonine est faite de gros blocs de marbre blanc. Elle en a vingt-huit, l'autre en a trente-quatre. L'escalier de la colonne Antonine compte cent quatre-vingt-dix marches, celui de la colonne Trajane cent quatre-vingt-deux; l'une et l'autre enfin avaient un piédestal orné de trophées [1], une plate-forme sur le chapiteau et des scènes de guerre se déroulant en spirale sur une hauteur qui est pour la colonne Antonine de 129 palmes et pour la colonne Trajane de 131 (28 mètres 81 centimètres et 29 mètres 26 centimètres).

Cette colonne qu'on a cru dédiée à Antonin le Pieux, le fut réellement à Marc-Aurèle Antonin, ainsi que le prouvent les bas-reliefs, tous relatifs aux guerres de ce dernier prince contre les Quades et les Marcomans. Une inscription de la fin du IIe siècle la nomme d'ailleurs *columna Centenaria divi Marci*. Toute incertitude est donc impossible. Parmi les bas-reliefs, il en est un surtout qui mérite l'attention. C'est celui où est représenté *Jupiter pluvieux*, faisant tomber sur l'armée romaine une pluie rafraîchissante et foudroyant ses ennemis, constatation monumentale et authentique du miracle que les païens attribuèrent à Jupiter ou plutôt à la magie, mais dans lequel les chrétiens reconnurent l'effet des prières de la Légion Fulminante. Jupiter est en demi-figure, les bras et les ailes étendus. Sa foudre sillonne l'air, et, au-dessous, sont deux armées, l'une en désordre, l'autre attaquant, l'arme au poing.

La colonne Antonine est d'ordre dorique, comme celle de Trajan. Elle était surmontée de la statue dorée de Marc-Aurèle. Depuis Sixte-Quint elle porte celle d'un *philosophe* autrement puissant en doctrine et en œuvres, la statue de saint Paul.

Colonne de Phocas. — Le Forum avait un certain nombre de colonnes votives surmontées de statues, la colonne de Mœnius, entre autres, la colonne *Rostrata* de Duilius, etc. Il ne reste des monuments de ce genre qu'un seul débris. C'est la colonne isolée qui s'élève en avant des ruines de la basilique *Julia*. Depuis longtemps elle a perdu sa statue, et l'on ignorait à qui elle fut dédiée, lorsque, en creusant autour de sa base, en 1813, on découvrit une magnifique inscription à l'honneur de l'empereur Phocas. Ce ne sont plus toutefois le sénat et le peuple qui érigent et qui dédient, c'est l'obscur exarque Smaragdus. Singuliers Romains que Phocas et Smaragdus !

La colonne de Phocas rappelle le style des Antonins et doit remonter à leur époque; elle était surmontée de la statue dorée de l'empereur. Sa hauteur est de 47 pieds antiques et celle de son piédestal de 12 (13 mètres 90 centimètres et 3 mètres 54 centimètres); son diamètre est de 4 pieds 1/2. Cette colonne est de marbre blanc, d'ordre corinthien et cannelée.

Obélisques. — Ces admirables monolithes n'ont de romain que la place qu'ils occupent. Œuvres grandioses de l'Égypte, ils ne représentent à Rome que le génie des vaincus et la puissance des vainqueurs. Douze sont encore debout, relevés pour la plupart par les papes, après les dévastations des barbares et du temps.

Obélisque de la place du Peuple. — Érigé primitivement à Héliopolis, devant le temple du Soleil, par Rhamsès III, le fameux Sesostris des Grecs, pharaon de la XVIIIe dynastie, il fut amené à Rome par Auguste qui le plaça sur la *Spina* du grand Cirque. Cet obélisque est de granit rouge et couvert de hiéroglyphes. Sa hauteur atteint 108 palmes, indépendamment du piédestal. Il était brisé en trois morceaux lorsque Sixte-Quint le fit transporter par Fontana à la place qu'il occupe.

Obélisque de Monte-Citorio, également érigé par Auguste, qui en fit un gnomon pour la méridienne du Champ de Mars. Il est de granit rouge et remonte à Psammetichus Ier, pharaon de la XXVIe dynastie. Ses hiéroglyphes sont cités pour leur dessin. Déterré par Zabaglia, sous le pontificat de Benoît XIV, au *Largo dell' Impresa*, il ne fut érigé, à la place qu'il occupe, que par Antinori, sous le règne de Pie VI. Sa hauteur est de 90 palmes (21 mètres 88 centimètres).

Obélisque du Vatican, le seul qui n'ait été ni brisé ni renversé pendant les temps bas (*i tempi bassi*). Cet obélisque, de granit rouge, n'a pas de hiéroglyphes, ce qui porte à croire qu'il est non pas celui de Nuncoreus, dont parle Pline, mais une imitation de celui de Nuncoreus, faite à Héliopolis, du temps des Romains. Ce fut Caligula qui le fit venir à Rome. Il le plaça sur la *Spina* de son cirque qui devint le cirque de Néron, théâtre odieux des premières barbaries qu'eurent à subir les chrétiens. Sixte-Quint, en le transportant sur la place du Vatican et le consacrant à la croix, lui a rendu son vieux rôle de témoin de nos martyrs. La hauteur de l'obélisque du Vatican est de 113 palmes (25 mètres 24 centimètres), sans compter le piédestal, et sa plus grande largeur de 12 (2 mètres 68 centimètres).

Obélisques de Sainte-Marie-Majeure et de Monte-Cavallo, l'un et l'autre de granit rouge et sans hiéroglyphes. Ils furent apportés à Rome, sous le règne de Claude qui les plaça à l'entrée du mausolée d'Auguste. Le premier fut relevé, sous Sixte-Quint, par Fontana, et le second, sous Pie VI, par Antinori. Leur hauteur est de 66 palmes.

---

(1) Les sculptures du piédestal ont été transportées au Vatican sous le pontificat de Sixte-Quint et remplacées par d'autres marbres.

OBÉLISQUE DE LA TRINITÉ DU MONT, de granit rouge avec hiéroglyphes. Il provient du cirque de Salluste. Sa hauteur, sans le piédestal, est de 65 palmes. C'est à Pie VI que l'on doit son érection devant l'église de la Trinité.

OBÉLISQUE DU MONT PINCIUS, érigé par Pie VII au centre de la promenade de ce nom. Il provenait des *Horti Variani*, et fut primitivement érigé par Adrien à Antinoüs.

OBÉLISQUES DE LA MINERVE ET DU PANTHÉON, tous les deux avec hiéroglyphes et trouvés dans les fondations du couvent de la Minerve. Alexandre VII fit ériger le premier, sur la place de la Minerve, par Bernin, qui le plaça sur le dos d'un éléphant. Sa hauteur n'est que de 24 palmes (5 mètres 36 centimètres). Il remonte, d'après le P. Ungarelli, à Hofre ou Ariès, pharaon de la XXVI° dynastie. Comme l'obélisque du Panthéon, il devait figurer autrefois devant l'*Iseum* ou le *Serapeum*. L'obélisque du Panthéon n'est à la place qu'il occupe, que depuis Clément XI.

OBÉLISQUE DE LA PLACE NAVONE, autrefois sur la *Spina* du cirque de Romulus, fils de Maxence. Il est de granit rouge avec hiéroglyphes et atteint une hauteur de 72 palmes (16 mètres).

OBÉLISQUE DE SAINT-JEAN DE LATRAN. — Cet obélisque, de granit rouge, ne fut apporté à Rome que par l'empereur Constance [1] qui le plaça sur la *Spina* du grand Cirque où il fit pendant à celui de Rhamsès, aujourd'hui sur la place du Peuple. Sa hauteur est de 144 palmes (32 mètres 16 centimètres), et sa plus grande largeur de 14 (3 mètres 12 centimètres). C'est donc le plus grand des obélisques de Rome. Il en est aussi le plus ancien, bien qu'il ait été le dernier à quitter l'Afrique. Il résulte, en effet, de ses inscriptions hiéroglyphiques qu'il remonte à Thutmès ou Thoutmosis IV, le fameux Mœris d'Hérodote, cinquième roi de la XVIII° dynastie, qui l'aurait érigé, 1736 ans avant notre ère, devant le temple d'Ammon à Thèbes. Son érection sur la place de Saint-Jean de Latran date de Sixte-Quint qui le retira des débris du grand Cirque où il était couché, à vingt pieds sous terre. Les hiéroglyphes de cet obélisque sont les plus beaux qui soient connus.

Rome possède encore aujourd'hui trois ponts antiques, le pont Fabricius, le pont Cestius et le pont Ælien.

Le PONT FABRICIUS a pris le nom de pont à *Quattro Capi*, de quelques Hermès de Janus à longues barbes et à quatre faces, dont il était orné. On voit encore un de ces Hermès près de l'église de Saint-Jean Calybite. Ce pont unit l'île du Tibre à la rive gauche du fleuve. Le pont Fabricius est à peu près intact. Le PONT CESTIUS fut refait par l'empereur Gratien, au IV° siècle. Il porte aujourd'hui le nom de pont *Saint-Barthélemy*. Quant au PONT ÆLIEN, à part la petite arche qui lui a été ajoutée vers le château Saint-Ange et les balustres en fer qui bordent ses trottoirs, il reproduit fidèlement l'œuvre d'Adrien. Autrefois il se composait de trois grands arcs et de deux petits séparés par des contreforts qui servaient et qui servent encore de piédestaux à des statues. Les statues seules ont changé. Elles représentent aujourd'hui des anges portant les instruments de la Passion.

Les autres ponts sont tous plus ou moins complétement modernes. On voit encore sous l'Aventin trois piles à fleur d'eau qui rappellent l'antique PONT SUBLICIUS, et, sous l'hôpital du Saint-Esprit, quelques débris du PONT AURÉLIEN. Le PONTE-ROTTO est, nous l'avons dit, un reste du pont Æmilien ou Palatin, refait deux ou trois fois par les papes.

Deux lignes d'AQUEDUCS traversent aujourd'hui encore la campagne romaine, et leurs longues suites d'imposants arceaux, parfois brisés, le plus souvent intacts et colorés de la teinte des siècles, y produisent les plus beaux effets. L'une de ces lignes est celle des eaux *Julia*, *Tepula* et *Marcia*, réunies à sept milles de Rome, et dont on aperçoit les trois conduits étagés près de la porte Majeure. Cet aqueduc forme, au passage de la voie Tiburtine, aujourd'hui Saint-Laurent, un de ces monuments qui rappellent les arcs de triomphe. On y lit des inscriptions d'Auguste, de Titus et de Caracalla.

La seconde ligne est celle des eaux *Claudia* et *Anio Novus*, réunies également à sept milles de Rome. Elle s'annonce, à son entrée dans la ville, par la célèbre porte Majeure. Cette porte occupe deux des arceaux de l'aqueduc et est surmontée d'un triple entablement sur lequel sont trois inscriptions à l'honneur de Claude, de Vespasien et de Titus, le premier, fondateur, et les deux autres, restaurateurs de cette magnifique conduite d'eaux. Trois petits arcs, couronnés par des frontons et accompagnés de colonnes à bossages, d'ordre ionique, ornent les pieds-droits. On ne peut bien admirer ce monument, l'un des mieux conservés et des plus beaux de l'ancienne Rome, que depuis le pontificat de Grégoire XVI, auquel on doit la démolition des maisons qui l'obstruaient. L'ouverture des arceaux de la porte Majeure est de 49 palmes (10 mètres 94 centimètres). Les blocs de travertin qui les forment ont jusqu'à 9 palmes sur 3 (2 mètres sur 67 centimètres).

En suivant la direction de l'aqueduc dans l'intérieur de Rome, on aperçoit bientôt, à droite, les grands arcs que Néron fit construire pour porter l'eau amenée par Claude jusqu'au temple de ce nouveau dieu. Les ARCS NÉRONIENS traversent les solitudes du Cœlius, depuis l'angle que forme le mur, au Sud de la porte Majeure, jusqu'à Saint-Jean de Latran. On les retrouve ensuite près de Saint-Étienne-le-Rond, et enfin, près de Saint-Thomas *in Formis*, où ils empruntent pour leur canal l'arc de Dolabella. Cette suite de grands arceaux, rougis par le temps, est un des plus beaux débris de l'ancienne Rome.

CAMP PRÉTORIEN. — L'enceinte d'Aurélien présente à l'Est, entre l'ancienne porte Nomentane et la porte Tiburtine, une

<hr>

(1) Constantin l'avait fait venir jusqu'à Alexandrie; après sa mort, Constance le fit transporter à Rome.

saillie carrée dont, à première vue, il est impossible de s'expliquer le motif. Cette saillie n'est autre que le camp Prétorien fondé par Séjan, sous le règne de Tibère, et réuni à la ville par Constantin, après la suppression de la garde prétorienne. Le mur du camp qui était du côté de la ville fut alors démoli; mais les trois autres restèrent debout et firent partie de l'enceinte; ils sont construits en briques et d'un beau travail. On voit encore, au Nord et au Sud, deux des portes du camp; elles sont aujourd'hui murées. A l'Est était un temple que l'on voit représenté sur des médailles de Claude. Ce camp est revenu, depuis quelques années, à son ancienne destination. Pie IX y a fait construire une magnifique caserne.

TOMBEAUX. — La plupart des tombeaux et colombaires des anciens Romains sont hors de Rome et ne rentrent pas dans les limites de ce chapitre. Mais il en est deux qui, depuis Aurélien, sont compris dans l'enceinte et ne peuvent, par conséquent, être omis: le mausolée d'Auguste et le mausolée d'Adrien.

MAUSOLÉE D'AUGUSTE. — Auguste, qui le fit construire, l'avait entouré de bois et de promenades à l'usage du peuple [1]. » Strabon nous représente ce monument formé d'un soubassement de marbre blanc, sur lequel s'élevait un monticule planté d'arbres toujours verts et, au sommet, la statue du second fondateur de l'Empire. L'entrée du tombeau était au Sud et précédé des deux obélisques de Monte-Citorio et de Sainte-Marie-Majeure. Le *bustum* ou bûcher, lui aussi en marbre blanc, occupait le centre d'un bois de peupliers qui faisait partie des promenades plantées par Auguste.

De tous ces marbres et de tous ces bois, il ne reste aujourd'hui qu'une rotonde en maçonnerie réticulaire de 130 pieds romains de diamètre à l'intérieur et de 200 pour la construction entière. La voûte s'est écroulée; le marbre qui revêtait les murs a disparu. On voit encore tout autour quelques vestiges des chambres sépulcrales dans lesquelles furent déposées les cendres d'Agrippa, d'Octavie, de Drusus, de Germanicus, de Claude, faisant cortége à la cendre d'Auguste. Le bûcher devait être vers Saint-Charles *al Corso*. La ruine de ce mausolée remonte au XIIᵉ siècle, époque où, comme tous les monuments de l'ancienne Rome, il avait été transformé en forteresse. Pris sur les Colonne en 1167, il fut démantelé par le peuple.

MAUSOLÉE D'ADRIEN. — Lui aussi fut changé en forteresse et il est demeuré forteresse; mais s'il n'a pas été démantelé comme le tombeau d'Auguste, il a perdu tous les ornements qui en faisaient l'honneur pour ne plus garder que sa masse imposante et solide. Cette masse, cette immense tour de 200 pieds de diamètre, reposait sur un soubassement carré dont chaque côté avait 275 pieds (89 mètres 29 centimètres). Soubassement et rotonde étaient revêtus de grandes plaques de marbre de Paros. Des festons et des bucranes décoraient, en outre, le soubassement, aux quatre angles duquel étaient des chevaux et des athlètes de bronze doré. La rotonde était flanquée de pilastres qui supportaient un entablement couronné de statues. Le Faune *Barberini* était du nombre. Enfin, au faîte s'élevait la statue colossale d'Adrien, dont la tête, retrouvée sous le règne d'Alexandre VI, figure aujourd'hui dans la salle ronde du musée du Vatican.

L'entrée du mausolée était fermée par une porte de bronze, en face du pont Ælien. Elle s'ouvrait sur un corridor qui se termine par une niche d'où part une large montée en spirale conduisant d'abord à la chambre funéraire, puis au sommet du monument. La chambre funéraire a quatre niches dans lesquelles étaient les cendres d'Adrien, de son fils adoptif Ælius César, d'Antonin le Pieux, de ses deux fils et de sa fille, Maria Fadilla, de Lucius Verus, de Commode, et enfin de deux fils et d'une fille de Marc-Aurèle et de Faustine.

On voit au musée Pio-Clementino une grande cuve en granit blanc et noir qui passe pour avoir servi d'urne sépulcrale à l'empereur Adrien et à sa femme Sabine, et, dans le jardin du Vatican, deux paons de bronze, les seuls qui restent des paons de bronze doré dont étaient surmontés les pilastres de la grille qui entourait le monument.

PYRAMIDE DE CAIUS CESTIUS. — Caïus Cestius était l'un des septemvirs des Epulons qui étaient chargés, à l'occasion de quelque grande victoire ou dans des moments de péril et de crainte, d'offrir des festins aux Dieux, spécialement à Jupiter. Ces festins s'appelaient *Lectisternia*. Cestius ordonna, par testament, de lui ériger cette pyramide dont la construction n'exigea que trois cent trente jours. Elle repose sur un soubassement en travertin de 4 palmes de hauteur (89 centimètres). Son élévation à elle-même est de 164 palmes (36 mètres 57 centimètres). Des blocs de marbre blanc d'un pied d'épaisseur revêtent en tout sens sa maçonne. A l'intérieur est une chambre sépulcrale, voûtée en plein cintre, et ornée de peintures représentant des Victoires, des candélabres, des vases, des offrandes et, dans la voûte, des génies ailés.

Il nous resterait à parler de l'EMPORIUM, récemment découvert par l'illustre baron Visconti, glorieux héritier d'un nom trois fois célèbre; mais lui-même veut bien se charger de nous en énumérer les trésors. Comment expliquer d'ailleurs ces richesses enfouies, ces marbres adressés à Néron et qui arrivent à Pie IX? Ne pouvons-nous croire que la Providence réservait à notre siècle ces matériaux sans prix pour de nouveaux triomphes de la Foi?

EUGÈNE DE LA GOURNERIE.

[1] *In Aug., c. C.*

FOUILLES ARCHÉOLOGIQUES ROMAINES

A VRAI dire, les fouilles archéologiques constituent de véritables phénomènes, dont les résultats portent souvent une sorte de stupeur dans l'esprit du philosophe. Quelles catastrophes redoutables a dû subir le peuple romain pour que tant de merveilles de l'art aient été ensevelies dans les entrailles de la terre, et pour que l'amour et l'admiration dont on les a entourées se soient changés en mépris ou les aient fait considérer comme inutiles! L'histoire de la décadence romaine et celle de la renaissance des lettres et des arts se résument, d'une certaine manière, dans l'abandon ou dans l'ensevelissement des beautés antiques et dans la résurrection et l'appréciation de ces beautés. Quelle distance immense entre l'idée des hommes qui durent abandonner et cacher ces beautés, et l'idée de ceux qui se sont étudiés à les remettre en lumière!

L'histoire des fouilles romaines commence avec la restauration de la civilisation. On cherchait bien antérieurement, mais par avidité; on violait les tombeaux, mais pour en retirer les métaux précieux; d'où ces deux appellations données aux fouilleurs d'antiquités, de *scavi tesori, scavi morti* (déterreurs de trésors, déterreurs de morts). Et ces appellations pourraient bien être applicables encore, pourvu qu'on en ennoblît le sens; car toute chose cachée est vraiment morte, et toute chose trouvée est vraiment un trésor, soit pour l'érudition, soit pour l'art, et souvent pour l'érudition et pour l'art à la fois.

Les souverains pontifes furent les premiers à favoriser les recherches et à en acheter les plus beaux produits, et nous avons déjà montré comment Jules II, Léon X, Paul III, Clément XI, Benoît XIV, eurent le mérite des résurrections artistiques de l'ancienne Rome. Clément XIV et Pie VI donnèrent la plus vigoureuse impulsion aux recherches antiques, l'un en introduisant la réforme des lois fiscales qui lient la libre propriété des choses trouvées, l'autre en entreprenant directement, par le conseil et par l'œuvre de Jean-Baptiste Visconti, de grandes fouilles à Otricoli, à Castro-Nuovo, à Centocelli, etc., et en permettant qu'un comte Leoncelli explorât, de compte à demi avec le gouvernement, les places de Rome. Héritier de si généreux exemples, Pie IX, aidé de M. le grand-commandeur, baron Pierre-Hercule Visconti, lequel continue l'emploi de son aïeul, n'a pas seulement égalé ses prédécesseurs, il les a surpassés; car, tandis qu'il montre tant de goût pour la recherche des antiquités profanes, il poursuit, avec une véritable passion, la découverte des antiquités sacrées. Faire revivre les souvenirs des catacombes, remettre en lumière leurs centres historiques, en soutenir les voûtes et en assurer l'accès, conserver à leur place les monuments les plus illustres, tel a été le dessein du Pontife, qui a trouvé pour le seconder, dans le P. Marchi, de la Compagnie de Jésus, et dans le commandeur J.-B. de Rossi, des érudits infatigables et intelligents.

Laissant de côté les fouilles qui ont été esquissées par ce dernier en traitant des catacombes [1], nous allons dire quelques mots des fouilles profanes.

OSTIE. — Les fouilles d'Ostie, depuis longtemps abandonnées à la spéculation privée, avaient donné des résultats tantôt inattendus, tantôt stériles, quand l'illustre baron Visconti les entreprit d'après une méthode nouvelle et raisonnée. Au lieu de s'occuper à retirer les ornements des édifices sans prendre soin des édifices eux-mêmes, il fit tout d'abord des édifices l'objet principal de ses recherches, ne considérant les ornements que comme des accessoires; et ainsi il put rendre à la lumière la ville ancienne, tout en ayant la certitude d'obtenir peu à peu les objets qu'elle renfermait. Il découvrit d'abord la *Via Sepulcrale* ou Voie des Tombeaux, qui conduisait d'Ostie à Rome, avec les monuments qui la bordaient à droite et à gauche. Elle avait son pavé intact. Puis il trouva la Porta-Romana, que les archéologues supposaient ailleurs; et, traversant la ville dans toute sa longueur, il mit à nu les *Terme maritime*, et la grande mosaïque à couleurs diverses que l'on voit dans la chambre de la Conception au Vatican; le *Mitreo* et le *Campo di Cibelle*, centre des cultes étrangers admis dans la colonie d'Ostie ainsi que le *Metreoo* et d'autres souvenirs de ces cultes. Chaque pas était marqué par des découvertes si nombreuses, qu'il a fallu instituer à Rome un musée spécial (le *Pio-Ostiense* réuni à celui du Latran), et un musée à Ostie (*Museo Ostiense*). Des statues, des

---

[1] Voir, II° Volume de cet ouvrage, Chapitre I°ʳ, *Monuments Chrétiens.*

peintures, et un grand nombre de menus objets sont venus, en outre, prendre place dans les vastes collections du Vatican. Pie IX, en se rendant tous les ans à Ostie, montre quel intérêt il porte à ces travaux, qui rendent de si grands services aux beaux-arts, à la science historique, et ne tarderont pas à recevoir un plus grand lustre encore par le rétablissement de l'ancien port d'Ostie et la création d'un embranchement de chemin de fer récemment décrétés.

Le Palatin. — Le noble dessein de rendre à la lumière les restes du palais des Césars, dessein proposé sous les derniers pontifes et demeuré sans effet par suite de difficultés locales, s'était réveillé à la vue du succès que M. le chevalier Pietro Rosa obtenait dans les jardins Farnèse, que Napoléon III avait acquis du roi de Naples. Pourvu de fortes sommes, et n'éprouvant aucune difficulté, l'habile archéologue de l'Empereur a élucidé plusieurs points historiques et tracé la topographie de l'ancien palais, en faisant mieux connaître des monuments célèbres avant et après l'existence de ce palais. Nous avons pu, d'après cela, apprécier l'état où le laissa son abandon. Peut-être en sera-t-il de même bientôt des phases successives de son existence, et parviendra-t-on à des données historiques sur le séjour qu'y firent Charlemagne et la grande comtesse Mathilde. Toujours est-il que nous sommes heureux de rendre un témoignage de reconnaissance à la conception de l'Empereur, lequel a su réaliser la pensée qu'exprimait un jour son oncle Napoléon Ier à Ennius Quirinus Visconti, quand, à propos de l'iconographie, celui-ci appela les anciens maîtres du monde *ses ancêtres de gloire*. Certes, l'empereur actuel des Français a estimé avec raison qu'il convenait à une main impériale de relever les grands souvenirs du palais des Césars.

Des travaux grandioses, consolidant, dans la partie pontificale du Palatin comme dans la partie française, les édifices découverts, à mesure que les fouilles s'exécutaient, ont contribué à sauver ce qu'on aurait pu croire perdu. Les dépendances des grands édifices consacrés aux représentations publiques, entièrement fouillées, ont donné des restes précieux de sculpture, d'ornement et de peinture, témoignages de la splendeur primitive du palais. En acquérant de ses propres deniers, sur le Palatin, tous les terrains qui pouvaient être acquis, Pie IX a élevé l'importance des fouilles au niveau de sa dignité elle-même, et nous espérons que le jour n'est pas éloigné où le Pape et l'Empereur, unissant leurs recherches dans une action commune, donneront une pleine satisfaction aux vœux des savants et des artistes, et pourront plus facilement rétablir l'ensemble des monuments palatins, qui, plus que tous les autres, attestent les grandeurs et les vicissitudes de l'empire romain.

Deux planches importantes ont été consacrées dans cet ouvrage aux principaux aspects de ces fouilles. L'une, prise sur le sommet du Palatin, représente la partie la plus intéressante des fouilles françaises : un Nymphée, un vaste Triclinium, et la Bibliothèque; l'autre, non moins curieuse, nous montre l'état des fouilles pontificales sur le versant occidental du Palatin, le côté aspectant sur le grand Cirque, en face du mont Aventin.

Prima-Porta. — L'impératrice Livia possédait, sur le territoire de Veïes, une terre qu'elle se plut à orner somptueusement. Une légende singulière illustra ce lieu et lui donna le nom *Ad Gallinas salvas*. En y fouillant, un certain Francesco Salvi a découvert, avec des chambres ornées de peintures dans un état parfait de conservation, une des plus belles statues d'Auguste revêtu de la cuirasse. Pie IX a élevé M. Segni à la dignité de comte, et a acheté la statue aujourd'hui placée au Vatican, dans le *Braccio Nuovo* dont elle est un des plus beaux ornements.

Vigna Ceccarelli. — Les souvenirs du Collége des Arvales, illustré par les commentaires de Gaetano Marini, ont reçu un notable accroissement par suite des découvertes faites dans cette vigne; et les nouvelles tables publiées grâce aux largesses du roi de Prusse, ont étendu le patrimoine de l'érudition archéologique et de la chronologie. M. le docteur Hensen, dans un livre savant, a pu ainsi présenter l'histoire des fouilles, et jeter une vive lumière sur le collége si important des Arvales.

Théâtre de Civita-Lavinia. — Ce théâtre, et les autres ruines d'une ville voisine de Rome, ont attesté non-seulement une grandeur et une richesse artistiques qui font aujourd'hui un triste contraste avec l'état actuel de la population; mais elles ont encore donné des produits admirables, parmi lesquels une statue colossale de l'empereur Claude sous la figure de Jupiter, statue que Pie IX a achetée et dont il a enrichi le musée du Vatican.

Tombeaux de la Voie Latine. — Lorenzo Fortunati, fouillant dans la propriété dite *del Pino* ou *dell'Arco travertino*, à environ 20 milles de Rome, sur la voie latine, a trouvé deux monuments funéraires antiques d'une étonnante splendeur : l'un renfermant encore les tombeaux de marbre de ceux qui y furent ensevelis, l'autre orné de peintures et de stucs qui dévoilent, avec la perfection des diverses branches de l'art, le luxe de l'existence des patriciens qui savaient ainsi orner la demeure de la mort. Il a aussi trouvé la basilique de Saint-Étienne élevée par Démétriade. Pie IX, restaurant la basilique autant qu'elle pouvait l'être, et achetant les sarcophages, a fourni au musée du Latran de nouveaux éléments d'intérêt. Quant à Lorenzo Fortunati, trop ébloui de sa fortune, il a perdu la raison et est mort.

Antiquités étrusques. — L'impulsion donnée par Pie VII à ces fouilles, et continuée par Grégoire XVI sur le territoire de l'Étrurie pontificale, avait concouru en grande partie à la formation du musée étrusque du Vatican. Pie IX les poursuivant à Bagnorea, à Tarquinies, à Cervetri, à Cera, à Bomarzo, à Casteldasco, etc., en a fait retirer des tombeaux, des ornements de plastique et de peinture, des vases, des armes, des bijoux d'or, des bronzes qui ont augmenté la somme des révélations que

nous avions sur la civilisation et sur la vie intime de ces peuples. Un tombeau trouvé à Cervetri par le marquis Campani, nous a livré tous les détails de l'armement et du costume militaire, depuis la coiffure (bonnet de police semblable à celui du premier empire), jusqu'aux machines destinées à lancer des pierres. La comtesse Braschi a le mérite d'avoir formé à Corneto une collection qui a toute l'importance d'un musée, où est largement représenté l'art de la céramique et de l'orfèvrerie. M. le prince Alexandre Torlonia, enfin, aujourd'hui propriétaire de Canino, a entrepris des fouilles telles que pouvait le lui permettre sa grande fortune; il a enrichi son musée particulier d'œuvres d'une grande largeur de style et d'un véritable intérêt historique.

FOUILLES ANGLAISES. — Rome doit quelque gratitude à un archéologue de mérite, M. John Henri Parker, lequel a institué une société anglaise d'archéologie, et, au moyen de sa propre fortune et des souscriptions de ses compatriotes, a exécuté des fouilles dans le but de déterminer la topographie souvent contestée des anciens murs et des aqueducs de Rome. Ses travaux sur les divers modes de construction des Étrusques et des Romains, et ses découvertes relatives aux annexes, sont dignes d'être cités, ainsi que ses grands recueils de photographies des ruines et des monuments de Rome. Bien que naissante, la société anglaise d'archéologie nous paraît devoir rendre à la science, avec le temps, de véritables services, et devenir l'émule de l'institut archéologique prussien établi au Capitole, et dont les recherches ont acquis en Allemagne une si juste célébrité.

L'HERCULE-MASTAÏ. — M. Pietro Righetti, ajoutant quelques constructions à l'ancienne demeure des Orsini, qu'il avait acquise de la maison Pio, de Savoie, retira des fondations qu'il faisait établir, une statue colossale en bronze représentant Hercule vainqueur. Œuvre d'artistes grecs appelés à Rome par Pompée, cette statue, encore parfaitement dorée et couchée sur un lit de maçonnerie construit, probablement pour la conserver, par les vaincus de César, est d'un mérite si rare, que, malgré la pénurie du trésor, Pie IX a voulu l'acheter, et l'a placée dans la salle du Belvédère au Vatican. Aussi Rome reconnaissante a-t-elle voulu unir au nom de la précieuse statue le nom d'un pontife qui, par la protection qu'il accorde aux beaux-arts, rappelle si bien la grandeur de Léon X. D'autres parties des édifices élevés par Pompée ont été découvertes presque en même temps dans les rues voisines des *Giubonari* et des *Chiavari*, où demeurent encore ensevelis des monuments que le temps peut-être rendra à la lumière.

LA STATION DE LA VIIme COHORTE DES VIGILES. — Des fouilles entreprises par M. le baron Visconti sur la place de *Monte dei Fiori* au Transtévère, ont amené la découverte de ce monument historique d'une rare élégance et d'une pureté de style remarquable. Au point de vue de la vie intime des soldats, la Station des Vigiles nous a donné des indications nouvelles; et, chose étrange, les inscriptions que la main de ces soldats a laissées sur les murs ont fixé des dates importantes et jusqu'ici contestées [1]. Pie IX, appréciant de tels avantages, a ordonné des travaux pour conserver ce monument et en faciliter l'accès.

L'EMPORIUM ROMANUM. — Nous terminons ce travail par un coup-d'œil sur l'*Emporium romanum*, parce que les travaux continuent encore, et dureront peut-être longtemps. Déjà, en 1830, les archéologues romains, agitant la question des anciens *Navalia* (arsenaux), M. le baron Visconti se livra à des recherches qui lui permirent de reconnaître que ces *Navalia* s'étaient élevés sur la rive droite du Tibre, tandis que l'*Emporium* était sur la rive gauche, un peu au-dessous du mont Aventin, au lieu précis où il vient de le retrouver. Les archéologues Fabretti, Piale et d'autres savants, avaient du reste émis avant lui cette opinion, et Tite-Live avait raconté la fondation de l'Emporium; mais les travaux qu'entreprirent Quintus Fluvius Quacus et Aulus Posthumius Albinus, censeurs en l'an de Rome 580, étaient demeurés parfaitement inconnus dans le long espace qu'ils occupaient sur les rives du Tibre. Il suffit de voir de quelle façon Pirro Ligorio, Fabretti lui-même et les topographes postérieurs ont dessiné sur leurs cartes l'emplacement de l'Emporium, pour se convaincre qu'ils s'étaient inspirés, chacun à sa manière, de la parole de Tite-Live, en imaginant ce qu'ils ne voyaient pas. Quant à M. Visconti, il a eu la bonne fortune de mettre la main sur l'accès même de l'Emporium, qui correspond parfaitement à l'indication de l'historien romain : *Gradibusque ascensum ab Tiberi in Emporium.*

Cet ouvrage, qui remonte au VIe siècle de Rome, est dans un état de conservation qui n'a point d'égal parmi les monuments de l'ancienne Rome. Les gradins en *opus reticulatum*, par lesquels on monte du Tibre à l'Emporium, sont interrompus par des alignements en briques rouges et jaunes, et conservent dans leurs masses de grandes pierres de travertin percées et placées à des niveaux divers pour attacher les navires à l'abordage. La largeur du quai indique l'abondance des marchandises qu'y débarquaient les navires, et est en rapport avec l'approvisionnement d'une ville qui mettait à contribution les contrées les plus éloignées. C'est en considérant l'Emporium qu'on peut se faire une idée exacte de la population de Rome, et c'est en considérant les masses énormes de marbres accumulés encore aujourd'hui, qu'on peut trouver un terme de comparaison qui donne la mesure de ce qui nous est encore caché. Quand l'histoire de ce monument gigantesque sera écrite, le commerce des anciens, leurs moyens de transport, l'alimentation et l'embellissement de la plus merveilleuse des villes nous seront enfin révélés.

(1) C'est ainsi que M. le baron Visconti a pu établir la date de la mort d'Alexandre le Grand, touchant laquelle les savants s'étaient livrés à des hypothèses diverses. Cette date, ouvrant une ère dans l'histoire, avait une véritable importance chronologique.

Qu'on nous permette, en finissant, de citer la *Correspondance de Rome*, qui appelle le XIXe siècle le *grand siècle de l'archéologie.*

« Nous avons assez dit l'état que nous faisons de cette merveilleuse découverte, qui est la plus grande gloire du pontificat de Pie IX au point de vue archéologique. Quand on songe que Jean VIII a élevé, de 872 à 882, des murs et des fortifications sur l'Emporium, afin de défendre Rome contre les incursions des Sarrasins, sans toucher à ces dépôts qui étaient sous sa main; quand on songe que tant de papes, avides des recherches antiques, ont passé à côté de l'Emporium sans le fouiller; que d'illustres commissaires des antiquités, tels que Fea, Winckelmann, Jean-Baptiste Visconti, ont laissé à leur successeur, M. le baron Visconti, l'étonnante fortune de cette découverte; quand on songe enfin que, dans le cours des siècles, les grandes basiliques ont dû être construites, rebâties et plusieurs fois restaurées à grands frais à l'aide de marbres nouveaux ou de débris antiques, on est saisi d'admiration et l'on est obligé de reconnaître dans ces faits une prédilection souveraine de la Providence pour Pie IX.

» Maintenant, comment Pie IX répond-il à ce témoignage de la Providence? En répandant aussitôt autour de lui et au loin les trésors de l'antiquité. Qu'on suppose l'Emporium à Paris, à Vienne ou à Londres, ces marbres si précieux demeureraient la propriété d'un seul souverain, serviraient à l'ornement d'une seule nation, et personne n'y trouverait à redire. Mais ils sont échus au Roi, au Père universel, qui ne veut rien avoir à lui que ses vertus, et qui donne tout à ses sujets et à ses enfants.

» Il y a déjà, dans la seule ville de Rome, *vingt-cinq* églises où sont employés des marbres donnés par Pie IX :

» 1° Saint-Pierre; 2° Saint-Paul hors les murs; 3° le Panthéon; 4° Saint-André *della Valle;* 5° Sainte-Marie *in Trastevere;* 6° Saint-Paul aux trois Fontaines; 7° Saint-Roch; 8° la chapelle des Sœurs du Sacré-Cœur; 9° Jésus-et-Marie; 10° Sainte-Claire; 11° *Divino Amore;* 12° le Jésus; 13° Sainte-Marie des Suffrages; 14° Saint-Denis; 15° Sainte-Marie *in Aquiro;* 16° la *Prima primaria* au Collége Romain; 17° la chapelle du Collége Nazaréen; 18° Sainte-Catherine à la Minerve; 19° Saint-Thomas des Anglais; 20° Saints-Celse-et-Julien; 21° Saint-Antoine des Portugais; 22° Sainte-Agnès de la place Navone; 23° Saint-Athanase des Grecs; 24° Saint Cosimato; et 25° Saints-Jean-et-Paul au mont Cœlius.

» On remarque qu'il y a là plusieurs églises nationales appartenant aux Français, comme Sainte-Claire et Saint-Denis, Saint-Thomas aux Anglais, Saint-Athanase aux Grecs, et Saint-Antoine aux Portugais.

» Mais ce n'est pas tout. Sa Sainteté a daigné octroyer des marbres à des églises de la péninsule italienne et de l'État pontifical, telles que Bologne, Montalto, Forli, Viterbe, et à des églises de France, d'Allemagne et de Suisse, telles que Lyon, Marseille, Avignon, Aix-la-Chapelle, Meiningen, Bâle.

» De nouvelles dates consulaires, de nouvelles révélations touchant la supériorité administrative des Romains surgissent de tous côtés. A voir cependant l'abondance des marbres africains et leurs inscriptions, on peut croire que ces marbres n'étaient destinés ni à l'administration fiscale, ni à l'empereur comme chef de l'État, mais à l'auguste maison des Flaviens, laquelle devait posséder en propre des carrières que gouvernaient des employés à elle et qu'exploitaient des esclaves à elle. Les inscriptions portent *Domini nostri servus.* Nous savions déjà par une inscription faisant partie de la précieuse collection d'antiquités que M. le baron Visconti a généreusement offerte à l'Université de la Sapience, que les carrières de Luni (Carrare) appartenaient à cette même maison : l'inscription donne les noms du personnel de la domesticité attachée à l'exploitation de ces carrières.

» On sait que parmi les marbres extraits de la fouille de l'Emporium, il s'en trouve qui étaient venus à l'adresse de Néron, l'année même où saint Pierre était mis à mort et crucifié sur le Janicule. Or voilà que le successeur du Prince des Apôtres peut aujourd'hui, après dix-huit siècles, employer ces mêmes marbres à soutenir la colonne du Concile et la statue de saint Pierre. Qui n'apprécierait pas un tel rapprochement? N'est-ce pas la réaction historique la plus étonnante? Mais l'histoire fait de ces choses-là, et elle les fait surtout à Rome.

» Nous ne possédions que les deux colonnes de marbre africain que l'on voit à l'entrée du portique de la basilique Vaticane, et l'Emporium en a déjà fourni seize, dont la première, transportée au sommet du Janicule, comme nous l'avons dit, servira de monument du Concile.

» Les morceaux de *Murrha* découverts, de cette pierre précieuse que les anciens payaient au prix de plusieurs millions de sesterces, sont au nombre de treize.

» On vient enfin de transporter au Vatican un bloc gigantesque africain. Vingt buffles ont été employés à l'y traîner, et en voyant passer dans les rues cet attelage à l'aspect si sévère et si sauvage, les Romains ne pouvaient s'empêcher d'applaudir et de considérer la destinée de leur grand Roi, qui semble recevoir ces tributs de l'ancien empire du monde, comme pour marquer que lui seul est digne d'en égaler les grandeurs et la gloire. »

HENRI DE MAGUELONNE.

TABLE DU PREMIER VOLUME

Cette Table sert d'Avis au Relieur, pour le classement de ce Volume.